유한계급론

THORSTEIN VEBLEN

THE THEORY OF
THE LEISURE CLASS

유한계급론

소스타인 베블런 지음 | 김성균 옮김

우물이 있는 집

차 례

《유한계급론》의 현대적 의미

1899년 베블런이 세상에 내놓은 고전 《유한계급론》만큼 부자들에게 맹공을 격렬하게 퍼붓는 책은 찾아보기 힘들다. 자본주의의 대적(大敵)으로는 보통 카를 마르크스(Karl Marx)가 거명되지만, 《공산당선언 *The Communist Manifesto*》은 실제로 부르주아계급에게 "전 세계의 생산과 소비를 담당하는 세계시민의 성격"을 부여함으로써 그들을 찬양하고 있는 듯한 인상을 준다. 그에 비해 우회적으로라도 부르주아계급을 칭찬하거나 치하할 만한 재주가 없어 보이는 베블런은 부자들의 소비패턴을 봉건시대의 유풍으로 취급했다.

《유한계급론》은 상류계급이 벌이는 쓸데없는 짓들을 통렬히 묘사한 책으로 가장 유명하다. 베블런은 많은 돈을 가지고 있음을 남들에게 증명하는 최선의 방법은 그 돈이 자신에게 아무 소용없다는 듯이 행동하는 것이라고 지적한다. 또한 부자가 하인들을 고용하여 그들을 생산활동에서 제외시켰다는 등 이전의 모든 경제논리를 뒤집어엎으면서 그처럼 많은 세속적인 생각들이 어떻게 그렇게 쉽게 망각될 수 있었는지를 증명하고 있다. 부자들은 편리성을 고려하여 옷을 선택하지 않고 과시를 위해 가치가 있기 때문에 옷을 선택한다고 한다. 또한 여러 가지 의복들은 언제나 "증명용"이어서 "누가 보더라도 첫눈에 금력상의 지위를 알아볼 수 있게" 만들기 때문에 상류계급의 의복은 몸을 보호하는 기본적인 기능과는 거의 무관하다고 말한다. 과시를 위한 여가, 과시를 위한 낭비, 과시를 위한 소비에 몰두하는 부유한 남자는 "다양한 가치를 지닌 고급요리들, 남자용 음료와 장신구, 그럴싸한 의상과 저택, 무기, 게임, 무용수, 흥분제 등에 관한 전문가가 되기에 이른다." 그것은 마치 미래를 내다볼 때에도 오로지 과거밖에 못 보는 자본가들과 같은 경우라 할 수 있다. 그들이 소유한 공장들이 세계가 혁명에 휩싸여도 여전히 상품을 만들어내듯이 그들의 생활양식도 르네상스시대를 연상시키는 우아함을 흉내낸다.

마르크스와 엥겔스(Friedrich Engels)는 전 세계 노동자들이 단결하여 자본가계급을 타도할 수 있으리라고 생각했다. 혁명적이기보다는 훨씬 냉소적이었던 베블런은 부자들의 자화상을 신랄하게 묘파하고자 했다. 적어도 19세기부터 부자들은 자신들을 가치 있는 계급으로 믿기 시작했고 또 그들이 소유하고 있다고 믿은—가난한 자들은 소유하지 못했다고 믿은 어떤—대단한 가치는 근검절약이었다. 1745년 벤저민 프랭클린(Benjamin Franklin)은 《가난한 리처드의 연감 *Poor Richard's Almanac*》에서 "욕구를 사는 사람은 100개의 눈을 가지고 있는 셈이지만 바로 그 욕구를 팔기 위해서는 1개의 눈만으로도 족하다"고 쓴 바 있다. 자본가들은 결핍을 최소화함으로써, 내일의 이익을 위해 오늘의 쾌락을 희생시킴으로써, 소비하기보다는 투자함으로써 부를 획득할 수 있었을 뿐 아니라 신 앞에서 책임을 다했다고 느꼈을 것이다. 베블런과 동시대를 살았던 독일의 사회학자 막스 베버(Max Weber)는 벤저민 프랭클린의 지적을 응용하여 오직 경건한 신앙심만으로 신의 영광을 추구했던 프로테스탄트들이 자본주의 혁명의 핵심세력으로 부상할 수 있었던 경위를 증명해보였다.

베블런이 부자들에게 그토록 혹독한 비난을 퍼부은 까닭은 '그들의 모든 종교적 믿음과 모든 소비패턴이 바로 프로테스탄트들이 종교개혁을 위해 싸워야했던 가톨릭주의의 유습이었다'는 데 있다. 베블런은 정확한 개념을 발달시키거나 역사적인 시대구분을 시도하지 않았고 현존하는 종교들에 관해서도 언급하지 않았다. 그러나 그가 과시적 소비의 특징을 부각시키기 위해 선택한 어휘들은 바로 프로테스탄트들이 가톨릭주의를 저주하기 위해 빈번히 사용하던 어휘들이었다. 그는 실용성보다는 과시성을 지향하는 현대사회의 소비가 "의례"나 "성례"의 성격을 띠고 있다고 썼다. 그런 소비의 특징은 "신도들의 정신구조를 확연히 고양시키고 위무"하는 "사치스럽고 화려하기" 그지없는 "신성한 건축물"에서 행해지는 "경건한" 의례나 성례를 통해서 가장 잘 드러나고 또 그런 의례나 예배 속에 가장 잘 농축되어 있다는 것이다. 그런 건물에서 사는 사람들은―주인이나 하인을 막론하고―그들의 우월성을 증명하기 위하여 "특별하고 화려한 의복을 입고……과시하지 않으면 안 된다." 루터(Martin Luther, 1483~1546)―노르웨이에서 미국으로 이주한 베블런의 부모는 루터파 교인이었다―이래 프로테스탄트들은 가톨릭적인 성향을 이성적인 사람들이라면 무가치하게 여길 미신이나 기적을 믿는 경향과 유사한 의례적이고 상징적인 과시성향으로 간주했다. 베블런은 언어를 선택적으로 사용함으로써 다음과 같은 질타를 거듭한다. 즉 과시적 소비는 기껏해야 이성이 아닌 감정에 호소하는 제의적인 격세유전의 산물에 불과하다는 것이다.

베블런의 시대로부터 현재에 이르기까지 특권층 사람들이 빈곤층 사람들에 대해서 집요하게 제기해온 불만들 중 하나가 빈곤층 사람들은 누구나 할 것 없이 너무나 자주 감정에 좌우된다는 사실이다. 부자들은 그들을 둘러싼 휘황한 장식품에 매료되는 빈민들이 장기적인 보상을 희생시키는 대가로 당장 눈앞의 쾌락을 추구한다고 믿는다. 그들은 또한 알코올 중독에 걸리기 쉽고, 성질을 통제할 능력이 없는 빈민들일수록 토머스 홉스가 한 유명한 말처럼 더럽고 험악하고 결함으로 가득한 생활을 하기 십상이라고 믿는다. 그러나 베블런의 세계에서 부자들은 삶의 쾌락을 향유하기 위한 결정적인 방편을 그들의 생각보다는 훨씬 더 자주 빈민들을 통해서 획득한다. 빈민들은 야만인과 같고 부자들은 문명인이라는 통념에 반대하는 베블런은 양측이 다 폭력에 매력을 느낀다고 지적한다. "의견차를 해소하기 위한 보편적인 방안으로 여겨지는 결투에 통상적으로 의존하는 사람들은 오직 상류계급 신사들과 무뢰배들밖에 없다." 결투든 거리의 싸움이든 베블런이 보기에 하등의 차이가 없다. 두 가지 싸움 모두 구경꾼들의 격정에 호소하면서 타인의 눈을 통해 자신의 명성을 확인하고 과시하려는 "발달이 억제된 남자의 도덕성"의 발로로 이해된다.

베블런이 보기에 스포츠 역시 폭력과 마찬가지로 그 진행방식부터 지각없는 해로운 활동이다. 베블런은 스포츠를 종교생활과 비교하면서 거듭 부자나 빈민 할 것 없이 공통적으로 미신에 사로잡혀 있다고 비판함으로써 스포츠생활에 대해서 미증유의 모욕을 퍼부었다. 무뢰배 내지 범법자들이나 잘 훈련받은 스포츠맨이나 모두 "공동체나 사회의 일반적인 평균인들보다 더 쉽사리 공인된 어떤 신조의 신봉자가 되는 경향이 있을 뿐 아니라 종교적인 의례에 이끌리기도 더 쉽다"고 베블런은 적고 있다. 아마도 베블런은 자유투를 하기 전에 성호를 긋는 버릇이 있는 현대 농구선수들이나 승리를 확신한 순간 신에게 감사기도를 하는 듯한 자세를 취하는 여타의 현대 스포츠선수들을 보았더라도 그리 놀라지는 않을 것이다. 베블런이 볼 때 종교와 스포츠 모두 행운에 대한 믿음을 강조하는 전근대적인 활동이다. 그런 믿음을 가진 종교나 스포츠 옹호자들은, 예컨대, 인간에게는 신의 영광을 달성할 능력이 있다고 믿거나 미식축구의 결과도 이미 예정되어 있다고 믿는다. 스포츠가 사회에서 대표적인 역할을 하는 한—따라서 베블런은 과시적 소비체제가 유지되는 한 스포츠도 계속될 것이라고 확신했다—사회는 "오늘날 긴박한 경제적 집단생활에 필요한 대부분의 유용성과는 거리가 먼 고대적인 생활양식"에 권좌를 내놓고 말 것이다.

지금과 마찬가지로 베블런이 살던 당시에도 스포츠는 대학문화를 지배하고 있었다. 대학교수들은 체육학과에서 벌이는 요란한 활동에 경멸의 시선을 던졌을지 모르지만, 고등교육 자체가 이미 약탈의 매력을 부추기는 활동들이었다. 특유의 의례나, 학사모·가운·배지 같은 특이한 복장으로 대변되는 대학교들도 "일부 학문적 사도들의 대물림"을 통해서 한 세대의 권위를 다음 세대에까지 세습하는 학자들로 구성된 "전문성직자계급"의 지배를 받고 있었다. 베블런은 고등교육체계 중에서 "좀더 낮고 기술적인 혹은 실용적인 수준들과 분과들"에 대해서는 비판을 거의 하지 않았다. 기술학교와 지역대학들은 결국은 유한계급에게 봉사하는 힘겨운 노동 세계의 현실과 너무나 가까웠기 때문이다. 그러나 오늘날 우리가 명문대학이라고 부르는 고등교육기관들은 그의 관점에서 보면 무용한 상류계급 사람들을 유용한 사람들로 느끼게 만드는 기능을 제외하면 아무런 공적 기능도 수행하지 못하는 "보수적"이고 심지어 "반동적"이기까지 한 교육기관들이다. 무엇보다도 대학교는 원래 종교기관이었다. 베블런의 관점에서 보면 대학교들은 고전이나 인문학을 가르치고 "일반 학생들로 하여금 그런 류의 지식들을 습득하고 있음을 과시하기 위해 시간과 노력을 낭비하도록" 후원하는 식의 구시대적인 관행들에 바쳐지는 "고등교육을 위한 신학교들"로 남아있다. 베블런이 수행한 대학에 대한 냉소적인 해부는 분명히 대학이 그를 거부했다는 사실과 관계가 있을 것이다. 그의 시대에 경제학은 우리 시대와는 달리 응용수학의 분과도 아니었고, 베블런 특유의 사색적인 모험의 가치를 거의 발견하지 못할 정도로 보수적인 견해와 협소한 연구방법에만 매몰되어 있었던 것이다.

베블런의 저서들을 관류하는 특유의 문체는 그가 유한계급 생활과는 결코 타협하지 않았음을 확인시켜주는 듯하다. 그는 "아이슬란드 전설에 자주 등장하는 하밍기아(hamingia)[1]에 대한 보편적인 믿음" 같은 풍부하지만 막연한 근거들도 거침없이 동원하여 논의를 펼치기 때문에 독자들은 그의 저서를 읽기 위해서 대단한 집중력을 발휘할 필요가 있다. 그는 마치 어떤 지역의 수수께끼 같은 풍습을 해명하기 위해 그 지역을 방문한 민족학자나 인류학자처럼 당시의 미국을 다룬다. 그는 당시 유행하던 다윈의 자연선택설에 입각하여 관찰한 결과를 설명한다. "장두금발형, 단두브루넷형, 지중해형"과 같은 모호하지만 흥미로운 인종학이나 골상학적 범주들이 그의 저작 전반에 걸쳐 등장하고 있는 것도 같은 맥락으로 볼 수 있다. 베블런은 영어에 새로운 용

---

1 특히 전사들로 하여금 전쟁터에서 전공을 올리거나 영웅적인 위업을 달성할 수 있게 만들거나 행운을 가져다주는 정령들이나 힘을 일컫는 노르웨이 말. 깁타(gipta), 괴파(goefa), 혹은 아우트나(audna)라고도 한다.

어들을 많이 추가했지만, 그 용어들 중에서 "과시적 소비"라는 용어만큼 공격적인 반론에 휩싸인 경우는 없었다. 그의 저서들은 비 오는 날 느긋하게 안락의자에 앉아서 읽을 만한 것들이 아니다. 그의 저서들은 한 장 한 장 천천히 곱씹어가면서 읽어야 한다.

특히 《유한계급론》 덕분에 영어권에서는 이른바 "베블런학파(Veblen-esque)"라는 흥미로운 신조어도 출현했다. 지금까지 경제학계는 100여 년 전 베블런이 내놓은 저서에 필적할 만한 처방전을 내놓지 못하고 있다. 그런 한편으로 오늘날 일반 대중에게도 잘 알려진—또한 적어도 경제학자들이 인정하는—존 케네스 갤브레이스(John Kenneth Galbraith), 줄리엣 쇼어(Juliet Schor), 로버트 프랭크(Robert Frank)를 비롯한 다수의 저명한 경제학자들이 베블런의 영향을 받은 전통 아래 배출되었다. 누군가 "베블런학파"라고 불린다는 것은 그 혹은 그녀가 전문(직업적인) 경제학자들만 빼고 거의 모든 사람들이 확연히 알고 있는 현재 자본주의의 맹점을 파헤치고 폭로하는 작업에 종사하고 있음을 의미한다. 원시의 자연경관을 고스란히 간직한 어느 호숫가의 고풍스런 저택을 구입하기를 소망하는 사람이 있다고 치자. 헌데 남들도 그와 동일한 욕망을 가지고 있어서 그 호수가 더 이상 원시적인 아름다움을 자아내지 못하게 되었다. 그럼에도 그가 그 저택을 구입하기를 원한다면 그를 과연 합리적인 사람으로 볼 수 있을까? 또한 과연 우리는 이른바 나스닥(NASDAQ)이라는 난장판 같은 도박판이 엄연히 합법적인 것으로 공인받는 상황에서 그것이 도심을 부정·사기·투기·술수·헛소문 등이 횡횡하는 아수라장으로 만들어버릴 수 있다는 이유로 불법화시켜야 마땅하다고 주장할 수 있을까? 이런 질문들을 완벽하게 제기하려면 베블런의 풍자적인 감성이 필요할 것이다.

베블런이 살던 시대의 생활만큼 현대의 생활도 불공정하다. 한창 대통령의 지위를 누리고 있는 조지 W. 부시(George W. Bush)가 만일 지금 고등학교 졸업반이라면 아마도 오늘의 예일 대학교에 입학하기 어려웠을지도 모른다. 그럼에도 그는 부시 일가의 금력과 인맥을 등에 업고 그보다 머리가 좋은 가난한 사람들을 앞질러 출세를 보장받을 수 있을 것이다. 또한 1990년대 주식시장이 붐을 일으켰을 때 기량 있는 사람들보다는 운이 따르는 사람들이 부를 거의 다 챙겨갔다. '전리품 가정(trophy homes)'—실제로 등장한 이른바 전리품 아내(trophy wives)'는 일찍이 베블런이 예언한 현대 사회의 우울한 단면이다—은 19세기 말에 번창했던 방식과 똑같은 방식으로 20세기 말에도 그대로 번창했다. 베블런은 부자들과 결부된 감정들에 대해서 이의를 제기하면서 불신한 그만큼 기술자들과 실용적인 기계들을 칭송했다. 하지만 그가 당대의 부자들을 공격한 동기는 질투나 시샘과 같은 감정이라기보다는 분노의 감정이었을 것이다. 베블런의 입장에서 경멸이나 풍자는 분노를 표현하기 위한 최선의 방편은 아니었을지라도 그가 사용할 수 있는 유일한 도구였다. 그는 그 도구들을 능수능란하게 사용함으로써, 부자들이 나머지 우리와 다르게 생각하고 다른 방식으로 살아가는 한, 그리하여 과거와 다를 바 없는 미래가 우리를 향해 걸어오고 있는 한, 지속적으로 읽힐 책 한 권을 써냈던 것이다.

2001년 앨런 울프[2]

---

2 앨런 울프(Alan Wolfe): 보스턴 대학의 보이시 종교 및 미국공공생활 연구소 소장. 저서로 《오직 하나의 국가 *One Nation, After All*》과 《도덕적 자유 *Moral Freedom*》가 있다.

소스타인 베블런에 대하여

19세기 미국 사회와 경제적 체계들에 대한 신랄한 비판을 가함으로써 미국의 자만심을 뒤흔든 독창적 경제학자인 소스타인 베블런은 1857년 7월 30일 위스콘신 주 카토 부근의 한 개척농가에서 태어났다. 그의 부모는 1865년 노르웨이에서 온 가족을 데리고 미국 미네소타 주의 한 스칸디나비아농업공동체로 이주해온 이민자들이었다. 조숙한 아이였던 베블런은 농사일이나 집안일에 크게 구애를 받지 않았기 때문에 지적인 호기심을 충족시킬 기회도 많았을 것이다. 그는 다른 형제자매와 같이 그 지역에서 중학교와 고등학교를 다녔고, 17살에는 미네소타 주 노스필드 근처의 규모가 크지 않은 교양교육기관인 칼턴 칼리지에 입학했다. 1880년 칼턴 칼리지를 졸업한 베블런은 존스홉킨스 대학교에서 잠시 철학을 공부했지만 곧 예일 대학교로 옮겨가서 1884년 철학과 정치경제학 박사학위를 취득했다. 기독교 신앙생활을 하지 않는다는 이유로 그곳에서 교수직을 얻을 수 없었던 베블런은 가족이 사는 농촌으로 돌아와 몇 년간 광범위하게 독서를 하면서 때로는 글을 쓰기도 했다. 1888년 미국 중서부지

방 명문가의 딸 엘런 롤페와 결혼했다. 1892년 코넬 대학에서 경제학과 재정학 특별 연구원 생활을 마친 그는 시카고 대학교의 전임강사로 임용되었고 1896년에는 새로 창간된 〈정치경제학저널 *Journal of Political Economy*〉지의 편집을 맡기 시작했다.

1899년 베블런의 첫 번째 저서이자 최고의 역작인 《유한계급론》이 출간되자 학계가 발칵 뒤집어졌다. 이 책은 고전경제학자들이 금과옥조로 여기던 두 가지 교리적인 논리—자본가의 이익은 사회의 이익과 일치한다는 논리 그리고 경쟁체계는 경제를 진보시키는 역동성을 제공한다는 논리—를 반박하고 있었기 때문이다. 베블런의 자신의 작업을 핵심적으로 표현하는 "과시적 소비"라는 말을 사용함으로써 학술서도 대중적인 인기를 모을 수 있음을 증명해보였다. 윌리엄 딘 하우웰스는 대중적인 성공을 거둔 이 책에 관한 상당히 우호적인 장문의 서평을 통해서 《유한계급론》을 무엇보다도 통렬한 사회풍자로 해석했다. 이후 〈타임〉지도 베블런을 "당대를 가장 인상적으로 풍자한 미국인"이라고 격찬했다. 비평가 앨프레드 카진(Alfred Kazin)은 "베블런의 저서에 깃들인 풍자적 요소는 그 세련되기가 마치 화려한 불꽃처럼 빛을 발하고 있다……그는 미국의 상상력의 역사를 통틀어 가장 경이로운 인물들 중 한 사람이다"라고 선언했다.

한 세기가 지난 후 이 책은 경제이론뿐 아니라 사회학과 역사학에서 하나의 고전으로 인정받기에 이르렀다. 하버드 대학교의 경제학 교수 존 케네스 갤브레이스(John Kenneth Galbraith)

는 《유한계급론》은 부자들의 행태가 낳은 결과들을 탁월하고 적나라하게 조명하고 있다"고 말하면서 이렇게 덧붙인다. "경이로운 책이다. 또한 신사연하고 사회적인 체하는 대부분의 [저서들]을 포함한 지금까지 영어로 쓰인 산문 중에서 가장 독창적인 문제를 자랑하는 역작이다. 그 내용 중 일부는—미국자본주의가 고도성장 가도를 달리던—[19]세기말 미국 사회에 그대로 적용될 수 있지만, 풍요로운 현대 사회에는 더욱 적확하게 적용될 수 있다……이 책을 한 번이라도 읽어본 사람이라면 누구나 부자들이 꼭 그런 식으로만 재화를 소비한다는 사실을 한눈에 확인할 수 있을 것이다."

베블런은 《기업론 *The Theory of Business Enterprise*》(1904)을 통해서 더욱더 유명세를 타게 된다. 미국의 기업제도에 이단적이라고 할 만한 직격탄을 날리고 있는 이 책은 '베블런은 마르크스주의자'라는 의혹을 증폭시켰다. 하지만 그는 곧 기술적인 근거를 들면서 자신은 마르크스주의와 무관하다는 점을 지적하면서 이렇게 단언했다. "마르크스주의 체계는 지속력도 없을 뿐 아니라 사고력마저 부족한 체계이다." 베블런의 사생활을 둘러싸고도 말들이 많았다. 동료교수 부인과의 불미스런 일 때문에 1906년 결국 시카고 대학교의 교수직에서 물러나야 했다. 또한 여러 여성들과의 스캔들 때문에 1909년 스탠포드 대학교의 교수직도 사임하기에 이른다.

1911년 베블런은 미주리 주립대학교 교수로 부임하면서 집필에만 열중한다. 《제작본능과 산업기술의 실태 *The Instinct of Workmanship and the State of the Industrial Arts*》는 베블런 자신이 최고의 저작으로 꼽은 책으로 《유한계급론》의 서론에서 따온 아이디어를 확대발전시킨 것이다. 유럽에서 1차대전이 발발하자 그는 《독일제국과 산업혁명 *Imperial Germany and Industrial Revolution*》(1915)을 통해서 독일제국과 군국주의의 경제정책을 고찰했다. 이후 《평화의 본질과 그 존속기간에 대한 연구 *An Inquiry into the Nature of Peace and the Terms of its Perpetuation*》(1917)를 통해서 평화를 위협하는 자본주의체제를 검토했다. 《미국의 고등교육 *The Higher Learning in America*》(1918)을 통해서 베블런은 미국의 단과대학과 종합대학교들이 총체적으로 기업의 이해관계에 종속되어 있다고 강력하게 비판한다. 그는 또한 《현대 문명에서 과학이 차지하는 위치 *The Place of Science in Modern Civilization*》(1919)를 비롯하여 경제학과 사회학에 관한 주목할 만한 여러 논문과 저서들을 발표했다.

베블런은 사망하기 전 10여 년간 뉴욕에서 진보적인 '새로운 사회연구소'에서 강의했다. 이 시기에 그가 집필한 경제경영 관련저서들로는 《기득권과 산업기술의 현황 *The Vested Interests and the State of Industrial Arts*》(1919, 이후 《기득권과 일반인 *The Vested Interests and the Common Man*》이라는 제목으로 출간됨), 《기술자들과 가격제도 *The Engineers and the Price System*》(1921), 《소유권 부재와 근대의 기업 *Absentee Ownership and Business Enterprise in Recent Times*》(1923) 등이 있다. 1925년 베블런은 그의 어린시절 추억이 깃들인 아이슬란드 전설을 영어로 번역하여 《락스다엘라 사가 *The Laxdaela Saga*》라는 제목으로 출간하기도 했다. 베블런은 그가 오랫동안 예견했던 대공황이 엄습하기 얼마 전인 1929년 8월 3일 캘리포니아 팔로알토 근방에서 조용히 세상을 떠났다. 그의 마지막 저서 《변화하는 우리의 질서에 관한 단상들 *Essays in Our Changing Order*》은 그가 죽은 뒤 1934년에 출간되었다.

사회철학자 루이스 멈퍼드(Lewis Mumford)는 "[베블런은 우리의 경제적 질서에 내재한 사회적 모순을 마르크스 이후 가장 선구적으로 분석한 학자였다"면서 이렇게 회고한다. "그의 저서들은 표면적으로는 금욕적이고 간소하면서도 그 저변에서는 마치 사고체계를 마비시키는 듯 들끓는 감정과 열정의 용광로가 흘러나오는 듯한 느낌을 준다. 해박함과 풍자가 어우러지고 세련된 분석과 거의 고문에 가까울 정도의 배경지식을 요구하는 개괄적인 서술이 융합된 그의 저서들은 실로 막대사탕 포장지에 감싸인 다이너마이트[와 같은] 인격을 반영하는 듯하다……베블런의 사유는 지금껏 밝혀지지 않았던 신체조직을 꿰뚫고 조직내부를 확연히 드러내 보이는 엑스레이 같은 것이었다. 무엇보다도 그는 오늘날 우리의 경제적 질서에서 눈에 띄는 기능 교란의 역사적인 기원까지 밝혀낸 괴짜 병리학자였다." 또한 뉴딜정책을 주창한 경제학자 스튜어트 체이스(Stuart Chase)는 이렇게 말했다. "베블런은 미래세대가 나아갈 궤도를 그려 보인 천문학자였다 해도 과언이 아니다. [20]세기의 초입에서 그는 사실들을 수집하고 경제사적으로 가장 대담한 해석을 통해서 종합하여 향후 수십 년간 적용할 수 있을 것이 분명한 이론적 틀을 제시함으로써 역사를 예견했다." 그리하여 존 케네스 갤브레이스는 이렇게 결론을 내린 바 있다. "그의 시대에나 그 이후에도 금전 자체가 아닌 금전을 획득하려는 남자들과 여자들의 행동방식을 그처럼 냉철하고 날카로운 시선으로 꿰뚫어본 사람은 아무도 없었다."

■ 저자의 말

이 연구의 목적은 근대인들의 경제적인 삶에서 유한계급(有閑階級, leisure class)이 차지하는 위치와 가치를 논하는 데 있다. 그러나 이렇게 범위를 엄격하게 제한하여 논의를 진행하기란 사실 불가능했다. 유한계급의 기원과 계보를 살펴보는 과정에서 흔히 경제적 사안으로는 잘 취급되지 않는 사회적인 삶의 특징들도 짚고 넘어갈 필요가 있었기 때문이다. 또한 일반들에게는 그리 친숙하지 않은 일반경제이론이나 인류학에 근거하여 논의를 진행한 부분도 있음을 밝혀두고자 한다.

나는 서론에서 이러한 이론적 참조의 경위를 충분히 설명해 놓았다. 좀더 자세한 설명은 〈미국 사회학 저널 The American Journal of Sociology〉 제4호에 실린 〈제작본능과 노동의 권태〉와 〈소유권의 기원〉, 그리고 〈야만시대 여성의 신분〉을 참조할 수 있을 것이다.

그럼에도 이 책의 논리를 이끄는 나의 이론이 생소하다거나 신기하다고 느끼는 사람들도 있을 것이다. 그러나 나는 그런 신기한 이론에만 근거하여 논의를 전개하지 않았다. 물론 나의 이론을 뒷받침하는 자료나 출처를 명확히 밝히지 않은 경우도 있어서 설득력이 없어 보일지는 모르나, 경제이론의 자격을 상실하지 않을 정도의 방법론은 견지하고 있다고 감히 자부할 수 있다.

더구나 이 책의 논리를 뒷받침하기 위해 사용한 자료들은 주로 일상생활에서 직접 확인할 수 있는 널리 알려진 것들이다. 무릇 모든 사람들에게 익숙한 사실을 근거로 동원해야 이해시키기도 쉽고 오해의 소지도 줄일 수 있기 때문이다. 그런 장점에도 불구하고 이런 자료들은 일상생활과 그만큼 밀접하다는 이유로 경제학이나 연구자들의 관심을 끌지 못했다. 따라서 내가 이처럼 천박하고 세속적인 일상사를 과감하게 이론적 근거로 사용한다고 하여 독자들의 문학적 감각이나 학문적 능력을 폄훼한다고 여기지는 말기 바란다.

시간적·공간적으로 좀더 먼 출처에서 빌려온 자료나 증거를 비롯하여 인류학에서 빌린 이론이나 가설들은 일정한 교양을 갖춘 독자들이라면 오히려 더 친숙하거나 접근이 쉬워서 그 출처를 금방 알 수 있는 것들이다. 나는 그러한 독자들에 대한 믿음을 등에 업고 자료의 출처나 인용문의 원전을 일일이 명시하는 수고를 덜 수 있었음을 이 자리를 빌려 밝혀둔다.

1. 서론: 유한계급의 기원

유한계급제도는 봉건시대 유럽이나 일본처럼 야만문화가 후기 단계에 도달한 지역에서 가장 잘 발달했던 것으로 보인다. 그런 사회에서는 계급간의 구별이 매우 엄격하게 지켜졌다. 그러한 계급적 차이를 결정한 것은 무엇보다도 경제적 요인이었다. 그것은 몇몇 계급들에 할당된 직업들 사이에 적용된 구별방식을 살펴보면 알 수 있다. 상류계급들은 관습상 생산활동을 면제받았고, 어느 정도 명예가 따르는 일을 하게끔 정해져 있었다. 어느 봉건사회에서나 가장 명예로운 직업은 당연히 전사(戰士)였고 그 다음으로 명예로운 직업은 대체로 성직이었다. 물론 노골적으로 전쟁을 즐기지 않는 야만사회에서는 성직자가 전사보다 명예롭게 여겨졌을 것이다. 그러나 극소수의 예외를 제외하면, 전사나 성직자 같은 상류계급들은 생산활동을 면제받는다는 원칙이 봉건사회를 지배했고, 그러한 면제는 그들의 우월한 신분을 나타내는 경제적 표시가 되었다. 인도의 브라만계급은 상류계급들이 생산활동을 면제받았음을 보여주는 좋은 실례라 할 수 있다. 그런데 이처럼 상대적으로 발달된 야만문화에 속하는 사회에서는 유한계급으로 통칭될 수 있는 계급 자체도 상당히 분화되어 있었을 뿐 아니라 그에 상응하는 직업도 분화되어 있었다. 전체적으로 볼 때 유한계급은 귀족계급과 성직자계급 그리고 그들을 따르는 많은 수행인들과 시종들로 구성되어 있었다. 그러나 유한계급이 하는 일들이 그렇게 분화되어 있긴 했어도 경제적으로 비생산적인 일이라는 공통의 특징을 가지고 있었다. 한가롭고 비생산적인 상류계급, 즉 유한계급들은 정치, 전쟁, 종교의식, 스포츠 같은 활동을 주로 했기 때문이다.

비교적 초기 단계의 야만시대에 유한계급은 아직 분화가 덜된 형태를 띠고 있었다. 계급적 구별이나 유한계급 내의 직업분화도 아직 세밀하거나 복잡하게 이루어지지 않았다. 폴리네시아 제도 주민들의 삶은, 그 지역에 대형 사냥감이 서식하지 않기 때문에 그들의 삶에서 사냥이 명예로운 일로 여겨지지 않는다는 점을 예외로 하면, 유한계급의 초기 발달단계의 전형을 보여주는 좋은 실례라 할 수 있다. 북유럽의 전설에 등장하는 아이슬란드 사회도 마찬가지다. 이들 사회에서는 계급들 간의 차별도 엄격하고 각 계급이 담당하는 직업도 확실히 구별되어 있다. 먹고살기 위해 매일 하지 않으면 안 되는 육체노동 즉 생산활동은 열등계급만 하는 일로 간주된다. 이 열등계급에는 노예나 하인들은 물론 대개는 모든 여자들이 포함된다. 그런데 귀족계급이 몇 개의 등급으로 나뉘어져 있을 경우, 상위등급에 속하는 귀족여성들은 보통 생산활동을 면제받거나 적어도 좀더 천한 육체노동만큼은 면제받는다. 상류계급의 남자들은 모든 생산활동을 면제받을 뿐 아니라 아예 규범화된 관습에 따라 생산활동 자체를 못하게 되어 있다. 그들에게 허용된 직업의 범위는 그만큼 엄격하게 제한되어 있다. 앞서 말했듯이 상류계급이 하는 일은 정치, 전쟁, 종교의식, 스포츠이다. 이 네 가지 활동분야가 상류계급의 삶을 지배하고 있으며, 왕이나 추장 같은 최고계급조차도 그들이 이끄는 사회의 관습이나 상식이 허용하는 이 네 가지 활동밖에 할 수 없다. 생활수준이 향상된 곳에서는 이제 스포츠조차 최고계급에 합당한 활동인지 의문시되기에 이른다. 유한계급 중에서도 상대적으로 낮은 부류의 사람들에게는 또 다른 일정 직업이 허용되지만, 그것들은 유한계급의 전형적인 직업에 종속된 부차적인 일들에 불과하다. 예를 들면, 무기나 전투장비, 전투용 카누 등을 제조하고 수리하거나, 말이나 개, 매 같은 가축을 돌보고 훈련시키거나, 제사의식을 준비하는 일 따위가 그들이 주로 하는 일이다. 그러나 유한계급 축에도 못 드는 하류계급은, 이처럼 명백히 생산적인 일이지만 단지 유한계급이 하는 전형적인 일과 다소 거리가 있다는 이유로 덜 명예롭게 간주되는 이런 일들마저도 하지 못하도록 배제된다.

우리가 만일 이처럼 전형적인 야만문화 이전 단계의 덜 발달된 야만문화로 눈을 돌려본다면 완전히 발달된 형태의 유한계급을 더 이상 발견하지는 못할 것이다. 하지만 이런 미숙한 야만문화들을 살펴봄으로써 우리는 유한계급제도를 배태한 관습, 동기,

환경과 더불어 그 제도의 초기 발달단계들을 이해할 수 있을 것이다. 세계 각지에서 유목이나 수렵을 하며 살아가는 부족들은 이처럼 좀더 원시적인 단계의 계급분화 과정을 잘 보여주고 있다. 북아메리카의 한 수렵부족은 아주 좋은 사례로 보인다. 이 부족 내에 분명한 유한계급이 존재한다고 말하기는 어렵다. 부족 성원들이 각자의 역할을 분담하고 그 역할에 따라 계급도 구별되어 있지만, 부족의 모든 상류계급이 "유한계급"이라는 명칭에 걸맞을 만큼 노동을 면제받지는 않는다. 이 정도의 경제적 수준에 있는 부족들은 남녀의 직업이 분명히 구별되는 시점까지 경제적 분화를 계속하기는 하지만, 이런 구별은 불공정한 차별의 성격을 띤다. 이런 부족들은 거의 대부분 규범화된 관습에 따라 여자들을 향후 발달하게 될 생산적인 직업에만 할당하는 반면에, 남자들은 비천한 생산활동으로부터 면제시켜 전쟁, 사냥, 스포츠, 종교의식을 대비하고 종사토록 한다.

이런 식의 노동 분업은 상대적으로 발달된 야만문화에서 볼 수 있는 노동계급과 유한계급의 차별과 일치한다. 그렇게 직업이 분화되고 전문화되는 과정에서 생산적인 직업과 비생산적인 직업을 가르는 경계선이 그어지기 시작한다. 향후 발달하는 야만사회에서 정형화되는 생산직은 초기 야만사회의 남성들이 하던 일들에 기원을 두고 있지 않다. 초기 야만사회의 남성들이 하던 일들은 발달된 후기 야만사회에서는 생산활동으로 분류되지 않는 전쟁, 정치, 스포츠, 학문과 종교의식 같은 활동들을 통해서만 살아남는다. 물론 생산활동으로 분류하기에는 의심스러운 낚시를 비롯한 고기잡이, 무기나 장난감이나 스포츠용품 제작 같은 정형화되지 않은 유사─직업들은 차츰 생산활동에 편입된 두드러진 예외일 것이다. 따라서 사실상 모든 생산적인 직업은 원시적인 야만사회에서 여성들의 일로 분류된 활동에서 비롯된 것들이다.

상대적으로 덜 발달된 야만문화에서는 남자들이 하던 일도 여자들이 하던 일만큼이나 집단의 생존에 필수적인 것이었다. 심지어 남자들의 일은 여자들의 노동 못지않게 집단의 생존에 필요한 식량이나 기타 필수품 공급에 이바지할 수 있었다. 실제로 이러한 남자들의 일이 분명히 "생산적인" 성격을 지녔다는 이유로 전통적인 경제학자들은 수렵을 원시적인 산업의 전형으로 간주했다. 그러나 야만인들은 그렇게 생각하지 않았다. 야만인 사냥꾼은 자신을 일개 노동자로 여기지 않았고 여자들과 같은 계급으로 분류하지도 않았다. 또한 그가 사냥에 들인 노력이 여자들의 노동이나 생산활동 같은 비천한 일로 분류되지도 않았으며, 그런 견지에서 여성의 노동과 남자의 사냥을 혼동하는 것도 용납되지 않았다. 모든 야만사회에서는 남자가 하는 일과 여자가 하는 일은 엄연히 달라야 한다는 근본적인 관념이 뿌리를 내리고 있다. 물론 그런 사회에서 남자들이 하는 일도 집단의 유지와 존속에 이바지할 수 있다. 하지만 그 남자들은 자신들의 일이 워낙 탁월하고 효율적인 것이기 때문에 그것을 여자들의 평범한 근면성과 비교하는 것은 자신들의 명예만 실추시키는 것으로 느낀다.

그보다 문화수준이 훨씬 더 낮은 미개인 집단들의 경우에는 직업의 분화도 훨씬 덜 되어 있을 뿐 아니라 계급 간, 직업 간의 불공정한 구별도 철저하거나 엄격하지 않다. 이러한 원시적인 미개문화를 확인할 수 있는 뚜렷한 사례를 찾아보기는 대단히 어렵다. 하지만 "미개하다"고 분류되는 집단이나 공동체의 거의 대부분에서 좀더 진보한 문화단계로부터 퇴보한 흔적을 찾아볼 수 있다. 그런데 그중에는 원시적인 미개성의 흔적을 꽤 충실히 드러내 보이는 집단들도 있지만, 때로는 퇴보의 소산이 아니라는 확연한 증거를 보이는 집단들도 있다. 그런 집단들의 문화에는 유한계급도 없고, 대개는 유한계급제도의 바탕이 되는 아니무스(animus)나 정신적인 태도도 없기 때문에 야만사회의 문화와는 다르다. 거의 눈에 띄지 않는 극소수의 종족만이 경제적 계급들 간의 위계가 전혀 없는 원시적인 미개공동체를 형성한다. 이런 단계의 문화를 보여주는 좋은 예로 뱅골 만(灣)의 안다만(Andaman) 제도에 사는 부족들이나 인도 남부의 닐기리(Nilgiri) 고원지대에 사는 토다(Toda)족을 들 수 있다. 유럽인들과 처음 조우했을 당시 이 부족들의 생활은 유한계급 없이 영위되는 전형적인 생활방식을 유지하고 있었던 것으로 보인다. 좀더 비근한 예로는 일본의 에조 아이누(蝦夷 アイヌ)족, 아니면 좀더 의심스럽긴 하지만, 부시먼(Bushman)족이나 에스키모(Eskimo)족의 일부 집단들을 들 수 있을 것이다. 푸에블로

(Pueblo)족의 어떤 공동체들도 확실하지는 않지만 같은 부류에 포함될 수 있을 것이다. 그러나 전부는 아니지만 여기서 예를 든 공동체의 대부분은 현재의 문화 수준에서 더 이상 발전하지 못하고 정체된 경우라기보다는 오히려 좀더 발달된 야만문화에서 퇴보한 경우라고 해야 맞을 것이다. 따라서 앞으로 진행할 논의를 위해 이런 사례들을 참조하는 것도 좋을 것이고, 더구나 그들이 실제로 "원시적인" 인간이라고 해도 동일한 결과를 증명하기에는 전혀 부족함이 없는 사례일 것이다.

확실한 유한계급이 존재하지 않는 이들 공동체는 사회구조나 생활방식 같은 또 다른 특징들을 비교해보아도 서로 비슷한 면모를 보인다. 그들은 흔히 단순한 (선사적인) 구조의 소규모 집단을 구성하여 한 곳에 평화롭게 정착해서 사는 가난한 집단이다. 그들의 경제체계를 지배하는 요인은 개인의 소유권이 아니다. 동시에 그들은 현존하는 공동체 중에서 가장 작은 집단도 아니고 그들의 사회구조 역시 모든 면에서 분화가 가장 덜 이루어진 것도 아니다. 더구나 이런 부류의 공동체가 분명한 개인소유권제도를 갖지 않는 모든 원시공동체를 필수적으로 포함하는 것도 아니다. 그러나 이 부류의 집단이 어쩌면 평화를 특징으로 하는 모든 원시인 집단들 중에서도 가장 평화적인 집단을 포함하고 있는 듯이 보인다는 점은 특기할 만하다. 사실 그런 공동체들의 구성원이 공유하는 가장 주목할 만한 특징은 폭력이나 협잡에 직면해도 일종의 호감을 표시하거나 소극적인 대응을 보인다는 것이다.

　발전단계가 낮은 공동체의 관습이나 문화적 특징들이 제공하는 증거를 살펴보면, 유한계급제도는 원시적인 미개사회가 야만사회로 이행하는 과정에서, 좀더 정확히 말해서, 평화로운 생활습관이 시종일관 호전적인 생활습관으로 이행하는 과정에서 서서히 출현한다는 것을 알 수 있다. 그 제도가 일관된 형태로 출현하기 위해서는 분명히 다음과 같은 조건들이 필요하다. 첫째, 그 공동체에 (전쟁이나 대형동물 사냥 또는 두 가지 모두를 주로 하는) 약탈적 생활습관이 존재해야 한다. 다시 말해서, 이처럼 미발달된 초보적 유한계급을 구성하는 남자들은 폭력이나 모략을 통해서 적이나 사냥감에게 위해를 가하는 일에 익숙해져 있어야 한다는 말이다. 둘째, 공동체 구성원의 다수가 힘겨운 일상 노동에 시달리지 않아도 충분히 생계를 유지할 만큼 물자를 쉽게 확보할 수 있어야 한다. 유한계급제도는 일찍이 가치 있는 직업과 가치 없는 직업을 차별화하는 과정에서 자연스럽게 발생한 부수적인 제도이다. 이러한 고대적인 직업구분방식에 따르면 가치 있는 직업은 공명을 획득할 수 있는 직업으로 분류될 수 있을 것이고, 가치 없는 직업은 공명의 요소라고는 아예 깃들 여지가 없는 필수적이고 일상적인 직업을 가리킬 것이다.

　이러한 구분방식은 현대 산업사회에서는 거의 의미 없이 여겨졌기 때문에 경제학자들의 관심을 거의 끌지 못했다. 경제적 논의를 주도해온 현대의 상식에 비추어 볼 때 이것은 형식적이고 알맹이 없는 구분방식으로 보인다. 예컨대 비천한 직업에 대한 우리의 습관적인 혐오감이 증명하듯이, 이런 구분방식은 현대 생활에서도 널리 유행하는 진부한 선입견으로서 매우 끈질기게 존속하고 있다. 그것은 인간을 우등인간과 열등인간으로 구분하는 인격적인 차별로도 나타난다. 개인의 인격이 지닌 힘이 사건의 진행방향에 좀더 직접적이고 확실한 영향을 미치던 초기 단계의 문화에서는 공명이라는 요소가 일상생활의 영역에서 더욱 중요한 가치를 지니고 있었다. 또한 사람들도 이런 사실에 훨씬 더 큰 관심을 집중했다. 결론적으로 당시에는 이러한 선입견에 따라 진행된 차별이 오늘날보다 더 불가피하고 더 결정적인 것으로 여겨졌을 것이다. 따라서 문화발달 과정에서 나타나는 하나의 사실인 이러한 차별은 인간에 대한 실질적인 차별일 뿐 아니라 충분한 타당성과 설득력을 지닌 근거들에 기반을 두고 있다.

사실들을 바라보는 습관적인 관심이 변하면 습관적으로 사실들을 구별하는 근거도 달라진다. 익숙한 사실들의 특징은 시대의 지배적인 관심의 조명을 받을 때 더 두드러지고 실질적인 가치를 드러내는 법이다. 하지만 습관적으로 상이한 관점의 문제의식에 따라 사실들을 이해하고 상이한 목적에 따라 사실들의 가치를 평가하는 사람에게는 어떤 구별의 근거도 무의미하게 보인다. 그에 비해 여러 활동의 목적과 방향을 구별하고 분류하는 동일한 습관은 언제 어디서나 필수적인 효력을 발휘한다. 왜냐하면 그런 습관은 실용적인 이론이나 생활방식을 이해하는 데 필요불가결하기 때문이다. 생활관련 사실들을 분류하는 데 결정적인 영향을 미치는 특수한 관점이나 특수한 성질은 그 사실들을 구별하고자 하는 관심에 따라 선별된다. 그러므로 사실들을 구별하는 근거들, 그리고 그것들을 분류하는 절차상의 기준은 문화가 발달하면서 점진적으로 변한다. 왜냐하면 생활관련 사실들을 이해하는 목적이 변함에 따라 그것을 바라보는 관점 역시 변하기 때문이다. 그래서 일정한 단계의 문화에서 주도적인 계급 또는 사회계급의 뚜렷하고 결정적인 특색으로 인정되었던 것들이 그 다음 단계의 문화에서는 상대적으로 같은 크기의 중요성을 유지하지 못하는 것이다.

그러나 기준이나 관점의 변화는 단지 점진적으로만 이루어지기 때문에, 일단 한번 수용한 변화를 거스르거나 완전히 억제하는 경우는 대단히 드물다. 생산적인 직업과 비생산적인 활동 사이의 구별이 지금까지도 습관적으로 계속되고 있는 것도 그 때문일 것이다. 현대의 이러한 구별방식은 명예로운 일과 비천한 일을 구별한 야만문화의 구별방식이 변형된 형태이다. 일반민중들은 전쟁, 정치, 대규모 종교의식, 집단적인 오락 등과 관련된 직업들을 물질적인 생활수단의 생산에 진력해야 하는 노동과는 본질적으로 다른 것으로 여긴다. 정확한 경계선이 초기 야만시대의 경계선과 똑같이 그어진 것은 아니지만, 전반적인 구별은 아직도 폐기되지 않고 있다.

요컨대 오늘날 유행하는 암묵적이고 상식적인 구별방식에 따르면, 인간의 어떤 노력도 인간이 아닌 사물들을 이용하는 것을 궁극목표로 삼는 경우에만 생산적인 일로 평가받을 수 있다. 인간이 강제로 인간을 이용하는 일은 생산적인 활동이라는 느낌을 주지 않지만, 인간 이외의 환경을 이용하여 인간생활의 향상을 꾀하는 모든 노력은 생산적인 활동으로 분류된다. 고전학파의 전통을 가장 잘 계승하고 있는 오늘날의 경제학자들은 인간의 "자연에 대한 지배력"을 산업생산력의 실질적인 특징으로 가정하고 있다. 자연에 대한 이러한 산업의 지배력은 짐승들의 생명력을 비롯한 모든 원초적인 폭력에 대한 인간의 지배력을 포함하는 것으로 간주된다. 이리하여 인류와 야만적인 피조물 사이에 하나의 경계선이 그어진다.

그러나 다른 선입관에 물든 다른 시대의 사람들 사이에서 이러한 경계선은 오늘날 우리가 그어놓은 경계선과 일치하지 않는다. 그 경계선은 미개인이나 야만인들의 생활공간에서는 다른 위치에 다른 방식으로 그어진다. 야만문화에 속하는 모든 공동체에서는 야만인 자신을 포함하는 일단의 현상과 그의 식량을 포함하는 일단의 현상을 정반대의 것으로 느끼는 민감하고 빈틈없는 감각이 존재한다. 또한 그들은 경제적인 현상과 비경제적인 현상도 정반대의 것으로 느낀다. 하지만 그것은 현대적인 형태의 반대감각과는 다른 것으로 보인다. 그들의 반대감각은 인간과 야만적인 피조물 사이가 아닌 활동체(animate thing)와 부동체(inert thing) 사이에 놓여있기 때문이다.

여기서 야만인들이 생각하는 "활동체"라는 용어의 의미가 "생명체"라는 말이 시사하는 의미와 다르다고 군이 설명하는 것은 나의 지나친 노파심의 발로일지도 모른다. 하여간 "활동체"라는 말은 모든 생명체를 포함하지는 않지만 여타 다른 많은 무생물들을 포함하고 있다. 폭풍우, 질병, 폭포 같은 강력한 자연현상들은 "활동체"로 인식되지만, 과일이나 초목, 심지어 파리·구더기·쥐·양과 같이 사람의 눈에 잘 띄지 않는 동물들은 집합적으로 언급되지 않는 한 일반적으로 "활동체"로 인정되지 않는다. 따라서 그들이 사용하는 이 용어가 반드시 내면적인 영혼이나 정신의 의미를 포함하는 것은 아니다. 특히 정령을 숭배하는 미개인들이나 야만인들은 흔히 통과의례 같은 것을 치르는 실재적인 습관이나 전가된 습관의 가공할 위력에 두려움을 느낀다. 이 용어는 그들에게 이러한 두려움을 주는 사물들도 포함한다. 이러한 사물에는 광범위하고 다양한 자연물과 자연현상들이 포함된다. 부동체와 활동체를 구분하는 이러한 무분별한 사고습관은 지금도 지각없는 사람들 사이에 남아 있으며, 인간의 삶과 자연의 운행에 관한 유력한 이론들에까지 깊은 영향을 미치고 있다. 그러나 이런 사고습관은 그보다 더 이전의 초기 단계에서 나타나는 문화와 믿음의 광범위하고 실질적인 중대성만큼이나 넓게 또는 깊이 우리의 일상생활에 침투하지 못한다.

야만인들의 생각에 따르면, 움직이지 않는 자연물을 가공하거나 이용하는 일은 "활동적인" 사물이나 물리력을 다루는 일과는 전혀 다른 지평에서 이루어지는 활동이다. 두 가지 활동을 구분하는 경계선은 모호하고 가변적이지만, 대략적인 구분만으로도 야만인들의 생활구조에 충분히 영향을 미칠 수 있을 만큼 실질적인 설득력을 발휘할 수 있다. 야만인들의 미숙한 상상력은 어떤 목적을 지향한 활동을 전개하기 위해서 활동체로 감지되는 사물들을 우선 분류한다. 즉 그들이 이러한 목적론적인 활동을 전개하는 이유는 어떤 대상이나 현상을 일종의 "활동적인" 사실로 지정하기 위함이다. 투박한 미개인이나 야만인들은 하여간 눈에 거슬리는 활동을 접하기만 하면 오직 그들의 이해력의 한계 내에서, 다시 말해서 그들 자신의 행동을 의식하듯이 즉각적으로, 그 활동을 해석해버린다. 그 때문에 그 활동은 인간의 활동과 동일시되고 그런 한에서 활동적인 대상들이 인간 활동의 동인(動因)으로 이해된다. 특히 두려움을 자아내는 불가해한 행동도 서슴지 않는 이런 종류의 인간들이 보이는 현상은 부동체들을 다루는 데 요구되는 것과는 다른 정신과 수완을 가지고 대처해야 한다. 그런 현상에 성공적으로 대처하는 일은 생산적인 일이기보다는 명예로운 일로 여겨진다. 그러기 위해서는 근면하기보다는 용맹해야 한다.

부동체와 활동체를 이처럼 투박하게 구분하는 초보적인 지침을 따르는 원시적인 사회집단의 활동은, 현대적인 표현법을 빌려 말하면, 명예로운 일과 생산활동이라고 부를 수 있는 두 부류의 활동으로 분화되는 경향이 있다. 여기서 생산활동이란 생산자가 기능적인 수작업으로 수동적인(맹목적인) 질료를 새로운 목적을 부여받는 새로운 사물로 가공하기 위한 노력을 가리킨다. 반면에 명예로운 일은 자신이 아닌 다른 사람이 이전에 다른 목적을 달성하는 데 쏟았던 에너지를, 그것이 자신에게 유익한 결과를 가져다주는 한에서, 자신의 목적달성을 위한 에너지로 전환하는 일이다. 이처럼 야만인들이 우리가 모를 어떤 깊은 의미를 실감했던 것들을 우리는 여전히 "무생물"이라는 말로 통칭하고 있는 실정이다.

명예로운 일과 비천한 일의 구별은 남성과 여성의 차이와 부합하여 이루어진다. 남성과 여성은 체격과 근력뿐 아니라 어쩌면 좀더 결정적으로는 기질이 서로 다르기 때문에 그에 상응하는 노동의 분화도 일찍부터 이루어졌음이 분명하다. 일반적으로 명예로운 일에 포함되는 활동영역은 더 강인하고 더 대담하며, 돌발적이고 격렬한 긴장을 더 잘 견디고 자기주장이 더 강하며, 치열하고 과격한 경쟁을 더 좋아하는 공격적인 기질을 가진 남성의 영역에 속한다. 원시집단의 구성원들 사이에서 체격, 생리적 특성, 기질의 차이는 그리 크지 않았을지도 모른다. 실제로 우리에게 익숙한 안다만제도의 부족들처럼 좀더 오래된 사회나 공동체에서는 그런 차이가 상대적으로 크지 않고 또 중요하게 여겨지지도 않는다. 그러나 이처럼 남녀의 체격과 아니무스의 차이를 구분하는 경계선상에서 역할의 분화가 진행되자마자 남녀 사이에 존재하던 원래의 차이도 자연스럽게 커지기 시작할 것이다.

새롭게 분배되는 직업들에 대한 선택적인 적응과정이 누적되기 시작할 것이고, 특히 그들이 접하는 주거환경이나 주위에 서식하는 동물들이 그들에게 상당히 강력한 체력과 정신력의 발휘를 요구한다면 누적과정은 본격화될 것이다. 주기적으로 대형동물을 사냥하는 사람은 더욱 강인한 체력과 더욱 민첩하고 사나운 남성의 속성을 겸비해야 한다. 그런 과정이 남녀의 직업분화를 더욱 촉진하고 확대시킬 것은 거의 확실하다. 그리고 그런 집단이 다른 집단과 적대적인 관계에 돌입하는 순간부터 가속화되는 남녀의 역할분화는 명예로운 일과 생산활동 사이의 구별을 더욱 발달된 형태로 이끌게 될 것이다.

그렇듯 사냥꾼들로 구성된 약탈집단에서 전투와 사냥은 강한 남자들의 직무가 된다. 여자들은 여자들만의 일을 한다. 이러한 취지에 따라 남자들의 일에 적응하지 못하는 구성원들은 여자로 분류된다. 그런데 남자들의 사냥과 전투는 대체로 동일한 성격을 가지고 있다. 즉 사냥과 전투 모두 약탈본능에서 비롯된 것이기 때문에, 사냥꾼과 전사는 마치 씨도 뿌리지 않는 곳에서 열매를 따는 사람과 같다고 할 수 있다. 폭력과 지략을 공격적으로 구사하는 남성의 사냥과 전투는 생활필수품을 만드는 여성의 부지런하고 일상적인 노동과는 확연히 다르다. 그러한 남성의 활동들은 생산적인 노동이 아니라 강탈에 의한 자산취득 활동으로 이해될 수 있다. 야만적인 남자들의 그런 활동들이 최고도로 발달하여 여자들의 노동과의 차이가 최대로 벌어지면, 용맹성을 과시하지 못하는 어떤 노력도 남자들에게는 가치 없는 일로 여겨지게 된다. 이 전통이 일관성을 획득하면, 그 공동체의 상식은 이 전통을 행동규범으로 확립시킨다. 그리하여 이러한 문화적 단계에서는 자존심을 가진 남자라면 폭력이나 술책을 포함하는 용맹성을 기반으로 하지 않는 어떤 직업이나 성취도 도덕적으로 용인하지 않을 것이다. 그런 집단의 약탈생활이 장기간 지속되어 생활습관으로 정착되면, 저항이나 도피로 생존을 꾀하는 경쟁자들을 살해하거나 파멸시키는 일, 그리고 주위에서 집요하게 도발을 획책하는 외부세력들을 정복하거나 굴복시키는 일이 그 집단 내에서 사회경제적으로 강력한 남자들의 공인된 직무가 된다. 따라서 명예로운 일과 비천한 일에 대한 이처럼 집요하고도 치밀한 이론적 구분에 집착하는 많은 수렵부족들의 남자는 자신이 잡은 사냥감을 직접 집으로 가져와서는 안 되며, 그가 거느리는 여자(부인이나 하녀)를 사냥터로 보내 사냥감을 운반하고 손질하는 등의 비천한 일을 하도록 시켜야 한다.

* * *

앞서 지적했다시피 명예로운 일과 비천한 일을 구분하는 것은 여러 직업들을 불공평하게 차별하는 것이다. 명예로운 일로 분류되는 직업들은 가치 있고 명예로우며 고귀한 활동으로 평가되고, 명예로운 요소를 포함하지 않는 다른 직업들, 특히 굴욕과 복종을 수반하는 직업들은 무가치하고 조야하며 비천한 노동으로 치부된다. 명성이나 가치, 명예 같은 개념은 인격에 적용되든 행동에 적용되든 계급들의 발달과 계급분화의 진전에 영향을 미치는 가장 중요한 개념이다. 따라서 이 개념의 유래와 의미에 관하여 잠시나마 살펴볼 필요가 있다. 그 대략적인 심리적 배경은 다음과 같다고 말할 수 있을 것이다.

선택의 필연성과 관련하여 남자는 능동적인 행위자이다. 그는 자신이 전개하는 충동적인 활동 즉 "목적론적인" 활동의 핵심 주체를 자신이라고 생각한다. 그는 모든 행위를 통해서 구체적이고 객관적이며 비개인적인 어떤 목적을 달성하기 위해 노력하는 능동적인 행위자이다. 그는 이러한 능동적인 행위를 할 수 있는 힘을 가지고 있기 때문에 효과적인 일을 선호하고 무익한 노력을 혐오한다. 그는 유용하고 효율적인 능력은 취해야 할 우수한 장점이고, 무익한 낭비를 초래하는 무능력은 버려야 할 저열한 단점이라고 생각한다. 이러한 적성이나 성향은 제작본능이라고 불릴 수 있다. 생활환경이나 전통이 능률의 관점에서 개인들을 비교하는 습관을 선도하는 모든 곳에서, 제작본능은 개인들에 대한 경쟁적이거나 차별적인 비교를 조장한다. 이러한 비교의 결과가 영향을 미치는 범위의 상당 부분은 구성원들의 기질에 따라 결정된다. 따라서 개인들에 대한 그런 차별적인 비교가 습관적으로 이루어지는 어떤 사회에서든 가시적인 성공은 존경을 받는 근거인 차별비교 자체에 효용성을 부여하기 위해 추구하는 목적으로 자리 잡는다. 여기서 개인은 자신의 능력을 증명해보임으로써 존경을 받고 비난을 피할 수 있다. 그 결과 제작본능은 개인이 지닌 역량의 경쟁적인 과시활동으로 이어진다.

습관적인 평화를 유지하고 어쩌면 정착생활도 계속하지만 아직 개인소유체계가 발달하지 못한 원시적인 단계에 머물고 있는 공동체 사회에서 개인의 능력은 집단의 생활수준 향상을 위한 일련의 직업들을 통해서 가장 효과적으로, 가장 일관되게 발휘될 수 있다. 그런 집단의 구성원들 간에 이루어지는 일종의 경제적 경쟁은 주로 생산의 유용성을 두고 벌이는 경쟁이 될 것이다. 그와 동시에 경쟁을 유발하는 동기도 강하지 않고 경쟁의 범위도 넓지 않을 것이다.

그러다가 평화적인 미개인들의 공동체가 약탈생활단계로 이행하면 경쟁의 조건도 변하게 된다. 그에 따라 경쟁의 기회와 동기도 그 범위나 필요성 면에서 대단히 증대한다. 남자들의 활동도 갈수록 명예로운 성격을 띠게 된다. 사냥꾼이나 전사들에 대한 불공정한 비교도 갈수록 용이해지고 습관화된다. 남자들은 자신들의 용맹성을 과시하는 확실한 증거(전리품)들이 생활공간에서 가장 핵심적인 장식품 내지 장신구가 되어야 한다는 사고습관을 가지게 된다. 사냥이나 약탈로 획득한 노획물이나 전리품은 사냥꾼이나 약탈자가 보유한 탁월한 능력의 증거로 평가된다. 공격은 공인된 형태의 행동으로 이해되고 노획물은 공격이 성공했음을 증명하는 명백한 증거로 간주된다. 이러한 단계의 문화에서 흔히 가치 있게 여겨지는 공인된 자기과시의 형식은 경쟁이다. 강탈이나 강압으로 획득한 유용한 물건이나 용역도 경쟁에서 승리했음을 과시하는 전통적인 증거로 동원된다. 그에 따라 강탈이 아닌 다른 방법으로 재화를 획득하는 일은 최고의 신분에 있는 남자라면 부끄러워해야 할 일로 평가된다. 생산적인 활동이나 남에게 용역을 제공하는 직업도 똑같은 이유로 멸시받는다. 그리하여 한편으로는 명예로운 일과 강탈행위를 동일시하고 다른 한편으로는 생산적인 노동을 멸시하는 불공정한 차별이 발생한다. 이렇듯 모멸적인 평가를 받게 된 노동은 바야흐로 지루하고 힘겨운 노역의 성질을 갖기에 이른다.

원시 야만인들의 생각에 "명예롭다"는 개념은, 그 개념의 단순한 내용이 다양한 내용을 자아내고 거기서 생겨난 또 다른 관념들로 인해 모호해지기 전까지는, 우월한 힘을 과시한다는 의미 외에 다른 의미가 없는 개념으로 여겨진 듯하다. 그들에게 "명예롭다"는 것은 "두렵다"는 것이고, "가치 있다"는 것은 대단히 "우월하다"는 것이다. 명예로운 행위란 결국 공인된 성공적 공격행위에 불과하다. 그런 공격이 남자들 간의 투쟁이나 짐승들과의 싸움을 의미하는 것으로 여겨지는 곳에서 특히 가장 명예롭게 간주되는 활동은 강력한 완력을 발휘하는 일이다. 힘을 과시하는 모든 행위를 인격이나 "의지력"의 소산으로 해석하는 소박하고 낡은 습관은 이처럼 강력한 완력을 찬양하는 풍조를 대단히 강하게 정착시킨다. 야만족들뿐 아니라 좀더 발달된 문화에 속하는 사람들 사이에서도 유행하는 명예로운 칭호들은 일반적으로 이처럼 낡은 명예관의 흔적을 간직하고 있다. 추장이나 두목을 부르거나 왕이나 제사장에게 아첨할 때 사용하는 존칭이나 경칭은 대부분 그런 칭호로 불리는 인간에게 위압적인 폭력과 무소불위의 파괴력을 부여하는 경향이 있다. 이런 경향은 훨씬 더 문명화된 오늘날의 사회에서도 상당한 효력을 발휘하고 있다. 좀더 사납고 탐욕스럽게 먹이를 사냥하는 맹수나 맹금류의 도안을 각종 문장(紋章)으로 애용하는 풍조도 바로 이런 경향을 강화하고 있다.

가치나 명예에 관한 이러한 상식을 가진 야만인들의 평가에 따르면, 위력인 경쟁자들 즉 사나운 짐승이나 강인한 인간의 생명을 빼앗는 일은 최고로 명예로운 일이다. 살육자의 우세함을 증명하는 고상한 직무로 여겨지는 살육행위는 살육자의 모든 행위를 비롯한 그 행위에 사용된 무기나 도구들에까지 신비한 가치를 부여한다. 무기는 명예로운 것으로 간주되는데, 심지어 사냥터나 싸움터에서 가장 비천한 동물이나 인간의 생명을 빼앗는 데 그 무기를 사용해도 명예로운 일로 여겨진다. 하지만 무기를 생산적인 일에 사용하면 그만큼 비난을 받게 된다. 또한 그런 상식에 따르면 생산을 위한 도구나 기구를 사용하는 일도 강한 남자들의 명예를 실추시키는 일로 평가된다. 그만큼 노동은 지루하고 힘겨운 일로 치부된다.

* * *

여기서 문화의 진화단계를 추정해 볼 때, 원시적인 남자들의 집단은 초기의 '평화로운 단계'에서 '전투를 집단의 공공연하고 대표적인 일로 삼는 단계'로 이행한다고 가정할 수 있을 것이다. 그러나 이 가설은 완전한 평화와 선의로 가득한 생활단계가 어느 날 갑자기 최초의 전투가 실제로 벌어지는 후기 또는 좀더 발달된 생활단계로 급속히 이행한다는 것을 의미하지 않는다. 또한 약탈문화단계로 이행하는 과정에서 모든 평화적인 생산활동이 사라져버린다는 것을 의미하지도 않는다. 단언컨대, 초기의 어떠한 사회발달 단계에서도 약간의 싸움이나 투쟁은 발생하기 마련이다. 그런 싸움이나 투쟁은 대체로 성적인(sexual) 경쟁과정에서 빈번히 발생했다. 유인원들뿐 아니라 원시인 집단의 습관들을 관찰해보면 그런 사실관계를 확인할 수 있다. 또한 인간의 본성을 자극하는 실험을 통해 확인한 좀더 잘 알려진 증거들도 동일한 견해를 강하게 뒷받침해준다.

그러므로 여기서, 문화의 진화단계들 가운데 그처럼 평화로운 생활을 영위하는 초기 단계는 존재할 수 없다는 반론이 제기될 수 있을 것이다. 바꾸어 말하면, 투쟁이 발생하기 이전에는 문화의 진보가 이루어질 수 없다는 말이다. 그러나 문제의 핵심은 투쟁이나 전투가 우발적으로 아니면 산발적으로 아니면 심지어 다소 빈번하게 혹은 습관적으로 발생한다는 데 있기보다는, 습관화된 호전적 정신상태—사실과 사태를 투쟁의 관점에서 판단하는 습관에 물든 정신상태—에서 발생한다는 데 있다. 왜냐하면 약탈적인 태도가 집단 구성원들의 습관화되고 공인된 정신적 태도로 자리 잡아야만, 투쟁이 당대의 삶의 논리를 뒷받침하는 지배적인 논거로 자리 잡아야만, 그리고 남자와 사물(事物)에 대한 상식적인 평가가 투쟁의 관점에서 이루어져야만 비로소 약탈문화단계에 도달할 수 있기 때문이다.

따라서 평화로운 문화와 약탈문화를 가르는 차이의 본질은 기계적인 차이가 아닌 정신적인 차이에 있다. 정신적 태도는 집단의 삶을 구성하는 물리적인 사실들이 바뀜에 따라 변화하기 시작하여, 이후 약탈적인 태도에 적합한 물리적 환경이 형성되면서 점진적인 변화를 지속하게 된다. 약탈문화의 하한선은 생산활동의 상한선이다. 생산방식이 생계유지에 필요한 것들 이외에 투쟁에 소요되는 부가가치를 생산할 수 있을 만큼 효율적인 수준으로 발달되기 전까지 어떤 집단이나 계급도 약탈을 습관적이고 상투적인 생활방편으로 삼지 못한다. 따라서 평화로운 문화가 약탈문화로 이행하는 과정을 좌우하는 요인은 기술적 지식의 성숙도와 도구의 활용도이다. 마찬가지로 인간을 위력적인 동물로 탈바꿈시킬 만큼 무기가 발달하기 이전 시기에는 약탈문화가 실제로 등장할 수 없다. 물론 그 시기에 이루어진 도구의 발달과 무기의 발달은 실상 두 가지 다른 관점에서 본 동일한 사실이다.

투쟁적인 생활습관이 싸움이나 전투를 남자들이 늘 최우선적으로 생각하는 현안으로 만들지 않는 한, 그리고 그 습관이 남자의 생활을 지배하는 특징으로 자리 잡지 않는 한, 집단생활은 본래 평화로운 성격을 띠었을 것이다. 그러한 집단이 물론 완성도 면에서는 다소 차이가 날 수도 있는 약탈적인 태도만큼은 분명히 획득할 수 있었다면, 생활양식과 행동규범도 약탈적인 아니무스에 의해 어느 정도 조절될 수 있었을 것이다. 그리하여 우리는 약탈문화를 약탈적성, 약탈습관, 약탈전통이 누적되면서 점진적으로 성장하는 문화단계로 생각할 수 있다. 이러한 약탈문화는 평화로운 생활보다는 약탈에 이끌리는 인간본성의 특성들 그리고 약탈적인 인간행동의 전통과 규범들을 발달시키고 보존할 수 있을 만큼 집단의 생활환경이 변할 때 비로소 성장할 수 있기 때문이다.

내가 여기서 제기하는 '평화로운 원시문화가 존재했다'는 가설을 뒷받침하는 증거의 대부분은 인류학보다는 심리학에서 얻은 것들이기 때문에, 더 이상의 상세한 설명은 필요 없을 줄로 안다. 그리고 이와 관련된 증거들은 뒤에서 그토록 오래된 인간의 자연적 특성들이 현대 문화에도 잔존한다는 사실을 논증하는 과정에서 다시 거론할 것이다.

2. 금력과시경쟁

　문화의 진화과정에서 유한계급제도와 소유권제도의 발생시점은 일치한다. 이 두 제도는 경제력이 동일한 상황에서 생겨나기 때문에 발생시점 역시 필연적으로 일치될 수밖에 없다. 동일한 시점에서 갓 발달하기 시작한 두 제도는 사회를 구성하는 동일한 일반적 사실들의 또 다른 측면에 불과하다.

　여기서 유한계급의 여가와 소유권에 관심을 기울이는 이유는 그것들이 사회를 구성하는 기본요소 즉 관습적인 사실들이기 때문이다. 단지 습관적인 나태가 유한계급을 구성하는 것도 아니고, 재화를 기계적으로 사용하고 소비한다는 사실이 소유권을 형성하는 것도 아니다. 그러므로 여기서 내가 관심을 기울이는 사안은 나태의 기원도 아니고 소비에 유용한 물건들을 개인이 전유하기 시작한 시점이나 경위도 아니다. 나는 한편으로는 전통적인 유한계급의 기원과 본성에, 다른 한편으로는 전통적인 권리 또는 공평한 청구권으로 이해되어온 개인적인 소유권의 탄생시점과 경위에 관심의 초점을 맞추고 있다.

　유한계급과 노동계급의 구별은 발달이 덜된 초기 야만문화에서 유지된 남자들과 여자들의 분업을 기원으로 한다. 그와 비슷하게 최초의 소유권은 공동체의 강력한 남자가 여자들에 대해서 소유권을 행사하면서 나타난다. 그런 소유권을 좀더 일반적인 용어로 그리고 좀더 정확하게, 특히 야만인들의 생활이론을 비추어 표현하자면, 여자에 대한 남자의 소유권이라고 말할 수 있을 것이다.

물론 여자들을 전유하는 관습이 생기기 전에도 분명 유용한 물건을 전유하는 관습 같은 것이 존재했을 것이다. 지금은 여자에 대한 소유권이 사라진 원시공동체의 관습에도 이러한 견해를 뒷받침하는 흔적이 존재한다. 그런 공동체에서는 남녀구성원 모두가 각자의 필요에 따라 각종 유용한 물건들을 습관적으로 전유한다. 그러나 그들은 이런 물건들을 개인이 전유하여 소비하는 개인 소유물이라고는 생각하지 않는다. 개인은 자신이 만들거나 획득한 이런저런 사소한 물건들을 소유권 문제를 유발하지 않고도 습관적으로 전유하고 소유할 수 있다. 바꾸어 말하면 그들은 자신들과는 무관한 외부 사물들을 전유하고 소유하는 개인에 대해서는 전통적이고 공정한 청구권을 들어 문제를 제기하지 않는다는 말이다.

여자에 대한 소유권은 좀더 원시적인 야만문화에서 여성 포로나 노예를 강탈하면서 생겨난 것이 확실하다. 여자를 강탈하여 전유하게 된 최초의 이유는 여자들이 전리품으로 유용했기 때문이었던 것으로 보인다. 전리품인 여자를 적으로부터 강탈하는 관행은 소유와 결혼을 동일시하는 관례를 낳았고, 그로부터 남성이 가부장 역할을 하는 가부장적인 가족이 생겨나게 되었다. 이 과정은 여자들을 비롯한 다른 포로들이나 하층민들까지 노예화되는 과정, 그리고 적으로부터 강탈해온 여자들 이외의 다른 여자들에 대해서까지 소유—결혼 관례가 확대되는 과정을 동반했다. 그리하여 약탈적인 생활환경에서 진행된 경쟁의 결과 한편에서는 강압의 의한 결혼 관행이, 다른 한편에서는 소유의 관습이 생겨나게 되었다. 이 두 제도는 최초의 발달단계에서는 서로 구별할 수 없다. 왜냐하면 두 제도 모두 성공한 남자들이 일정한 지속성을 지닌 자신들의 업적을 과시함으로써 자신들의 용맹성을 증명하려는 욕망의 발로일 뿐 아니라, 모든 약탈공동체에 만연하는 지배지향적 성향에도 이바지하기 때문이다. 여자들에 대한 소유권을 기원으로 형성된 소유권의 개념은 여자들이 생산한 물품에 대한 소유권도 아우르며 자연스럽게 확대되었고, 그때부터 인간에 대한 소유권은 물론 사물에 대한 소유권까지 등장하는 것이다.

이런 식으로 재화에 대한 일관된 소유체계가 점차 자리를 잡게 된다. 최종적인 발달단계에 이르러 소비용 재화의 유용성이 재화의 가치를 결정하는 가장 두드러진 요소가 되더라도, 부(富)는 여전히 소유자의 우월성을 증명하는 명예로운 증거로서 효용성을 결코 상실하지 않는다.

아무리 미진한 형태의 사유제산제도라도 그 제도가 발견되는 곳이면 어디서나 경제활동 과정은 재화를 소유하려는 남자들이 벌이는 투쟁의 성격을 띠고 있다. 종래의 경제학자들, 특히 근대화된 고전경제학 논리체제를 줄기차게 신봉하는 경제학자들의 경제이론에 입각한 해석에 따르면 부를 획득하기 위한 투쟁은 본질적으로 생존을 위한 투쟁이다. 그러나 생존투쟁은 대체로 비효율적으로 이루어지던 초기의 생산활동의 특징이라는 것은 의심의 여지가 없다. 그것은 또한 생존수단을 얻기 위해 끊임없이 격렬한 노동을 투입해야 가까스로 공동체의 생활을 유지할 수 있을 만큼 극히 "인색한 자연" 환경에서 이루어지는 모든 생산활동의 특징이기도 하다. 그러나 한창 발전 중에 있는 모든 사회는 이러한 초기의 기술발달 단계를 곧장 뛰어넘어 다음 단계로 도약한다. 궁핍한 생활을 견디며 생산활동에 참여하는 사람들에게 약간의 여유를 제공할 만큼 생산의 효율성도 향상된다. 따라서 경제학자들이 이러한 새로운 생산조건에서는 더욱 치열해지는 금전획득 경쟁을 생활의 안락함—무엇보다도 재화의 소비를 통해서 얻을 수 있는 육체적인 안락함—을 증진시키기 위한 경쟁이라고 말했다고 해서 이상할 것은 없다.

예로부터 재화를 취득하고 축적하는 목적은 축적된 재화를 지속적으로 소비하는 데 있는 것으로 여겨졌다. 이때 소비는 재화의 소유자가 직접 하든지 그에 딸린 가족들이 하든지 상관이 없는데, 이론적으로 따져보면 가족들의 소비와 그의 소비는 결국 같은 목적을 지향하기 때문이다.

이러한 소비의 이론은 재화를 취득하는 목적에 최소한의 경제적인 합법성을 부여하는 듯이 보이며, 그 이론이 감안해야 할 유일한 단서도 바로 그런 합법성이다. 그런 합법적인 소비는 의당 육체적 안락을 추구하는 소비자의 물질적인 욕구들 아니면 이른바 좀더 고차원적인 정신적 심미적 지적 욕구들을 비롯한 기타 욕구들을 만족시키는 것으로 여겨질 것이다. 그중에서도 고차원적인 욕구들은 경제학도라면 누구나 잘 아는 유행에 따라 행해지는 재화의 소비를 통해 간접적으로 충족될 것이다.

그러나 '재화의 소비는 지속적인 재화축적의 동기를 제공한다'고 말할 수 있기 위해서는 초보적인 의미의 소비와는 전혀 다른 의미의 소비에 대한 이해가 반드시 전제되어야 한다. 소유권을 생성시키는 근본적인 동기(動機)는 경쟁이다. 그러한 경쟁의 동기는 그것이 생성시킨 소유권제도를 더욱 발전시키고, 이 소유권제도와 관계된 사회구조의 모든 특징들을 발전시키는 데 지속적인 영향력을 발휘한다. '부를 소유하면 명예를 얻는다. 부는 세인들의 선망과 부러움을 사는 명예의 표시이기 때문이다.' 재화를 소비하는 동기는 물론 그밖에 상상 가능한 또 다른 재화취득 동기들, 그중에서도 특히 부를 축적하는 동기를 이만큼 설득력 있게 제시하는 명제는 없다.

거의 모든 재화가 사유재산인 사회에서는 절박한 생계유지의 필연성이 상대적으로 가난한 사람들의 강력하고 항구적인 동기로 작용한다는 것은 물론 간과할 수 없는 사실이다. 생존의 욕구와 육체적 안락을 증진시키려는 욕구는 육체노동에 종사하면서 생계기반도 불안하고 모아놓은 재산도 없는 빈곤계층의 재화취득 동기를 일시적으로 지배할지도 모른다. 그러나 이후에 있을 논의 과정에서 이러한 물질적 욕구가 빈곤계층의 동기마저 지배한다는 가설이 그리 결정적인 것은 아니라는 사실이 밝혀질 것이다. 다른 한편으로 오로지 부의 축적에만 관심을 쏟는 사회의 구성원이나 계급들을 살펴보아도 생존이나 육체적 안락이라는 동기는 결코 그처럼 두드러진 역할을 하지 않는다. 소유권은 최저한도의 생존조건과는 무관한 환경에서 탄생하여 인간의 제도로 성장했다. 지배적인 동기는 처음부터 부에 대한 시샘과 선망을 낳는 명예의 상징이었기 때문에, 이후 발달한 어떤 단계의 문화에서도 일시적이고 이례적인 경우를 제외하면 그만한 지배력을 발휘한 다른 동기는 결코 없었다.

재산은 습격에 성공한 측이 약탈품을 전리품 삼아 보유하면서 형성되기 시작한다. 그 집단이 원시공동체의 성격을 탈피하지 못하고 있는 한, 인근에 있는 또 다른 적대집단과 계속 대치하고 있는 한, 소유한 물건들이나 인력의 효용을 좌우한 것은 주로 그것들의 소유자와 그것들을 약탈당한 적 사이에 이루어지는 차별적 비교였다. 개인이 자신의 이익과 자신이 속한 집단의 이익을 구별하는 습관은 좀더 늦은 시기에 성장한 것이 분명하다. 같은 집단 내에서 명예로운 전리품을 소유한 자와 그렇지 못한 이웃들 간에 이루어지는 시샘어린 비교는 처음부터 소유물의 가치를 결정하는 최상의 요소는 아니었지만, 일찍부터 소유물의 효용을 결정하는 하나의 요소였던 것만은 확실하다. 남자의 용맹성은 여전히 집단의 용맹성을 대표했고, 약탈품의 소유자는 자신이 속한 집단의 명예를 지키는 최상의 수호자라는 자부심을 느꼈다. 이처럼 명예로운 업적을 집단적인 관점에서 평가하거나, 그리고 특히 전쟁의 승리자들이 누리는 영예라는 관점에서 평가하는 습관은 이후 진행되는 사회발달의 단계들에서도 찾아볼 수 있다.

그러나 개인의 소유권을 인정하는 관습이 일관성을 획득하기 시작하자마자, 사유재산의 기반인 시샘이나 선망을 낳는 차별적 비교에 영향을 미치던 그런 관점도 변하기 시작한다. 무릇 하나의 변화는 또 다른 하나의 변화를 낳는 법이다. 초보적인 강탈과 횡령으로 재화를 취득함으로써 최초의 소유권이 탄생한 단계는 (노예를 포함한) 사유재산에 기초한 생산조직이 처음으로 출현하는 후속 단계로 이행하기 시작한다. 그 과정에서 일단의 유목민들이 어느 정도 자급자족적인 생산 공동체로 발달하게 되고, 그들이 소유한 재화들은 약탈에 성공했다는 증거가 아니라 그것들을 소유한 자가 그와 같은 공동체에 속하는 다른 개인들보다 우월함을 과시하는 증거의 가치를 획득하게 된다. 그러한 선망을 낳는 차별적인 비교 관행은 이제 소유자를 그가 속한 집단의 또 다른 구성원들과 비교하는 최우선적인 방식으로 자리 잡는다. 재산은 여전히 전리품의 성격을 띠고 있긴 하지만, 문화가 진보하면서 그것은 외견상 평화로운 유목생활방식을 따르는 듯이 보이는 집단의 구성원들끼리 암암리에 벌이는 소유권 경쟁에서 이긴 자들의 승전기념품 같은 성격을 띠게 된다.

공동체의 일상적인 삶과 남자들의 사고습관을 지배하던 약탈활동이 생산활동에 차츰차츰 자리를 내주게 되면서, 축적된 금전이 약탈이라는 명예로운 활동의 전리품을 대신하여 우월함과 성공을 대표하는 인습적인 지표의 자리를 차지하게 된다. 그에 따라 정착 산업이 성장하면서 금전의 소유는 명성과 존경을 부르는 관습적 근거로서 상대적인 중요성과 효력을 획득하게 된다. 그러나 여전히 용맹성 같은 좀더 직접적이고 확실한 다른 근거들도 계속 존경받을 뿐 아니라, 성공적인 약탈이나 공격 또는 호전적이고 명예로운 행동도 민중의 호응과 감탄을 자아내거나 그에 못 미치는 경쟁자들의 질투심을 계속 자극할 것이다. 그러나 이처럼 우월한 힘을 직접 과시함으로써 선망을 얻는 기회의 영역과 빈도 모두 갈수록 줄어든다. 그와 동시에 외견상 평화로운 유목적 생산방식에 따라 공격적으로 산업을 발전시키고 부를 축적할 기회의 영역과 가능성은 증가한다. 이로써 부는 영웅적이거나 상징적인 성공과는 확연히 구별되는 명성을 가져다줄 만한 성공의 증거로서 가장 쉽게 인정받게 된다는 것은 더욱 주목할 만한 점이다. 그리하여 부는 존경을 부르는 관습적인 근거로 자리 잡는 것이다. 이제 공동체에서 존경받을 수 있는 어떤 위치에 서고자 한다면 필수적으로 일정량의 부를 소유해야 한다. 명성을 유지하기 위해서는 부를 획득하고 축적하는 것이 필요불가결한 일이 된다. 이렇게 축적한 부가 일단 축적자의 능력을 인정하는 공인된 표지가 되면, 그가 소유한 부는 그길로 존경받을 만한 독립적이고 결정적인 근거로 간주된다. 그가 소유한 재산은 전력을 다하여 진취적으로 획득했든 다른 사람들로부터 증여나 양도를 받아 수동적으로 획득했든 상관없이 명성을 얻고 존경받을 수 있는 관습적인 근거가 된다. 일반 민중들은 이전부터 능력의 증거로 평가되어온 부를 소유하는 행위 자체는 칭찬받을 만한 가치가 있다고 생각한다. 이로써 부 그 자체는 본질적으로 명예로운 것이 되어 부를 소유한 자는 명예를 부여받게 된다. 이 관습이 좀더 세련되면 조상이나 친지로부터 상속받거나 양도받아 수동적으로 획득한 부가 오히려 오로지 자신의 노력만으로 획득한 부보다 더 명예로운 것으로 여겨지기에 이른다. 그러나 이런 식으로 부를 구분하는 관습은 금력과시문화(pecuniary culture)가 발달하는 후기 단계에 속하는 것이기 때문에 이후 금력과시문화를 다루는 장에서 자세히 논의할 것이다.

부의 소유가 비록 누구에게나 존경받을 만하고 사회적으로도 지탄받지 않는 위치에 있음을 증명하는 근거로 자리매김 되었지만, 용맹성과 명예로운 행위도 여전히 민중의 존경을 받을 수 있는 가장 인기 있는 판단근거로 남을 것이다. 약탈본능과 그것의 필연적인 귀결인 약탈능력을 권장하는 관습은 장기간 유지된 약탈문화의 원칙에 따라 생활해온 사람들의 사고습관에 깊숙이 뿌리내리고 있다. 민중의 판단근거에 따르면 인간이 얻을 수 있는 최고의 명예들은 여전히 전쟁에서 대단한 약탈능력을 발휘하거나 그에 버금가는 정치력을 발휘함으로써 획득할 수 있는 명예들일 것이다. 그러나 사회적으로 평범하지만 그래도 어느 정도 지위에 있는 사람들의 의도에 따라 취득되고 축적된 재화들이 이러한 명성을 얻는 수단들을 대신하게 되었다. 그래서 사회적으로 높은 지위에 오르기 위해서는 이전 약탈시대의 야만족 남자들이 부족의 기준에 맞는 육체의 강인함과 지략, 무기 다루는 솜씨 등을 필수적으로 갖추어야 했듯이, 이젠 일면 막연해 보이기도 하는 일종의 관습적인 기준에 필적하는 부를 필수적으로 축적해야 한다. 한편에서는 일정한 수준의 부가, 다른 한편에서는 용맹성이 명성을 얻기 위한 필수조건이 되고, 일반적인 기준보다 더 많은 부나 용맹성을 구비할수록 더 큰 명성을 얻게 되는 것이다.

이처럼 사회에서 요구하는 다소 막연하고 일반적인 기준에 못미치는 용맹성이나 부를 소유한 구성원들은 동료남자들의 존경을 받기 어렵게 되고, 결국은 그들의 자존심도 상처를 입게 된다. 그들의 자존심은 흔히 이웃이나 동료들과 동등하게 존경받을 때 생기는 것이기 때문이다. 동료들에게 경멸당하면서도 자존심을 오랫동안 유지할 수 있는 사람은 비정상적인 사람들밖에 없을 것이다. 물론 정상적인 사람들 중에서도 그럴 수 있는 사람이 분명히 존재한다. 특히 강렬한 종교적 신념을 가진 사람들이 그러하다. 그러나 외견상 그렇게 보일 뿐 진실로 그럴 수 있는 사람은 드문데, 그들 역시 대개는 어떤 초자연적인 존재가 자신들의 행동을 지켜보고 인정할 것이라는 상상에 의존하고 있기 때문이다.

그러므로 부의 소유는 민중의 존경을 받는 근거가 되자마자 우리가 자존심이라고 부르는 자만심의 필수조건이 된다. 재화를 개인의 단독소유물로 인정하는 모든 사회에서 한 개인이 정신적 안정감이나마 얻으려면 그와 친숙한 부류의 다른 사람들보다 더 많은 재화를 소유하는 것이 필수적으로 요구된다. 그런 사회에서는 다른 사람들보다 더 많은 것을 소유하는 것이 최고의 기쁨이 되기 때문이다. 그러나 한 개인이 새로운 것들을 취득하고 그 결과 생겨난 새로운 부의 기준에 아무리 빨리 적응해도 그 새로운 기준은 이전의 기준이 선사하던 만족감보다 더 큰 만족을 당장 제공하지는 않는다. 어디서나 볼 수 있는 그런 경향은 현재의 금력 기준을 부단히 새로운 부의 축적으로 나아가기 위한 출발점으로 만들기 때문이다. 또한 이런 경향은 새로운 만족의 기준을 낳고, 그것은 더 나아가 자신의 재산과 이웃의 재산을 비교하는 사람 자신의 새로운 재산분류법을 낳을 것이기 때문이다. 당장의 현안에만 관심을 쏟는 사람이 추구하는 축재(蓄財)의 목표는 사회의 나머지 사람들과 자신의 금력을 비교하는 과정에서 높아질 수밖에 없다. 그런 비교가 자신에게 불리하게 이루어진다고 확신하는 정상적이고 평균적인 개인이라면 현재 자신의 불운을 탓하며 만성적인 불만 속에서 살아가게 될 것이다. 그리고 그가 속한 사회나 사회계급에 요구되는 이른바 정상적이고 평균적인 기준에 필적하는 재산을 그가 축적하더라도 그때부터는 만성적인 불만을 대신하여 그의 재산과 이러한 평균적인 기준의 격차를 좀 더 넓게 벌리기 위한 끝없는 긴장에 시달리게 된다. 이처럼 시기와 선망을 낳는 차별적인 비교는 비교당하는 개인에게 결코 유리하게 보이지 않는다. 왜냐하면 그는 부자의 명성을 얻기 위해 경쟁자들과 경합을 벌이는 자신이 상대적으로 우월한 위치를 확고히 점한다고는 확신할 수 없을 것이기 때문이다.

이런 성질을 지닌 부를 추구하는 욕망을 마음껏 충족시킬 수 있는 개인은 거의 없으며, 분명히 평균적이고 일반적인 부를 추구하는 욕망조차 충족시킬 수 없을 것이다. 더구나 부가 아무리 광범위하게 혹은 평등하게 혹은 "공정하게" 분배되고 또 사회의 전체적인 부가 아무리 증가하더라도 다른 모든 사람보다 더 많은 재화를 축적하고자 하는 모든 사람의 욕망을 결코 완전히 충족시키지 못한다. 때때로 추정되듯이 부를 축적하려는 동기가 생존이나 육체적 안락에 대한 욕구였다면 한 사회 전체의 경제적 욕구들은, 어찌 생각해보면, 생산능력을 발전시킴으로써 충족될 수 있었을지 모른다. 그러나 그런 동기에 따른 투쟁은 본질적으로 차별적인 비교에 바탕을 둔 명성을 얻기 위한 경쟁이기 때문에 최종목표에 도달할 가능성은 결코 없다.

그러나 부를 취득하고 축적하는 동기가 단지 남보다 우월한 재력을 갖추어 동료남자들의 존경과 부러움을 사려는 욕망에 불과하다는 의미로 위의 말을 이해하면 안 될 것이다. 물론 가난에서 벗어나 좀더 많은 안락과 안정을 추구하는 욕망도 현대 산업사회에서 행해지는 모든 금전축적 과정에 영향을 미치고 있는 하나의 동기이다. 그럼에도 존경받기에 충분한 재산기준은 갈수록 금력과시경쟁 관습의 영향을 크게 받는다. 이 경쟁은 대개 개인적인 안락과 남부럽지 않은 생활에 필요한 소비의 방식을 구체화시키고 소비의 대상을 선택하는 데도 영향을 미친다.

　이것뿐 아니라 금력이 선사하는 권력도 금력과시의 동기를 제공한다. 중대한 활동을 하려하고 또 그런 활동의 주체가 되려는 성격 때문에 남자로서 기울이는 모든 노력이 무익하게 되는 것을 극히 혐오하는 성향을 가진 남자는, 그의 생활과 밀접한 개인과 집단이 사심 없고 차별 없이 어울리는 생활분위기가 지배적인 소박한 공동체문화를 벗어나서도, 그런 성향을 버리지 못한다. 그가 좀더 협소한 의미의 이기주의 풍조가 지배하는 약탈생활에 돌입하게 되면 그런 성향은 그의 생활양식을 규정하는 보편적 특징과 마찬가지로 계속 그에게 영향을 미친다. 성공을 추구하고 무익함을 혐오하는 성향은 근본적인 경제적 동기로 남는다. 변하는 것은 그 성향 전체가 아니라 단지 그 성향의 표현형태와 그 성향이 지도하는 남자의 활동에 가장 근접하는 대상들뿐이다. 개인소유체제 하에서 목적을 가시적으로 달성하기에 가장

용이한 수단은 재화를 취득하고 축적함으로써 획득할 수 있다. 또한 남자와 남자 간의 자존심 대결이 점점 더 확연히 의식될수록, 성공을 추구하는 성향—제작본능—은 갈수록 남보다 더 많은 돈을 벌어야 성공한다는 긴장감에 사로잡히는 경향이 있다. 한 남자가 자신의 금력을 다른 남자들의 금력과 차별적으로 비교하여 확인받는 상대적인 성공은 그 남자의 관습적인 행위 목적이 된다. 그가 당대에 공인된 합법적인 금력과시경쟁에 나선 목적도 다른 남자들의 금력과 자신의 금력을 비교함으로써 유리하게 달성할 수 있다. 한편 무익함에 대한 혐오감은 전적으로 경쟁의 동기와 유착관계에 있다. 그 감정은 모든 부족분에 대하여 그리고 부의 축적에 실패했음을 드러내는 모든 증거에 대하여 신랄한 비난을 유발함으로써 부자로 명성을 얻기 위한 돈벌이 투쟁을 격화시키는 역할을 한다. 목적달성을 위한 노력은 이제 무엇보다도 축적된 금력을 더욱더 명예롭게 과시하려는 노력 혹은 그런 과시를 가능케 하는 노력의 의미를 갖기에 이른다. 남자들의 관심을 축적된 금력에 쏠리게 만드는 동기들 중에서 가장 광범위하고 강력한 힘을 발휘하는 것은 언제나 이런 금력과시경쟁을 선도하는 동기이다.

여기서 새삼 강조할 필요는 없겠지만, 나는 지금까지 "차별적"이라는 용어를 사용하면서 그것이 지시하는 어떤 특별한 현상을 칭찬하거나 비하하거나 혹은 권장하거나 개탄할 의도는 전혀 없었다. 그 용어는 상대적인 보유재산이나 가치에 따라—미학적 도덕적 견지에서—자신들의 등급을 평가하고 정하려는 인간들의 인간비교 관행을 묘사하기 위해, 그리고 그들 스스로 혹은 다른 사람들이 합법적으로 숙고했을 자기만족의 상대적인 등급을 매기고 결정하기 위해 기술적 의미로 사용한 것이다. 따라서 차별적 비교는 결국 인간의 가치를 평가하는 과정과 다름없다.

3. 과시적 여가

앞장에서 개략적으로 묘사된 금력과시를 위한 남자들의 치열한 경쟁이 초래한 직접적인 결과는, 그들의 금력과시 활동이 또 다른 경제세력이나 경쟁자들의 방해를 받지 않았다면, 그들을 생산적이고 검소하게 만들었을 것이다. 실제로 금력과시 활동의 결과는 생산적인 노동을 일반적인 재화획득 수단으로 삼고 있는 하류계급에게는 상당한 영향을 미친다. 그것은 특히 농업을 주요산업으로 하는 정착사회의 노동계급에게 더 확실한 영향을 미친다. 이러한 정착농업사회에서 재산은 상당히 세분되어 있고 노동계급은 법률과 관습에 따라 자신들의 생산물을 제한적으로나마 공유할 수 있는 권리를 보장받는다. 이들 하류계급은 어떤 경우에도 노동을 피할 수 없기 때문에 적어도 같은 계급 내에서만큼은 노동자라는 오명(汚名)이 그들의 가치를 크게 떨어뜨리지는 않는다. 오히려 그들은 노동을 그들의 생활양식으로 인정하고 수용하기 때문에 그들의 노동력도 명성을 얻기 위해 동원할 수 있는 일종의 경쟁력이라는 자존심도 가지고 있다. 이러한 노동력은 흔히 그들이 금력과시경쟁에 참여할 수 있는 유일한 밑천이 된다. 그들은 오로지 생산능력과 근검절약을 통해서만 재화를 취득하고 축적하는 경쟁에 참여할 수 있기 때문에 명성을 얻기 위한 금력과시경쟁은 그들의 근면성과 절약성향을 어느 정도 증가시키는 효과를 발휘할 것이다. 그런데 내가 뒤에서 언급할 경쟁과정의 이차적인 특징들 중 어떤 것은 부자계급들끼리 뿐 아니라 빈자계급들끼리 벌이는 과시경쟁도 이런 방향으로 제한하거나 그 방향을 수정하기 시작한다.

그러나 우리가 여기서 살펴보려는 부자계급은 이런 경향을 보이지 않는다. 이 계급도 물론 근면과 절약의 동기를 가지고 있지만, 실생활에서는 이런 경향이 억제되어 근면의 동기도 아무 힘을 발휘하지 못할 정도로 이 계급의 행동은 금력과시경쟁을 위한 이차적인 요구조건들의 제약을 대단히 크게 받는다. 이차적인 요구조건들 중에서 가장 광범위하면서도 가장 불가피하게 요구되는 것은 일체의 생산활동에 참가하지 말라는 요구이다. 이 요구는 야만문화에서는 특별한 위력을 발휘한다. 약탈문화에서 노동은 남자들의 사고습관에 따라 허약함이나 주인에 대한 복종과 결부된 것으로 여겨진다. 그리하여 노동은 열등함의 표시로 이해되고 남자가 지닌 최고의 자질들 중에서 가장 쓸데없는 것으로 평가된다. 이러한 전통적인 가치관에 따라 노동이 일단 저열한 것으로 취급받기 시작한 다음부터 이 전통은 결코 사라질 줄 몰랐다. 한편 사회적 분업이 발달하면서 이 전통은 의심할 여지없이 유구한 역사를 가진 자명한 이치와 같은 힘을 획득하게 되었다.

남자들의 존경을 얻고 유지하려면 단순히 부와 권력을 소유하는 것만으로는 부족하다. 존경받으려는 자는 부와 권력을 그 증거로 제시해야 한다. 존경받기 위해서는 반드시 그 증거를 제시하고 판정을 받아야만 하기 때문이다. 부의 증거는 그가 다른 사람들에게 유력한 인물이라는 인상을 주고 또 그를 유력한 인물로 느끼는 사람들의 감정을 생생하고 빈틈없이 유지시키는 데 이바지할 뿐 아니라 자기만족감을 높이고 유지하는 데 적잖은 역할을 한다. 가장 미개한 단계의 문화를 제외한 모든 문화에서 정상적으로 성장한 남자는 "품위 있는 주위 사람들과 환경" 덕분에 그리고 "비천한 노동"을 면제받음으로써 자존심을 지키고 드높일 수 있다. 그러나 그가 생활의 겉치레나 일상적인 활동의 종류 및 양과 관련하여 습관적으로 생각하는 품위의 기준을 벗어날 경우, 그것이 피치 못할 사정에 따른 이탈이라 하더라도, 동료들의 인정이나 비난에 대한 그의 모든 노심초사와는 별도로, 자신의 인간적인 품위가 실추되었다고 느낀다.

한 남자의 생활태도의 저열함과 명예로움을 구별하는 낡은 차별의식은 오늘날까지도 대단한 힘을 발휘하고 있다. 그런 만큼 비천한 종류의 노동에 대한 본능적 혐오감을 느끼지 않는 상류계급은 거의 존재하지 않는다. 우리의 사고습관에는 비천한 고용살이를 연상케 하는 직업들에 특별히 결부되는 의례적 불결함에 대한 구체적 감각이 있다. 그것은 어떤 직무를 관습적으로 요구받는 피고용인들의 정신은 필연적으로 오염되어 있을 수밖에 없다고 여기는 상류층 취향의 모든 사람들이 느끼는 감각이다. 비천한 환경과 주위 사람들, 비열한 (다시 말해서 값싼) 습관들, 그리고 저급한 물건을 생산하는 직업들은 가차 없이 비난받고 기피된다. 그것들은 최고수준의 정신생활—"고상한 생각"—에는 어울리지 않는 것으로 여겨진다. 고대 그리스의 철학자들이 활약하던 시대부터 오늘날에 이르기까지 사려 깊은 남자들은 인간이 가치 있거나 우아하거나 결백한 삶을 영위하기 위해서는 무엇보다도 우선 일정한 여가시간을 가지고 일상생활에 당장 필요한 생산활동을 면제받을 필요가 있다는 것을 언제나 인정해왔다. 문명화된 모든 남자들의 눈에는 그처럼 한가로운 삶 자체는 물론 그런 삶의 결과들도 우아하고 고결하게 보였던 것이다.

이렇게 솔직하고 주관적으로 평가된 여가를 비롯한 부의 또 다른 증거들이 지닌 가치는 대부분 이차적이고 파생적인 성격을 가지고 있다. 그러한 성격은 한편으로 타인의 존경을 얻기 위한 수단인 여가의 유용성을 반영한다. 다른 한편으로 그것은 여가에 정신적 가치를 대입한 결과 생겨난 성격이다. 노동행위는 열등한 힘의 관습적인 증거로 이해되었고, 그 때문에 노동 자체도 더 이상 따져볼 것도 없이 본질적으로 비천한 일로 여겨지게 되었다.

약탈생활 단계와 특히 그 단계에 후속하는 외견상 평화로운 초기 산업발달 단계에서 흔히 볼 수 있는 특유의 여가생활은 금력 곧 우월한 힘을 증명하는 가장 편리하고 가장 결정적인 증거이다. 물론 그런 유한계층의 남자들이 항상 명백히 한가롭고 안락한 생활을 할 수 있다면 그렇다는 말이다. 이 단계에서 부는 주로 노예의 수와 일치하고, 부와 권력을 소유함으로써 생기는 이익은 주로 인력을 고용하는 데 사용되며, 고용주는 피고용인들이 직접 생산한 물품들을 취한다. 그 덕분에 노동에 대한 과시적인 불참은 우월한 금력을 보유하고 있음을 과시하는 관습적 표현이 되고 또 명성을 획득할 만하다는 관습적 지표가 되기에 이른다. 그와는 반대로 생산노동에 종사하는 것은 가난과 예속의 징표이기 때문에 사회적으로 명예로운 지위에 어울리지 않는 일이 된다. 그리하여 사회적으로 유행하는 금력과시경쟁은 생산이나 근검절약하는 습관을 획일적으로 조장하는 한편으로 생산노동자들에게는 간접적으로 수치심을 안겨준다. 초기 단계의 문화를 물려받은 고대의 전통 하에서는 그처럼 비천하게 평가되지 않았던 노동이 이제 불가피하게 가난을 증명하는 수치스러운 증거가 될 수밖에 없다. 약탈문화가 남긴 고대의 전통에 따르면 생산의 노역은 강한 남자라면 마땅히 피해야 할 무가치한 일이다. 이러한 전통은 약탈생활로부터 외견상 평화로운 생활로 이행하는 과정에서 폐기되기보다는 오히려 강화된다.

유한계급제도가 비록 개인의 소유권이 최초로 출현하는 과정에서 탄생한 것은 아닐지라도 초기의 소유권자들이 생산적인 직업에 따라붙는 불명예를 어떻게든 피할 목적으로 조장한 결과들 중 하나로서 생겨났을 것이다. 물론 유한계급이 약탈문화가 탄생하는 시점부터 이론적으로 존재하긴 했지만, 약탈문화가 금력과시문화 단계로 이행하는 과정에서 더욱 새롭고 완전한 의미의 유한계급제도가 등장하게 된다는 사실은 주목할 만하다. 바로 이 시점부터 이론적으로뿐만 아니라 실제로도 "유한계급"이 존재하기 시작하는 것이다. 완전한 형태의 유한계급제도의 기원도 바로 이 시점으로 잡을 수 있다.

약탈문화에서 이루어진 유한계급과 노동계급의 구별은 어느 정도 의례적인 구별에 불과하다. 강한 남자들은 비천하고 지루하며 고되다고 판단되는 어떤 일이든 철저히 멀리하려는 태도를 취한다. 그러나 그들의 실제 활동은 집단의 생계유지에 적잖은 공헌을 한다. 후속하는 외견상 평화로운 생산문화 단계는 보통 노예와 가축 떼가 확실한 재산으로 인정받고 목동이나 양치기들이 노예계급에 편입되는 특징을 보인다. 그와 동시에 생산활동은 사냥 아니면 분명히 명예롭게 분류될 수 있는 여타 다른 활동들에 더 이상 의존하지 않아도 충분히 공동체의 생계를 유지할 정도로 눈에 띄게 발전한다. 바로 이 시점부터 유한계급의 삶은 모든 실용적인 직업을 과시적으로 면제받는다는 특징적 면모를 보이기 시작한다.

이처럼 역사적으로 성숙한 단계의 유한계급이 통상적으로 수행하는 대표적인 일은 이전시대에 하던 일과 형태상 거의 동일하다. 이들은 여전히 정치, 전쟁, 스포츠, 종교의식을 독점한다. 난해하고 이론적이며 세련된 것들을 과도하게 탐닉하는 사람들은 여전히 이런 일들은 우연하고 간접적인 형태로만 "생산적인" 일이 될 수 있다고 생각할 것이다. 그러나 유한계급이 이런 일들에 종사하는 통상적이고 표면적인 동기가 생산의 노역을 통한 금력의 증가와 아무런 관계가 없다는 사실은 이 문제를 이해하는 데 결정적인 영향을 미친다는 점에 주목할 필요가 있다. 다른 모든 단계의 문화에서와 같이 이 단계의 문화에서도 정치와 전쟁은 적어도 부분적으로나마 그 일에 종사하는 자들이 금전적 이득을 얻는 방편이 된다. 그러나 그것은 약탈이나 횡령 같은 이른바 명예로운 방식으로 착복한 이득이다. 이 일들은 생산이 아닌 약탈의 성격을 가지고 있기 때문이다. 이와 유사한 성격을 가진 일을 들자면 약간의 차이가 있긴 하지만 사냥을 꼽을 수 있을 것이다. 사냥을 주업으로 하는 사회가 다음 단계로 이행하면 사냥은 두 가지의 독특한 직업으로 분화된다. 그것은 한편으로 이득을 주요목표로 삼는 무역으로 분화되지만, 사실상 무역은 명예의 요소를 가지고 있지 않거나 아니면 적어도 당장 수지맞는 산업으로 완전히 자리 잡을 만큼 발전하지도 않는다. 다른 한편으로 사냥은 단순히 약탈충동을 해소하기 위한 스포츠로 분화된다. 따라서 사냥은 금전취득 동기는 하나도 제공하지 않지만 어느 정도 확실한 명예의 요소를 내포하게 된다. 숙련된 솜씨를 요했던 모든 책임을 완전히 벗어버린 사냥은 이제 단지 발달된 유한계급의 생활양식과 잘 어울리는 권장할 만한 스포츠의 역할만 담당하게 된다.

노동에 불참하는 것은 명예롭거나 칭찬받을 만한 행동일 뿐 아니라 바야흐로 체면을 유지하는 데도 필요한 행동이 되기에 이른다. 금력만이 명성을 얻는 데 필요한 근거라고 고집하는 것은 금전을 축적하는 초기 단계에서는 매우 고지식하고 오만한 처사이다. 노동에 불참하는 것은 금력을 증명하는 관습적 증거이고 바로 그 덕분에 사회적 신분을 과시하는 관습적 징표이기도 하다. 금력의 가치에 대한 이러한 강조는 여가에 대한 훨씬 더 강력한 강조로 이어진다. 어떤 표시에 대한 표시는 그것이 표시하는 사물 자체를 표시한다(*Nota Notæ nota rei ipsius*).[3] 견고한 인간본성의 법칙을 따르는 지각은 곧장 금력의 관습적 증거를 포착하고 그것을 남자들의 사고습관에 따라 본질적으로 가치 있고 고상한 어떤 것으로 고정시킨다. 하지만 그와 동시에 유사한 과정을 거치는 생산적 노동은 이중적인 의미에서 본질적으로 무가치한 일이 된다. 그러한 지각은 결국에는 노동을 사회적으로 불명예스러운 일로 보이게 만들 뿐 아니라 고귀하고 자유인다운 남자에게는 도덕적으로 용납될 수 없고 가치 있는 삶에도 어울리지 않는 일로 보이게 만들어버린다.

노동에 대한 이러한 금기(taboo)는 생산계급의 분화에 좀더

---

3 이 라틴어 구문은 아리스토텔레스가 처음 사용한 것으로 이후 논리학에서 주로 사용되었다. 이 구문을 다시 해석해보면 '한 사물을 표상하는 또 다른 상징을 내포하는 하나의 상징은 실제로 그 사물 자체를 의미하지만 반드시 그 사물의 상징과 같지는 않다'는 말로 풀이된다. 여기서 베블런의 말은 부가 능력이나 월등함을 드러내는 표시라고 할 때 부를 표시하는 것들 자체가 월등함을 표시한다는 말로 이해할 수 있다. – 옮긴이

중요한 영향을 미친다. 인구밀도가 증가하고 약탈집단이 정착 생산 공동체로 성장함에 따라 확립된 권한들과 소유권을 관제하는 관습들의 범위와 일관성도 증대한다. 그렇게 되면 이제 단순한 강탈만으로는 부를 축적하기가 실제로 불가능해지고, 그와 같은 논리에서, 정신은 고상하나 돈이 없는 남자들도 생산 활동으로 재화를 취득하는 것 역시 불가능해진다. 그들에게 남은 대안은 구걸이나 굶어죽기밖에 없다. 과시적 여가의 규범(canon)이 비록 그런 성향을 자유롭게 발휘할 수 있는 기회를 허락하더라도, 그 덕분에 생겨나는 계급은 결국 이익을 좇아 도덕적으로 타락하지만 않을 뿐 절망적인 가난의 궁핍과 불편에 시달리며 불안한 생활을 근근이 이어가는 이류 내지 겉만 그럴듯한 유한계급에 불과하다. 한창 좋은 시절을 보내다가 쇠락한 유한계급의 신사숙녀들은 지금도 도처에서 찾아볼 수 있다. 이렇게 가장 경멸받는 육체노동에 대해 만연하는 수치심은 덜 발달된 금력과시 문화의 사람들뿐 아니라 문명화된 모든 사람들에게는 결코 낯선 감정이 아니다. 오랫동안 유한계급 남자들과 같은 생활습관에 젖어 까다로운 감수성을 갖게 된 사람들이 육체노동에 대해 느끼는 수치심은 격변기에는 자기보존 본능마저 저버릴 만큼 강해질지도 모른다. 그래서 예를 들면 폴리네시아 제도의 어떤 추장들은 훌륭한 예법을 너무 강조한 나머지 자기 손으로 음식을 집어먹느니 차라리 굶어죽기를 선택했다는 이야기도 들려온다. 분명히 이런 행동은 적어도 부분적으로는 추장의 인격에 따라붙는 과도한 신성이나 금기에서 비롯되었을 것이다. 그러한 금기는 그의 손과 접촉함으로써 생겨났을 것이고, 그에 따라 그의 손이 닿은 어떤 음식도 인간이 먹기에는 부적당한 것으로 여겨졌을 것이다. 그러나 그런 금기 자체는 노동을 무가치하게 여기거나 도덕적으로 불온하게 여기는 감정에서 파생된 것이다. 따라서 폴리네시아 추장들의 행동을 이런 견지에서 해석하더라도 그 해석은 명예로운 여가의 규범에 관한 한 그것이 처음 생겨났을 당시보다 훨씬 더 잘 들어맞을 것이다. 좀더 이해에 도움이 되는 혹은 적어도 좀더 정확한 사례는 프랑스의 어느 왕의 일화에서 찾아볼 수 있다. 그 왕은 훌륭한 예법을 철저히 준수하려는 도덕적 정열이 너무나 지나친 나머지 목숨마저 잃었다고 한다. 어느 날 왕궁에 화재가 발생했는데도 왕은 왕좌를 옮기는 담당관리가 없다는 이유로 그의 옥체가 치유불능의 화상을 입을 때까지 화염 속에 그대로 앉아 고통을 참고 있었다고 한다. 그러나 그는 그렇게 행동함으로써 가장 독실한 기독교도 왕으로서의 위엄을 잃지 않았던 것이다.

삶의 의미를 망각한 채 치욕스럽게 생명을 부지하는 것이야말로
세상에서 가장 큰 죄악이라는 것을 명심할지니[4]

---

4 유베날리스(Decimus Junius Juvenalis, 55/60(?)~127년 경 이후; 로마에서 가장 큰
   영향력을 발휘했던 풍자시인), 《풍자시*Satire*》 VIII, 83~84행

본서에서 사용하고 있는 "여가"라는 용어는 게으름이나 아무 일도 하지 않음을 의미하지 않는다는 것은 앞서도 언급한 바 있다. 이 용어는 시간을 비생산적으로 소비한다는 의미를 가지고 있다. 이러한 여가시간은 첫째, 생산활동은 무가치하다는 감정에 따라, 둘째, 게으른 생활을 가능케 하는 금력의 증거로 비생산적으로 소비된다. 그러나 유한계급의 남자는 그의 생활을 이상적인 형태로 장식해주는 명예로운 여가가 연출한 장면에 감명을 받는 구경꾼들의 시선 앞에서 그의 생활 전체를 소비하지는 않는다. 그는 얼마간의 시간을 따로 마련하여 그 시간만큼은 그의 생활이 남들의 눈에 띄지 않도록 신경을 쓰는데, 그 시간은 그가 명성을 유지하고 키울 수 있는 확실한 기반을 구축하기 위해 개인적으로 소비하는 시간이다. 그는 남들의 시선에는 소비되지 않는 것처럼 보이는 여가시간을 개인적으로 소비했음을 증명하기 위한 몇 가지 수단을 생각해낼 것이다. 그런데 그는 오직 영속성을 지닌 어떤 유형의 결과물들을 전시하는 간접적 방식을 통해서만 그의 여가시간을 소비했음을 증명할 수 있다. 그런 방식은 마치 그와 같은 유한계급 남자가 고용한 수공업자들이나 하인들이 흔히 영속성을 지닌 유형의 노동생산물을 고용주에게 전시하는 방식과 유사할 것이다.

생산적인 노동의 영속적인 증거는 흔히 소비용으로 사용되는 유형의 생산품이다. 명예로운 활동도 전리품이나 약탈품처럼 전시용으로 사용될 수 있는 어떤 유형의 결과물을 산출할 수 있고 또 그런 경우를 흔히 볼 수 있다. 후기 발전단계로 넘어가면서 관습상 명예로운 활동의 징표 역할을 하게 되는, 그리하여 상징적인 업적의 양이나 등급을 암시하게 되는 휘장이나 훈장 같은 것을 달고 다니는 관습이 생겨난다. 인구밀도가 증가하고 인간관계가 복잡다단해지면서 생활을 구성하는 모든 세부사항들은 정련과 선별의 과정을 거치게 된다. 이런 과정에서 전리품의 용도는 작위나 직위 등으로 구성되는 지위체계 그리고 문장(紋章)의 도안, 메달, 휘장, 훈장 등을 전형으로 하는 서훈체계로 발달하게 된다.

경제적인 관점에서 볼 때 일종의 직분으로 간주되는 여가생활은 명예로운 삶과도 매우 가까운 생활로 여겨진다. 여가생활을 특징짓고 그런 생활을 점잖게 드러내는 특징으로 남는 업적들은 명예로운 활동의 전리품과 많은 공통점을 가지고 있다. 그러나 명예로운 활동과도 다르고 본질적인 용도가 전혀 없는 제재를 대상으로 한, 표면상 생산적인 어떤 활동과도 다른 좀더 협소한 의미의 여가활동은 보통 구체적인 결과물을 남기지 않는다. 과거에 이루어진 여가활동의 특징은 흔히 "무형의" 재화와 같은 형태를 띠고 있었다. 그러한 구시대 여가활동의 실상을 보여주는 무형의 증거들은 유사—학문적이거나 유사—예술적인 성과물인 동시에 인간생활의 향상에 직접 도움이 되지 않는 과정과 사건들에 관한 지식이다. 그리하여 이를테면 사멸한 언어에 관한 지식은 물론 정서법, 통사론이나 작시법(作詩法), 다양한 형태의 실내악이나 가정예술, 복식(服飾)·가구·마차 등과 관련된 당대 최신식 예법, 오락,

스포츠, 애완견이나 경주마 같은 애완동물 사육법에 이르는 비학(祕學)에 관한 지식들이 우리 시대까지 전해진 것이다. 이 모든 지식의 가지들을 파생시키고 유행시킨 최초의 동기는 자신의 여가시간을 생산적인 일에 소비하지 않았음을 증명하고자 한 유한계급의 소망과는 매우 상이한 어떤 동기였을 것이다. 그러나 이러한 성과물들이 시간을 비생산적으로 소비했음을 증명하는 데 유용한 증거로 인정받지 못했다면, 그것들은 유한계급의 관습적인 성과물로 살아남아 명맥을 유지하지 못했을 것이다.

이러한 성과물들은 어떤 의미에서 학문의 분과들로도 분류될수 있을 것이다. 이러한 학문분과들과 나란히 그리고 그것들을 벗어나 학문의 영역에서 육체적인 습관이나 기민성에까지 영향을 미치는 좀더 넓은 범위의 사회적 사실들이 존재한다. 그것들은 일반적으로 예의범절과 교양, 세련된 화법, 단정한 태도, 형식적이고 의례적인 관례 등으로 알려져 있다. 이런 사실들은 타인의 시선에 훨씬 더 직접적이고 두드러지게 제시되기 때문에 자신이 명예로운 유한계급에 속한다는 것을 증명하고자 하는 사람들은 더 광범위하고 더 절박하게 강조하고 고집한다. 그렇듯 당대 최고 예법으로 분류되는 모든 의례적 관례들은, 이전 단계의 문화들과 달리 과시적 여가가 명성의 표시로서 가장 큰 인기를 모으는 단계의 문화에 속하는 남자들에게는 존경을 얻을 수 있는 훨씬 더 중요한 계기를 선사한다. 외견상 평화적인 생산단계의 야만인들 중에서도 상류층 출신의 유한남성은, 단지 상당한 멋쟁이에 불과했을 후세대의 유한남성들과는 달리, 모든 예법에 훨씬 더 많은 관심을 쏟은 것으로 유명하다. 실제로 그런 예법들은 가부장제 사회가 퇴보하듯이 점차 저급해진다는 사실은 잘 알려져 있고 또 오늘날 적어도 그렇게 믿어지고 있다. 구시대적이고 보수적인 학교를 졸업한 많은 유한남성들은 심지어 현대 산업사회의 중산층이 구사하는 상스러운 예절이나 행동거지에도 불쾌감을 느끼게 만드는 교육을 받았다. 생산계급들 사이에서 나타나는 의례적인 규범의 부패현상 즉 이른바 생활의 속물화 현상은 까다로운 감수성을 가진 모든 사람들의 눈에는 말류(末流) 문명의 대표적인 흉사들 가운데 하나로 비치게 되었다. 그들은 모든 저속화 현상은 차치하더라도 생활에 급급한 사람들이 초래하는 규범의 부패현상만 해도 고상한 예절이 유한계급의 여유 있는 생활의 소산이자 징표라는 사실 그리고 철저한 신분제 하에서만 그런 예절이 만개할 수 있다는 사실을 반증한다고 여긴다.

예절의 원천 혹은 거기서 파생된 좀더 나은 예절은 의식적인 노력을 통해서 그런 예절을 습득하는 데 많은 시간을 할애해온 예절바른 사람들보다는 틀림없이 그렇지 못한 사람들이 오히려 더 열심히 배우려고 애쓸 것이다. 혁신과 동화(同化)를 통해서 도달코자 하는 목표는 아름다움이나 표현력을 더하는 새로운 출발점으로서 더 큰 효력을 발휘한다. 인류학자들과 사회학자들이 버릇처럼 주장하는 가설에 따르면, 예절의 관습으로 이루어진 의례적 규범을 탄생시키고 성장시키는 것은 대개 선의로 상대방의 환심을 사거나 선의를 과시하려는 욕망이라고 한다. 그런데 이러한 최초의 동기는 좀더 발달된 후기 단계의 예의바른 사람들의 행동에서는 거의 찾아볼 수 없다. 우리에게 강조되는 예절들은 한편으로는 세분화된 몸짓이고, 다른 한편으로는 예전의 지배행위, 인간적인 봉사행위, 인간적인 접촉행위를 재현하는 상징화되고 관습화된 유풍(遺風)이다. 그런 예절들은 대개 신분관계의 표현, 다시 말해서 한편에서는 지배를 다른 한편에서는 굴종을 상징하는 일종의 무언극이라 할 수 있다. 오늘날 우리는 생활의 모든 영역에서 약탈적인 사고습관과 그것이 낳은 지배적이거나 추종적인 태도의 특징들을 공통적으로 발견할 수 있고, 거기서 비롯된 모든 자잘한 행동의 격식들도 극도로 중요시되고 있다. 또한 흔히 존중받는 지위나 작위를 배려하는 의례적 관례는 외견상 평화로운 유목문화의 야만인들이 추구한 일련의 이상적인 격식과 매우 유사하다. 유럽대륙의 일부 국가들은 이러한 정신적 유습(遺習)을 확인할 수 있는 좋은 실례들을 제공한다. 이들 사회에서 예로부터 전승된 이상적인 예절이란 본질적인 가치를 지닌 것으로 인식되는 존경심을 예의바르고 신중하게 표현하는 것이다.

최초의 예법을 형성한 것은 상징과 몸짓이었고, 그것은 단지 상징화된 사실들과 속성들을 대변하는 지표의 유용성만 지니고 있었다. 그러나 곧 그것은 흔히 인간적인 교제에 이바지하던 상징적인 사실들과는 무관하게 변질되기 시작한다. 그에 따라 민중들은 예절 자체가 본질적인 유용성을 갖고 있다고 생각하게 된다. 그러한 예절들은 대개 본래 드러내고자 했던 사실과는 상당히 동떨어진 신성한 성격을 획득했다. 모든 남자들은 그러한 예법의 규범에서 벗어나는 행동을 근본적으로 비속한 행동으로 여기게 되었다. 그들의 일상적인 견해에 따르면 훌륭한 예의범절은 인간의 탁월함을 증명하는 독특한 표시일 뿐 아니라 가치 있는 인간의 영혼을 대변하는 완벽한 몸가짐이었다. 예법을 벗어난 행동만큼 우리에게 본능적인 혐오감을 불러일으키는 행동은 별로 없을 것이다. 또한 우리가 에티켓으로 구성된 의례적 관례에 본질적인 유용성을 대입하는 방향으로 진화하는 한, 에티켓을 위반한 자를 근본적으로 무가치하게 여기는 우리의 감정과 그의 위반행위 자체를 따로 떼어 생각할 수 있는 사람을 우리 중에서 거의 찾아보기 어렵게 될 것이다. 그러니 만큼, 신의에 어긋나는 행위는 용서받을 수 있어도 예법에 어긋나는 행위는 용서받지 못한다. 이리하여 "예절이 사람을 만든다."

그러나 예절이 이처럼 본질적인 유용성을 지니고 있다하더라도, 예절을 실행하고 지키려는 사람들의 견해에 따르면, 예절을 본질적으로 옳은 것이라고 느끼는 이러한 감정은 예의범절의 번성을 위한 최소한의 조건에 불과하다. 그들은 훌륭한 예절을 습득하는 데 필수적인 시간과 노력을 요하는 여가활동이나 비생산적인 일의 명예로운 성격에서 예의범절의 번성에 필요한 잠재적인 경제적 조건을 찾을 것이다. 그러한 훌륭한 예절에 관한 지식과 습관은 무릇 그런 예절을 장기간 지속적으로 실행할 때 획득할 수 있다. 즉 훌륭한 예절을 갖추는 데는 그만큼 많은 시간, 열성, 비용이 필요하다. 하지만 자신의 시간과 에너지를 노동에 빼앗기는 사람들이라면 예절을 습득하기 힘들다. 따라서 세련된 취미, 예절, 생활습관은 상류계급에 속한다는 것을 증명하는 유용한 증거이다. 훌륭한 예절에 관한 지식은 상류층 사람들이 일반인들의 시선에 띄지 않게 숨긴 생활의 일부를 아무런 돈벌이도 안 되는 성과물들을 획득하기 위한 가치 있는 활동에 소비했다는 자명한 증거이다. 최근에는 예절의 가치는 예절이 유한생활의 증표라는 사실에 있다는 분석도 나오고 있다. 바꾸어 말하면 자고로 여가는 부자로서 명성을 얻기 위한 관습적 수단이기 때문에 조금이라도 자신의 품위를 높이고자 열망하는 재력가라면 누구나 예법에 어느 정도 숙달되어야 했다.

구경꾼들의 눈앞에서 소비되지 않는 명예로운 여가의 대부분은 오직 같은 유한계급의 생산물로 증명·평가·비교될 수 있는 유형의 가시적인 결과를 남기는 한에서 명예획득이라는 목적에 부응할 수 있다. 그러한 생산물들은 흔히 명성을 갈구하는 자들에 의해서 경쟁적으로 전시된다. 이렇게 유한계급이 과시하는 예절, 태도, 처신 등은 어떤 면에서는 노동에 대한 철저하고 완고한 불참의 결과로 여겨지곤 하는데, 심지어 그러한 화제가 중요시되지 않는 곳이나 학문적인 신중함 때문에 유한계급의 풍요와 지배력이 대세를 확보하지 못하는 곳에서도 그렇기는 마찬가지다. 특히 이런 식으로 몇 세대에 걸쳐 상속되는 여가생활은 그들의 인격 구조는 물론 습관적인 행동거지와 태도에도 지속적이고 확연한 영향을 남기게 될 것이다. 그러나 그런 식으로 누적되는 여가생활의 모든 시사점과 수동적인 습관화를 통해서 숙달되는 모든 예법은, 명예로운 여가의 증표들을 착안하고 주도면밀하게 그것들을 획득함으로써, 그리하여 강력하고 체계적인 규율에 따르는 직업을 면제받았다는 이러한 이례적인 증표들을 과시함으로써, 좀더 개량될 수 있을 것이다. 확실히 여기서 중요한 것은 많은 노력과 비용을 들여야만 체면이 구겨지지 않을 만큼 능숙하게 유한계급의 예의범절을 구사할 수 있다는 사실이다. 바꾸어 말하면 돈벌이나 여타 실용적 목적에 전혀 부응하지 않는 관례나 예의범절을 더욱 능숙하게 구사하고 또 그것들을 고도로 습관화했다는 증거를 더욱 뚜렷하게 보이는 사람일수록, 그것들을 익히는 데 암묵적으로 필요한 시간과 자산을 더 많이 들였고 결과적으로는 더 높은 명성을 획득할 수 있다는 말이다. 그에 따라 훌륭한 예절에 숙달하기 위한 경쟁이 치열한 곳에서는 예절의 습관들을 함양하기 위해 많은 고통을 감내해야 한다. 그와 더불어 세부적인 예법들도 자신의 명예가 손상되지 않기를 원하는 사람들이라면 누구나 따라야 할 포괄적인 규율로 발전하게 된다. 다른 한편으로 그러한 예법을 파생시킨 과시적 여가는 예법에 맞는 소비용 물품들을 고르는 법이나 그것들을 예법에 맞게 소비하는 방법 같은 것을 익히는 힘겨운 품행훈련이나 취미교육 내지 교양교육으로 서서히 발달하게 된다.

이 과정에서 치밀한 모방과 체계적인 훈련을 통해서 계획적으로 교양계급을 생산하려는 동기가 종종 매우 다행스런 결과를 낳기도 했지만 때로는 병적이거나 특이한 성향의 인격과 행동거지를 생산할 가능성도 있었다는 사실은 주목할 만하다. 이리하여 세상에는 속물근성의 발로로 알려진 과정을 통해서 중간과정은 다 빼먹고 태생과 예법을 날조하여 이른바 명문가임을 자처하는 수많은 졸부가문이나 혈족들이 등장하게 된다. 이렇게 날조된 태생은, 민중이 인정하는 유한계급의 구성요소 가운데 하나인 유용성의 관점에서 볼 때, 상당한 기간 동안 재력가의 예의범절을 힘겹게 훈련받았을 사람들에 비해서 이런 얼치기 명문 졸부들도 본질적으로 결코 열등하게 보이지 않는 결과를 선사한다.

게다가 그들은 소비의 수단 및 방법과 관련하여 공인된 최신식의 복잡한 예법들도 아주 충실하게 따른다. 이 사람의 인격과 저 사람의 인격의 격차는 이처럼 존중되는 이상적 예법에 충실한 정도에 따라 비교될 수 있고, 그런 인격들은 예절과 교양의 진화 척도에 부합하는 정확도와 효력에 따라 등급이 매겨져 일람표로 작성될 수도 있다. 이런 견지에서 명성을 얻으려면 일반적으로 튼튼한 신뢰감을 획득해야 한다. 이러한 신뢰감은, 재력가의 지위에 대한 의식적인 존중과는 무관하게 그리고 명성을 갈구하는 자들이 누리는 여가의 양과도 무관하게, 관심 있는 물건들의 취사선택 과정을 규정하는 공인된 취미규범들에 복종할 때 획득할 수 있는 것이다. 이렇게 성립된 명성획득 자격에 부합하는 취미규범들은 과시적 여가 법칙의 지속적인 감독을 받으면서, 실제로 그 법칙의 요구사항들에 더욱더 잘 부합될 수 있도록 지속적인 변경과 개정의 과정을 거치게 된다. 그런 식으로 차별화를 이루고자 하는 가장 직접적인 동기 중에는 또 다른 종류의 동기가 있을 수도 있겠지만, 어쨌든 훌륭한 예절을 지배하는 원칙과 그런 예절에 대한 변치 않는 취미는 여전히 본질적이고 특권적인 시간의 낭비를 요구한다. 이러한 원칙이 지배하는 영역 내에도 상당한 범위를 차지하는 세부적인 변수들이 존재할 것이지만, 그것들은 본질(금력)이 아닌 형식과 표현의 변수들이다.

사람들의 일상적인 교제에서 볼 수 있는 수많은 예의범절은 당연히 상대방에 대한 배려와 친절한 선의의 직접적인 표현이다. 대체로 현재 명성을 얻고 있거나 아니면 명성을 얻을 만하다고 인정되는 이유를 설명하는 데 동원되곤 하는 저변의 명성추구 동기를 이러한 행동의 원천으로 이해할 필요는 전혀 없다. 더구나 그것은 예의범절의 규약도 아니다. 그런 규약은 신분의 표현이기 때문이다. 비천한 것들에 이끌리고 금전적으로도 기타 저급한 활동에 의존하는 우리의 행동은, 비록 겉보기에는 조야한 우월성의 원초적인 행동과는 매우 다른 상당히 개선되고 유연해진 행동으로 보일지는 모르나, 사실은 신분상 우월한 자들의 행동과 다를 바 없다는 사실을 신중한 관찰자라면 충분히 간파할 수 있다. 그와 마찬가지로 우월한 것들을 지향하고 또한 대개는 평등한 것들을 지향하는 우리의 행동도 사실은 어느 정도 인습화된 굴종적 태도의 표현이라는 것을 알 수 있다. 고상한 정신을 가졌다는 유한계급의 신사 혹은 숙녀의 거만한 행동과 태도를 목격한 사람은 그들의 경제적 환경의 우월성과 독립성에 관해서 열심히 증언함과 동시에 정상적이고 친절한 우리의 감정에 호소하여 자신의 증언이 틀림없는 사실임을 강조할 것이다. 자신들보다 더 우월한 사람은 하나도 없고 동등한 사람도 거의 없는 이러한 최고의 유한계급 사람들은 자신들의 예법을 가장 완벽하고 가장 성숙한 표현으로 생각한다. 그들은 또한 자신들의 예법을 자신들보다 낮은 계급들이 따라야 할 행동규범들을 규정한 공식으로 제시한다. 그와 동시에 그 규범들은 신분을 규정하는 가장 확실한 코드로 자리 잡게 되고, 모든 비천한 생산적 노동과는 결코 양립할 수 없는 성질을 가장 확연하게 드러낸다. 복종을 요구하고 뒷일은 전혀 개의치 않는 습관에 젖은 사람들에게서 흔히 발견되는 엄청난 자기 확신과 오만한 친절은 유한계급 남자의 생득권이자 최선의 기준이다. 더구나 일반 민중들일수록 더 그렇게 생각하는데, 왜냐하면 이러한 태도는 태생이 천한 민중들이 복종하고 굴복하는 우월한 가치의 근본적인 속성으로 인정받기 때문이다.

* * *

앞장에서도 암시한 바 있듯이 소유권제도는 인간들, 그중에서도 특히 여성들에 대한 소유권과 더불어 탄생했다고 믿을 만한 근거가 있다. 그렇게 재산을 획득하려는 사람들의 동기가 된 것은 외견상 (1)남보다 우월한 위치에 올라 위압적인 힘을 행사하려는 성향, (2)소유권자의 용맹성을 과시하는 증거로서 소유권자에게 예속된 인간들의 유용성, 그리고 (3)예속된 인간들이 소유한 용역의 유용성이었다.

인간의 용역은 경제발전 과정에서 특이한 위치를 차지한다. 외견상 평화적인 생산활동 단계, 특히 이러한 일반적인 단계의 한계들 내에서 이루어진 생산활동의 초기 발달 단계에서 인간 용역의 유용성은 흔히 인적 재산을 획득하려는 자들을 지배한 동기였던 것으로 보인다. 하인이나 부하 같은 피고용인들은 그들이 지닌 용역 때문에 가치 있게 평가되었다. 그러나 피고용인들이 소유한 다른 두 가지 유용성의 절대적인 중요성이 감소했기 때문에 이러한 동기가 지배력을 얻은 것은 아니다. 그것은 변화한 생활환경이 피고용인들의 용역이 지닌 유용성을 강하게 부각시켰기 때문이다. 여자들과 기타 노예들은 부를 과시하는 증거로서 그리고 부의 축적 수단으로서 그 가치를 높이 평가받았다. 만일 유목부족이라면 고기나 가죽이나 젖을 얻기 위해 유목과 더불어 통상적인 투자의 일환으로 노예를 소유할 것이다. 그런 견지에서 볼 때 여성의 노예화는 외견상 평화로운 문화의 경제생활의 성격을 대변한다. 어쩌면 호메로스의 시대[5]와 비슷할 이러

---

5 고대 그리스의 시인 호메로스(Homeros)의 서사시집 《일리아드》와 《오디세이아》의 성립 연대는, 이설도 있으나 대체로 BC 9~BC 8세기라는 설이 유력하다. 여기서 호머의 시대란 두 서사시집의 기원으로 추정되는 미케네시대(BC 1400~BC 1200년 경)를 가리키는

한 문화의 단계를 영위한 사람들 사이에서 여성은 심지어 유일한 가치를 지닌 용역으로 간주되기 시작했을 것이다. 이러한 문화에서는 단지 생산체계의 토대는 소유한 노예들이고 또 그런 노예들은 일반적으로 여자들이라는 것 외에 달리 문제될 일은 없었을 것이다. 그러한 체계에서 성행하는 대표적인 인간관계는 주인과 노예의 관계이다. 부자로 인정받기 위해서는 되도록 많은 여자를 소유해야 할 뿐 아니라 그를 주인으로 모시고 그가 필요로 하는 물건을 생산할 또 다른 노예들도 소유해야 한다.

이와 더불어 곧 노동의 분화가 시작되면서 주인에 대한 개인적인 대인봉사와 시중은 하인들이 맡아야 할 특별한 임무가 된다. 하지만 하인들은 각자에게 할당된 생산활동에만 전적으로 종사하게 되면서 그들 주인의 인격을 직접 상대하는 모든 관계로부터 점차 멀어지게 된다. 그와 동시에 가사노동을 포함한 대인봉사의 임무를 띤 하인들은 돈벌이를 목적으로 수행되는 생산활동을 차츰 면제받게 된다.

이처럼 생산적인 직업의 통상적인 활동을 면제받는 진보의 과정은 흔히 아내 혹은 본처가 그런 활동을 면제받으면서부터 시작될 것이다. 정착생활 습관이 발달한 공동체의 남자들은 이제 관습적인 여자공급처였던 적대부족들로부터 아내로 삼을 여자를 납치해올 필요를 못 느끼게 된다. 이러한 정착문화가 완전히 발달한 곳에서 본처는 대개 명문가의 여자이기 때문에 비천한

것으로 이해할 수 있다.-옮긴이

일을 면제받기가 더 쉬울 것이다. 물론 명문가 개념의 탄생 경위라든가 결혼제도의 발달과정에서 명문가가 차지한 위치에 관해서는 아직 논의할 필요가 없을 것이다. 왜냐하면 여기서 명문가는 단지 축적된 부나 퇴색되지 않는 특권을 장기간 유지함으로써 명성을 획득한 가문이라는 점만 언급해두는 것으로도 충분할 것이기 때문이다. 이러한 조상들을 가진 여자는 결혼대상으로 선호된다. 그녀와 결혼하는 남자는 그녀의 힘 있는 친척들과 동맹관계를 맺을 수 있을 뿐 아니라, 많은 재화와 강력한 권력을 축적해온 가문은 본래부터 우월한 가치를 지녔다고 생각하기 때문이다. 현재의 남편에게 팔려오기 전에는 친정아버지의 소유물이었던 그녀는 이제 남편의 소유물이 될 것이지만, 친정가문의 딸이라는 신분도 동시에 유지하게 된다. 그에 따라 그녀는 자신이 한때 친구처럼 지내던 하녀들이 종사하는 저급한 일들을 같이 하는 것은 도덕적으로 어울리지 않는다고 생각하게 된다. 즉 그녀가 그녀의 주인(남편)에게 아무리 철저히 예속되어 있더라도, 그리고 그녀의 출신가문과 같은 사회계급의 남자구성원들보다 그녀가 더 열등한 대우를 받는다 하더라도, 상류계급의 특성은 유전될 수 있다는 원칙이 그녀를 일반적인 노예들보다는 높은 지위에 올려놓을 것이다. 이러한 원칙이 규범적인 권위를 획득하게 되면 곧 그녀에게도 상류계급의 대표적인 특권인 여가를 어느 정도 향유할 수 있는 권한을 부여하게 될 것이다. 이 원칙이 좀더 강화되면 그녀(아내)는 그녀를 소유한 남편의 부가 허락하는 한에서 수공업을 비롯한 일정 범위의 저급하고 비천한 일들을 면제받을 수 있는 권한을 획득할 것이다. 생산력이 지속적으로 발전하고 상대적으로 적은 수의 사람들에게 자산이 집중될수록 상류계급의 부를 비교하는 인습적 기준은 더 높아진다. 수공업에서부터 기타 비천한 집안일들로 면제대상 노동이 확대되는 경향은 이제, 만일 그런 경향이 존재한다면, 다른 후처들뿐 아니라 주인의 인격을 직접 상대하는 다른 하인들에게까지도 영향을 미치게 될 것이다. 물론 주인과 그를 직접 상대하는 하인들의 관계보다 더 소원한 관계들에까지 그런 경향이 확대되려면 훨씬 더 오랜 시간이 걸릴 것이다.

개인전담 하인들이나 몸종들로 구성된 특수한 계급은, 주인의 재력이 허락하는 한, 이러한 대인봉사에 따라붙는 매우 의미심장한 중요성 덕분에 계속 발달하게 된다. 가치와 명예의 화신이랄 수 있는 주인의 인격은 사회적으로 가장 중요한 의미를 지닌다. 따라서 주인이 사회적인 명성과 자존심 모두를 만족시키기 위해 고려하는 중요한 문제는 자신의 신변에 유능하고 전문적인 하인들을 부리면서도 자신을 보필하는 그들의 주요 임무가 직업화되지 못하게 하는 것이다. 이들 전문화된 하인들은 주인에게 봉사하는 실질적인 용역으로서보다는 주인의 명성과 자존심을 증명하는 과시적 용역으로서 더 큰 유용성을 지닌다. 그들이 단순한 과시적 용역의 역할에만 안주하지 않는 한 그들은 대체로 우월함을 과시하고자 하는 주인의 성향에 흡족한 기쁨을 제공할 수 있다. 물론 끊임없이 늘어나는 가재도구들을 관리하려면 더 많은 노동이 필요한 것은 사실이다. 그러나 그런 도구들은 흔히 생활의 편의를 위한 수단이 아니라 명성을 과시하기 위한 수단으로서 늘어난 것이기 때문에 그것들을 전담 관리하는 하인을 특별히 따로 고용할 필요는 없다. 그는 이 모든 도구의 유용성을 더욱 향상시킬 수 있는 좀더 고도로 전문화된 하인을 훨씬 더 많이 보유하고 있기 때문이다. 그 결과 가사를 전담하거나 주인을 직접 보필하는 하인들은 지속적으로 분화되고 다변화된다. 그 과정에서 점차 생산노동을 면제받는 하인들도 늘어나게 된다. 그들의 용역이 그들에게도 금전적 지불능력이 있다는 증거의 가치를 갖게 되면서 가사노동과 같은 임무에 포함된 책임은 정기적이고 지속적으로 줄어드는 경향을 보이고 그들의 노동도 결국은 유명무실해지고 만다. 이런 경향은 특히 주인을 가장 가까이에서 보필하는 하인들에게 더 확연한 영향을 미친다. 그에 따라 그들의 유용성은 상당 부분 그들이 생산노동을 과시적으로 면제받는 데 있고 또 이러한 면제가 주인의 부와 권력을 증명하기 위해 제공할 수 있는 증거라는 데 있다.

이런 식으로 과시적 여가생활에 필요한 일단의 특별한 하인들을 고용하는 관행이 어느 정도 발전함에 따라 주인은 남의 시선에 더 잘 띄는 보필을 받기 위해 여자들보다는 남자들을 선호하기 시작한다. 특히 마부를 비롯한 하급노동에 종사하는 건장하고 몸집이 좋은 남자들은 확실히 여자보다 힘도 더 세고 인건비도 더 비싸다. 주인이 시간이나 인력을 더 많이 낭비한다는 것을 과시할 수 있는 노동에는 그런 남자들이 훨씬 더 적합하다. 따라서 지루하고 힘든 가사노동에 시달리던 초기 가부장 시대의 주부와 하녀는 유한계급 경제가 발달하면서 한가한 상류층 부인과 하녀로 변모하기 시작한다.

생활수준이나 생활방식과 무관하게 그리고 경제적 발달단계와도 상관없이 상류층 부인과 그 하녀들이 누리는 여가는 상류층 남자들이 자신들만 누리는 권리로 간주하는 일종의 겉치레용 직업 같은 여가와는 상이한 것이다. 그런 여자들의 여가는 대체로 주인에 대한 봉사나 가재도구의 유지관리를 위한 까다롭고 성가신 수작업의 형태를 띤다. 따라서 그런 여가는 이들 상류층 여인들이 모든 형태의 노동을 기피한다는 의미가 아닌 오직 생산성이 거의 혹은 전혀 없는 노동만 수행한다는 의미에서 여가로 이해될 수 있다. 그런 부인들이나 하녀 또는 하인들이 수행하는 임무는 대개 힘겨운 일들로 온 가족의 편리와 안락을 위해 극히 필요하다고 여겨지는 목적들을 지향한다. 이들의 노력봉사는 주인의 육체적인 능률이나 안락 혹은 가족의 휴식을 돕는 일이기 때문에 생산적인 노동으로 간주될 것이다. 이러한 실질적인 노동을 뺀 나머지 일만이 여가활동으로 분류될 수 있을 것이다.

그러나 현대의 일상생활에서 가사노동으로 분류되는 많은 노력봉사들 그리고 문명화된 남자의 편안한 실존이 요구되는 많은 "실용품들"은 의례적인 성격을 포함하고 있다. 따라서 그것들도 여기서 사용되는 용어의 의미에 따르자면 여가활동의 범주에 포함될 수 있을 것이다. 비록 그것들의 태반 혹은 전부가 의례적인 성격을 가지고 있다하더라도 체면치레를 위해서 반드시 필요할 뿐 아니라 개인적인 안락을 위해서도 적잖이 필요할 것이다. 그러나 그것들이 이처럼 의례적인 성격을 띠는 한 우리는 불가피하게도 그것들을 필요로 할 수밖에 없는데, 그것은 우리가 의례적인 애매함이나 무가치함을 감수하고서라도 그것들을 필요로 하게끔 교육받아왔기 때문이다. 우리는 그것들이 없으면 불편을 느낀다. 하지만 그 이유는 그것들이 없다고 해서 우리의 육체가 직접 불편을 느끼기 때문도 아니고, 관습상 좋은 것과 나쁜 것을 구별하는 법을 훈련받지 못한 우리의 취미가 불만을 느끼기 때문도 아니다. 만약 이 말이 사실이라면 이러한 노력봉사에 사용된 노동은 여가활동으로 분류될 것이다. 그리고 그 노동이 경제적 자유와 자발적 정신을 갖지 못한 사람들에 의해 수행되었다면 대리(또는 간접) 여가활동으로 분류될 것이다.

가사노동을 주도하는 주부나 하녀들이 수행하는 대리 여가활동은 특히 명성 추구 경쟁이 긴박하고 격렬하게 진행되는 곳에서는 흔히 단조롭고 고된 노예적 노동으로 전개될 수 있다. 이런 양상은 현대 생활에서도 자주 발견된다. 이러한 양상이 나타나는 곳에서는 이들 노예적인 계급의 임무를 포함하는 가사노동을 무용한 노동이라기보다는 차라리 대리 여가활동이라고 말하는 편이 더 적당할지도 모른다. 그러나 대리 여가활동이라는 말은 이들 가사 관련 임무들의 파생과정을 암시할 뿐 아니라 그 임무들의 유용성을 뒷받침하는 근본적인 경제적 조건을 명쾌하게 시사한다는 장점을 가지고 있다. 왜냐하면 이런 가사 관련 직업들은 주로 재력을 과시하기 위해 일정량의 시간과 노력을 낭비하는 주인이나 가족에게 재력가의 명성을 안겨주는 데 유용한 방편이기도 하기 때문이다.

이런 과정을 거치면서 보조적 유한계급 내지 파생적 유한계급이 등장하게 된다. 이 계급이 주로 하는 일은 본래의 유한계급 내지 합법적인 유한계급의 명성을 보좌하기 위해 수행하는 대리 여가활동이다. 이러한 대리 유한계급은 특유의 습관을 고유한 생활양식으로 발전시킨 본래의 유한계급과는 구별된다. 유한계급의 주인은 적어도 표면상으로는 노동의 진보적 경향을 관대하게 봐 넘기면서 주인 자신의 삶의 안락함과 만족도를 높이는 데 여가를 사용하는 듯이 보인다. 그러나 생산적인 노동을 면제받는 노예적인 계급의 여가활동은 일정 부분 강제된 활동일 뿐 아니라 일반적으로 혹은 원천적으로 그들 자신의 안락을 지향하는 활동도 아니다. 하인(또는 피고용인)의 여가는 자신의 여가가 아니다. 만일 그가 완전한 의미의 하인이라면, 다시 말해서 하류 유한계급에도 속하지 못하는 피고용인 신분이라면, 그의 여가란 주인의 삶의 만족도를 높일 목적으로 전문화된 용역을 은폐하는 위장된 여가활동에 불과하다. 이러한 추종관계의 증거는 그의 몸가짐이나 생활방식을 통해서 확연히 드러난다. 이와 비슷한 증거는 오랫동안 정체된 상태의 경제단계에서 원칙적으로는 여전히 노예적인 처지에 있을 수밖에 없는 아내, 다시 말해서 여전히 강제력을 행사하는 남성 가장의 지배를 받는 가정의 주부에게서도 찾아볼 수 있다. 유한계급의 생활구조가 요구하는 필요사항들을 만족시키기 위해 하인들은 복종의 태도를 보여야 할 뿐 아니라 특별한 복종훈련을 받고 그것을 실행에 옮긴 결과들도 선보여야 한다. 하인이나 아내는 특정 임무를 완수함과 아울러 노예근성을 보여야 할 뿐 아니라 효과적이고 과시적인 복종의 규범을 적합한 훈련을 받아 능숙한 복종의 수완과 솜씨도 선보여야 한다. 심지어 오늘날에도 노예관계를 공식적으로 증명하는 이러한 소질이나 능숙한 기교는 높은 보수를 받는 피고용인들이 지닌 효용의 대표적인 요소를 구성하는 것은 물론 상류층 가정주부의 주요 장신구 역할까지 하고 있다.

우수한 하인(피고용인)이 구비해야 할 첫째 덕목은 자신의 신분을 다른 사람들이 확연히 알도록 하는 것이다. 따라서 그가 주인(고용주)의 바람에 따라 어떤 일을 단순히 기계적으로 완수하는 방법을 아는 것만으로는 부족하다. 그는 무엇보다도 책임감을 가지고 그런 일들을 정식으로 완수하는 방법을 알아야 한다. 가사노동은 정신적인 역할이라기보다는 차라리 기계적인 기능이라고 할 수 있다. 특히 이러한 대리 여가활동은 그것을 수행하는 피고용인계급의 예절을 규제하면서 차츰 좀더 고급 형태의 세련된 체계를 갖추게 된다. 이러한 형식을 규제하는 규범을 벗어난 모든 행동은 비난을 받는다. 최근의 분석에 따르면 그 원인은 그런 행동이 기계적인 능력의 부족이나 아니면 심지어 노예적인 태도나 노예근성의 부재를 증명하기 때문이 아니라 특별한 훈련을 충분히 받지 못했다는 사실을 증명하기 때문이라고 한다. 대인봉사를 위한 특별훈련을 받는 데는 시간과 노력이 소요되는데, 특히 상류계층에 봉사하는 하인일수록 그런 경향을 확연히 드러낸다. 그것은 어떤 생산적 직업에 습관적으로 종사하지도 또 종사한 적도 없이 그런 훈련을 받은 하인들에 의해서도 입증된다. 그것은 먼 과거에도 대리 여가활동이 존재했다는 자명한 증거이다. 훈련받은 하인들의 봉사는 우수하고 뛰어난 솜씨를 선호하는 주인의 본능을 만족시킴과 아울러 주인에게 복종하는 하인들의 삶을 과시적으로 지배하고자 하는 주인의 성벽을 충족시키는 유용성을 가지고 있을 뿐 아니라, 훈련받지 못한 인간이 수행하는 단순하고 즉흥적인 과시적 여가생활에 소비되는 것보다 훨씬 더 많은 인적 용역을 주인이 소비한다는 증거를 제시하는 데도 유용하다. 만일 유한계급 가문의 집사나 마부가 주인의 식탁이나 마차를 마치 쟁기질을 하거나 양떼를 몰듯이 무식하게 다룬다면 주인은 심한 불만을 느낄 것이다. 그러한 하인들의 서투른 솜씨는 특별훈련을 받은 하인들의 봉사를 받을 능력이 주인에게는 없다는 것, 다시 말해서 정확한 예법에 따른 특별한 봉사인력으로 하인들을 훈련하는 데 필요한 시간, 노력, 교관을 투입할 재정적인 능력이 주인에게는 없다는 것을 의미할 것이다. 만약 하인의 서투른 솜씨가 주인의 수완의 부족을 입증하는 것이라면, 그것은 그런 하인을 들인 주인의 주요한 본질적 목적을 좌절시키는 것이다. 왜냐하면 하인들의 가장 중요한 용도는 주인의 재력을 증명하는 데 있기 때문이다.

이 말은 어쩌면, 훈련이 부족한 하인에게 주인이 불만을 느끼는 직접적 동기는 하인관리비용을 적게 들이려 하거나 아니면 쓸모가 많은 하인을 원하는 데 있다는 의미로 이해될 수 있을 것이다. 물론 그런 경우는 없다. 주인의 동기와 불만은 거의 직접적인 관계가 없다. 이런 일은 일반적으로도 흔히 볼 수 있다. 어떤 동기든 우리가 처음부터 그것을 인정하면 그것은 곧 자신이 만족하는 사물을 우리에게 제시하기 마련이다. 그와 동시에 그 동기는 우리의 사고습관 속에서 본질적으로 정당한 것으로 자리를 잡기 시작한다. 그러나 행동에 관한 어떤 규범이든 자체적으로 변함없이 유지되려면 그 규범의 발전기준을 정하는 습관이나 적성으로부터 계속적인 지지를 받거나 적어도 그것들과 상반되지 않아야 한다. 대리 여가활동 욕구나 과시적 용역소비 욕구는 하인들을 고용하고 유지하려는 지배적인 동기이기도 하기 때문이다. 이런 동기가 계속 진실로 여겨지는 한 그 규범은 공인된 관례에서 벗어난 그런 행동들과 관련하여 제기될 수 있는 많은 논의와는 무관하게 제자리를 잡을 수 있을 것이다. 이때 노력봉사를 위한 도제기간의 단축을 시사하는 그런 일탈행동들을 용납하느냐 마느냐 하는 등의 문제가 거론될 수 있을 것이다. 그러나 어쨌든 사치스런 대리 여가활동에 필요한 조건들은 우리의 취미—
그리고 이것들을 올바르게 판단할 수 있는 우리의 감각—를 간
접적이고 선택적으로 유도하여 제 모습을 갖추게 만들고, 불편을
초래하는 일탈행동들에 대해서는 승인을 유보하고 억제함으로
써 그런 행동들을 제거한다.

부의 기준은 높아야 한다는 인식이 만연해지면 잉여재산을
과시하는 수단인 하인들을 더 많이 소유하고 그들의 노동도 더
많이 착취하는 풍조가 유행한다. 재화의 생산에 종사하는 노예들
을 소유하고 관리하는 것은 부와 용맹성을 입증하는 것이지만,
아무것도 생산하지 않는 하인들을 보유하는 것은 그보다 더 많
은 부와 더 높은 지위를 입증하는 것이다. 이러한 원리에 따라 하
인계급이 등장하는데, 그들의 수가 늘고 더 세련될수록 그들의
유일한 임무란 에오라지 주인 한 사람만 바보처럼 보필하면서
그들의 대단한 노동력을 비생산적으로 소비하는 주인의 능력을
과시하는 증거물이 되는 일이다. 이리하여 유한계급 남성의 명예
를 유지하는 것을 생업으로 삼는 하인들이나 피고용인들의 노동
도 분화되기 시작한다. 그에 따라 한 집단이 그런 주인을 위해 재
화를 생산하면, 흔히 그의 아내나 본부인이 이끄는 또 다른 집단
은 그 재화를 주인을 위한 과시적 여가생활로 소비하는데, 그것
은 결국 주인이 자신의 우월한 재력을 손상시키지 않고도 그런
생산과 소비에 필요한 막대한 금전적 손실을 감당할 수 있는 능
력을 가지고 있음을 과시하는 증거가 된다.

가사노동의 발달과정 및 그 본성에 대한 이처럼 다소 이상적이고 도식적인 개괄은 앞에서 "외견상 평화적인" 생산단계라고 부른 문화단계에 가장 잘 부합할 것이다. 이 단계에서 대인봉사는 처음으로 하나의 경제적 제도로 확립되고 공동체의 생활영역에서도 가장 광범위한 입지를 차지하게 된다. 약탈문화와 외견상 평화적인 문화는 문화발달 과정에서 연이어 나타나는 두 가지의 야만적 생활단계이다. 그중에서도 외견상 평화적인 문화에 속하는 사람들의 대표적인 특징은 형식적으로라도 평화와 질서를 지키고자 한다는 데 있으며, 그와 동시에 여전히 이들은 말 그대로라면 평화롭다고도 할 수 있을 정도로 과도한 강압과 계급적 차별을 감내하는 생활을 한다. 경제적 관점이 아닌 또 다른 관점에서 본 다양한 목적들을 고려하면 이 문화는 신분제 문화로도 명명될 수 있을 것이다. 이 문화에서 볼 수 있는 인간관계의 방식과 남자들의 정신적 태도 역시 바로 '신분제'라는 말로 요약될 수 있다. 그러나 경제적 진화과정의 한 시점에 해당하는 이 문화를 지배하는 생산방식들을 특징짓고 산업발전의 방향을 시사한다는 점에서 다소 묘사적인 "외견상 평화적인"이라는 용어가 오히려 적당해 보인다. 서양의 문화공동체들을 돌이켜보면 이러한 경제적 발전단계에 속하는 문화는 어쩌면 이미 과거 속으로 사라진 듯이 보인다. 물론 지금도 상대적으로 해체가 덜 된 야만문화 특유의 사고습관을 지닌 매우 과시적인 일당들이 잔존하는 사회도 비록 소수나마 존재하고 있긴 하지만 말이다.

대인봉사는 아직도 특히 재화의 분배 및 소비와 관련하여 경제적으로 대단한 중요성을 지닌 요소로 작용하고 있다. 그러나 이 요소의 상대적 중요성이 과거보다 떨어진다는 것은 확실하다. 물론 이러한 대리 여가활동은 과거보다는 현재에 최고로 발달했다. 현재 그것을 잘 알 수 있는 표지는 상류 유한계급의 생활구조에서 발견할 수 있다. 이 계급은 좀더 오래된 문화의 지평에 속하는 전통들, 관습들, 사고습관들을 지키고 보존해온 자신들의 덕택을 현대문화가 톡톡히 보고 있다고 생각한다. 그들은 자신들이 옛 문화를 가장 폭넓게 수용하여 가장 효과적으로 발전시켰다고 자부한다.

현대 산업사회에서 일상의 안락과 편리를 위해 동원할 수 있는 기계장치들은 고도로 발달했다. 그리하여 지금은 낡은 관습이 되어버린 전통적 규범을 핑계로 명성을 획득하려는 자를 제외한 어느 누구에게도 몸종이나 가정부 같은 하인으로 고용되는 사람은 드물 것이다. 유일한 예외를 찾는다면 심신이 허약한 사람들을 보살피기 위해 고용된 간호사나 간병인 정도일 것이다. 그러나 그런 피고용인들은 당연히 수석가정부나 하녀가 아닌 훈련된 수간호사의 지휘를 받는다. 따라서 그들은 현대적인 규칙의 실질적인 예외라기보다는 표면상 예외에 불과하다.

예컨대 오늘날 가정부나 집사를 고용하는 유복한 중산층이라면 (표면상으로는) 가족구성원들이 현대사회에서 수행하는 성공을 위한 활동에 지장이 없도록 가정부나 집사를 고용한다고 말할 것이다. 그들은 자신들이 (1)너무 많은 "사회적 책임"을 지고 있기 때문에 그리고 (2)해야 할 일이 너무 중요하고 또 그런 중대사가 너무 많기 때문에 가사노동을 수행할 수 없다고 주장할 것이다. 이 두 가지 이유를 달리 말하면 다음과 같을 것이다. (1)체면유지에 반드시 필요한 규범에 따르면 그런 가족구성원들은 표면상으로는 사교, 드라이브, 클럽활동, 바느질 봉사활동, 스포츠, 자선봉사활동을 비롯한 갖가지 사회적 역할들로 이루어지는 과시적 여가활동을 수행하는 데 모든 시간과 노력을 쏟아야 하기 때문이다. 이런 일에 시간과 정력을 쏟는 사람들은 복장을 비롯한 갖가지 과시적 소비에까지 따로 신경을 써야 하는 모든 의례적인 활동들에 넌더리를 내면서도 그것을 무시할 수는 없다고 토로한다. (2)과시적 소비에 필요한 재화들의 구비조건들을 따르다보면 집, 가구, 장식품, 의상과 식탁 같은 가재도구들이 갈수록 너무나 복잡다단해지는 나머지 과시적 소비자들은 다른 이들의 도움 없이는 예법에 맞추어 그것들을 다루거나 처리할 수 없을 지경에 이른다. 그 집주인과 가족들은 흔히 자신들의 판에 박힌 체면치레를 위해 도울 사람들을 고용하지만 그런 피고용인들과의 개인적인 접촉은 혐오하기 마련이다. 하지만 그들은 자신들만으로는 소비하기에는 번거로운 재화의 소비를 분담할 대리인으로 삼기 위해서 피고용인들의 존재를 참고 임금까지 지불한다. 가정부나 집사 같은 상당한 대우를 보장받는 피고용인들로 구성된 특수한 계급이 존재할 수 있는 것은 재력가들의 도덕적 체면치레 욕구를 만족시켜주기 위해 자신들의 육체적 안락을 양보하기 때문이다.

현대 생활에서 대리 여가활동을 가장 널리 과시하는 증거는 이른바 '가족의 의무들'이라고 불리는 것을 통해서 확인된다. 이 의무들은 일련의 봉사활동으로 급속하게 변하고 있다. 이런 봉사활동은 가장의 개인적인 이익을 위해서가 아니라, 일종의 협력단체인 가족 즉 아내 또는 가정주부가 표면상 가장과 동등한 대우를 받는 한 집단으로 이해되는 가족의 명성을 위해서 수행된다. 그런 봉사활동을 수행하는 가족이 소유—결혼이라는 낡은 근거를 탈피하자마자 이러한 가족의 의무들 역시 본래 의미의 대리 여가활동의 범주를 벗어나는 경향을 보인다. 물론 피고용인들이 수행하는 노력봉사는 예외지만 말이다. 바꾸어 말하면 대리 여가활동은 신분제 혹은 고용된 용역을 근거로 해서만 가능한 것이기 때문에, 인간의 모든 상호행위를 규정하던 신분관계가 사라지면 생활의 많은 부분을 차지하는 대리 여가활동도 사라질 것이다. 그러나 여기에는 분명히 첨부되어야 할 조건이 하나 있다. 그것은 심지어 둘 이상의 가장이 거느리는 가족일지라도 가족이 계속 존속한다면 가족의 명성을 위해 수행된 비생산적인 노동 역시 의미는 다소 바뀔지 모르나 여전히 대리 여가활동으로 분류되어야 한다는 것이다. 따라서 그것은 바야흐로 가족의 독점적 소유권자로 군림하던 이전의 가부장 대신에 외견상 개인들의 협력단체인 가족을 위해 수행되는 여가활동이 된다.

4. 과시적 소비

앞에서 일반적인 노동계급들로부터 대리 유한계급이 분화되어 나와 진화한 과정을 살펴보면서 노동의 분업화 즉 여러 피고용인(하인)계급들의 분업화도 함께 이루어졌다는 것을 알 수 있었다. 주로 대리 여가활동에 종사하는 사람들로 구성된 이러한 피고용인계급 중 일부는 재화의 대리 소비 같은 새로운 부수적 의무들을 떠맡게 된다. 이들의 소비형태를 가장 잘 대변하는 것은 이들이 착용하는 제복이나 출입 가능한 공간이다. 또한 꽤 두드러지고 유력한 또 다른 대리 소비형태들 중에서도 훨씬 더 널리 성행하는 형태는 유한부인이나 유한계급의 가족 성원들이 소비하는 음식, 의복, 주택, 가구 등을 통해서 드러난다.

그러나 유한부인이 출현하기 훨씬 전에 이루어진 경제적 진화의 어느 시점부터 재력을 과시하는 전문화된 재화의 소비활동이 다소 세련되고 체계적인 형태로 수행되기 시작했다. 소비활동이 차별화되기 시작한 시점은 심지어 재력 과시를 위해 본격적으로 사용될 수 있는 사물들이 등장한 시점보다도 더 앞설 것이다. 이런 견지에 본다면 약탈생활이 시작된 약탈문화의 초입단계부터 이미 최초의 차별적인 소비활동이 시작되었다고 할 수 있다. 재화 소비와 관련된 이러한 가장 원시적인 차별화는 우리가 그토록 익숙한 이후의 모든 차별화와 유사하게 이루어진다. 그런 차별은 대개 처음에는 의례적인 성격을 띠지만 이후에 나타나는 축적된 부에 따른 차별과는 다른 근거에서 비롯된다. 부를 증명하기 위해 소비를 이용하는 것은 이차적인 모방행위의 발달과정으로 분류될 수 있다. 그것은 남자들의 사고습관 속에 이미 존재하는 확립된 차별기준이 선택과정을 통해서 새롭게 제시하는 목적에 적응하는 과정이다.

초기 약탈문화 단계에서는 오직 경제적 차별기준만이 강한 남자들로 구성된 명예롭고 우월한 계급을 노동하는 여자들로 구성된 비천하고 열등한 계급과 구별하는 대강의 기준이다. 그 시기를 지배하는 이상적인 생활양식에 따르면 남자들의 직무는 여자들이 생산한 것을 소비하는 것이다. 여자들을 혹사시키는 남자들의 소비는 그녀들이 하는 노동에 비하면 오히려 부수적인 것에 불과하다. 남자들의 소비는 여자들 자신의 생활의 안락과 충족을 위한 소비가 아니라 끝없는 노동을 촉구하는 하나의 수단이라 할 수 있다. 여기서 비생산적으로 재화를 소비하는 것은 무엇보다도 용맹성의 표시이자 품위 있는 인간의 특권을 증명하는 명예로운 일이다. 또한 특히 좀더 바람직한 물건들을 소비하는 경우에는 그런 비생산적인 소비 차제만으로도 본질적으로 명예로운 일이 된다. 음식을 골라먹거나 귀한 장식품을 소비하는 일은 여자들이나 어린이들에게는 흔히 금기시되기 마련이다. 그리고 만일 비천한(노예적인) 계급의 남자들이 존재한다면 그들에게도 같은 금기가 적용된다. 문화가 좀더 발달하면 이런 금기는 다소 엄격한 성격을 띠는 단순한 관습으로 바뀔 것이다. 그러나 그렇게 유지되는 구별의 이론적 근거가 무엇이든, 그리고 그것이 금기든 좀더 광범위한 인습이든, 관습적인 소비양식의 특색들은 쉽사리 변하지 않는다. 노예소유제를 근본적인 제도로 삼는 외견상 평화로운 생산단계에 도달하면 비천한 생산계급은 오직 생계를 위해 필요한 것들만 소비해야 한다는 일반원칙이 다소 엄격하게 적용되기 시작한다. 그리되면 사치품과 생활의 안락을 위한 물건들은 자연스럽게 유한계급의 차지가 된다. 그런 식으로 금기가 적용되는 곳에서는 특정한 음식이나 좀더 특별한 음료들은 상류계급만 소비할 수 있도록 엄격하게 관리된다.

식생활에 대한 의례적인 차별이 존재했다는 가장 명백한 증거는 술을 비롯한 도취성 음료나 마약류 같은 흥분제의 소비를 차별했다는 데서 찾아볼 수 있다. 만일 이러한 소비재들이 값비싼 것들이라면 고귀하고 명예로운 것으로 여겨진다. 여자들을 위시한 비천한 계급들은 이러한 흥분제에 대한 금욕을 강요당한다. 물론 그런 음료들의 값이 아주 싼 나라에서는 쉽게 접할 수 있다. 오래전부터 가부장체제를 장기간 유지해온 모든 지역 여자들의 임무는 이런 사치품들을 준비하고 관리하는 일이었고, 그것들을 소비하도록 길러진 명문가 출신의 남자들은 그것들을 소비하는 특권을 누렸다. 따라서 그들이 술이나 마약 같은 흥분제를 마음대로 복용하여 인사불성이 되거나 패악을 부리는 것은 오히려 그들이 그런 방탕을 즐길 수도 있는 우월한 신분에 있음을 간접적으로 증명하는 명예로운 표시가 되곤 했다. 또한 그들이 지나친 방탕으로 몸을 망치더라도 일부 사람들은 그것을 남자다운 태도의 발로로 인정해주었다. 심지어 그런 방탕 때문에 병에 걸린 자의 병명조차 세인들 사이에서는 "고귀함"이나 "세련됨"과 같은 의미를 가진 별명으로 통하는 진풍경까지 연출되었다. 하지만 오직 상대적으로 초기단계의 문화에서만 사치라는 악덕의 징후들이 관습적으로 우월한 신분의 표시로 용인되고 차츰 미덕으로까지 변질되면서 그것에 대한 공동체의 존경마저 강요하는 풍조가 나타난다. 더구나 특정한 사치의 악덕에 따라붙는 명성은 지나친 방탕을 추구하는 부유층 내지 고위층 남자들에게 가해질 비난의 수위를 확연히 낮출 수 있을 만큼 오랫동안 그 위력을 잃지 않는다. 그와 동일하게 불공정한 차별이 이번에는 똑같은 종류의 방탕에 빠진 여자들, 미성년자들, 빈민들에 대한 세인의 비난을 증폭시키게 된다. 이처럼 불공정한 전통적 차별은 현대인들처럼 좀더 개명된 사람들 사이에서도 그 위력을 잃지 않고 있다. 유한계급에 의해 성립된 표본이 관습들을 지배하는 불가피한 강제력을 견지하고 있는 곳에서는 아직도 대부분의 여자들이 그런 흥분제에 대한 이전과 동일한 전통적인 금욕을 실행하고 있음을 관찰할 수 있다.

흥분제 사용과 관련하여 상류계급의 여성들에게는 좀더 강하게 요구된 금욕을 이렇게 특성화하는 것은, 상식에 비추어 볼 때, 아마도 지나치게 집요한 논리적 분석처럼 보일 수도 있을 것이다. 그러나 이런 사실들은 거기에 조금만 관심이 있는 사람이라면 쉽게 알 수 있고, 따라서 현대 상류계급 여성들에게 더 심하게 강요되는 금욕은 어떤 면에서 불가피한 강제적 인습의 소산이라는 것도 알 수 있을 것이다. 그리고 이러한 인습은 일반적으로 여성을 일종의 사유재산으로 여기는 가부장제의 전통이 가장 활개를 치는 곳에서 가장 강력한 위력을 발휘한다. 물론 어떤 의미에서 그런 인습은 현대로 올수록 범위와 위력 면에서 대단히 제한되는 경향이 있지만, 여전히 그 의미만큼은 결코 잃어버리지 않고 있다. 이러한 전통에 따르면 재산으로서의 여자는 오로지 생계유지에 필요한 것만 소비해야 한다. 그 외에 그녀가 할 수 있는 소비는 그녀의 주인(남편 또는 가부장)의 안락이나 훌륭한 평판에 이바지하는 소비밖에 없다. 진정한 의미의 사치품 소비는 소비자 자신의 안락을 위한 소비인 만큼 주인의 증표가 된다. 그 밖의 다른 사람들에 의한 사치품 소비는 그의 아량을 과시하는 근거를 제공하는 경우에만 가능하다. 그러므로 민중의 사고습관이 근본적으로 가부장제 전통에 의해 형성된 사회에서 우리는 적어도 사치품을 사용하는 부자유스럽고 종속적인 계급이 관습적으로 비난을 받는다는 것만 고려하더라도 사치품에 대한 금기의 유산들을 발견할 수 있다. 이 금기는 종속계급이 특정한 사치품

을 사용하려 할 경우 특히나 더 강하게 작용한다. 왜냐하면 종속
계급에 의한 사치품 사용은 그들 주인의 안락감이나 쾌감을 손
상시키거나 아니면 주인의 또 다른 동기들의 합법성을 의심스럽
게 만들 소지가 있기 때문이다. 서양문명에서 대단히 보수적인
중산층은 이처럼 다양한 흥분제의 사용을 위의 두 가지 반대 이
유 중에 둘 다는 아닐지라도 적어도 한 가지에는 부합하는, 비난
받아 마땅한 일이라는 견해를 가지고 있다. 그리고 여기서 간과
하지 말아야 할 너무도 중요한 사실이 있다. 그것은 가부장 중심
의 소유권에 대한 감각이 강하게 남아 있는 독일문화의 보수적
인 중산층들이야말로 이런 견해를 정확히 반영한다는 사실, 그리
고 여자들이 마약류나 알코올성 음료에 대한 제한적 금기를 적
용받는 가장 광범위한 주체라는 사실이다. 다양한 제한들—특히
가부장제 전통이 점점 약화되면서 그 반작용으로 더욱 다양해진
제한들—과 더불어 여자들은 오직 주인(남편 혹은 가장)의 이익
에 부합하는 소비만 해야 한다는 일반적인 규칙이 타당한 의무
로 여겨지게 된다. 물론 여자들의 의복이나 집안 장식을 위한 소
비는 이러한 규칙의 적용을 받지 않는 분명한 예외로 간주되어
야 한다는 반론도 제기된다. 그러나 이러한 예외는 결국에 가서
는 본래의 가치보다 훨씬 더 뚜렷한 가치를 지닌 소비의 면모를
갖추게 될 것이다.

경제발전의 초기단계에서 무제한적인 재화 소비, 특히 고급
품 소비—이상적으로는 생계유지를 위한 최소한의 소비를 제외

한 모든 소비—는 일반적으로 유한계급에만 어울리는 것으로 여겨진다. 재화에 대한 개인의 소유권이 확립되고 임금노동이나 소규모 가족경제에 토대를 둔 생산체계가 정립되는 평화적인 단계에 접어들면 이러한 소비의 계급적 차별은 적어도 형식적으로는 사라지는 경향을 보인다. 그러나 그보다 이른 외견상 평화적인 단계에서는, 다시 말해서 유한계급제도가 이후 시기의 경제생활에 지속적인 영향을 미침에 따라 생성된 다양한 전통들이 형태와 일관성을 획득하는 단계에서는, 이러한 차별적 소비의 원칙이 관습법과 같은 강제력을 확보하기에 이른다. 이 원칙은 안락을 위한 소비의 기준을 제공했는데, 어떠한 소비든 일단 눈에 띌 정도로 이 원칙을 벗어나면 상궤를 일탈한 소비 형태로 간주되다가 얼마 지나지 않아 경제가 좀더 발전하면 완전히 추방되고 말 것이다.

그러면 외견상 평화적인 유한계급 남성은 최소한 생계유지와 육체적인 편의에 필요한 것보다 훨씬 더 많은 용역과 재화를 소비할 뿐 아니라 그런 소비생활을 통해서 그는 자신이 소비하는 재화의 질에 관한 전문가적 소양도 구비하게 된다. 그는 음식, 음료, 술이나 흥분제, 주택, 용역, 장식품, 의복, 무기나 장비, 오락, 부적, 우상이나 신물(神物) 등을 최고급으로 자유롭게 소비한다. 그가 소비하는 물건들의 개선과 혁신을 촉구하는 기본적인 동기와 당면 목표는 개인적인 안락과 행복을 위해 더욱 향상되고 세련된 제품을 생산할 수 있는 더 높은 효율성 진작하는 데 있음은 의심할 나위 없다. 그러나 그것만이 그가 물건들을 소비하는 유일한 목적으로 남는 것은 아니다. 그는 명성의 규범이 당장 그 물건들을 요구하기 때문에 그리고 그 규범이 요구하는 기준에 따라 명성을 유지하기에 적합해 보이는 그런 쇄신을 이용하기 위해 물건들을 소비한다. 이처럼 좀더 훌륭한 재화를 소비하는 것은 부의 증거이기 때문에 명예로운 일이 된다. 반면에 양적으로나 질적으로 기준에 미달하는 소비는 열등함과 결함의 징표가 된다.

이처럼 음식이나 음료 따위의 질을 차별하는 까다로운 기준의 발달은 곧 유한계급 남성의 생활방식은 물론 취미 훈련과 지적 활동에도 영향을 미친다. 그는 이제 단순히 강인함, 기지, 용맹성을 갖춘 성공적이고 공격적인 남성에 머물지 않는다. 그는 무능하게 보이지 않기 위하여 물건을 고르는 감식안도 길러야 한다. 그것은 그가 당장 소비할 재화들 중에서 고급품과 저급품을 정확하게 구별해내기 위해 의무적으로 함양해야 할 자질이기 때문이다. 그리하여 그는 이제 다양한 풍미를 지닌 고급음식, 주요 음료나 장신구, 멋진 의복이나 주택, 무기, 오락, 춤꾼, 그리고 술이나 흥분제 따위에 관한 일종의 전문가가 되어버린다. 이러한 감식능력을 함양하는 데는 시간과 노력이 필요하다. 그리고 그가 이런 능력을 구비하는 데 필요한 사항들은 그의 한가로운 생활을 과시적인 유한계급에 합당한 생활방식을 배우고 익혀야 하는 다소 지겹고 힘겨운 적응과정으로 변화시키곤 한다. 그가 자신의 품위에 맞는 종류의 재화들을 마음대로 소비하는 데 우선적으로 필요한 조건은 그가 그 재화들을 근사한 예법에 따라 소비하는 방법을 잘 알고 있어야 한다는 것이다. 말하자면 그의 여가생활은 합당한 형식에 따라 수행되어야 하는 것이다. 그래야만 본서의 앞장에서 지적된 바와 같은 훌륭한 예절을 선보일 수 있다. 고상한 예절과 생활방식은 과시적 여가와 과시적 소비의 기준에 부합하는 조건들이기 때문이다.

  가치 있는 재화들을 과시적으로 소비하는 것은 유한계급 남성이 명성을 얻기 위한 하나의 방편이다. 그가 부를 축적하면 할수록 그 혼자만의 노력으로는 자신의 부유함을 충분히 과시할 수 없게 된다. 그에 따라 값비싼 선물을 제공하거나 화려한 축제나 연회를 열어 친구들이나 경쟁자들의 호응을 이끌어낸다. 선물과 잔치는 아마도 그런 유치한 과시욕과는 또 다른 기원을 가지고 있겠지만, 하여간 아주 오래전부터 이러한 의도에 부응하는 효용을 획득하여 오늘날까지 그 성격을 유지하고 있다. 이런 견지에서 선물이나 축제의 효용은 지금껏 이런 관습들이 의존하는 본질적인 동기로서 오랫동안 살아남았다. 포틀래치(potlatch)[6]나

---

6 북서부 아메리카 인디언들이 부와 권력을 과시하기 위하여 겨울이면 낭비적으로 선물을 분배하며 벌이는 축제 혹은 그 행사. 조르주 바타유에 의하면 포트래치는 "경쟁적, 과시적 증여" 행위로 이해된다. "……아메리카의……틀링깃족, 하이다족, 침시아족, 콰키우틀족의 경우 포틀래치는 사회생활의 많은 부분을 차지했다. 그 부족들 중 가장 미개한 부족은 포틀래치를 성인식, 결혼식, 장례식처럼 개인의 상태에 큰 변화가 초래될 때 그 변화를 축성하는 의식에 사용했다. 좀더 개화된 부족들에게는 포틀래치가 축제 중에 열렸다. 포틀래치를 열 만한 축제를 선택하거나, 또는 포틀래치 자체가 축제의 기회이기도 했다. 포틀래

무도회 같은 사치스런 연회는 이런 목적(부의 과시)에 특히 잘 맞아 떨어진다. 연회의 주최자는 연회에 참석한 경쟁자가 다른 연회주최자들과 자신을 비교하여 자신에 대한 찬사를 늘어놓기를 소망한다. 이런 방식으로 경쟁자는 주최자의 목적달성을 위한 수단으로 이바지하게 된다. 그는 주최자의 대리 소비자가 됨과 동시에 주최자가 혼자서는 도저히 다 소비할 수 없는 넘치는 고급물건들을 소비하는 장면의 목격자가 될 뿐 아니라 주최자의 능숙한 예법의 목격자도 된다.

그런 사치스런 연회들 중에는 물론 또 다른 동기에서 열리는 좀더 온건한 연회도 있다. 축제나 연회에 사람들이 모이는 관습의 기원이 된 동기는 아마도 지난날 사람들이 향연이나 종교행사에 참가한 동기와 같을 것이다. 이런 동기들은 훗날 문화가 발전된 단계에서도 잔존하지만 그 동기 자체만으로는 아무런 역할도 하지 못하게 된다. 그보다 좀더 세월 흐른 뒤에 나타나는 유한계급의 축제나 연회는 적게는 종교적 필요에 따라서 많게는 오락과 여흥의 욕구를 충족시키기 위해서 지속적으로 열렸을 것이

치는 상업과 마찬가지로 부의 순환방식의 하나이다. 그러나 포틀래치는 거래를 배제한다. 종종 막대한 부를 거침없이 증여하는 포틀래치는 한 족장이 경쟁자에게 모욕을 주기 위한, 그에게 도전하기 위한, 그리고 그를 굴복시키기 위한 수단으로 사용되기도 했다. 증여받은 사람은 모욕감을 떨치고 도전을 받아들여야 한다. 이제 그는 증여가 강제하는 의무를 이행해야 한다. 다시 말해 그가 받은 포틀래치보다 더 성대한 새로운 포틀래치로 나중에 응답해야 하는 것이다. 그는 받은 이상으로 갚아야 한다……." ; 조르주 바타유(Georges Bataille), 《저주의 몫 La Part Maudite》(조한경 옮김, 문학동네, 2000, pp105~120)에서 편집 인용- 옮긴이

지만, 한편으로는 불공평한 차별의 목적에 기여했을 뿐 아니라 좀더 확실히 공언할 수 있는 동기들을 뒷받침하는 겉보기만 공평한 근거를 제공하는 데도 꽤 효과적인 역할을 했을 것이다. 그러나 재화의 대리 소비라든가 아니면 많은 노력과 비용을 들여야 숙달할 수 있는 까다로운 예법에 능숙함을 과시하려는 경향 때문에 이들 사교모임에서 구사되는 각종 예의범절의 경제적 효력은 줄어들지 않았다.

유한계급이 부를 축적할수록 유한계급의 기능과 구조는 더욱 발달하고 유한계급 내에서도 차별화가 진행되기 시작하면서 다소 세분화된 위계와 등급 체계가 등장한다. 유한계급의 이러한 분화는 부의 세습과 그에 따른 계급의 세습을 통해서 더욱 심화된다. 그러한 계급의 세습과 더불어 의무적인(또는 필수적인) 여가도 세습된다. 또한 여가생활을 가능케 할 충분한 잠재력을 지닌 상류계급은 당장에 명예로운 여가생활을 계속하는 데 필요한 완전한 부를 갖추지 않아도 세습될 수 있다. 고귀한 혈통은 명예롭고 자유롭게 소비할 수 있는 충분한 재물의 소유여부와 상관없이 계승될 수 있다. 그 결과 앞에서 언급한 바 있는 무일푼의 유한남성계급도 등장하게 된다. 이러한 반쪽짜리 유한남성들은 위계적인 등급 체계에 따라 차별대우를 받게 된다. 태생이나 재산 혹은 양자 모든 면에서 상류 내지 최상류의 부유한 유한계급에 가까운 조건을 구비한 유한남성들일수록 그렇지 못한 자들보다 높은 등급으로 평가받는다. 이처럼 낮은 등급의 유한남성 중에서도 특히 가난하여 생계마저 불투명한 유한남성들은 스스로 더 높은 등급의 유한남성에 머리를 숙이고 의존관계나 충성관계를 맺기도 한다. 그렇게 함으로써 그들은 후견인을 확보하게 되고 그의 명성의 떡고물을 받아먹으며 여가생활을 계속할 수 있는 수단을 획득하지만, 결국에 가서는 후견인의 가신(家臣)이나 집사 혹은 피고용인이 되어버린다. 그래서 후견인의 총애나 호의를 받는다는 것은 그들이 후견인의 지위를 대변하고 후견인의 넘치는 부를 대리 소비한다는 지표이다. 물론 이처럼 후견인에 재정적으로 의탁하는 유한남성은 많은 반면에 타고나면서부터 재산가인 남성의 수는 훨씬 적다. 따라서 의탁 유한남성들 중에서 일부는 거의 전혀 대리 소비자로 평가되지 않고 나머지 일부도 단지 부분적으로만 대리 소비자로 간주된다. 그러나 후견인의 가신이나 식객으로 채용된 자들 중에서 다수는 자격이나 자질과는 무관하게 대리 소비자로 분류될 수 있다. 이들 중 다수는 물론 또 다른 낮은 등급의 귀족들 중 다수는 이제는 그들이 거느리던 부인들, 자녀들, 하인들과 가신들 등으로 구성된 다소 포괄적인 대리 소비자 집단에 귀속되기에 이른다.

이렇듯 차등화된 대리 여가와 대리 소비를 통틀어 지배하는 규칙에 따르면 이들의 직무는 이러한 여가나 소비에 어울리는 주인 그리하여 훌륭한 명성을 얻는 것을 당연하게 여기는 주인을 뚜렷이 명시하는 그런 예절 또는 그런 환경이나 특별한 표시로서 수행되어야 한다. 이런 사람들이 자신의 주인이나 후견인을 위하여 대행하는 소비와 여가활동은 명성을 높일 요량으로 주인이나 후견인에게 아부하는 자들에 대한 일종의 투자와 다름없다. 성대한 연회나 선물공세는 이런 사실을 충분히 드러내기 때문에, 그러한 주최자 내지 후견인이 덤으로 얻는 명성은 즉시 대중적인 명성을 얻는 근거로 자리 잡는다. 후견인은 그의 측근에 상주하는 그런 심복들이나 가신들의 대리 여가활동과 소비 때문에 명성을 더할 수 있는데, 이 원리는 측근들의 대리 여가나 소비를 위한 재원을 공급하는 모든 유한남성들에게도 그대로 적용될 수 있을 것이다. 이런 식으로 존경을 보장하는 집단이 늘어날수록 후견인은 피후견인들이 수행하는 여가에 부가되는 우수성을 암시할 수 있는 그리고 그 결과 피후견인들이 착용하는 제복, 휘장, 정복(正服) 따위를 유행시킬 수 있는 수단(재산)을 더 많이 필요로 하게 된다. 제복이나 정복을 착용한다는 것은 의탁계급임을 눈에 띄게 드러내는 것이고 실질적으로나 외견상으로 노예상태에 있음을 드러내는 표시라고 말할 수 있다. 제복이나 정복을 착용한 사람들은 대개 두 계급 즉 자유인과 노예 혹은 상류계급과 하류계급으로 분류될 수 있다. 이들이 수행하는 노력봉사 역시 고급직무와 비천한 노동으로 나뉠 수 있다. 물론 실제로 행해지는 구별은 그처럼 엄격하고 일관성 있게 이루어지지 않는다. 동일한 개인의 비천한 노동이 고급한 일이 되거나 고급직무가 불명예스런 노동이 되거나 하는 일은 그리 자주 발생하지 않는다. 그런데도 이러한 일반적인 구별법은 대체로 견지되고 있다. 게다가 과시적으로 수행되는 노력봉사의 본성에 기초한 고급직무와 비천한 노동에 대한 이런 근본적인 구별이 봉사를 받는 개인이나 정복을 착용한 개인의 지위에 기초한 명예로운 일과 치욕적인 일에 대한 이차적인 구별에 의해 부인된다는 사실은 약간의 혼동을 가져올 수 있다. 그렇다면 일단 유한계급에게 합당한 직무들은 고귀한 활동 즉 정치, 전투, 사냥, 무기나 군사장비 조작관리 같은, 요컨대 외견상 약탈적인 활동으로 분류될 수 있을 것이다. 그런 반면에 생산계급에 적당한 일은 비천한 노동 즉 수공업이나 기타 생산노동, 비천한 노력봉사 같은 것들이다. 그러나 상류층에 속하는 개인이 수행하는 비천한 노력봉사는 상당히 명예로운 직무로 간주될 수 있다. 이를테면 공주의 시녀나 여왕의 시녀, 국왕의 마부나 국왕의 사냥개 사육사 같은 사람들이 하는 일들이 그런 직무에 속한다. 여기서 특히 마부나 사육사의 직무는 계급과 노동의 관계를 규정하는 어느 정도 일반적인 원리를 시사한다. 이런 관계가 존재하는 어디서나 비천한 노동은 전투와 사냥 같은 본연의 여가활동에 직접 봉사하기 마련이어서 그것에 반영되는 명예로운 성격도 쉽사리 획득한다. 이렇게 해서 본성상 저급한 노동에 속하는 일들이 대단한 명예가 따르는 일로 간주되기에 이른다.

이후 평화적인 생산문화가 발달하면서 제복을 착용한 일단의 게으른 용병을 고용하는 관습이 차츰 사라지기 시작한다. 주인이나 후견인과 특별한 관계에 있음을 과시하던 가신들이나 식객들의 대리 소비활동도 제복이나 정복을 착용하는 일단의 하인들에게만 국한된다. 그렇게 등급이 높아진 제복은 노예상태, 아니 좀 더 정확히 말하면 노예근성을 대변하는 휘장이 된다. 무장한 가신의 제복에는 항상 명예로운 휘장 같은 것이 부착되지만 그러한 제복이 오로지 하인의 신분을 명시하는 표시로 간주되면 거기에 부가되던 명예로운 성격은 소멸되고 만다. 제복은 이제 그것을 착용할 필요가 있는 모든 이들과 마찬가지로 경멸받기에 이른다. 우리 역시 노예근성을 조금만 비난해도 완전히 감정이 상하고 마는 유력한 노예상태에서 거의 벗어나지 못하고 있다. 심지어 일부 회사에서 직급을 구별하기 위해 직원들로 하여금 착용하도록 규정한 정복이나 제복에 대해서도 이러한 혐오감이 표출된다. 이런 혐오감은 미국에서도 제복이나 정복을 착용해야 하는 공무원이나 군인, 시민에게까지 비록 우회적이고 애매하게나마 표출되는 것을 목격할 수 있다.

노예적인 관계가 사라지면서 유한계급에 의탁하던 수많은 대리 소비자들의 수는 전반적으로 줄어드는 경향을 보인다. 후견인을 위해 대리 여가활동을 수행하던 어쩌면 여전히 상위등급으로 여겨질 수많은 피후견인들의 수도 마찬가지로 줄어드는 경향을 보인다. 전체적이거나 일률적이지는 않지만 대체적으로 이 두 집단의 감소추세는 거의 일치한다. 이들의 임무를 최초로 위임받은 피후견인은 아내(부인) 혹은 본부인이었다. 이후 이 임무들을 관례적으로 수행하던 사람의 수가 점점 줄어들고 제도가 발달하면서 이 임무들을 수행할 최종후보에 오른 사람은 바로 아내였을 것이다. 사회적으로 상류에 속하는 계급일수록 이러한 두 종류의 막대한 노력봉사를 다 필요로 하는데 그것을 주관하는 아내가 상당수 하인들의 도움을 받는 것은 당연하게 여겨졌다. 그러나 우리의 사회적 기준이 점차 낮아지면서 아내 혼자 대리 여가와 소비의 임무를 떠맡게 된다. 서양문화권의 여러 사회에서 이러한 현상은 중하류계급에서 주로 발견되고 있다.

그런데 여기서 결정적인 반전이 이루어진다. 이들 중하류계급의 가부장은 여가활동을 위한 허영을 전혀 부리지 않는다는 사실이 공통적으로 관찰된다. 환경의 압력에 따라 가장의 허영은 완전히 폐기된다. 그러나 중산계급의 부인은 여전히 가부장이나 주인의 평판을 좋게 할 목적으로 대리 여가활동을 수행한다. 여느 현대 산업사회에서나 사회적 기준이 낮아지면서 일차적인 요건—즉 가부장의 과시적 여가—은 상대적으로 높은 계층에서만 누릴 수 있게 된다. 그 대신 중산계급의 가부장은 경제적인 환경의 압박 때문에 흔히 오늘날의 평범한 비즈니스맨들이 그렇듯 대체로 생산적인 성격을 띠는 취업을 통해서 당장에 생계유지를 위한 직장인으로 전락한다. 그러나 이차적인 요건—즉 부인에게 일임된 대리 여가와 소비, 그리고 하인들이 수행하는 보조적 대리 여가활동—은 명성에 필요한 사항들은 결코 무시되지 않는다는 관습에 따라 유행의 형태로 잔존하게 된다. 그에 따라 자신의 아내가 당대의 상식이 요구하는 등급의 대리 여가활동을 통해서 자신에게 정식으로 보답할 수 있도록 최선을 다해서 근무에 임하고자 하는 남편의 모습은 이제 더 이상 진귀하게 여겨지지 않는다.

그런 식으로 부인에게 일임된 여가활동은 물론 단순한 게으름이나 나태의 증표는 아니다. 부인의 여가활동은 거의 대부분 일정한 노동이나 가사의무 또는 사교활동 같은 위장된 형태로 이루어지는데, 사실 그런 활동을 잘 들여다보면 그녀가 소득을 얻거나 자산을 운용하여 이익을 얻는 어떤 직업에도 종사하거나 종사할 필요가 없음을 과시하는 것 이상의 다른 목적은 거의 혹은 전혀 없다는 것이 드러난다. 앞에서 예절들을 다루면서 우선적으로 지적한 바 있듯이, 중산계급 가정주부가 시간과 노력을 바치는 집안일을 규정하는 관례에 속하는 좀더 중대한 일들도 이러한 성격을 지닌다. 그녀가 집안일에 관심을 기울인 결과들이 장식적이거나 산뜻한 성격을 띠지 않으면 중산계급의 예법을 훈련받은 남자들의 감각을 즐겁게 하지 못한다. 이처럼 가정을 산뜻하게 장식한 결과들은 가부장의 취향에 호소하는데, 그 취향은 집안일에 모든 노력을 다 바쳤다는 증거를 요구하는 예절 규범의 선택적인 지도에 따라 형성된 것이다. 그 결과들은 우리를 대단히 즐겁게 한다. 우리는 그런 결과들에 즐거움을 느끼도록 교육받았기 때문이다. 그것은 형태와 색조의 적절한 조화 그리고 이를테면 심미적인 것으로 분류할 수 있을 또 다른 목적을 대단히 중요시하는 가사의무들을 낳게 된다. 그리고 때로는 대단한 미학적 가치를 지닌 결과물을 낳는 경우도 있다는 사실을 부정할 수는 없다. 이 모든 경우에 일관되게 적용되는 사실은 생활의 쾌적함을 위해서라면 가정주부는 시간과 비용을 과시적으로 아낌없이 지출해야 한다는 법칙에 따라 형성된 전통 지침에 따른다는 사실이다. 아름다움이나 편리함이 달성되었다면, 그것도 다소 뜻밖의 환경에서 달성되었더라도, 그것들은 모든 노력을 아끼지 말라는 중대한 경제법칙에 그것들 자체를 복종시키는 수단과 방법에 의해서 달성된 것이 분명하다. 그러한 중산계급 가정의 장식품들 중에서 좀더 명예롭고 "남에게 자랑할 만한" 것들은 한편으로 과시적 소비의 증표가 되고 다른 한편으로 가정주부에게 일임된 대리 여가의 증거로 제시되는 소품이 된다.

부인이 담당하는 대리 소비활동에 필요한 조건은 대리 여가에 필요한 기준보다 적은 재산을 보유한 계층에 대해서도 지속적으로 그 위력을 발휘한다. 그런 계층에서는 격식에 맞는 청결 따위를 위해 모든 역량을 쏟는 허영도 거의 찾아보기 힘들고 과시적 여가활동을 위한 의도적인 시도도 전혀 발견되지 않지만, 사회적 체면은 여전히 부인에게 가족과 가부장의 명예를 위해 일정량의 재화를 과시적으로 소비하도록 요구한다. 그리하여 실제로나 이론적으로나 처음부터 남자들의 소비재를 생산하는 노동력이자 남자들의 소유물이던 부인은 이제, 낡은 제도의 진보가 훗날 가져온 이러한 결과와 더불어, 남편이 생산한 재화를 의례적으로 소비하는 소비자가 된 것이다. 그러나 그녀는 여전히 이론상 남편의 소유물로 취급당하는 극히 부당한 대우를 받는다. 왜냐하면 여가와 소비를 대행하는 습관은 속박된 피고용인의 변하지 않는 징표로 간주되기 때문이다.

중산층 이하 하류계급의 가족이 수행하는 대리 소비는 유한계급 생활양식의 직접적인 표현으로 평가될 수 없다. 이들 가족이 보유한 재산으로는 유한계급에 속할 수 없기 때문이다. 유한계급의 생활양식은 하류계급에게는 자신들보다 한 단계 더 높은 생활양식의 표현으로 보인다. 유한계급은 명성의 관점에서 보면 사회구조의 최상부에 위치한다. 또한 유한계급의 생활예절과 가치기준들은 사회적 명성의 규준을 제공한다. 되도록이면 이들 기준을 최대한 따르는 것이 기준에 못 미치는 모든 하류계급의 의무가 된다. 문명화된 현대사회에서 사회계급을 구분하는 경계선은 점차 모호해지고 가변적인 것이 되어가지만, 이러한 변화가 발생하는 모든 곳에서 상류계급이 강요하는 명성의 규준은 그에 대한 약간의 저항을 제외하면 사회구조의 최하층까지 그 강압적인 영향력을 거침없이 확장한다. 그 결과 각 계급의 구성원들은 자신들보다 한 단계 높은 계급에서 유행하는 생활양식을 자신들이 추구해야 할 이상적인 생활양식으로 인정하고 그러한 이상을 추구하는 데 자신들의 에너지를 쏟아 붓는다. 그런 이상의 달성에 실패하여 평판이 실추되고 자존심에 상처를 입는 고통을 당하지 않으려면 그들은 적어도 외견상으로라도 그럴듯 공인된 규범에 맞추어 생활하기 위해 안간힘을 써야 하는 것이다.

고도로 산업화된 사회에서 명성을 획득할 수 있는 근거는 다름 아닌 재력이다. 재력을 과시하는 방편인 동시에 명성을 획득하고 유지하는 방편은 여가활동과 과시적으로 재화를 소비하는 것이다. 그 과정에서 이 두 가지 방편은 모두 그런 여가나 소비의 가능성을 지닌 중하류계급에서도 유행하기에 이른다. 이 두 가지 방편에 몰두하는 중하류계층에서는 이 두 가지 임무 모두가 대개는 가정주부와 자녀들에게 일임된다. 그러나 아직 어떤 수준의 여가활동이나 심지어 겉보기만 그럴듯한 여가활동조차 불가능한 하류계층의 가정주부와 자녀들은 재화의 과시적 소비만 가능하고 또 그런 활동만 수행한다. 가정을 이끄는 남자도 과시적 소비만 할 수 있고 또 실제로 대개는 그렇게만 하고 있다. 그러나 빈민가의 주변을 맴돌 정도의 빈곤계층으로 몰락한 하류계층의 가정은 가장인 남자는 물론 곧 그의 자녀들마저 겉치레용 물건들의 소비를 사실상 중단하고, 오로지 여자(주부)만이 그 가정이 일정수준의 금전을 보유하고 있음을 드러내는 유일한 대변자로 남는다. 사회를 구성하는 어떠한 계급도, 심지어 절대빈곤에 시달리는 빈민조차도 모든 관습적인 과시적 소비의 유혹을 떨쳐버리지 못한다. 이러한 소비의 범주에 속하는 최신 품목들은 가장 극단적인 생계의 압박에 시달리는 사람들을 제외하면 누구나 그것들을 소비하려고 든다. 이런 소비자들은 어느 정도 재력이 있음을 표시하는 최신 장신구들을 구입하거나 최신식 허영을 부리기 위해서라면 아무리 비참하고 열악한 생활도 감수할 것이다.

이렇듯 좀더 고상하거나 정신적인 것으로 여겨지는 모든 욕구의 충족을 스스로 거부하고 물질적인 결핍의 압력에 절망적으로 무릎을 꿇은 계급과 국가는 지금까지 하나도 없었다.

* * *

과시적 여가와 소비의 발달과정을 탐색해보면 명성의 획득을 목표로 하는 두 방편의 유용성이 두 방편의 공통요소인 낭비에 있다는 사실을 발견할 수 있다. 그것은 한편으로는 시간과 노력의 낭비이고 다른 한편으로 재화의 낭비로 나타난다. 두 가지 낭비는 모두 부를 소유했음을 증명하는 방편이기 때문에 관습적으로 동등한 것으로 인정받는다. 두 방편 중에서 어느 쪽을 선택하느냐 하는 문제는 상이한 자산의 축적에 기반을 둔 또 다른 재산기준의 영향을 받지 않는 한 단순히 어느 편이 부를 더 잘 과시할 수 있는 방편이냐 하는 데 있다. 경제발전의 각 단계마다 상이한 동기에 따라 이것을 선택할 수도 있고 저것을 선택할 수도 있을 것이다. 요컨대 관건은 두 방편 중 어느 것이 남들에게 자신의 부를 과시하는 가장 설득력 있는 방편이 될 것이냐 하는 데 있는 것이다. 이 문제에 대해서 관습은 다양한 환경에서는 다양한 방식이 이용되었다는 대답을 제공한다.

공동체나 사회집단이 단지 일반적인 평판에도 상당한 영향을 받을 만큼 규모가 작고 단출하다면, 바꾸어 말해서 개인이 명성을 얻으려면 자발적으로 적응해야 하는 인간적인 환경이 개인적인 친교나 이웃끼리 오가는 잡담의 영역에 머물 만큼 좁다면, 한 가지 방편은 다른 한 가지 방편과 동등한 효력을 발휘할 것이다. 따라서 두 방편은 사회발달의 초기단계일수록 동등한 효력을 발휘할 것이다. 그러나 점차 두 방편 사이에 차이가 발생하고 이후 인간의 환경이 좀더 폭넓어지면서 그 차이가 필연적인 것이 되면서 소비는 통상적인 체면치레 수단인 여가활동에 포함되기 시작한다. 이런 현상은 특히 평화적인 경제단계에서는 더욱 확연해진다. 의사소통 수단의 발달과 인구이동에 따라 한 개인은 이제 수많은 개인들의 시선에 노출될 수밖에 없다. 이때 다수의 개인들은 그들의 직접적인 시선 앞에서 한 개인이 자신의 역량에 따라 선보이는 재화들(그리고 어쩌면 예의범절) 말고는 그의 명성을 판단할 수 있는 기준을 가지고 있지 않다.

현대 산업조직 역시 또 다른 구획선에 따라 이와 동일한 작용을 한다. 현대 산업체계가 다그치는 급박한 현실은 개인들과 가족들을 단순히 먹고산다는 느낌밖에 주지 않는 병렬관계로 내몰곤 한다. 기계적인 대화만 나누는 이웃은 종종 사회적으로는 이웃도 아니고 안면 있는 사람도 못 된다. 또한 그들의 변덕스러운 선의 역시 상류층에게 아부하는 데만 쓰임새가 있을 뿐이다. 일상에서는 아무런 공감도 느끼지 못하는 이런 관객들에게 자신의 재력을 인식시킬 수 있는 유일한 실질적 방편은 끈질기게 자신의 지불능력을 과시하는 수밖에 없다. 또한 현대 사회에서는 서로의 일상생활을 잘 모르는 사람들이 대규모로 좀더 자주 모일 수 있는 장소도 늘어나고 있다. 교회, 극장, 무도장, 호텔, 공원, 상점 같은 곳이 그런 장소들이다. 그러한 변덕스런 관객들에게 강한 인상을 주고 또 그들의 시선을 받으며 자기만족감을 만끽하려는 개인은 자신의 재력을 남들이 인식할 수 있도록 격조 있는 필치로 서명을 남겨야 한다. 그것은 오늘날 과시적 소비의 효용을 여가의 효용에 비견할 수 있을 만큼 고양시키는 방향으로 발전이 진행되고 있다는 증거이다.

명성획득을 위한 수단으로 유용할 뿐 아니라 체면유지를 위한 요소로도 강조되는 과시적 소비는 개인의 인간적인 접촉이 가장 광범위하게 이루어지고 인구이동이 가장 심한 사회의 구성원들에게는 최선의 소비로 여겨진다. 과시적 소비는 시골보다는 도시 사람들의 소득 중에서 상대적으로 많은 부분을 지출하도록 요구하고, 그런 요구는 갈수록 강해진다. 그 결과 체면치레를 계속하기 위하여 하루 벌어 하루 사는 생활습관이 시골 사람들보다는 도시인들 사이에서 훨씬 널리 확산된다. 그에 따라, 예를 들면 미국의 농부와 그의 아내와 딸들은 소득이 동일한 도시 숙련공 가족에 비해 옷차림이나 예법 면에서 유행에 한참 뒤떨어진다는 평가를 받기에 이른다. 물론 도시 사람들이라고 해서 본래부터 과시적 소비가 가져다주는 특별한 자족감을 훨씬 더 심하게 갈구하는 것도 아니고 또 시골 사람들이라고 해서 남부럽지 않은 재산을 축적하는 데 관심이 더 적은 것도 아니다. 그러나 이러한 일련의 증거들이 자극하는 감정뿐 아니라 그 감정의 일시적인 효력은 도시에서는 점점 더 결정적인 위력을 발휘한다. 따라서 이런 생활방식에 더욱더 쉽사리 젖어드는 도시인들은 서로를 능가하기 위한 치열한 경쟁을 벌이면서 정상적인 과시적 소비의 기준을 갈수록 높이게 된다. 그 결과 도시에서는 남부럽지 않은 재산을 보유한 계층에 속한다는 사실을 보여주기 위한 과시적 소비에 상대적으로 더 많은 비용을 지출할 필요가 생긴다. 이렇게 인습적인 기준에 맞는 높아진 요구조건은 이제 의무조항이 되어버린다. 계급이 올라갈수록 이러한 체면치레에 요구되는 기준은 높아지고, 그것은 실패한 계급의 고통을 먹고 더욱더 높아질 것이 분명하다.

소비는 시골에서보다는 도시에서 생활의 수준을 판별하는 훨씬 더 중요한 기준요소가 된다. 시골 사람들이 도시 사람들처럼 소비하려면 어느 정도의 저축과 편리한 생활도구를 구비할 필요가 있다. 이러한 저축과 편리한 생활도구는 이웃간에 나누는 일상적인 대화를 통해서 재산상의 명성획득이라는 일반적인 목적에 충분히 부응할 수 있는 것으로 알려진다. 편리한 생활도구나 즐거운 여가활동의 대부분은 특히 그것들을 유행처럼 탐닉하는 곳에서는 당연히 과시적 소비의 목록으로 분류된다. 저축 역시 거의 그런 식으로 분류된다. 도시 숙련공 계층의 저축률이 상대적으로 낮은 이유는 농장이나 작은 시골마을에 사는 사람들의 저축에 비해서 도시에서 사는 숙련공의 저축이 상대적으로 과시

효과가 적다는 사실에 있다는 것은 의심할 나위없다. 시골 사람들은 모두 서로가 일은 물론 특히 서로 보유한 재산이 얼마나 되는지도 잘 알고 있다. 도시의 숙련공을 비롯한 노동계급들은 일급으로 인정되는 계급을 단순히 머리에 떠올리기만 해도 위화감이나 선망에 휩싸이곤 한다. 하지만 그러한 선망의 감정들이 도시 노동자들의 저축률을 매우 심각하게 떨어뜨리지는 못한다. 차라리 그런 감정은 체면유지에 필요한 소비기준을 누적적으로 상승시켜온 과시적 소비행위만 자극함으로써 저축성향에 대한 억지력을 매우 강하게 키울 뿐이다.

이러한 명성의 규범이 권장하는 예법의 성격은 대체로 공개된 장소에서 행해지는 음주, "과장된 담소", 흡연 등을 즐기는 사람들을 보면 잘 알 수 있다. 그런 행위들은 일반적으로 도시의 노동자들이나 수공업자들을 비롯한 도시 중하류계층이 젖은 관습을 대변한다. 숙련된 인쇄공들은 흔히 과시적 소비를 대단한 유행처럼 즐기다가 종종 그것이 초래하는 눈살 찌푸리는 결과 때문에 문제가 있는 계층으로 매도당하는 경우도 있다. 사람들은 흔히 이런 부류의 계급이 그런 특이한 습성을 갖게 된 것은 이 계급이 어떤 식으로든 도덕성을 결여하고 있기 때문이거나 아니면 그들의 직업이 모종의 은밀한 방식으로 그 직업에 종사하는 이들에게 발휘할 것이라고 여겨지는 도덕적으로 유해한 영향력 때문이라고 생각한다. 일반적인 인쇄소의 식자공정이나 인쇄공정에서 일하는 인쇄공들의 상황은 다음과 같이 요약될 수 있을 것이다. 어느 한 인쇄소 혹은 어느 한 도시에서 습득한 인쇄기술은 또 다른 인쇄소나 도시에서도 거의 어디서나 쉽사리 통할 수 있다. 말하자면 특수한 훈련에 수반되기 마련인 타성은 거의 찾아볼 수 없다. 더구나 이 직업은 평균 이상의 지성과 교양을 필요로 한다. 따라서 인쇄업 종사자들은 흔히 공정이 한 단계씩 이동할 때마다 그들의 노동에 요구되는 어떠한 작은 변화에도 다른 누구보다 잘 편승한다. 따라서 그들은 일을 마치고 집에 돌아와서도 쉽사리 이완되거나 타성에 젖지 않는다. 그와 동시에 그들은 상대적으로 직장을 쉽게 옮길 수 있을 만큼 고임금을 보장받는다. 그만큼 인쇄업에 종사하는 노동자들의 유동성은 크다. 어쩌면 동등한 임금을 받는 여타의 잘 조직되고 유력한 근로자 단체보다도 유동성이 더 클지도 모른다. 따라서 이 남자들은 동종 업계의 새로운 무리들과 부단히 접촉한다. 그들의 인간관계 역시 일회적이고 순간적인 형태로 성립되지만 그들이 서로에게 보이는 호의만큼은 상당히 오랫동안 영향력을 잃지 않는다. 동료애와 같은 감정들을 통해서 강화되기도 하는 인간의 과시 성향은 그런 감정들을 그들의 과시욕에 가장 잘 부응하는 방향으로 자유롭게 발휘되도록 이끈다. 다른 계층과 마찬가지로 이들에게서도 과시적 소비가 유행하자마자, 관련 규범은 관습을 장악하고 공인된 체면치레 기준에 그런 소비를 합체시킨다. 그런 연후에 그것은 이러한 체면치레 기준을 그런 소비를 주도하는 새로운 움직임의 출발점으로 만들 것이다. 왜냐하면 그런 직업에 종사하는 모든 이들이 당연하다는 듯이 상승시키는 낭비적인 유흥의 기준만 정신없이 따르는 것은 아무 소용이 없기 때문이다. 평균적인 근로자들보다 인쇄공들 사이에서 낭비적인 유흥이 더욱 성행하는 것은 적어도 어느 정도는 이런 직업인들 간에 이동하기가 더 쉽고 교제와 인간적인 접촉이 더 일회적인 성격을 띠기 때문이라고 할 수 있다. 그러나 최근에 분석에 따르면 이러한 낭비적인 유흥에 필요한 조건이 높은 본질적인 동기는 역시 남부럽지 않은 가족과 재산을 과시하려는 성향에 있다는 것이 확인된다. 그런 성향은, 예컨대 프랑스의 소자작농들을 극도로 근검절약하게 만들고 미국의 백만장자들을 대학이나 병원, 박물관 건립에 나서게 만들기도 한다. 과시적 소비의 규범이 인간본성의 또 다른 특징들에 의해서 그처럼 대대적으로 벌충되지 않았다면 여러 도시에서 현직에 종사중인 숙련공과 노동자계급에 속하는 사람들의 임금이나 소득이 아무리 높다하더라도 논리적으로 볼 때 그들이 저축을 할 가능성은 거의 없었을 것이다.

그러나 부와 그것을 과시하는 기준 이외에도 또 다른 명예의 기준과 다소 강제적인 또 다른 행위규범들이 존재한다. 이런 기준이나 규범들은 광범위하고 근본적인 과시적 낭비의 규범을 강조하거나 조정하기 시작한다. 여가활동과 과시적 재화소비의 선전효과가 어떨지 그저 예측만 해보아도 우리는 분명 그 두 가지 활동이 처음부터 서로 매우 공평하게 재력 과시경쟁을 벌이던 현장을 분할하게 될 것이라는 예상을 할 수 있다. 그에 따라 우리는 경제발전이 지속되고 사회의 규모가 커지면서 여가활동이 차츰 근거를 상실하고 위축되는 경향을 보일 것으로 예상할 수 있다. 그런 반면에 과시적 재화소비는 분명 최저생계에 필요한 것을 제외한 모든 소비가능 생산물을 모조리 소비대상으로 흡수할 때까지 절대적으로든 상대적으로든 점점 더 커다란 중요성을 획득할 것처럼 보인다. 그러나 지금까지 실제로 진행된 발전의 방향은 이러한 이상적인 예측과는 사뭇 달랐다. 여가활동은 처음부터 최고의 지위를 차지했고 외견상 평화적인 문화에서는 부의 직접적인 증표이자 체면의 기준요소로서 낭비적인 재화소비보다 훨씬 더 높은 지위를 차지하기에 이른다. 그런 불리한 조건에서 출발한 소비는 오늘날 의심의 여지없이 최고의 지위를 차지할 수 있는 근거를 확보하기에 이르렀지만 최저생계에 필요한 것을 제외한 모든 생산물을 소비의 대상으로 흡수하기에는 아직도 요원한 상황이다.

일찍이 명성획득 수단으로서 여가활동이 지녔던 우월성은 고상한 일과 비천한 노동에 대한 오래된 차별에서 그 기원을 찾을 수 있다. 명예로운 것으로 간주되는 여가활동은 비천한 노동을 면제받았다는 증표이기 때문에 부분적으로는 불가피한 의무가 되기도 한다. 오래전부터 진행된 고귀한 계급과 비천한 계급의 분화는 명예로운 활동들 혹은 수치스런 활동들을 불공평하게 구분하는 차별에 뿌리를 두고 있다. 이러한 전통적인 차별은 외견상 평화적인 문화의 초기단계에서 품위를 규정하는 불가피한 규범으로 발전하게 된다. 여가활동은 아직도 소비 못지않게 효과적으로 부를 증명하는 증거의 역할을 완벽하게 수행하고 있다는 사실 덕분에 우월성을 계속 유지하고 있다. 실제로 모든 생산노동자를 비하하는 낡은 전통의 도움으로 개인을 노출시키는 문화에 속하는 비교적 규모가 작고 안정된 인간적 환경에서 여가활동은 그만한 효력을 발휘하기 때문에, 몰락한 유한계급을 광범위하게 양산할 뿐 아니라 최저생계에 필요한 물건을 생산하지 못하도록 공동체의 산업을 제한하는 경향도 보인다. 물론 이러한 산업이 극도로 금지되지는 않는데, 그것은 명성획득의 욕구보다 훨씬 더 절박한 기본적인 욕망을 채우는 데 급급한 노예적 노동은 노동계급에게 최저생계에 필요한 것 이상의 물건을 생산하지 못하도록 강제하기 때문이다. 그 과정에서 명성획득의 근거가되는 과시적 여가의 용도가 점점 더 상대적으로 줄어드는 것은 한편으로 부의 근거가 되는 소비의 효력이 상대적으로 증가하기 때문이다. 그러나 다른 한편으로는 과시적 낭비의 관습과는 성질이 다르고 또 어느 정도는 대립적인 또 다른 힘에서 그 이유를 찾을 수 있을 것이다.

이러한 이질적인 요인은 바로 제작본능이다. 또 다른 환경이 허락한다면, 제작본능은 남자들로 하여금 생산능력은 물론 인간에게 유용한 모든 것을 호감을 가지고 바라보게 만든다. 그 본능은 그들로 하여금 또한 자산이나 노력을 낭비하는 것을 비난하게 만든다. 그 본능은 모든 남자에게 나타나는데 심지어 지극한 불리한 환경에서도 표출된다. 현실적으로 그 본능이 낭비적이고 탐욕적인 지출을 요구하더라도 그것이 과시의 목적에 부응한다면 적어도 표면적으로 어느 정도는 용서받을 수 있는 것이 분명하다. 어떤 특수한 환경에서 그 본능은 명예로운 업적을 달성하려는 취향과 상류계급과 하류계급에 대한 불공정한 차별로 귀착되고 만다는 사실은 이미 앞에서도 살펴본 바 있다. 그 본능은 과시적 낭비의 법칙과 갈등하기 시작하면 본질적인 유용성을 고집하기보다는 '누가 봐도 무익한 것은 미학적으로도 용납할 수 없는 혐오스러운 것'이라는 고질적인 감정을 표출한다. 본능적인 감정이 본성으로 자리 잡으면, 그 본성은 이제 본능적인 감정의 요구조건들에 대한 확연하고 명백한 모독을 주도적이고 직접적으로 조장하고 지휘하기 시작한다. 하지만 그 본성의 반영(反影)으로서만 그 진가를 인정받는 본능적인 감정의 요구조건들에 대한 근본적인 모독에 성공하려면 그 본성은 그 감정에 대해서 다소 우회적이고 완화된 속박력을 행사해야 한다.

한편 모든 노동이 배타적으로 혹은 통상적으로 노예들에 의해서 계속 수행되는 한, 모든 생산적인 노력을 비천하게 여기는 감정 역시 생산의 유용성에 부응하는 효과를 진지하게 고려하는, 제작본능을 용인하는 남자들의 심정 속에서 제작본능에 대한 지속적인 억지력을 발휘한다. 그러나 (노예제와 신분제로 운영되는) 외견상 평화적인 단계가 (임금노동과 현금지불제로 운영되는) 평화적인 산업단계로 이행하면 제작본능은 훨씬 더 유력한 역할을 하게 된다. 그 본능은 이제 가치 있는 것을 추구하는 남자들의 견해를 공격적으로 조장하기 시작하고 자기만족을 위한 최소한의 예비조건으로 스스로를 내세운다. 오늘날 어떠한 외부적인 시선도 고려하지 않는 개인들(성숙한 인간들)은 일정한 목표를 달성하려는 어떤 의도도 품지 않거나 인간에게 유용한 어떤 목적, 요건, 관계를 형성하기 위한 어떤 활동도 스스로 재촉하지 않는 사라져가는 소수자에 불과하다. 그만큼 그들은 명예로운 여가를 추구하고 저급한 유용성을 기피하도록 자극하는 좀더 직접적이고 강제적인 동기의 압박을 심하게 받을 수 있기 때문에 어쩔 수 없이 겉치레활동에 참가하는 수밖에 없다. 그에 따라, 예를 들면, "사회적인 의무들"을 지킨다든지, 유사—예술활동이나 유사—학술활동에 참여한다든지, 가정에 관심을 기울이고 집을 꾸민다든지, 바느질 봉사단이나 옷 재활용 모임에 참여한다든지, 승마·카드놀이·요트·골프·기타 각종 스포츠 모임에 참여하게 된다. 그러나 그런 환경 때문에 스트레스를 받을 수도 있다는 사실은, 삶은 계란을 가득 넣은 둥지에 암탉을 유인하여 앉혔다는 사실이 암탉에게 포란(抱卵)본능이 있음을 반증할 수 없듯이 그러한 스트레스도 제작본능의 현존을 반증할 수 없다는 무기력한 논리로 귀착되고 만다.

이처럼 개인적인 이익을 위한 생산이든 집단적인 이익을 위한 생산이든 저급한 생산으로 전락하지 않도록 벌이는 의도적인 활동들까지도 거북스럽게나마 수용하려는 현대 유한계급의 태도는 외견상 평화적인 단계의 유한계급의 태도와 분명한 차이를 보인다. 앞에서 우리가 살펴본 초기 문화 단계들에서 지배적인 역할을 했던 모든 형태의 노예제와 신분제는 단순한 약탈 이외의 다른 목적에 부응하는 노력들을 비난하는 데 전혀 걸림돌이 되지 않았다. 거기서는 여전히 적대집단이나 집단내의 예속계급에 대한 강제적인 공격이나 억압을 가하려는 경향의 습관적인 활동을 발견할 수 있다. 이런 활동은 현실적으로나 아니면 심지어 확연히 실용적인 직업에 의존하지 않는 유한계급의 에너지가 억압당하거나 박탈당하지 않도록 하는 데 이바지 한다. 사냥역시 동일한 목적에 어느 정도 부응한다. 그 후 공동체가 평화적인 산업조직으로 발달하고, 좀더 완벽해진 토지소유제가 사냥을 시시한 여흥의 의미를 지닌 활동으로 위축시키자, 의미심장한 활동을 추구하는 에너지의 압력은 또 다른 활동에서 출구를 발견할 여지를 갖게 되었다. 절박한 강제노동이 사라지면서 유용한 노력에 따라붙는 불명예에 대한 민감한 반응도 줄어들기 시작했다. 그에 따라 제작본능은 좀더 항구적이고 일관성 있게 표출되기 시작한다.

그와 관련된 최소한 저항선도 일정한 변화를 겪는다. 이전에는 약탈활동에서 출구를 발견했고 지금도 부분적으로 그렇게 하고 있는 에너지는 눈에 띄게 실용적인 목적에 부응하는 활동을 어느 정도 수용하게 되었다. 이리하여 아무 목적이 없는 것이 분명해 보이는 여가활동이 비난받기 시작했다. 특히 명예롭게 유유자적(*otium cum dignitate*)[7]하는 전통에 어울리지 않는 저급한 행동을 하는 유한계급의 대부분은 이 비난을 피해갈 수 없게 된다. 그러나 생산적인 본성에 부합하는 모든 직업을 폄하하는 명성획득 규범은 여전히 위력을 잃지 않고 있기 때문에 본질적으로 실용적이거나 생산적인 어떤 직업에 대해서든 지극히 순간적인 유행밖에 용납하지 않는다. 그 결과 유한계급이 실천하는 과시적 여가활동은 본질이 아닌 형식의 변화를 겪게 된다. 이처럼 서로 갈등하는 두 가지 요구조건을 화해시키려면 겉치레 활동에 의존할 수밖에 없었다. 그에 따라 격식을 따지는 본성에 부응하는 복잡다단하고 까다로운 온갖 예법과 사회적 의무들이 발달한다. 또한 공인된 양식과 직함에 어울리게 행동이나 생활방식을 개선한다는 허울 좋은 미명하에 갖은 단체나 조직이 결성된다. 거기서는 무엇이 유력한 경제적 가치를 지닌 것인지 차분히 반추할 겨를도 없이 그저 추구할 목표와 관련된 말만 무수히 난무한다. 거기서는 겉치레 활동에 관한 설왕설래가 실타래처럼 뒤엉키지만, 어느 정도 심각한 목적에 부응하려는 노력을 자극하는, 불변하지는 않으나 일반성을 지닌 그럴싸한 요인이 작동하고 있다.

더욱 협소해진 대리 여가활동의 영역도 비슷한 변화를 겪는다. 가부장체제가 전성기를 구가한 평화적인 생산단계의 가정주부는 단순한 가시적 나태로 자신의 시간을 헛되이 낭비하는 대

---

7 좀 더 정확하게는 *cum dignitate otim*으로 표기된다. 키케로(Marcus Tullius Cicero, BC 106~bc 43: 고대 로마의 웅변가·정치가·사장가)의 연설문집 《세스티오를 위하여 *Pro Sestio*》, XLV. 98. 참조

신 부지런히 집안일을 돌보느라 분주한 시간을 보낸다. 이렇게 발달한 가사노동의 두드러진 특징들은 앞에서도 살펴본 바 있다.

과시적 소비의 진화과정 전체를 돌아볼 때, 재화든 용역이든 인간의 생명력이든 어느 것을 과시적으로 소비하더라도 그 소비가 명성을 높이기 위한 사치품을 소비한다는 의미를 포함하고 있다는 것은 확실하다. 명성을 획득하기 위해서는 반드시 낭비를 해야 한다는 말이다. 그래서 생존에 필요한 최소한의 소비마저 자제해야 하는 절대빈곤에 시달리는 빈민과 비교될 경우를 제외하면 하류계급은 생활필수품을 소비하는 것만으로는 결코 명성을 획득할 수 없을 것이다. 또한 가장 단조롭고 시시한 체면치레의 기준에 따른 비교를 제외한 어떤 비교도 그들에게 맞는 소비의 기준을 만들어내지 못할 것이다. 물론 부유층의 관점이 아닌 다른 관점에서 차별적인 비교의 여지를 제공하는 생활기준이 아직 존재할 수도 있을 것이다. 예를 들면 도덕적 능력, 육체적 능력, 지적 능력, 혹은 심미적 능력 같은 다양한 능력에 대한 다각적인 비교가 가능하다는 말이다. 오늘날 성행하는 비교는 이처럼 모든 방면에서 이루어지고 있다. 그에 따라 흔히 이 같은 다각적인 비교와 얽히고설키곤 하는 재력에 대한 비교는 그 변별력을 거의 상실해가고 있다. 이런 비교들은 특히 현재 다양하게 표출되고 있는 지적 심미적 능력이나 그 숙련도의 등급을 판별하는 일반적인 기준을 생산하고 있다. 그 결과 우리는 본질적으로는 오로지 재력의 격차에서 비롯된 차이를 번번이 심미적 혹은 지적 능력의 차이로 해석하게 되었다.

* * *

　"낭비"라는 용어를 사용하는 것은 어떤 면에서 유감스러운 일이다. 일상생활에서 이 단어가 사용될 때 그 저변에는 흔히 비난의 의도가 깔려 있기 때문이다. 하지만 본서에는 동일한 범위의 동기나 현상을 묘사하는 데 좀더 알맞은 용어인 듯해서 사용하기로 했다. 그리고 이 용어가 인간의 생산물이나 인간의 생명력을 불법적으로 소비한다는 의미도 포함하고 있다는 점에서 독자들에게 그리 큰 불쾌감을 주지는 않을 것으로 여겨진다. 경제이론의 관점에서 보면 낭비적인 소비는 여타 다른 소비에 비해서 더 합법적인 것도 더 불법적인 것도 아니다. 그런 소비가 여기서 "낭비"라고 불리는 것은 인간의 생활이나 행복 전반에 도움이 되지 않기 때문이지, 그런 소비를 선택한 소비자 개인의 입장에서 볼 때 노력이나 비용을 낭비하거나 오용하는 일이기 때문에 그런 것은 아니다. 일단 그 소비자가 그런 소비를 선택한 이상, 그의 소비는 낭비행위라는 비난을 받지 않을 또 다른 소비의 형태들과 비교하여 그에게 유익하냐 하는 문제의 정답으로 탈바꿈한다. 소비자가 선택하는 어떠한 형태의 소비든 혹은 그가 어떤 소비를 선택하는 과정에서 추구하는 어떠한 목표든 그가 선호하기 때문에 그에게 유익한 것이다. 소비자 개인의 관점에서 본 낭비의 문제는 관련 경제이론의 영역 내에서는 대두되지 않는다. 따라서 여기서 일종의 기술적인 용어로 사용하는 "낭비"라는 단어에는 이러한 과시적 낭비 규범의 지배를 받는 소비자의 동기나 그가 추구하는 목표를 비난할 의도는 전혀 포함되어 있지 않다.

그러나 일상생활에서 사용되는 "낭비"라는 용어가 헛된 낭비를 특징으로 하는 소비에 대한 비난의 의미를 포함하고 있다는 사실은 또 다른 이유 때문에 주목할 가치가 있다. 이러한 상식적인 의미 자체는 제작본능을 드러낸다. 민중이 낭비를 비난하는 것은 보통남자가 '자신의 평안을 위해 자신의 일부 또는 모든 인간적인 노력을 기울이고 거기서 즐거움을 찾는다면 틀림없이 인간전체의 생활과 행복을 향상시킬 수 있다'고 애써 주장하는 것과 다를 바 없다. 어떤 경제적 요건이 무조건적으로 인정을 받으려면 비개인적인 유용성―포괄적인 인간의 관점에서 본 유용성―이라는 시험기준을 통과해야 한다. 왜냐하면 타인과 비교되는 개인은 상대적인 우세 또는 우세한 경쟁력만으로는 경제적 양심을 만족시키지 못하고, 그에 따라 경쟁적인 소비도 경제적 양심의 인정을 받지 못하기 때문이다.

엄밀한 의미에서 과시적 낭비는 불공평한 재력비교의 동기가 유발한 소비관행 이외에 아무 것도 아닐 것이다. 그러나 소비하는 개인은 이 관행에 일정한 소비의 조건이나 요소를 복속시키기 위하여 과시적 낭비를 이런 의미로 인식할 필요는 없다. 무엇보다도 낭비를 강조하는 생활기준의 한 요소를 생활에 필수적인 요건으로 간주해버리는 소비자를 우리는 자주 발견할 수 있다. 이러한 소비자의 견해에 따르면 그 요소는 소비자의 습관적인 소비 품목을 규정하는 또 다른 어떤 조건만큼이나 필수적인 것이 될 수 있다. 그래서 때때로 과시적 낭비의 목록에 복속되기도 하고 또 이러한 소비 원리에 준하여 예절을 설명하는 데도 응용되곤 하는 그런 조건들을 우리는 카펫이나 태피스트리(여러 가지 색깔의 실로 수놓은 벽걸이용이나 실내장식용 비단), 고급 식기, 웨이터의 각종 서비스, 실크해트(예복용 남자모자), 풀 먹여 다린 예복이나 정복, 갖가지 보석류나 고급의상 따위를 통해서 확인할 수 있다. 그럼에도 정형화된 습관과 관습을 추종하는 이런 조건들의 필수적인 성격은 '낭비적인 그러나 기술적인 용어법에 따르면 낭비적이지 않은' 소비의 계급화 과정에 관해서 거의 아무런 해명도 할 수 없다. 모든 소비가 각각의 위치를 결정하기 위하여 거쳐야 하는 시험기준은 그 소비가 인간 전체의 생활 향상에 직접 이바지할 수 있느냐 그리하여 보편적인 생활절차로 계속 발전할 수 있느냐 하는 것이다. 왜냐하면 이 기준은 제작본능을 판정하는 근거이기 때문이고, 또한 제작본능은 경제적 진실 혹은 타당성과 관련된 사안에 대한 이의제기가 가능한 최후의 법정이기 때문이다. 그것은 냉정한 상식의 판단에 맡겨질 문제이다. 그리하여 문제의 관건은, 개인의 습관과 사회의 관습이라는 현존하는 환경에서 행하는 일정한 소비가 특정한 소비자의 만족이나 정신적 안정에 이바지하느냐 마느냐에 있는 것이 아니라,

습득한 취미들은 물론 관례와 관습적인 체면치레의 요건들과는 별도로, 생활을 안락하고 풍요롭게 만드는 수단을 제공하느냐 마느냐에 있다. 그러한 소비가 의존하는 관습이 차별적으로 재력을 비교하는 습관에서 비롯된 것인 한, 다시 말해서 그런 소비가 관습화되고 규범화되기 위해서는 반드시 '재력이나 상대적인 경제적 성공이 명성을 가져다준다'는 원리의 뒷받침을 받아야 한다고 여겨지는 한, 관습적인 소비는 분명히 낭비로 분류되어야 한다.

일정한 소비의 대상이 과시적인 낭비의 범주에 들기 위하여 굳이 배타적으로 낭비될 필요가 없다는 것은 분명하다. 하나의 물건은 유용하게 사용될 수도 있고 낭비될 수도 있다. 그 물건의 유용성은 소비자가 사용하느냐 낭비하느냐에 따라 천차만별로 달라질 수 있다. 소비재는 물론 생산재조차 일반적으로 그 재화의 유용성을 구성하는 사용과 낭비의 요소가 배합되어 있음을 볼 수 있다. 그럼에도 낭비의 요소는 대체로 소비재에서 우세한 경향을 보이고 사용의 요소는 생산재에서 우세한 경향을 보인다. 첫눈에 오직 과시적으로만 보이는 물건들이라도 자세히 들여다보면 적어도 '과시적'으로 '사용'할 수 있다는 용도만큼은 언제든지 찾아낼 수 있다. 또한 특정한 생산공정에 맞도록 고안된 특수한 기계나 공구를 비롯한 산업용 중장비들도 자세히 들여다보면 대개는 과시적 낭비 아니면 적어도 과시습관의 흔적들을 확인할 수 있다. 하지만 아무리 과시적 낭비를 기본목적이자 핵심요소로 구비한 재화나 용역의 유용성일지라도 그것이 사용목적을 완전히 결여하고 있다고 주장하다가는 반박당할 위험이 있다. 그렇다고 기본적으로 사용할 목적으로 생산된 물건의 가치는 직접적으로든 간접적으로든 낭비의 요소와 전혀 무관하다고 주장하더라도 반박당할 위험만 줄어들 뿐이다.

5. 생활수준을 결정하는 금력

　현대사회의 대다수 사람들이 육체적 안락에 필요한 것보다 더 많은 소비를 하는 직접적인 이유는 과시적 소비에 지출하는 비용을 늘리기 위한 의도적인 노력이 아니라 인습적인 체면치레의 기준에 맞추어 소비하는 재화의 양과 질을 높이려는 욕망에 있다. 이 욕망을 사로잡는 기준은 따라잡아야 할 기준도 더 이상 소비를 늘릴 필요가 없는 수준에 오르기 위해 넘어서야 하는 고정된 불변의 기준도 아니다. 그 기준은 유동적이다. 특히 금력을 늘리는 습관을 들이고 그렇게 증대된 금력에 따라 규모가 커지는 새로운 소비능력을 습득하기 위한 시간이 허락되는 한 그 기준은 무한정 확대될 수 있다. 부의 증가에 발맞추어 습관화된 소비규모를 확대하기보다 이왕에 몸에 밴 소비규모를 줄이기가 훨씬 어렵다. 관습에 따라 소비하는 품목들은 따지고 보면 거의 대다수가 순전히 낭비되는 것들이다. 그것들은 오직 명예획득에만 도움이 되는데, 그것도 체면유지를 위한 기준에 부합하고 생활구조의 완전한 일부가 되고나서야 가능하다. 육체의 안락에 직접 도움이 되거나 생활과 건강에 필수적인 많은 품목들을 포기하기가 힘들듯이 그와 같은 낭비적인 품목들을 포기하기란 매우 어렵다. 바꾸어 말하면 격조 있는 정신적 행복을 선사하는 낭비적이고 명예로운 과시적 소비는 단순히 육체적 행복이나 생존만 원하는 "저급"욕구들에 봉사하는 수많은 소비들에 비해서 훨씬 더 필요불가결한 것이 될 수 있다는 말이다. 애초부터 상대적으로 낮았던 생활기준을 더 낮추는 것만큼이나 생활의 "고급"기준을 낮추기도 어렵다는 것 역시 잘 알려진 사실이다. 그런데 문제는 낮은 생활기준을 더 낮추려면 육체적으로 안락한 생활에 필요한 소비를 줄이는 어려움만 감수하면 되지만, 높은 생활기준을 낮추기 위해서는 도덕적인 난관도 감수해야 한다는 것이다.

그러나 과시적 소비를 줄이기는 어려운 반면 새로 늘리기는 상대적으로 쉽다. 실제로 거의 모든 과시적 소비는 늘어나는 방향으로 진행된다. 물론 당장 소비를 늘릴 수단을 가지고 있는 사람이 과시적 소비를 줄이는 경우도 드물게 볼 수 있는데, 일반인들은 그 사람이 엄살을 떤다고 생각한다. 그에 따라 과시적 소비를 줄이는 사람들은 값싼 동기에 휘둘리는 인색한 노랑이라는 오명을 쓰기도 한다. 그에 비해 소비를 부추기는 자극에 즉각 반응하는 사람은 정상적인 사람으로 인정된다. 이런 인식은 일반적으로 우리의 노력을 선도하는 소비기준이 이왕에 정착된 평균적이고 평범한 소비기준이 아니라는 것을 시사한다. 그 기준은 우리가 도달할 수 있는 수준보다 더 높은 혹은 상당한 무리를 감수하지 않으면 도달할 수 없는 이상적인 소비기준이다. 그런 소비의 동기는 경쟁, 우리 스스로 습관적으로 따르는 계급분류 기준들을 능가하도록 우리를 부추기는 차별적인 비교 관행이 자극하는 경쟁이다. 그래서 사회적인 기준에 비추어 자기보다 월등한 계급이나 그 바로 아래 계급과 자기를 비교하는 계급은 거의 없는 반면, 바로 자기보다 바로 한 단계 위의 계급을 시샘하고 따라잡기 위해 경쟁하는 계급은 어디서나 같은 비율로 나타난다는 사실은 주목할 만하다. 바꾸어 말하면, 소비경쟁을 벌이는 우리의 또 다른 목표인 체면치레 기준은 우리보다 높은 명성을 얻는 계급이 관습적으로 각별히 중시하는 기준이라는 말이다. 특히 이런 식의 계급차별 기준들이 사회적으로 어느 정도 유행하기까지, 사회적 지위나 금력 면에서 최상류계급인 부유한 유한계급의 관습과 사고습관으로부터 명성획득과 체면치레를 규정하는 모든 요건과 소비기준을 이끌어내는 무의식적인 차등화 작업이 서서히 진행되어 왔다.

공동체가 품위 있다거나 명예롭다고 인정할 생활양식의 일반적인 윤곽도 바로 이 최상류계급에 맞추어 결정된다. 이 계급의 임무는 이처럼 사회를 선도하는 가장 이상적인 형태의 생활양식을 교훈적이고 모범적으로 선보이는 것이다. 상류 유한계급은 특정한 물리적 제한조건들 하에서만 성직(聖職)과도 유사한 이러한 임무를 수행한다. 그 계급은 이러한 의례적인 요구조건들에 관한 사고습관을 마음대로 급변시키거나 급반전시키지는 못한다. 민중이 어떤 변화를 수용하여 자신들의 습관적인 태도를 변화시키는 데는 시간이 걸리기 마련이다. 특히 사회적으로 하류계급일수록 습관을 변화시키는 데는 더 많은 시간이 걸린다. 인구이동이 적고 몇몇 계급간의 격차가 크고 심할수록 변화의 속력과 파급력도 떨어진다. 그러나 시간만 허락되면 공동체 생활구조의 형식 및 세부내용과 관련된 문제에 대해 유한계급이 행사할 수 있는 재량의 영역은 확장된다. 그런 반면에 그들이 명성획득의 근본원리를 변화시킬 수 있는 재량의 영역은 상대적으로 협소하다. 한편 그들이 선보이는 모범과 교훈은 그들보다 계급이 낮은 모든 이들에 대해서 규범적인 강제력을 발휘한다. 그러나 명성획득의 형식과 방법을 제어하고 전수할 교훈들을 제시하는, 다시 말해서 하류계급의 관습과 정신적 태도를 규정하는 이러한 권위적인 규범은 제작본능에 의해 다양한 수준으로 완화된 과시적 낭비의 규범을 선택적으로 지도하는 역할을 지속적으로 수행한다. 이들 규준들에 부가되는 원칙은 일반성의 관점과 심리학적 관점 사이에 위치하는 약탈의 아니무스 같은 인간본성의 또 다른 포괄적 원리이다. 그러나 공인된 생활양식을 규정하는 심리학적 효력에 관한 논의는 지금도 결론이 나지 않고 있다.

여기서 명성획득의 규범 자체는 그것이 규제할 생활양식을 따르는 특정한 계급의 경제적 환경, 전통, 정신적 성숙도에 부합해야 한다. 특히 그 규범이 처음부터 그렇게 권위가 높았고 명성획득에 필요한 기본적인 요건들에 그토록 잘 부합했다손 치더라도, 만일 그 규범이 시간이 흐름에 따라 혹은 하류계급에까지 관철되는 과정에서 문명인들의 체면치레를 부추기는 궁극적인 동기—이른바 금전축적의 성취도를 차별적으로 비교한다는 목적에 부응하는 유용성—와 반목한다는 사실이 드러난다면, 그 규범에 대한 확실하고 공식적인 복종을 지속적으로 강제할 수 있는 환경은 어디서도 찾아볼 수 없을 것이다.

분명한 것은 이러한 소비의 규범들이 어떤 공동체나 계급의 생활기준을 결정하는 데 대단한 영향을 미친다는 사실이다. 또한 특정 시대나 특정 수준의 사회를 지배하는 생활기준은 명예로운 소비가 획득할 형식들에도 그리고 일반인들의 소비에 대해서 이러한 "고급"욕구가 발휘할 지배력에도 커다란 영향을 미칠 것은 분명하다. 이와 관련하여 공인된 생활기준이 발휘하는 통제력은 주로 부정적인 성격을 띤다. 그 통제력은 일단 습관화된 과시적 소비기준의 하락을 방해하는 역할밖에 하지 않을 것이다.

생활기준은 습관적인 성격을 띤다. 그것은 일정한 자극에 반응하는 습관적인 기준이자 방식이다. 일단 형성된 습관을 타기하기 어렵듯이 익숙한 기준을 낮추기도 어렵다. 기준을 높이기가 상대적으로 쉽다는 것은, 생활과정이 자기표현을 위한 활동과정이라는 것 그리고 자기표현에 대한 저항이 감소하는 언제 어디서나 생활과정은 기꺼이 자기표현 활동에 돌입할 것임을 의미한다. 그러나 그처럼 낮은 저항선을 따라 그런 표현습관이 형성된 다음에도, 그리고 심지어 외부적인 환경의 저항이 눈에 띄게 상승하는 변화가 발생한 다음에도, 자기표현의 의지는 습관적인 출구를 찾고자 할 것이다. 그리하여 이른바 '습관화'되면서 커진 표현의 가능성은 자기표현을 추구하는 생활에 대한 외부환경의 강력한 저항을 상쇄한다. 자신의 생활기준을 정립하기 위해 애쓰는 개인의 다양한 표현습관들 혹은 습관적인 표현의 방식들이나 방향들은 그런 표현들을 방해하는 환경에서는 각기 지속력의 차이를 현저하게 드러낼 뿐 아니라 그것들이 각기 추구하는 방향의 불가피한 강제력도 상당한 차이를 보인다.

오늘날 경제이론의 어법을 빌려 말하자면, 남자들은 어떤 방향의 소비든 줄이기를 싫어하고 그중에서도 특정한 몇 가지 방향의 소비를 줄이기는 더더욱 싫어한다. 그리고 그들이 습관화된 어떤 소비를 마지못해 포기해야 하는 경우에도 특히 상대적으로 더 지독하게 포기하기를 꺼려하는 일련의 소비가 존재한다. 소비자가 가장 줄기차게 집착하는 소비품목이나 관행들은 일반적으로 이른바 생활필수품이거나 최저생계에 필요한 것들이다. 최저생계에 필요한 품목은 물론 그 종류나 양이 엄격히 제한되지도 않고 변함없이 고정되지도 않는다. 그러나 당장 생계유지에 필요한 소비의 총량만큼은 어떤 면에서 다소간 제한되기도 한다. 이렇게 제한된 최소량은 대부분의 사람들로 하여금 소비량의 점진적인 축소를 끝내 포기하게 만드는 듯이 보인다. 다시 말해서 개인의 생활을 통제하는 가장 오래되고 뿌리 깊은 습관들—하나의 생명체이기도 한 개인의 실존에 영향을 주는 습관들—은 대체로 가장 큰 지속력과 강제력을 발휘한다. 이러한 습관들을 넘어

서 좀더 높아진 욕구들—뒤늦게 형성된 개인이나 인종의 습관들
—은 다소 불규칙하게 나타나고 그 등급 역시 가변적으로 매겨
진다. 이렇게 높아진 욕구들 중에서 특정한 흥분제를 습관적으로
복용하려는 욕구나 (종말론 같은 종교적 이론에 경도된) 구원의
욕구라든가 높은 명성을 추구하려는 욕구를 비롯한 일부 욕구들
은 어떤 경우에는 좀더 저급하거나 원초적인 욕구들보다 높이
평가되기도 한다. 일반적으로 오랜 시간에 걸쳐 형성된 습관일수
록 타기하기가 더 어렵고, 기왕의 습관적인 생활양식에 더 잘 부
합하는 습관일수록 더 큰 지속력을 발휘한다. 특히 습관적인 행
위에 수반되는 인간본성의 특수한 흔적들이나 습관의 실행과정
에서 발견되는 특정한 소질들이 애초부터 생활과정과 광범위하
고 근본적인 관계를 맺고 있거나 특정 인종의 생활사(生活史)와
긴밀하게 맞물려 있는 경우라면 습관은 더욱더 강력한 힘을 발
휘할 것이다.

　개인에 따라 다르게 형성되는 다양한 습관들을 편하게 느끼
는 정도뿐 아니라 포기되는 다양한 습관들을 거북스럽게 느끼는
정도가 개인마다 다르다는 사실은 습관형성 기간만이 개인 특유
의 습관들의 편제를 결정하는 유일한 관건은 아니라는 것을 보
여준다. 타고난 소질과 기질은 개인의 생활양식을 지배할 습관
들의 영역이 결정되는 데 습관형성 기간만큼이나 매우 커다란
영향을 미치는 것으로 평가된다. 그리고 널리 유전된 소질의 대
표적인 유형, 다시 말해서 어떤 공동체를 지배하는 윤리적 요소

에 속하는 기질의 전형(典型)은 그 공동체의 습관적인 생활방법을 드러내는 표현영역과 표현형식이 결정되는 데 훨씬 더 큰 영향을 미친다. 알코올중독을 유발하는 모든 지배적인 습관이 극도로 빠르게 형성된다거나, 특별히 종교적 소질을 타고난 개인들의 독실한 종교생활 습관도 그만큼 빠르고 불가피하게 형성된다는 사실은, 유전된 특이한 소질들이 개인들의 습관을 얼마나 빠르고 확실하게 형성시키는지를 보여주는 사례로 평가될 수 있다. 혹은 이른바 낭만적인 연애라고 불리는 인간 특유의 환경에서는 더욱 빠르게 형성되는 일련의 습관들 역시 거의 동일한 사례로 간주될 수 있을 것이다.

남자들이 물려받은 소질이나 그런 소질을 각자의 생활을 통해서 특정한 방향으로 표출하는 상대적인 재능은 각기 다르다. 또한 한 남자가 타고난 소질의 상대적인 강도(强度)나 표현능력의 상대적인 크기에 부합하거나 혹은 그런 강도나 크기에 맞추어 표현되는 습관은 그의 행복을 좌우하는 대단한 영향력을 발휘하게 된다. 생활기준을 성립시키는 몇 가지 습관의 상대적인 지구력이 결정되는 과정에서 이러한 소질의 요소가 담당하는 역할은 남자들이 과시적 소비를 위한 어떤 습관적인 지출도 포기하기를 극도로 꺼려하는 이유를 설명해줄 수 있을 것이다. 이런 종류의 습관을 과시적 소비의 근거로 삼는 소질이나 기질이 실제로 발휘되면 경쟁으로 나타난다. 경쟁—차별적인 비교—지향성 기질은 오래전부터 발달하여 인간의 본성을 지배하는 특징이 되었다. 그것은 어떠한 새로운 형태의 정력적인 활동에도 쉽사리 이끌리고, 또 일단 어떤 습관적인 표현형식을 발견하면 그 형식에 따라서만 줄기차게 스스로를 표현하는 대단한 고집을 발휘한다. 한 개인이 기존의 명예로운 소비노선을 따라 추구하던 표현습관에 물들고 나면, 다시 말해서 그에게 주어지는 일련의 자극들이 이처럼 철저하고 뿌리 깊은 경쟁기질의 지휘를 받는 일정한 종류와 방향의 활동들을 습관적으로 유발하기 시작하면, 그는 자신의 습관적인 소비를 포기하기를 극도로 꺼려하게 된다. 한편한 개인이 획득한 금력 덕분에 그의 생활방법을 좀더 광범위하게 멀리까지 펼쳐 보일 수 있는 지위에 일단 등극하고 나면 그의 뿌리 깊은 경쟁기질은 새로운 생활을 표현할 방향을 결정하는데 영향력을 행사하려고 할 것이다. 어느 정도 유사한 표현형식에 따라 경쟁의 현장에서 이미 작동하고 있는 기질들, 공인받아 유행중인 생활양식이 던지는 날카로운 암시들에 의해 촉진되는 기질들, 그리고 물리적인 수단과 기회들을 기꺼이 이용하여 실력을 발휘하려는 기질들, 이런 기질들은 특히 개인이 새로 취득한 모든 역량을 표출할 형식과 방향을 결정하는 데 커다란 영향을 미친다. 구체적인 용어로 바꾸어 말하자면, 과시적 소비가 생활구조의 기본요소 역할을 하는 공동체에서 개인이 지불능력을 높이는 일과, 어느 정도 공인된 과시적 소비노선에 부합하는 소비형식을 획득하는 일은 비슷한 의미를 띤다는 말이다.

자기보존 본능을 예외로 하면, 경쟁기질은 어쩌면 경제적 동기들 중에서 가장 강력하고 가장 민감하고 가장 항구적일 동기일 것이다. 산업사회에서 이러한 경쟁기질은 재산축적경쟁으로 표출된다. 그리고 적어도 현재의 서양문명사회에서는 이 기질이 실제로 몇 가지 과시적 낭비의 형태로 표출되고 있다고 말해도 무방할 것이다. 그러므로 과시적 낭비의 욕구는 가장 원초적인 육체적 욕구를 채우고 남는 사회의 생산능력과 그 능력에 의해 생산되는 재화가 아무리 증가해도 그것들을 기꺼이 흡수할 태세를 갖추고 있다. 그럼에도 그 욕구는 여러 가지 현대적인 조건들 때문에 소기의 흡수력을 발휘하지 못하는데, 우리는 이런 모순이 발생하는 이유를 개인적인 부의 증가 속도가 너무 빠른 나머지 소비습관이 그것을 따라잡지 못하고 있다는 데서 찾을 수 있다. 혹은 그렇게 부를 축적한 개인은 대개 그의 전체소비량을 주시하고 있는 구경꾼들에 대한 전시효과를 높일 요량으로 부의 증가분을 과시적으로 소비하기를 훗날로 미루곤 한다는 데서도 그 이유를 찾아볼 수 있을 것이다. 생산력 증가 덕분에 좀더 적은 노동으로도 생활수단들을 조달할 수 있게 된 사회의 생산담당자들은 생산속도를 좀더 늦추기 위한 방안보다는 과시적 소비의 효과를 높이기 위한 방안을 강구하는 데만 정력을 쏟게 된다. 그에 따라 생산력이 증가하고 생산의 긴장도 완화되었지만, 그것이 과시적 소비경쟁을 줄이지도 못하고, 증산된 생산물들도 과시적 소비욕구를 충족시키는 데만 전용되기에 이른다. 특히 일반 경제이론이 예절을 좀더 고상하거나 정신적인 욕구의 발로로 규정하고 나면 이 욕구는 무제한적으로 확대될 수 있다. 존 스튜어트 밀이 "문제는 지금까지 발명된 모든 기계들이 어떠한 인간의 노고도 덜어주지 못하고 있다는 데 있다"[8]고 말할 수 있었던 것도 바로 이러한 과시적 소비의 요소가 대표적인 생활기준으로 엄존하고 있었기 때문이다.

한 개인이 속한 사회나 계급에서 공인된 소비의 기준은 대개 개인의 생활기준도 결정할 것이다. 그 기준은 개인의 상식에 대해서 기준 자체를 옳고 선한 것으로 추천함으로써 그 개인으로 하여금 그 기준을 습관적으로 조회하게 만들고 그 기준에 맞게 생활구조를 흡수해버리는 직접적인 영향력을 발휘한다. 그러나 그 기준은 동시에 민중으로 하여금 냉대와 따돌림을 무릅쓰더라도 소유자들에게 공인된 소비기준을 고집스럽게 따르도록 만드는 간접적인 영향력도 발휘한다. 유행하는 생활기준을 수용하거나 그 기준에 따라 생활하는 것은 둘 다 일반적으로 개인의 안락과 성공적인 생활에 필수적인 조건이라는 점에서 권장할 만한 당연한 일로 여겨진다. 모든 계급 그중에서도 특히 과시적 낭비에 관심을 쏟는 계급의 생활기준은 대개 그 계급이 향후 축적 가능한 금력이 허락하는 만큼 높기 마련이어서 상승을 멈추지 않을 것이다. 따라서 그런 추세는 남자들로 하여금 가장 많은 부를 획득하는 것이 일생일대의 유일한 목적이요 거기에 도움 되지

---

8 영국의 철학자 존 스튜어트 밀(John Stuart Mill, 1806~1873)의 《정치경제학의 원리 *Principles of Political Economy*》(1848) 제4권 6장에서 인용.

않는 일은 쓸데없다고 여기게 만듦으로써 그들을 금력과시에만 몰두하게 만든다. 그것은 동시에 구경꾼들로부터 좋은 평판을 듣고자 애쓰는 자들이라면 대부분 추종하는 노선으로 소비를 집중시키는 결과를 초래한다. 반면에 명예로운 소비와 무관한 활동에 시간이나 자산을 소비하는 경향과 기질들은 배척되고 폐지되는 경향을 보인다.

과시적 소비와 관련된 이러한 차별의 결과 대부분의 계급들의 가정생활은 남들의 시선에 공개되는 부분은 분명히 갈채를 받지만 실질적인 내용은 초라하기 짝이 없다. 그와 같은 차별의 부수적인 결과로 사람들은 사생활을 남의 눈에 띄지 않게 숨기는 습관을 갖게 된다. 또한 어떤 소비를 비난받지 않고 비밀리에 행하려는 사람들은 이웃과의 모든 접촉을 기피하게 된다. 그리하여 산업이 발달한 대부분의 사회에서는 사람들이 각자의 가정생활에 대한 배타적 권리를 주장하게 된다. 그런 과정이 좀더 진행이 되면 모든 사회에서 상류계급의 소유권을 규정하는 커다란 특징인 이른바 프라이버시 즉 사생활의 권리를 인정하고 보호하려는 습관이 생겨난다. 명예로운 소비에 필요한 요건들을 필사적으로 갈망하는 계급들의 낮은 출산율은 어쩌면 과시적 낭비에 뿌리를 둔 생활기준에 필사적으로 적응하고자 하는 열망이 낳은 결과일지도 모른다. 자녀를 명예롭게 키우는 데 필요한 과시적 낭비와 그에 따라 증가하는 비용은 실로 대단하여 부모들의 과시적 소비를 매우 강하게 억제하는 역할을 한다. 이런 사실은 어쩌면 맬서스의 《인구론(Malthusian)》[9]을 체계적으로 반박할 수 있는 가장 유력한 논거가 될지도 모른다.

육체적 안락과 생계유지에 필요한지 아닌지 모호한 요소일수록 소비를 절약하게 만들뿐 아니라 출산율을 낮추거나 아예 출산을 포기하게 만들기도 하는 이러한 생활기준이라는 요인은 어쩌면 학문연구에 종사하는 계급들에게 가장 큰 영향을 미치는 듯이 보인다. 이들 계급의 사회적 지위가 관습적으로 이들의 금력이 보장하는 지위보다 높게 평가되는 것은 이들의 생활을 특징짓는 재능이나 학식이 우월하고 희소한 것으로 여겨지기 때문이다. 따라서 이들의 체면유지에 필요한 소비의 기준은 자연스럽게 높아질 수밖에 없고, 그 결과 생활의 다른 목적들을 위한 소비의 범위는 극히 협소해질 수밖에 없다. 따라서 학자들은 어떤 것을 소비해야 품위 있고 타당하냐를 놓고 따지는 특유의 습관적인 감각을 가지게 되었을 뿐 아니라 학계에서 체면을 유지하는 데 필요하다고 생각하는 금력의 기대치도 지나치게 높아졌다. 여기에는 명목상 사회적으로 동등한 여타 다른 계급들에 비해서 학자계급에게 상대적으로 더 많은 금전과 더 많은 능력을 구비하기를 기대하는 환경의 압력도 일조했을 것이다. 오늘날 성직자

---

9 영국의 경제학자 맬서스(Thomas Robert Malthus, 1766~1834)가 이른바 《인구론 *An Essay on the Principle of Population*》(1798)을 통해서 주장한 이론. '맬서스주의'라고도 번역된다. 맬서스는 이 연구서를 통해서 인구증가율은 필연적으로 식량 생산율을 앞지를 것이라고 주장했다. 또한 이 연구서는 훗날 등장하는 인구 확대와 조절에 관한 많은 이론들의 이정표로 이바지했다.

들이 학문관련 직업들을 독점하는 사회에는 어디에도 존재하지 않는다. 이러한 현대 사회에서 학문을 연구하는 사람들은 필연적으로 그들보다 우월한 금력을 가진 계급과 접촉할 수밖에 없다. 이처럼 우월한 금력을 가진 계급들이 강요하는 체면유지를 위한 높은 금력기준은 그 엄격성만 다소 완화된 채 그대로 학자계급에게 주입된다. 그 결과 현대 사회에서 학자계급만큼 소득에 비해 과시적 소비에 많은 비용을 지출하는 계급을 찾아볼 수 없게 되었다.

6. 취미생활을 규정하는 금력

앞에서도 한 차례 이상 지적한 바 있듯이, 소비를 지배하는 규준이 대개 과시적 낭비의 필요조건이기는 하지만, 소비자의 행동을 유발하는 동기가 조야하고 투박한 형태로 수행되는 과시적 낭비의 원리라고는 이해하지 말아야 한다. 일반적으로 그러한 소비자의 소비 동기는 확립된 기존의 관습을 따르고자 하는 소망, 불리한 비평이나 평가를 피하려는 소망, 그리고 공인된 체면유지 규범에 부합하는 높은 질의 소비재를 그 규범에 필적하는 양만큼 소비하고 그의 시간과 노력을 그 규범에 맞는 점잖은 일에 투입하고 있음을 과시하고 싶은 소망에서 비롯된다. 통상적으로 규범화된 관습에 대한 이러한 감각은 특히 남들의 시선을 강하게 의식하는 소비자의 소비 동기들을 자극하고 그것들에 대해서 직접적인 강제력을 발휘한다. 그러나 규범화된 사치를 자극하는 유력한 요소는 남들의 시선에 잘 띄지 않게 소비되는 품목들을 보아도 확인할 수 있다. 이를 테면 과시용이 아닌 생활용으로 디자인된 속옷이라든가 식품, 부엌세간이라든가 기타 가재도구들이 그런 소비의 대상이 될 수 있다. 그처럼 실용적인 모든 품목들을 자세히 조사해보면 해당 품목의 값을 올리거나 상업적 가치를 높이는 모종의 특색들을 발견할 수 있을 것이다. 그러나 그런 특색들은 표면적으로만 물질적인 목적에 이바지하게끔 디자인되었기 때문에 이런 물건들의 실용성을 향상시킬 가능성은 그만큼 적다.

과시적 낭비의 법칙은 선택적인 감시감독을 통해서 공인된 소비규범체계를 성숙시키고, 소비자로 하여금 사치와 낭비의 기준에 맞추어 재화를 소비하고 거기에 시간과 노력을 투여하도록 강제한다. 이러한 규범적인 관습의 성숙은 경제생활에 직접 영향을 미치고, 다른 방면들의 행동에도 간접적이고 우회적인 영향을 미친다. 일정한 방면으로 생활을 표현하려는 사고습관들은 다른 방면의 생활에 좋은 것과 옳은 것을 선호하는 습관적인 견해에도 불가피하게 영향을 미친다. 의식적인 개인생활의 실질적인 내용을 구성하는 사고습관들이 유기적으로 결합되는 복합체계 속에서 경제적 이익은 나머지 다른 모든 분야의 이익과 분리되거나 구별되지 않는다. 이러한 이익들 중에서 어떤 것은 명성획득의 규범들과 관련되어 있다고 앞에서 이미 언급한 바 있다.

과시적 낭비의 원리는 훌륭하고 명예로운 생활과 명품들을 선호하는 사고습관을 주도적으로 형성시킨다. 그렇게 함으로써 이 원리는 나머지 다른 행동규준들과 마찰을 일으키는 갈등요인으로 작용할 것이다. 이처럼 갈등하는 행동규준들은 원칙적으로 금력가의 명예규정에 따라 수행될 필요는 없지만 직접적으로 혹은 간접적으로 일정한 위신을 세우는 데 필요한 경제적 요건을 충족시키기 위한 행동의 기준이 될 것이다. 때문에 명예로운 낭비의 규범은 의무감, 미감(美感), 유용성에 대한 감각, 종교나 의례에 충실하려는 감각, 그리고 진리에 대한 과학적 감각 등에 직접적으로 혹은 간접적으로 영향을 미칠 수 있다.

여기서 명예로운 소비의 규범이 도덕적 행동의 규범들과 습관적으로 마찰을 일으키는 특정한 경우나 특별한 간섭방식에 대해서 논의할 필요는 거의 없을 것이다. 그 문제는 공인된 도덕적 규범을 벗어나는 모든 행동을 감시하고 경고하는 임무를 띤 자들이 크게 주목하고 예증했던 문제들 중 하나이기 때문이다. 현대 사회생활을 경제적 법적으로 지배하는 대표적인 제도는 사유재산제도이다. 이러한 현대 사회에서 도덕적 규범의 현저한 특징들 중 하나는 사유재산을 신성한 것으로 규정한다는 사실이다. 따라서 현대 사회에서는 '과시적 소비를 통해서 명성을 획득하기 위해 부를 추구하는 또 다른 습관들은 그러한 신성한 사유재산을 보호하고 지키려는 습관과 갈등한다'는 명제를 뒷받침하기 위해 더 강력하고 설득력 있는 사례를 굳이 동원할 필요는 없을 것이다. 사유재산을 침해하는 대부분의 위반행위, 특히 명백하게 드러나는 위반행위도 바로 이러한 명제를 대변한다. 그런 위반행위로 거부의 반열에 오른 위반자는 단순히 도덕적 규범을 어긴 자로만 간주되기 때문에 극단적인 형벌이나 비방을 받기보다는 그저 평범한 악당이나 조롱거리 정도로 취급받는 경우가 대부분이다. 이처럼 위반행위로 거부가 된 도둑이나 사기꾼은 좀도둑들에 비하면 엄격한 법망을 더 잘 피할 수 있다. 더구나 그렇게 불법적으로 부가 늘어나고 또 그럴듯하게 흉내를 낸 예법에 따라 부를 소비하면 자연스럽게 좋은 평판도 따라붙는다. 그런 도둑이나 사기꾼은 훔치거나 사취한 물건들을 근사하게 소비함으로써 소유권 감각을 키워온 사람들에게 대단히 효과적으로 그의 존재를 인식시킬 수 있고, 또 그의 불로소득을 도덕적으로 비열하게 간주하는 사람들의 혐오감을 완화시킬 수도 있다. 또한 우리는 누구나 부인이나 자녀에게 "남부럽지 않은" 생활수단을 제공하겠다는 가치 있는 동기에서 남의 재산을 훔치거나 사취하는 남편의 위반행위를 크게 탓하지 않는 경향이 있다—또 실제로 그런 경향에 이끌리기도 더 쉽다—고 말할 수 있다. 거기에 부인은 어릴 때부터 "되도록이면 사치스럽게 양육되는" 경향이 있다는 사실이 고려된다면 남편의 위반행위는 부가적으로 참작될 만한 사유로 인정받는다. 다시 말하면 우리에게는 부인으로 하여금 금력과 관련된 체면의 기준에 필적하는 시간과 자산을 대리로 소비할 수 있게 만들겠다는 일종의 명예로운 목적으로 위반행위를 저지르는 남편을 너그렇게 봐주는 경향이 있다는 말이다. 그런 경우에 수반되는 과시적 낭비를 인정하는 습관은 소유권 침해행위를 비난하는 습관과 마찰을 일으킬 수도 있고 또 어쩌면 그런 침해행위를 칭찬하느냐 비방하느냐 여부에 대한 판정기준을 모호하게 남겨두는 습관과도 갈등을 일으킬 수 있다. 그러한 불로

소득에 기초한 태만이 약탈이나 해적질의 요소를 분명히 포함하는 곳에서는 더구나 이런 경향이 심하게 나타난다.

여기서는 이 주제를 좀더 깊이 추적할 필요가 없을 것이다. 그러나 침해당할 수 있는 소유권 개념을 둘러싸고 결집되는 모든 유력한 도덕들 자체는 부(富)가 지닌 전통적인 가치의 심리학적 침전물이라는 사실을 간과할 수는 없다. 그리고 신성하게 보호되는 이러한 부는 무엇보다도 그것을 과시적으로 소비함으로써 명성을 획득할 수 있게 만드는 힘을 지닌 것으로 평가된다는 사실도 간과하면 안 될 것이다.

과학적인 정신이나 지식탐구와 남부럽지 않은 금력추구 습관의 관계에 대해서는 다른 장에서 비교적 상세히 다룰 것이다. 또한 이 관계와 결부된 종교나 의례를 가치 있고 타당하게 여기는 감각에 대해서도 이 장에서 언급할 필요는 거의 없을 듯하다. 그런 주제는 다음 장에서 부수적으로 다루어질 것이기 때문이다. 아직은 신성한 것들을 옳고 가치 있게 여기는 취미 같은 민중의 취미들이 형성되는 데 커다란 영향을 미치는 이러한 명예로운 소비의 관습을 좀더 추적할 필요가 있다. 그에 따라 공공장소에서 철저히 지켜지는 일부 관례들 및 자존심과 과시적 낭비의 원리 사이의 관계도 밝힐 수 있을 것이다.

확실히 과시적 낭비의 규범은 경건한 소비라고 불릴 만큼 커다란 부분을 차지하는 것으로 평가된다. 예를 들면 동일한 계급으로 인정받기 위해 신성한 건축물, 예복, 기타 재화를 소비하는 사람들에게는 특히 더 그럴 것이다. 현대인들이 유독 사원이나 교회를 신성시하고 숭배하는 이유는 그것들을 정성들여 지었기 때문이 아니라 예로부터 그것을 편애해왔기 때문이다. 숭배의 대상이 되는 신성한 건물을 비롯한 소품들을 건축하고 장식하는 자들은 다름 아닌 낭비적인 지출로 일정한 명예를 획득할 수 있다는 기대에 부푼 자들이다. 그리고 우리는 그러한 건물의 외양이나 내부만 구경해도―그리고 그렇게 할 의지만 있어도―그 건물의 사치스런 화려함이 숭배자들의 정신상태를 현저하게 고양시키고 들뜨게 만드는 효과를 발휘한다는 사실을 확인할 수 있다. 흔히 그런 신성한 장소의 주변에서 가난하고 비참한 사람들을 목격한 모든 구경꾼들이 느끼는 절망적인 수치심을 숙고해보는 것도 동일한 사실을 이해하는 데 도움이 될 것이다. 모든 경건한 종교의례를 치장하는 장식물의 값은 비할 데 없이 비싸야 한다. 이러한 요구조건은 이런 장식물들에 허용되는 미학적인 범위나 유용성의 폭과는 무관하게 적용되는 불가피한 조건이다.

또한 모든 사회 중에서도 특히 남부럽지 않은 생활에 필요한 금전의 기준이 그다지 높지 않은 지역사회에서 그 지역을 대표하는 사원이나 교회는 신도들이 거주하는 집들보다 훨씬 더 화려하고 낭비적인 건축양식과 장식을 자랑한다는 사실도 주목할 만하다. 이런 경향은 기독교도나 이교도의 거의 모든 종파나 숭배방식에도 적용될 수 있지만, 그중에서도 특히 오래되고 유서 깊은 종교일수록 그런 경향은 더욱 유별나게 나타난다. 그러한 성소(聖所)들은 일반적으로 신도들의 육체적인 안락에는 거의 이바지하지 않는다. 물론 그런 신성한 건축물들이 신도들이 사는 초라한 주택에 비하면 육체적인 안락을 조금이나마 더 제공할지는 모른다. 그러나 모든 사람들은 '올바른 진리, 아름다움, 선을 이해할 수 있는 계몽된 감각은 성소를 짓는 과정에서 신도들의 육체적인 안락에 도움이 될 어떤 지출도 드러나게 요구하지 않을 것'이라고 생각한다. 어떤 안락의 요소가 성소의 성격에 부합하는 것으로 공인되더라도 그것은 신중하게 은폐되거나 표면에 드러나더라도 금욕의 가면을 써야 한다. 최근 들어 건축된 가장 유명하고 가장 화려한 예배용 건물에서도 그 성격에 부합하는, 그리고 특히 표면에 드러나는, 금욕의 원리는 오직 육신의 금욕적 고행을 위한 수단으로 인정되는 한도 내에서만 적용되고 있다. 이러한 금욕적 낭비의 고통이 경건한 소비에 본질적으로 정의롭고 선한 영향을 끼치지 못할 경우 경건한 소비와 관련된 섬세한 취미를 키우는 사람은 거의 없다. 경건한 소비는 대리 소비의 본성에 속한다. 이러한 경건한 금욕의 규범은 과시적 낭비를 통해 획득할 수 있는 부자의 명성에 기반을 둠과 동시에 '대리 소비는 대리 소비자에게 안락을 위한 눈에 띄는 도움을 제공하지 않는다'는 원리의 뒷받침을 받는다.

모든 종교와 종파의 성소 및 부속시설들은 이러한 금욕적인 성격을 일부나마 가지고 있는데, 그런 종교인들은 성소에 모신 성자나 신이 고상한 취미를 지녔을 것이라고 여기고 그러한 취미를 만족시키기 위해 재물을 바치긴 하지만, 성자나 신이 실제로 그 재물을 취하거나 이용할 것이라고 생각하지는 않는다. 이런 견지에 볼 때 신성한 장식물들의 성격은 각 종교와 종파들마다 다소 상이하게 이해된다. 그러한 종교와 종파들은 신의 생활습관은 지상에서 세속적인 권력을 행사하는 가부장이나 군주의 생활습관에 더 가깝다고 생각할 뿐 아니라, 신 스스로도 소비재들을 사적으로 이용한다고 여긴다. 이 경우에 성소와 부속시설은 현세의 주인이나 소유주가 과시적으로 소비할 재화들보다 더 화려하게 치장된다. 다른 한편으로 그렇게 신성한 시설들이 단순히 신에게 예배를 드리는 장소로만 사용될 경우에는, 바꾸어 말해서 그 신의 뜻에 따라 신도들이 그 시설들을 대리로 소비할 경우에는, 신성한 재물들은 오직 대리 소비용으로만 규정된 재화들과 같은 성격을 획득한다.

이 경우에는 성소와 신성한 시설은 대리 소비자의 생활적 편의나 만족감을 향상시키기 위해서 고안된 것도 아니고, 그런 것들을 소비하는 목적이 소비자의 안락에 있다는 인상을 사람들에게 심어주기 위해서 고안된 것도 아니다. 왜냐하면 대리 소비의 목적은 소비자의 생활적 만족감을 향상시키는 데 있는 것이 아니라 소비하는 주인이 획득하는 금력가의 명성을 높이는 데 있기 때문이다. 그래서 성직자들이 입는 예복 혹은 제의도 그만큼 악명이 높을 정도로 비싸고 화려하며 불편하기 그지없는 것이다. 그리고 신의 종복인 성직자를 신과 동등한 자격으로 신에게 봉사하는 자로 여기지 않는 종파의 예복들이 그처럼 금욕적이고 불편한 것도 같은 이유 때문이다. 성직자들 스스로도 역시 마땅히 그러해야 한다고 생각한다.

낭비의 원리는 격에 맞는 사치의 경건한 기준을 확립하는 과정에서 의례의 유용성을 규정하는 규범의 영역만 침해하지 않는다. 그것은 의례의 방식과 수단에도 영향을 미치고 대리 여가와 대리 소비도 부추긴다. 성직자가 취해야 할 최선의 태도는 심미적인 쾌락을 향유하고 있음을 암시하는 초연하고 여유로우며 형식적이고 결백한 태도여야 한다. 이것은 다양한 종파나 교파의 다양한 직위의 성직자들도 견지해야 할 태도이다. 그러나 신을 의인화하는 모든 종교의 성직생활은 당대에 유행하는 대리 소비의 특징들을 드러내기 마련이다.

이와 마찬가지로 한 시대를 풍미하는 대리 여가의 규범도 종교의식을 구성하는 외면적인 세부관례의 형태로 가시화되지만, 그것은 단지 모든 구경꾼들이 확인할 수 있을 정도로만 드러나야 한다. 모든 의례는 공식행사의 예행연습으로 환원되는 경향이 있다는 사실은 주목받을 만하다. 그중에서도 좀더 성숙한 종교일수록 이러한 공식행사를 발달시키고 더 금욕적이고 화려하게 행사를 거행할 뿐 아니라 성직자의 생활과 복장도 더 근엄하다는 사실은 가장 특기할 만하다. 그러나 좀더 새로운 신흥종교나 종파의 교인들이 행하는 숭배의 형태와 방식을 보면 그런 사실을 인지할 수 있기는 하지만, 성직자, 예복, 성소에 대한 그들의 취향은 아직 명료하게 파악되지 않는다. 예배(이 "예배"라는 용어는 사안의 요점을 충분히 시사해준다)를 위한 예행연습은 해당 종파가 연륜과 일관성을 획득할수록 형식은 더 거창해지고, 이러한 예행연습의 거창한 형식은 거기에 부응하는 경건한 취미에 대단한 만족감을 선사한다. 그리고 그것은 당연하게 여겨진다. 왜냐하면 그러한 '형식적인 예배는 실제로는 이익을 노리는 저속한 욕구에 따라 주인(신)에게 예배하는 하인(성직자)들보다도 그런 예배를 받는 주인을 더 높은 존재로 격상시킨다'는 사실은 분명하기 때문이다. 그런 하인들은 자기가 맡은 일 외에 다른 일은 하지 않는다. 거기에는, 그들에게 아무런 이익도 주지 않을 주인이지만 그들이 그런 주인을 위해서 봉사한다면, 그것은 곧 명예로운 일이라는 의미가 담겨있다. 여기서 성직자의 직무와 종복의 직무가 극히 유사하다는 사실을 굳이 강조할 필요는 없을 것이다. 우리는 그러한 예배의 명백한 형식은 오로지 '형식을 위한 형식'에 불과하다는 것을 인식할 수 있다. 이러한 인식은 위에서 거론한 문제들이나 사례들 가운데서도 그런 인식에 부합하는 것을 감지해내는 우리의 감각을 만족시킬 것이다. 그래서 성직자는 모름지기 직무를 수행하는 과정에서 마치 맡은 바 일에 완전히 통달해있음을 암시하는 듯한 기민함이나 절묘한 솜씨를 선보여서는 안 되는 것이다.

이 모든 과정은 이처럼 금력에 따라 규정되는 명성획득 규범들의 전통 아래 생활하는 신도들이 신에게 투사하는 의미를 명백히 드러낸다. 그들은 신 역시 기질, 취미, 성향, 습관에 따라 생활한다고 믿는다. 그러한 사고습관이 남자들 사이에서 유행하는 가운데서도, 과시적 낭비의 원리는 신에 대한, 그리고 신에게 복종하는 인간과 신의 관계에 대한 신도들의 관념을 물들여왔다. 물론 천진난만한 종교일수록 이처럼 넘치는 금전의 미덕을 최고로 치는 것은 당연하겠지만, 사실 그런 경향은 언제 어디서나 발견된다. 문화의 단계나 계몽의 정도에 상관없이 모든 사람들은 그들이 경배하는 신들의 인격과 그 신들을 둘러싼 습관적인 환경들에 관해서 현저히 부족하다고 느끼는 믿을 만한 정보를 어떻게든 보충하려고 든다. 그러한 염원에 따라 그들은 상상력을 동원하여 신의 현존과 신의 생활방식을 풍부하고 만족스럽게 묘사하려고 한다. 그 과정에서 그들은 흔히 이상형으로 여겨지는 훌륭한 남자에게 그러하듯이 신에게도 이상적인 인간의 특징들을 습관적으로 부여한다. 그리고 신성에 접근하는 방법과 수단은 남자들이 신과 교감하기 위해 노력하는 그 시점에서 신성하고 이상적인 인물이라고 여기는 한 남자에게 근접할 수 있는 방법, 수단과 거의 동일시된다. 그들은 최고의 은총과 더불어, 그리고 민중들이 신의 본성과 특별히 일치하는 것으로 이해하는 어떤 공인된 방법에 따라 물리적 환경에 응답하는 신의 전지전능함과 더불어, 신의 현존이 시작된다고 생각한다. 또한 이러한 민중들은 그와 같은 교감을 이끌어내기에 적합한 이상적인 처신과 부속물들이 존재함을 인정한다. 그것들은 대개 신과의 고귀한 교제가 이루어지는 모든 순간에 인간이 취하는 몸가짐과 분위기들 중에서 본질적으로 뛰어나고 아름다운 것으로 민중에게 이해될 때 형태를 얻기 마련이다. 그런데 이러한 이해방식은 금력과시 경쟁을 규정하는 근본 규준에 직접적이고 노골적으로 의존하는 금력과시적 명성의 기준이 존재함을 증명하기 위해 모든 증거를 조회하여 경건한 태도를 분석하려는 시도로 오인될 소지가 있다. 나아가 그것은 민중들이 흔히 생각하듯이 좀더 많은 금력을 확보하려는 시기심을 가진 존재로, 그리고 단순히 돈이 없으면 존경받지 못한다는 이유로 저급한 상황이나 환경을 기피하고 저주하는 습관을 가진 존재로 신을 묘사하게 만드는 오류도 범할 수 있다.

물론 그런 조건이 모두 구비된 후에라도, 금력으로 획득 가능한 명성의 규범들은 신의 속성들에 대한 우리의 통념뿐 아니라 신과 교감하는 데 필요한 격식과 환경에 부합하는 것들에 대한 우리의 관념에도 직접 혹은 간접적으로 실질적인 영향을 미치는 것으로 나타난다. 신은 특히 평온하고 한가로운 생활습관의 대변자여야 한다고 생각된다. 그리고 설교자들은 신도들에게 종교적 교화나 환상을 부추기기 위해 시적 상상력을 동원하여 신의 거처를 묘사할 때면 으레 그렇듯 수많은 사도들과 풍요와 권능을 드러내는 수많은 상징들에 둘러싸인 신의 권좌를 대표적으로 내세우곤 한다. 그처럼 거룩한 하늘나라를 묘사할 때면 흔히 등장하는 이러한 사도들의 임무는 일종의 대리 여가활동이다. 그들은 신의 훌륭한 특성과 위업들을 찬양하기 위한 비생산적 예행연습에 대부분의 시간과 노력을 소비한다. 하지만 그런 광경의 배경에는 각종 귀금속들과 온갖 값비싼 보석류들이 찬란한 광채를 발하고 있다. 종교적 환상이 이렇듯 아둔하리만치 과도하게 표현될수록 종교적 이상에 대한 금전보유규범의 강제력도 더욱 극단화될 뿐이다. 그러한 극단적인 사례가 남부 흑인들의 종교적 상상력으로 표현된 바 있다. 그들의 설교자는 황금보다 싼 어떤 것에도 몸을 굽히면 안 된다. 이러한 금전의 미덕에 대한 강조는 아마도 좀더 소박한 취미를 가진 사람이라면 참기 어려울 황금색에 놀라운 효력을 부여한다. 이렇듯 지금까지 신성한 도구들은 정당한 것이라는 남자들의 개념을 선도하는 의례적 이상들을 보충하기 위해 금전의 가치에 포함된 이상들을 도입하지 않은 종교나 종파는 거의 없었을 것이다.

마찬가지로 일반적인 통념에 따르면 신을 모시는 성직자들은 산업을 위한 생산노동에 참여하면 안 된다. 신이 머무는 곳이나 성소 안에서는 특히 인간에게 유용한 어떤 종류의 노동이나 일도 해서는 안 된다. 또한 그런 장소에 입장하는 사람은 누구나 자신의 옷이나 몸가짐에서 모든 세속적이고 산업적인 성격을 깨끗이 털어내고 복장 역시 평상복보다 훨씬 비싼 예복을 갖추어 입어야 한다. 나아가 특별히 신을 기념하고 신과 교감하도록 정해진 휴일(성스러운 날)에는 아무도 인간에게 유용한 일을 해서는 안 된다. 심지어 성직자들이 아닌 일반 속인들 역시 일주일에 하루는 대리 여가활동을 수행해야 한다.

종교의식에 부합하고 신과 교감하는 데 적합한 것이 무엇인지 배운 바 없는 남자들의 감각을 표현하는 이 모든 진술에 따르면, 금력으로 획득 가능한 명성의 규범들은 이러한 종교적 판단에 직접적으로 영향을 끼치건 간접적으로 영향을 끼치건 상관없이 분명하고 유력하게 존재하고 있다.

명성획득에 필요한 이 규범들은 소비재의 아름다움이나 실용성에 대한 민중의 감각에도 유사한 정도로, 아니, 훨씬 더 광범위하고 결정적인 영향을 끼쳐왔다. 금력으로 체면을 유지하는 데 필요한 조건들은 실용적이거나 아름다운 물건들의 아름다움과 실용성을 감지하는 감각에도 매우 뚜렷하게 영향을 미쳤다. 그런 물건들은 대체로 과시적으로 낭비될 수 있기 때문에 애용되는 경향이 있다. 또한 그것들은 표면적인 용도와는 달리 낭비적으로 사용될 가능성을 많이 가지고 있을수록 좋은 물건으로 여겨진다.

아름답기 때문에 가치 있게 평가되는 물건들의 유용성은 그것들의 값이 비싸다는 사실에 긴밀히 의존하고 있다. 가정생활을 살펴보면 이런 의존관계를 이해할 수 있을 것이다. 시장에서 10~20달러 정도 나가는 수세공 은제숟가락이라고 해서, 숟가락 자체의 원래 의미를 감안하여 본다면, 흔히 기계로 만든 은제숟가락보다 실용성이 더 크다고 볼 수는 없다. 어쩌면 그 숟가락은 심지어 알루미늄 같은 "하급"금속을 이용하여 기계로 만든 10~20센트도 안 나가는 숟가락보다도 실용성이 떨어질지도 모른다. 사실상 이 두 가지 은제숟가락은 표면적인 목적을 고려하면 일반적으로 기타 하급금속으로 만든 숟가락보다 효율성이 떨어지는 고안품이다. 물론 문제를 이런 관점에서 본다면 값이 더 비싼 숟가락의 (대표적인 용도가 아닌) 주요한 용도들 중의 하나가 간과될 수 있다는 반론이 당장 제기될 것이 분명하다. 따라서 수세공 숟가락은 우리의 취미와 미적 감각을 만족시키는 반면에 하급금속재료를 이용하여 기계로 만든 숟가락은 야만적인 용도 이외에 아무 소용도 없다는 주장도 제기될 수 있다. 물론 실제 사실들이 이런 반론을 뒷받침할 수도 있겠지만, 그 사실들은 그런 반론이 결정적이기보다는 좀더 그럴듯한 논리에 불과하다는 것을 반증하는 증거가 될 수도 있다. 그러한 사실들은 다음과 같이 요약될 수 있다. (1)두 가지 숟가락을 만드는 데 사용된 상이한 재료들은 각기 숟가락의 사용목적에 부응하는 아름다움과 실용성을 지니고 있지만, 그중에서 수세공 숟가락의 재료는 하급금속에 비해서 원래 표면의 결이나 색깔도 대단히 탁월하지 못하고 기계적인 효율성도 월등하지 못함에도 백배나 비싼 값을 받는다. (2)만약 수세공 숟가락으로 여겨지는 숟가락을 자세히 조사한 결과 전문가의 정밀감정 없이는 진위를 알 수 없을 만큼 매우 절묘한 솜씨로 만들어진 모조품에 지나지 않는다는 사실이 밝혀진다면, 사용자가 그 숟가락을 하나의 아름다운 예술품으로 간주하고 감상함으로써 얻는 만족감을 감안하더라도 그 숟가락이 지닌 유용성은 즉시 80~90퍼센트 아니면 그보다 더 많이 하락하고 말 것이다. (3)만약 두 개의 숟가락이 아무리 정밀하게 감정을 해도 차이를 찾지 못할 만큼 겉모양이 너무나 닮은 나머지 오직 무게를 측정함으로써만 차이가 드러날 경우, 그리고 둘 중에 값싼 숟가락이 희귀한 것도 아니고 또 얼마 되지 않는 돈으로도 구입할 수 있다면, 둘의 형태나 색깔이 아무리 닮았어도 그런 사실이 기계로 만든 숟가락의 가치를 높이지도 못할 것이고 사용자의 "미적 감각"의 만족도를 눈에 띄게 향상시키지도 못할 것이다.

이러한 숟가락들은 우리의 만족감의 실체를 보여주는 전형적인 사례이다. 흔히 값비싸고 아름답게 여겨지는 물건들을 사용하고 감상함으로써 얻는 우월한 만족감은 대부분 아름다움이라는 미명 아래 숨은 비싼 가격 덕분에 우리가 느끼는 만족감이다. 우리가 우월한 물건을 더 높이 평가하는 것은 그 물건이 오직 아름답기 때문이 아니라 그런 물건은 대부분 우월하고 명예로운 성격을 지니고 있기 때문이다. 과시적 낭비에 필요한 조건은 일반적으로 우리의 의식적인 취미규범으로 드러나기보다는 우리의 미적 감각을 선택적으로 형성시키고 유지시키는 강제적인 규준으로, 그리고 합법적으로 아름다운 것으로 인정할 수 있거나 그럴 수 없는 것을 구별하는 우리의 판단기준을 선도하는 강제적인 규준으로 더 확연히 드러난다.

여기서 주목해야 할 것은, 어떤 구체적인 물건이나 활동의 실용성과 낭비성을 구별하기 가장 힘든 경우는 아름다운 것과 명예로운 것이 병존하거나 뒤섞여 있는 경우이다. 과시적 낭비의 명예로운 목적에 이바지함과 동시에 아름다운 물건을 우리는 흔히 볼 수 있다. 그리고 같은 맥락에서 노동도 과시적 낭비의 목적에 부응하는 유용성을 그 물건에 부여함과 동시에 아름다운 형태와 색상도 부여할 수 있고 또 그러기 위해 노력한다. 그런데 보석이나 귀금속 같은 갖가지 장식용이나 치장용 물건들의 대부분은 이전부터 아름다운 물건으로서 유용성을 가지고 있었기 때문에 과시적 낭비에 사용될 수 있는 유용한 품목이 될 수 있다는 사실은 이 문제를 더욱 복잡하게 만든다. 예컨대 황금은 고도의 감각적인 아름다움을 자랑한다. 또한 높은 평가를 받는 예술작품들의 대부분은 아니지만 상당히 많은 작품들은 가끔 사용된 재료의 자격이 문제가 될 수는 있어도 본래 아름다운 것으로 여겨진다. 근사한 옷감이나 장신구로 만든 의복, 멋진 풍경화들, 기타아름답게 보이는 사물들에 대해서도 그 정도는 약하지만 이러한평가를 내리는 경우를 많이 볼 수 있다. 그런 것들이 본래부터 아름답지 않았다면 사람들이 그토록 갖기를 갈망하지도 않았을 것이고 독점적으로 소유하거나 자랑스럽게 사용하지도 않았을 것이다. 그러나 그런 것들이 소유자에게 유용한 이유는 일반적으로본래 그것들이 아름답다는 데 있기보다는 그것들을 소유하고 소비함으로써 명예를 획득하거나 아니면 불명예를 피할 수 있다는데 있다.

다른 관점에서 본 유용성은 차치하더라도, 그것은 우선 아름답기 때문에 유용성을 가지고 있다. 또한 그것은 전유될 수 있고 독점될 수 있기 때문에 가치가 있다. 그래서 사람들은 그것을 소유하기를 갈망한다. 나아가 그들은 그것을 독점하고 향유함으로써 그들이 우월한 금력을 보유했다는 기분을 만끽함과 동시에 그것을 감상함으로써 그들의 미적 감각을 충족한다. 그러나 그것의 아름다움은 순수한 의미에서 그것이 독점하는 근본 동기나 그것이 지닌 상업적 가치의 근거라기보다는 오히려 그런 독점과 가치를 유발하는 임의적인 원인이라 할 수 있다. "보석이 자아내는 감각적인 아름다움이 아무리 대단해도 그것이 그토록 희귀하고 비싸지 않았다면, 다시 말해서 그것이 싸구려였다면, 결코 그처럼 차별적인 특색을 갖지 못했을 것이다." 실제로 이러한 주제와 관련하여 일반적으로 말할 수 있는 것은 이처럼 아름다운 물건들을 과시적으로 낭비함으로써 획득할 수 있는 명예를 제외하면 이 물건들을 독점적으로 소유하고 사용하는 동기는 상대적으로 약하다는 것이다. 일부 개인적인 장신구들을 제외한 나머지 일반적인 장신구의 대부분은 그것들을 선망하는 사람이 소유하든 그렇지 않은 사람이 소유하든 명예로운 목적과 마찬가지로 다른 모든 목적에도 똑같이 기여할 것이다. 그리고 개인적인 장신구에 관심을 기울이는 사람들을 살펴보면, 그들의 주요목적은 그것을 갖지 못한 사람들과 비교하여 그것을 착용함(소유함)으로써 명성을 획득하려는 데 있음을 알 수 있다. 아름다운 물건의 심미적인 유용성은 그것을 소유한다고 해서 크게 높아지지도 않고 보편적으로 향상되지도 않는다.

지금까지의 논의를 일반화해보면, 어떤 물건이 우리의 미적 감각을 자극할 만큼 가치를 획득하려면 아름다워야 함과 동시에 비싸야 한다. 그러나 이것만이 전부가 아니다. 이런 조건 이외에도 값비싸야 한다는 규정 역시 우리가 물건을 평가할 때 고가의 표시들과 아름다운 특징들을 확실하게 뒤섞고 그러한 혼합효과를 순수하게 아름다운 것으로 평가되는 항목에 포함시킴으로써 우리의 취미에 영향을 준다. 비싸다는 표시는 비싼 물건이 아름다운 특징을 가지고 있다는 표시로 인식되기 시작한다. 그 표시는 명예로운 고가의 표시로서 그 물건의 소유자나 소비자에 기쁨을 선사하고, 그러한 기쁨은 그 물건의 아름다운 형태나 색깔이 선사하는 기쁨과 혼합된다. 그에 따라 어떤 장신구의 미학적인 가치를 따져보는 과정에서 드러나는 거의 모든 근거들이 명예로운 금력을 확연히 입증하는 경우에, 우리는 때로는 이를테면 "완벽하게 아름답다"는 선언까지 하기에 이르는 것이다.

　　이러한 값비쌈과 아름다움이라는 두 요소가 혼합되고 혼동되는 가장 좋은 사례는 아마도 의복과 가구에서 찾아볼 수 있을 것이다. 의복과 관련된 명성의 규약은 의복의 모양, 색상, 재료, 일반적인 효력 등이 시대의 요구에 부합하는 것으로 용인될 수 있는지 여부를 결정한다. 그 규약을 벗어나는 것은 우리의 취미에 어긋나고 미학적 기준을 어기는 것으로 간주된다. 우리가 유행하는 의상을 구경하고 인정하는 일을 결코 단순한 겉치레로 이해해서는 안 될 것이다. 우리는 기꺼이 그리고 대부분 진심으로 그렇게 유행하는 옷이나 장신구들을 좋은 것이라고 생각한다. 예를 들면 광택 나는 고급 옷감에 은은한 회색계통의 색상으로 마감된 옷이 한창 유행할 때 거친 옷감에 선명한 색상의 옷은 우리에게 거부감을 불러일으킨다. 똑같은 부인용 모자라 하더라도 올해 나온 모델이 작년에 나온 모델보다 우리의 감수성에 훨씬 더 강한 호소력을 발휘하는 것을 사람들은 당연하게 여긴다. 그러나 25년이라는 세월을 두고 전망을 한다면 나는 두 모델 중에서 어느 쪽이 본래부터 더 아름다웠다고 판정하기란 극히 어려울 것이라고 생각한다. 다시 말해서, 그런 것들이 인간의 육체적인 형태와 단순한 병렬관계에 있다는 점을 고려한다면, 신사의 모자나 가죽구두에서 나는 광택도 옷소매가 닳아서 나는 광택보다 본질적으로 더 아름답지는 않다고 말할 수 있을 것이다. 그러나 아직도 (서양의 문명화된 사회에서) 교양 있다는 모든 사람들은 본능적으로 그리고 변함없이 전자의 광택을 대단히 아름다운 현상으로 생각하기를 고수하고, 후자의 광택은 모든 이들에게 거부감을 줄 수 있다는 이유로 기피하고 있다는 것은 의심할 여지없는 사실이다. 따라서 심미적인 동기 외에 다른 동기에서 비롯된 어떤 절박한 이유가 없었다면, 문명사회에서 그처럼 거추장스러울 정도로 높은 실크해트 같은 장식용 모자를 누가 쓰고 싶어 할지 극히 의심스러울 따름이다.

습관적으로 비싼 물건을 찾게 되고 아름다움과 명성을 습관적으로 동일시할수록 아름답지만 비싸지 않은 물건은 아름답게 평가되지 않기에 이른다. 이런 사정 때문에 일부 아름다운 야생화들을 불쾌한 잡초로 여기는 인습마저 생겨나게 된다. 그런 한편에서 비싸고 사치스러운 꽃들을 살 수 없는 중하류계급은 재배하기가 상대적으로 쉬운 꽃들을 받아들이고 감상할 수밖에 없다. 그러나 비싼 꽃을 쉽게 구입할 수 있는 사람들과, 꽃장수가 파는 꽃들 중에서 금전의 미덕을 더 높이는 꽃을 고르는 법을 교육받은 사람들은 이러한 변종 꽃들을 저급하다하여 배척한다. 그런 반면에 사람들은 이런 꽃들보다 본질적으로 더 아름답지도 않은 다른 꽃들을 막대한 비용을 들여 재배하고 있고, 또 좋은 환경에서 감식력을 기르는 교육을 받아 이른바 고급취미를 갖게 된 꽃 애호가들은 그처럼 비싼 꽃들에 찬사를 보내곤 한다.

사회의 계급마다 다른 취미의 다양성은 가구, 주택, 공원, 정원 같은 다른 많은 소비재에 대한 취미를 살펴보아도 확연히 드러난다. 이처럼 다양한 부류의 소비재들 가운데 아름다운 것을 고르는 견해의 다양성은 순진한 미적 감각이 따르는 규준의 다양성이 아니다. 그것은 타고난 심미적인 재능의 다양성이라기보다는, 감식가가 속한 계급의 명예로운 소비의 대상에 마땅히 포함될 수 있는 물건들을 구체적으로 지정하는 명성 규정의 다양성이다. 그러한 다양성은 소비자의 품위를 실추시키지 않고 취미와 예술의 대상으로 소비될 수 있는 물건들을 소비하는 예절의 전통들이 서로 다르다는 데서 생겨난다. 다른 이유에서 발생한 변수들을 일정 부분 수용하기도 하는 이 전통들은 해당 계급의 생활을 규정하는 금력의 수준에 따라 다소 엄격하게 결정된다.

일상생활을 잘 살펴보면, 계급마다 사용하는 물건들에 깃들인 금력의 미덕을 규정하는 코드가 각기 다르다는 것, 그리고 아름다움을 느끼는 인습적인 감각은 금력으로 명성을 얻는 데 필요한 조건들에 의해 단련되지 못한 감각과는 전혀 다른 방식으로 표출된다는 것을 알 수 있는 많은 흥미로운 사례들을 발견할 수 있다. 서양인들의 취미를 변함없이 자극하는, 잘 가꾸어진 매력적인 잔디밭이나 정원, 공원도 그런 사례들에 속한다. 그런 장소들은 장두금발(長頭金髮) 인종(노르웨이 계통 혹은 앵글로색슨 계통)이 대다수를 구성하는 사회의 부유한 계급들의 취미를 특별히 자극하는 강한 매력을 발산하는 듯이 보인다. 잔디밭은 감상용으로도 손색없는 감각적인 미의 요소를 지니고 있을 뿐 아니라, 거의 모든 인종과 계급의 눈을 사로잡는 매우 직접적인 매력을 발산한다. 그러나 푸른 잔디밭은 다른 어떤 인종보다도 장두금발 인종의 눈에는 특히 더 아름답게 보일 것이 분명하다. 유독 장두금발 인종이 넓고 푸른 초원을 높이 평가하는 하는 이유는, 습윤한 기후지역에서 오랫동안 목축을 하며 살아온 사람들에게서도 나타나는 장두금발 인종의 또 다른 기질적 특징들과 그들의 기질이 닮았다는 데서 찾을 수 있을 것이다. 푸른 목장이나 목초지를 바라보면 쉽사리 기쁨을 느끼는 기질을 타고난 사람들의 눈에 잘 다듬어진 잔디밭은 당연히 아름답게 보일 것이기 때문이다.

그런 잔디밭에서 소가 풀을 뜯고 있다면 더욱 아름답게 보일 것이다. 사치스런 주위환경이 어떠한 검소함의 요구도 무색케 만드는 오늘날, 장두금발 인종들은 잔디밭이나 개인소유 정원에 소를 키움으로써 목가적인 풍경을 복원하고 있다. 그렇게 방목되는 소는 일반적으로 비싼 품종이다. 그런데 소라는 가축을 보면 누구나 거의 필연적으로 떠올리는 검소함이라는 저급한 연상은 소를 장식용으로 이용하는 데 걸림돌이 될 수 있다. 그러므로 이러한 연상을 일축할 수 있을 만큼 주위환경이 사치스럽지 않는 곳에서는 취미용으로 소를 방목하는 일은 일절 피해야 한다. 목가적인 연상을 만족시키고자 하는 사람들 중에는, 일부 가축에 대한 사람들의 편애가 압박감을 느낄 만큼 너무 강하다는 점을 고려하여, 흔히 소 대신에 사슴이나 양 아니면 외래품종 같은 다소 불충분한 대용가축을 방목하기도 한다. 이러한 대용가축들은 서양 남자의 목가적인 시선에는 소보다 아름답게 보이진 않겠지만 값이 월등히 비싸고 실용성도 전혀 없어서 명성을 얻기에는 그만이기 때문에 선호된다. 그런 가축들은 현실적으로나 시사적으로 저속한 돈벌이와는 무관하다.

공원 역시 잔디밭과 같은 범주에 속하지만 기껏해야 목장을 흉내 낸 것에 불과하다. 그런 공원은 물론 목초지로 보호되는 것이 가장 좋은데, 풀밭에서 노니는 가축들 자체만으로도 더할 나위 아름다운 장면이라는 것은 잘 가꾸어진 목초지를 한 번이라도 본 사람이라면 누구나 인정할 것이다. 그러나 일반인들의 금전 지향성 취미를 표현하기 위한 방편으로 공원들을 보호하고 관리하는 것은 아니라는 사실은 주목할 가치가 있다. 전문적인 관리인의 감독 하에 숙련된 근로자들이 최선을 다해 공원을 관리한다면 어느 정도 목가적인 분위기를 흉내 낼 수는 있겠지만, 결국에는 목가적인 풍경의 미적인 효과를 분명 감소시키고 말 것이다. 그러나 일반인들은 흔히 가축 떼를 보면 검소함과 실용성을 강하게 떠올리기 때문에 공원에서 기르는 가축 떼도 참을 수 없는 싸구려로 취급할 것이다. 이렇게 공원을 관리하면 비용은 비교적 적게 들겠지만 비천한 인상을 주기 십상이다.

공공장소들의 또 다른 면모도 일반적으로 동일한 경향을 보인다. 거기서는 사치가 검소함과 조야한 유용성을 가장한 허식과 결합하여 교묘하게 전시된다. 중산계급의 생활습관이나 지금은 사라져가는 세대의 어린 시절보다도 더 오래전에 정착된 상류계급의 전통적 취미를 가진 개인들이 관리하거나 소유하는 개인소유 정원들도 바로 이와 동일한 경향을 드러낸다. 그보다 현대적인 교육을 받은 오늘날 상류계급의 취미에 맞는 정원들은 이러한 경향을 그리 뚜렷하게 드러내보이지는 않는다. 과거의 상류계급과 오늘날의 상류계급 간에 취미가 이렇게 다른 까닭은 경제적인 상황이 변했기 때문이다. 이상적인 형태로 인정받는 유원지들을 비롯한 여타 다른 장소들에 대한 취미도 이와 비슷한 차이를 보인다. 다른 대부분의 나라와 마찬가지로 미국에서도 지난 반세기 동안 절약이 필요 없을 만큼의 부를 소유한 사람은 극소수에 불과했다. 이들 소수자들은 소통수단도 불완전했기 때문에 서로 원활한 접촉을 하지 못한 채 띄엄띄엄 흩어져 있었을 뿐이다. 그에 따라 비용과 상관없이 취미를 발전시킬 수 있는 기반도 구축하지 못했다. 그런 만큼 비천한 절약에 대한 상류계급의 혐오감은 거침없이 표출되었다. 값싸거나 검소한 환경을 인정하는 듯한 소박한 미적 감각을 가끔이나마 드러낼 수 있는 곳이라 해도, 그러한 인정에 대해서 "사회적 확인"을 해줄 수 있는 비슷한 생각을 가진 사람들로 구성된 유력한 집단을 찾아보기는 어려울 것이다. 그러므로 비용을 적게 들여도 유원지나 정원을 관리할 수 있음을 보여주는 증거들을 그냥 봐 넘겨도 된다는 의견을 가진 유력한 상류계급은 존재하지 않았다. 그래서 유한계급과 중하류계급이 생각하는 이상적인 유원지의 기본적인 형태에도 뚜렷한 차이가 없었던 것이다. 두 계급은 모두 금력과 관련하여 그들에게 당장 가해질 수도 있을 악평이 두려워 그처럼 동일한 이상적인 유원지 내지 정원을 건설했던 것이다.

그러나 오늘날에는 그 이상형의 차이가 뚜렷이 나타나기 시작했다. 한 세대 내지 그 이상의 세월동안 꾸준히 노동을 면제받고 금전관련 근심에서도 벗어난 일부 유한계급은 바야흐로 취미 문제에 관한 의견을 형성하고 견지할 수 있을 만큼 세력이 커졌다. 유한계급 성원들의 증대된 활동력도 그 계급 내에서 "사회적 확인"을 받을 수 있는 가능성을 배가시켰다. 이처럼 선택된 계급 내부에서 절약할 필요가 없다는 사실은 극히 당연하게 여겨지기 때문에 남부럽지 않은 금력을 과시하기 위한 근거로 동원할 만한 유용성을 대부분 상실하고 말았다. 그래서 오늘날 상류계급의 취미규범은 줄기차게 사치스러움을 과시하라거나 최대한 절약의 기미를 감추라거나 하는 주문을 그다지 철저히 강조하지 않는다. 그리하여 공원이나 유원지의 전원풍과 "자연스러움"을 편애하는 경향이 사회적 지적으로 상류층에 속하는 사람들 사이에서 더 뚜렷이 드러나게 된다. 이러한 편애는 대개는 제작본능의 발로이기 때문에, 그것이 산출한 전원풍 내지 자연스러움의 정도도 다양하다. 따라서 그렇게 제작된 전원이나 자연이 진정 자연스러운 경우는 드물고, 또 설사 처음에는 자연스러웠다 할지라도 시간이 지나면서 위에서 지적한 위장된 전원풍경과 거의 다를 바 없는 상태로 퇴색되기 마련이다.

직접적이고 검소한 용도를 확연히 연상시키는 소박하고 실용적인 고안품을 좋아하는 경향은 심지어 중산계급의 취미들 가운데에서도 존재한다. 그러나 그 경향은 명예로운 낭비의 규범이 지속적인 지배력을 발휘하는 한에서 긍정적으로 평가될 수 있다. 결과적으로 그 경향은 예컨대 전원풍의 울타리, 다리, 정자, 누각을 비롯한 기타 장식용 고안물들처럼 실용성을 가장하기 위한 가지각색의 방법들과 수단들을 산출한다. 이러한 위장된 실용성을 드러내는 것들 중에서 어쩌면 경제적 미감(美感)을 최초로 자극하는 것들과 가장 동떨어진 것들로는 전원풍의 철책과 격자울타리 또는 평지를 가로지르는 순회도로 등을 들 수 있다.

상류유한계급은 어떤 면에서 금전의 미를 드러내기 위해 이처럼 실용을 가장한 변수들을 활용하는 습관에서 완전히 탈피했다고 볼 수 있다. 그러나 최근에 유한계급에 합류한 사람들과 중하류계급 사람들의 취미는 여전히, 심지어 자연적으로 생겨났기 때문에 아름답게 여겨지는 대상들에 대해서조차, 심미적인 아름다움을 보충하기 위해 금전의 미를 요구하고 있다.

이러한 사안들과 관련된 민중의 취미는 공원이나 유원지 장식용으로 가지치기된 나무들이나 인습적으로 조성된 화단들을 높이 평가하는 풍조가 유행하는 것을 보면 알 수 있다. 최근 콜럼버스 박람회[10]를 개조공사중인 유원지들이 심미적인 아름다움보다 금전의 미를 더 높이 평가하는 것은 중산계급의 취미를 보여주는 좋은 사례가 될 수 있을 것이다. 거기서는 박람회의 성격상 모든 사치스러운 장식을 피해야 하는 곳에서도 명성획득에 필요한 사치의 요건들을 대담하게 드러내는 증거들을 찾아볼 수 있다. 이러한 개조공사를 통해서 박람회장이 실제로 발휘할 심미적인 효과들은 이전의 유원지가 금전에 기초한 취미규범에 좌우되지 않는 사람들의 손에 맡겨질 때 발휘한 효과와는 상당한 차이가 있을 것이다. 그러니만큼 그 도시의 상류계급도 개조공사의 진척 상황을 경탄의 눈으로 바라보고 있는데, 이것은 그 도시의 상류계급의 취미가 중하류계급의 취미와 차이가 거의 없다는

10 콜럼버스가 뉴욕을 향해서 항해에 나선 지 400주년이 되는 해를 기념하여 1893년 시카고에서 개최된 세계박람회를 가리킨다. 다양한 기술과 산업발명품이 전시되고 문화와 예술 공연 및 전시도 이루어졌다.

사실을 시사하고 있다. 이처럼 진보한 금력과시문화를 대표하는 사람들이 지닌 미적 감각은 과시적 낭비라는 문화적 대원칙에서 벗어나는 모든 것을 지극히 꺼린다.

자연에 대한 사랑 자체는 어쩌면 상류계급의 취미규범을 표절한 것으로, 가끔 이러한 금전의 미를 중시하는 규범에 이끌려 예기치 않은 방식으로 표현되어, 분별없는 구경꾼에게조차 부조리하게 보이는 결과들을 초래하기도 한다. 예컨대 지금 미국에서는 나무가 없는 지역에 나무를 심는 관행이 보편화되고 명예로운 낭비의 한 항목으로 간주되기에 이르러 숲이 울창한 지역에까지 그런 관행이 전파되고 있다. 그 때문에 숲이 우거진 시골의 마을사람들이나 농민들조차 농장주변이나 도로변에서 자라던 그 지역 토착종 나무들을 베어버리고 그 즉시 외래종 묘목들을 심는 일을 결코 이상하게 여기지 않게 되었다. 그리하여 울창한 숲을 이루던 참나무, 느릅나무, 너도밤나무, 호두나무, 솔송나무, 참피나무, 자작나무 같은 토착종 나무들을 이런 식으로 벌목해버리고 그 자리에 단풍나무, 사시나무, 버드나무 등의 외래종 묘목들을 이식한다. 왜냐하면 비용을 아끼느라 울창한 숲의 나무들을 벌목하지 않고 그대로 방치하는 것은 장식과 명예획득에 이바지해야 할 물건에 부여될 품격을 떨어뜨리는 일로 여겨지기 때문이다.

마찬가지로 금력으로 얻는 명성의 지침에 따라 유행하는 취미기준은 동물의 아름다움을 평가하는 지배적인 기준들에서도 찾아볼 수 있다. 젖소를 평가하는 일반적인 미학적 기준에 따라 젖소의 등급을 정할 때 이러한 취미규범이 담당하는 역할은 앞에서도 이미 언급한 바 있다. 닭, 돼지, 비육우, 양, 염소, 말과 같은 다른 가축들도 공동체에서 산업적으로 상당한 유용성을 지녔다고 평가되는 한에서 동일한 취미규범을 적용받는 것이 사실이다. 하지만 그런 가축들은 생산재의 성격을 지니고 있어서 유용할 뿐 아니라 영리목적에도 종종 이바지한다. 그러므로 사람들은 그런 가축들에게 선뜻 미의 기준을 적용하지 않는다. 그런 가축들은 보통 생산적인 목적에 전혀 이바지하지 않는 가축들(이를 테면 비둘기나 앵무새를 비롯한 감상용 조류, 고양이, 개, 경주마 같은 애완동물들)과는 처한 사정이 다르기 때문이다. 이런 동물들은 일반적으로 과시적 소비품목이기 때문에 명예로운 성격을 지녔을 뿐 아니라 합법적으로 아름답게 평가될 수 있다. 이런 동물들은 인습적으로 상류계급들에 의해 찬미된다. 그러나 금력이 모자란 계급들—그리고 절약을 강제하는 엄격한 규범으로부터 어느 정도 자유로워진 소수의 유한계급—은 아름다운 것과 추한 것 사이에 확고하고 엄밀한 금력의 경계선을 긋지 않고 두 부류의 동물들에서 다같이 아름다움을 발견한다.

명예롭고 아름답게 평가되는 가축들과 관련하여 반드시 언급되어야 할 부수적인 가치의 근거가 존재한다. 특히 오로지 비영리적인 성격을 지녔다는 이유로 이처럼 명예로운 가축의 부류에 속하는 새들을 제외하면 특별히 주목할 만한 동물로는 고양이,

개, 경주마를 들 수 있다. 그런데 고양이는 개와 경주마에 비해서 명성획득에 기여하는 바가 크지 않다. 고양이는 낭비용으로 적합하지 않고 심지어 유용한 목적에 기여하는 수도 있을 뿐 아니라 그 기질 또한 명예로운 목적에 잘 부응하지 못하기 때문이다. 고양이는 사람과 대등하게 생활하고, 가치, 명예, 명성과 관련된 모든 차별의 오래된 근거인 신분관계를 아예 모를 뿐 아니라, 자기 주인과 주인의 이웃들을 차별적으로 비교할 수 있는 능력도 없다. 물론 예외적으로 앙고라고양이 같은 희귀하고 진기한 품종은 차별비교의 능력을 가지고 있는 경우도 있다. 이 고양이는 값이 비싸기 때문에 다소 명예로운 가치를 가진 것으로 평가되고, 또 그만큼의 금력을 증명하는 근거로서 아름답게 평가받을 수 있는 다소 특별한 자격을 가지고 있다.

개는 특별한 기질을 타고났을 뿐 아니라 유용성도 없다는 점에서 장점을 가지고 있다. 개는 탁월한 센스를 가지고 있다는 점에서 흔히 인간의 벗으로 일컬어지며 지능과 충성심도 사람들의 찬사를 산다. 이 말은 개가 주인의 명령에 무조건 순종하고 노예처럼 재빨리 주인의 기분을 알아차리는 재주를 타고난 인간의 충복이라는 말이다. 개는 이러한 특성들에 더하여 신분관계에도 알아서 잘 적응하는—이것은 당면 목적을 달성하는 데 유용한 특성들로 간주되어야 마땅할 것이다—특성까지 타고난 반면에 미학적인 가치가 애매한 특성들도 몇 가지 갖추고 있다. 개는 그 모습이 가축 중에서 가장 흉한 편에 속하고 그 습성도 가장 추악한 편이다. 이런 까닭에 개는 주인에게 꼬리치며 비굴하게 구는 반면 다른 모든 사람에게는 서슴없이 해를 입히고 불쾌감을 준다. 그런 만큼 개는 우리의 지배성향을 만족시키면서 우리에게 귀여움을 받는다. 또한 개는 값이 비싸고 대개는 생산적인 목적에 전혀 기여하는 바가 없으므로 사람들이 명성을 얻는 데 필요한 동물로 여김에 따라 확실한 입지를 보장받는 것이다. 이와 동시에 개는 우리로 하여금 가치 있는 일로 여기고 명예로운 약탈 충동의 표현으로 생각하는 사냥을 떠올리게 만든다.

개는 이처럼 유리한 입장에 있기 때문에 그 형태나 동작의 아름다움이든 기특한 정신적 특성들이든 할 것 없이 인습적으로 인정받고 칭찬받을 것이다. 그래서 많은 사람들은 애견가들에 의해 개량되고 사육되는 기괴한 모양의 갖은 잡종 개들까지 아름답다고 믿게 된다. 다른 애완동물들도 마찬가지겠지만 특히 이런 품종의 애완견들은 그 기형적이고 특이한 형태의 기괴함과 불완전함에 비례하여 미학적 가치가 평가되고 등급이 정해진다. 당면 목적에 비추어 볼 때 개의 기괴함과 불완전함에서 비롯된 이러한 차별적인 유용성은 좀더 큰 희소성을 낳고 그 결과 높은 가격으로 환원될 수 있다. 남성용과 여성용을 불문하고 한창 유행하는 애완견들이 자랑하는 기형성과 기괴함의 상업적 가치는 그 상품(애완견)의 가격이 높다는 데 있고, 그 상품을 소유한 사람이 그것을 가치 있게 여기는 이유는 그것이 주로 과시적 소비에 유용한 품목이기 때문이다. 그 상품은 명예로운 사치성을 지닌 것으로 간주됨에 따라 간접적으로 사회적 가치를 부여받게 된다. 그렇게 언어와 관념이 서로 쉽사리 대체됨으로써 그 상품들은 아름다운 것으로 찬미되고 명성을 얻게 된다. 이처럼 애완동물이 받는 어떤 관심도 실리적이거나 실용적인 것은 아니기 때문에 명성을 얻을 수 있는 것이다. 그리고 애완동물에 관심을 기울이는 습관도 결정적으로 경멸당하지 않기 때문에 대단히 강한 매력과 가장 자비로운 성격에 대한 습관적인 애착으로 발전할 수가 있다. 그래서 애완동물에 대한 애착심 속에는 애착의 대상에 대한 감정과 선택을 유도하고 결정하는 규준과 같은 사치의 규범이 다소 간접적으로 작용하고 있다. 인간에 대한 애착심 속에도 비슷한 규범이 작용하고 있지만 애완동물에 대한 애착심과는 약간 다른 방식으로 작용한다.

경주마에 대한 애착심도 개에 대한 애착심과 아주 비슷하다. 모든 경주마는 비싸거나 산업용으로는 유용성이 전무한 낭비용이다. 사회의 행복을 증진시키거나 인간의 생활을 좀더 편리하게 만든다는 측면에서 경주마가 지녔을 수도 있는 생산적인 용도는 일반인들의 미적 감각을 만족시키는 역동적인 힘과 재질을 전시하는 형태로 드러난다. 물론 이런 전시효과는 실질적인 유용성을 내포하고 있다. 말은 개와 똑같은 정도의 노예적인 성정을 타고나지 않는다. 그러나 말은, 환경의 "생동하는" 힘들을 용도와 의도에 맞게 변환시켜 우월한 개성을 표현하고자 하는 주인의 충동에 효과적으로 봉사한다. 속도의 차이는 있어도 어쨌든 빨리

달리는 말은 적어도 잠재적으로는 경주마이다. 따라서 말이 주인에게 특별히 봉사할 수 있으려면 경주마가 되어야 한다. 경주마는 대개 경쟁의 수단으로서 발휘하는 능력 때문에 유용하게 평가된다. 다른 말을 추월하는 말은 주인의 공격성과 우월감을 만족시킨다. 이처럼 경주마는 실리적이기보다는 완전히 낭비적이고 극히 과시적이며 명예로운 용도로 이용할 수 있기 때문에 빠른 말일수록 명성획득에 더 유리한 수단으로 평가된다. 게다가 경주마는 물론 생산성은 전무하지만 도박의 수단이라는 명예로운 용도를 가지고 있다.

따라서 경주마는, 금력으로 사는 명성의 규범이 그 말의 아름다움이나 유용성에 대한 자유로운 평가를 합법화시킨다는 점에서, 미학적 행운을 타고났다고 볼 수 있다. 경주마를 둘러싼 갖은 허영은 과시적 낭비 원리의 뒷받침을 받고, 지배와 경쟁을 지향하는 약탈적 성향의 지지를 받는다. 더욱이 말은 아름답다. 물론 경마애호가에도 속하지 않고 경마에서 따는 상금에 정신이 팔려 미적 감각을 잠시 상실한 부류에도 속하지 않는 순진한 취미를 가진 사람들의 눈에 경주마는 그리 아름답게 보이지 않는다. 이러한 순진한 취미로 본다면 아마도 사육사가 특별히 선별하여 사육한 경주마보다는 변형되지 않고 야생마에 가까운 말이 가장 아름답게 보일 것이다. 특히 가장 대중적인 작가나 연설가들은 수사학적 의도로 동물의 우아함이나 유익함을 묘사하고 싶을 때면 습관적으로 말을 예로 든다. 그리고 그들은 보통 글이나 연설을 다 끝내기도 전에 그들이 예로 든 말이 다름 아닌 경주마였음을 무의식중에 고백하고 만다.

이런 문제와 관련하여 어지간히 세련된 취미를 가진 일반인들조차 말이나 개의 등급을 평가할 때면 변별력을 가진 또 다른 유한계급의 명성획득규범의 영향을 좀더 직접적으로 받는다는 사실을 주목해야 한다. 예컨대 미국 유한계급의 취미는 어떤 면에서 영국 유한계급 사이에서 유행하고 있거나 그러리라고 생각되는 관례와 습관에 따라 결정되는 경향이 있다. 개들에 대한 취미는 말들에 대한 취미에 비해 범위는 좁아도 이런 경향을 더 확실히 보인다. 말 중에서도 기껏해야 낭비적인 과시용으로밖에 사용되지 않는 승마용 말은 일반적으로 영국 산에 가까운 종일수록 더 아름답다는 견해가 정설로 견지될 것이다. 그리하여 영국의 유한계급은 명성을 따지는 습관에 부응하기 때문에 미국의 상류계급으로 대우받음과 동시에 하류계급이 따라야 할 본보기가 되고 있다. 이처럼 아름다움을 평가하는 방식과 취미의 판단형식에 대한 모방은, 위장이나 허영을 숨길 필요도 없겠지만, 하여간 위조된 편애로 귀착될 필요도 없을 것이다. 편애는 또 다른 근거들에 의존하는 만큼 이런 근거들에도 의존하는 진지하고 실질적인 취미의 판단기준으로 작용하기 때문이다. 여기서 차이는 이런 취미가 명성을 획득하기에 알맞다는 데 있지 미학적 진실을 추구한다는 데 있는 것은 아니다.

굳이 말하자면, 모방은 단순히 말의 근육질(또는 체형)을 아름답게 느끼는 감각을 넘어서까지 확대된다. 마구와 승마술도 모방의 대상에 포함되기 때문에 단아하거나 명성을 얻을 만큼 아름다운 마장마술뿐 아니라 말안장이나 승마자세 역시 영국식 관습에 따라 결정된다. 그처럼 어색한 영국식 안장과 그런 안장을 필요하게 만든 유별나리만치 까다로운 말의 걸음걸이가, 좀더 편안한 자세로 걸어다니는 말은 도무지 통행이 불가능할 정도로 먼지가 날리거나 진창이 되어버리곤 하던 지난날 영국의 열악한 도로사정에서 유래했다는 사실을 감안하면, 금력과시적 미의 규범에 어울리는 것과 어울리지 않는 것을 결정하는 상황들이 때로는 얼마나 우연하게 조성되는지 알 수 있다. 오늘날 승마를 예절용 취미로 즐기는 사람이 그처럼 불편한 자세와 어색한 걸음걸이, 꼬리 잘린 땅딸막한 체격을 가진 영국산 짐말을 타는 이유도 18세기 내내 영국의 도로사정이 좀더 야생마에 가까운 걸음걸이를 가진 말이나 아니면 그 말의 원산지만큼 지면이 단단하고 사방이 트인 개활지에서 자란 동물이라면 통행하기가 도저히 어려웠기 때문이다.

금력으로 획득 가능한 명성규범은 단지 애완동물을 포함하는 소비재를 통해서만 취미규범에 영향을 미칠 수 있는 것은 아니다. 각 개인의 아름다움도 그런 취미규범에 비슷한 영향 미친다고 말할 수 있다. 여기서는 논란을 피하기 위해서, 대중적인 전통에 따라 부유한 성년남자들을 연상시키는 거만한 (유한계급다운) 행동거지와 비대한 풍채를 선호할지도 모르는 서민들의 성향과 이런 취미규범의 관계에 논의의 무게를 두지는 않을 것이다. 이런 특징들은 어떤 면에서 개인적인 미의 요소로 받아들여지기도 한다. 그러나 이런 요소들 중에는 여성적인 미의 요소들도 있는데, 그것들은 한편으로 이런 취미규범에 편입됨과 동시에 각 요소별로 평가받을 수 있을 정도로 극히 구체적이고 특별한 성격을 가지고 있다. 상류계급이 여자들의 노동력을 가치 있게 평가하는 경제적 발전단계에 있는 사회에서는 대체로 튼튼하고 사지가 큰 여성을 아름답다고 간주하는 규칙이 존재한다. 그런 평가의 첫째 기준은 체격이고, 용모는 부차적인 기준에 불과하다. 초기 약탈문화에서 이상적으로 여겨진 이런 여성미를 잘 보여주는 사례는 호메로스의 서사시에 등장하는 처녀들일 것이다.

이러한 이상형은 상류계급 부인의 직무가 관습적인 생활양식에 따라 단순한 대리 여가활동으로 자리 잡는 후기약탈단계가 발달하면서 변화를 겪게 된다. 이러한 환경에서 이상적으로 인정된 여성미는 중세 기사도 시대의 시인이나 작가들이 묘사한 아름다운 여성의 면모를 보면 알 수 있다. 당시의 관습적인 이해도식에 따르면 상류계급의 숙녀들은 지속적인 보호를 받고 모든 실용적 노동을 철저히 면제받아야 하는 존재로 생각되었다. 그 결과 기사도 시대 혹은 낭만주의 시대에는 섬세하고 우아한 얼굴을 중심으로 가녀리고 부드러운 손발, 날씬한 몸매, 그리고 특히 가녀린 허리를 가진 여성이 가장 아름다운 여성으로 인식되었다. 당시의 여성들을 그린 작품들이나 이후 기사도 정신과 감정을 모방한 근대 낭만주의 시대의 작품들을 보면 여성의 허리는 마치 건드리면 부러질 듯이 극도로 가늘게 묘사되어 있다. 현대 산업사회에서도 대단히 많은 사람들이 여전히 이런 여성을 가장 아름답다고 인식하는 경향이 있다. 그런데 현대 사회들 가운데 경제와 시민의식의 발달수준이 가장 낮고 신분제와 약탈제도의 잔재가 가장 많이 남아 있는 사회일수록 그런 경향이 가장 끈질기게 영향력을 발휘해왔다고 말할 수 있을 것이다. 즉 기사도의 이상적 여인상은 실질적인 근대화가 가장 더딘 사회에서 가장 잘 보존되고 있는 것이다. 이렇듯 감상적이거나 낭만적인 성격을 띤 이상적인 여성미의 잔재는 유럽대륙 여러 나라의 상류계급의 취미를 통해서도 자유롭게 표현되고 있다.

산업이 좀더 높은 수준으로 발전한 현대 사회에서 상류유한계급은 그 계급의 여성들이 모든 비천한 생산노동의 부담을 져야 할 정도로 막대한 부를 축적했다. 이리하여 대리 소비자의 신분에 있던 여자들은 일반인들로부터 받던 호의를 상실하기 시작했다. 그 결과 이상적인 여성미는 부드럽고 우아함, 청초함, 아슬아슬할 정도의 날씬함에서 손발이 크고 튼튼한 체형의 고대적인 여성미로 변하기 시작했다. 경제가 발전하면서 서구문화인들이 생각하는 이상적인 여인상은 튼튼한 육체를 가진 여성에서 날씬한 귀부인으로 변했지만 이제 다시 튼튼한 고대적 여성으로 복귀하기 시작한 것이다. 이 모든 변화는 금력과시경쟁의 조건들이 변함에 따라 발생한다. 어떤 시대에는 긴박한 경쟁에서 이기려면 튼튼한 노예 역할을 수행할 여자들이 필요했지만, 다른 시대에는 대리 여가활동을 과시적으로 수행하는 확연히 무기력한 여자들이 필요했다. 그러나 오늘날의 상황은 대리 여가활동 이상의 능력을 요구하기 시작했다. 왜냐하면 현대 산업의 생산성이 높아지면서 여자들의 여가활동은 전보다 훨씬 낮은 명성획득의 기준으로 전락할 수 있는 만큼 최고의 금력을 과시하기 위한 결정적인 증표의 역할을 더 이상 하지 못할 것이기 때문이다.

과시적 낭비의 규준은 이상적인 여성미에 대해서 이처럼 일반적인 통제력을 행사하지만, 이런 사실과는 별도로 그 규준이 여자들의 아름다움에 대한 남자들의 감각을 얼마나 철저하고 구체적으로 제약할 수 있는지를 잘 보여주는 특수한 미의 목록이 한두 가지 존재한다. 과시적 여가가 명성획득을 위한 수단으로 대단히 중시되는 경제발전 단계에서 이상적인 여성미의 기본요건이 우아하고 섬세한 손발과 날씬한 허리라는 사실은 앞에서도 확인한 바 있다. 이러한 특징들은 일반적으로 여성의 신체구조의 결함들과 관련이 있다. 그러한 결함들은 그처럼 매력적인 여성이 실용적인 노동능력을 가지고 있지 않을 뿐 아니라 주인의 후원 없이는 한가로운 삶도 영위할 수 없다는 사실을 증명한다. 그녀는 무용하고 사치스럽기 때문에 금력을 과시하는 증거의 가치를 갖게 된다. 그 결과 이런 문화단계의 여자들은 시대를 이끄는 취미의 요구조건에 좀더 잘 맞추기 위하여 신체를 변형할 마음까지 먹기에 이른다. 또한 금력가로서 갖추어야 할 체면규범에 따르고자 하는 남자들은 인공적으로 유발된 여성들의 병적인 신체적 특징에 매력을 느끼기도 한다. 서구문화가 지배하는 사회에서 오랫동안 널리 유행해온 코르셋으로 바싹 조인 허리라든가 중국의 전족 등이 그런 사례에 속한다. 그런 허리나 전족에 익숙하지 않은 감각을 가진 사람이라면 누구나 그런 신체구조를 혐오스러운 기형으로 간주할 것이 분명하다. 그런 신체구조를 아무렇지 않게 받아들이려면 습관화될 필요가 있다. 그러나 그런 신체구조가 금력과시적 명성을 획득하기 위한 필수조건에 의해 규정되는 명예로운 세부사항으로 자리 잡음으로써 남성들의 생활양식에 부합하고 남성들에게 매력적으로 비치게 된다는 사실만큼은 의문의 여지가 없다. 그와 동시에 금력과시문화의 미를 구성하게 되는 그런 세부사항들은 이상적인 여성상을 구성하는 요소들로서 중시되기에 이른다.

여기서 사물들의 심미적인 가치와 차별적인 금력의 가치를 평가하는 사람은 양 가치 사이에 존재하는 암묵적 관계를 분명히 의식하지 못한다. 취미를 판단하려는 개인이라면 그가 고려하는 미의 대상이 낭비적이고 명예로운 것인지 그리하여 합법적으로 아름답다고 평가받을 수 있는지를 따져보면서 심사숙고할 것이다. 하지만 그런 판단은 취미에 대한 진정한 판단이 아니어서 이런 관계를 따져보기 위해서 시도되지 않는다. 여기서 명성과 감지된 대상의 아름다움 사이에 존재한다고 강조되는 이런 관계는 명성이라는 사실적 요인이 가치평가자의 사고습관에 끼치는 영향력에 의거하여 성립된다. 가치평가자는 평가를 내리기 위해 관심을 기울이는 대상에 대한 다양한 종류의―경제적이거나 도덕적이거나 심미적인, 아니면 명성획득용―가치를 판단하는 습관을 가지고 있다. 그리고 주어진 대상을 또 다른 동기 때문에 찬양하는 그의 태도는, 그가 심미적인 목적을 위해 그 대상을 평가할 경우, 평가하는 대상의 등급에 영향을 미칠 것이다. 이런 태도는 특히 명성획득의 동기와 마찬가지로 심미적인 동기와 밀접한 관계가 있는 동기들을 평가하는 데도 영향을 미치는 것이 분명하다. 심미적인 목적을 위한 가치평가와 명예로운 목적을 위한 가치평가를 뚜렷하게 구별하기는 어렵다. 특히 이 두 종류의 가치평가를 서로 구별하려다가는 혼란에 빠지기 십상이다. 왜냐하면 명성획득용 대상들의 가치를 평가하는 사람들은 유별나리만치 묘사적인 용어를 습관적으로 사용함으로써 각 대상의 가치를 구별하기 어렵게 만들기 때문이다. 그 결과 미의 범주나 요소를 명시하기 위해 흔히 사용되는 용어들이 금력의 가치를 구성하는 이러한 무명의 요소를 대신하는 데 이용되고, 그에 상응하는 관념의 혼란으로 귀착되기 십상이다. 대중의 견해에 따르면 이러한 명성획득용 요구사항들은 미적 감각의 요구사항들과 혼동되기 십상이어서, 공인된 명성의 증표에 수반되지 않는 미는 인정받지 못하게 된다. 그러나 금력으로 명성을 얻는 데 필요한 요건들과 소박한 의미의 미를 구성하는 요건들은 상당 부분 일치하지 않는다. 그러므로 우리를 둘러싼 환경에서 금력에 부합하지 않는 것을 제거하다면 결과적으로 금력의 요구조건에 맞지 않는 비교적 광범위한 미적 요소들을 상당히 많이 제거할 수 있을 것이다.

기본적인 취미의 규준들은 어쩌면 여기서 논의하고 있는 금력과 시제도의 출현 시기보다 훨씬 앞선 아득한 옛날부터 형성되기 시작했을 것이다. 그 결과 지난날 남자들의 사고습관이 선택적으로 적응해온 미의 필수요건들의 대부분은, 솔직히, 그들이 수행할 직무와 그들의 목적에 기여하는 방법 모두를 직접적으로 시사하는 값싼 고안물과 구조들에 의해서 가장 잘 충족되기에 이른다.

여기서 현대 심리학의 입장을 상기해보는 것도 의미가 있을 것이다. 형태미는 지각을 통합하는 인식력의 문제로 보인다. 어쩌면 이러한 통각(統覺)능력보다 더 광범위한 인식력도 충분히 거론될 수 있을 것이다. 만약 정신의 추상 활동이 미의 요소들로 분류되는 연상, 암시, "표현"에 의해 촉발되는 것이라면, 지각된 어떤 대상의 아름다움이란 정신이 문제의 대상이 제시하는 방향으로 통각활동을 거침없이 전개한다는 것을 의미할 것이다. 그러나 통각이 서슴없이 스스로를 전개하거나 표현하는 방향은 오랜 시간에 걸쳐 주도면밀하게 형성되는 습관이 정신을 이끌어가는 방향이다. 미의 본질적인 요소들과 관련하여 이런 습관은 장기간에 걸쳐 주도면밀하게 형성되기 때문에 통각 가능한 눈앞의 형상에 이끌리는 경향뿐 아니라 생리적인 구조와 기능의 적응력마저 유인할 수 있었다. 경제적 관심이 미의 구성체에 개입한다는 것은 생활과정의 목적과 과시의 타당성 그리고 그 과정에 대한 자발적이고 추리 가능한 순종의 타당성을 암시하거나 표현하기 시작한다는 말이다. 이른바 '대상의 경제적인 미'라고도 불릴 수 있는, 어떤 대상의 경제적 편의성과 유용성에 대한 이런 표현은 표현 자체의 역할과 효력을 정확하고 명확하게 시사함으로써 생활의 물질적인 목표를 달성하는 데 가장 잘 이바지할 수 있다.

이러한 근거에 따르면, 사용되는 대상물들 중에서도 단순하고 소박한 물건일수록 미학적으로 최상의 것으로 간주된다. 그러나 금력과시적 명성규범은 개인적으로 소비할 수 있는 물건들 중에서 값이 싼 것은 배척하기 때문에, 아름다운 물건을 갖고자 하는 우리의 열망은 적절한 타협을 통해서 충족시킬 수밖에 없다. 그래서 미의 규범들은 일부 고안품들이 조성하는 교묘한 함정에 빠지거나 선수를 뺏기기도 한다. 그런 고안품들은 명예로운 낭비와 사치의 증거를 제공함과 동시에 실용적인 것과 아름다운 것에 대한 우리의 비평 감각이 요구하는 사항에 부합하거나 아니면 적어도 그런 감각을 대치할 수 있는 어떤 습관의 요구사항만은 충족시킬 수 있기 때문이다. 그런 취미를 보조하는 감각은 진기함에 이끌리는 감각이다. 이 감각은 절묘하고 진기한 고안품들처럼 남자들의 호기심을 자극하기 쉬운 대용물을 통해 탄력을 받는다. 그에 따라 아름답다는 평가를 받고 그에 상응하는 역할을 하고 있는 대상들의 대부분은 상당한 발명의 재주를 선보이면서 구경꾼을 어리둥절하게 만들거나 가당찮은 발상과 엉뚱한 암시들로 당혹스럽게 만들 뿐 아니라, 표면상 경제적인 목적을 달성하기 위해 그들이 발휘할 수 있는 최대의 능력을 훨씬 상회하는 노동을 투입했다는 증거를 보여주는 것들이다.

이런 경향은 우리의 일상적인 습관과 인간관계의 영역 밖에서, 즉 우리의 편견이 작용하는 영역 밖에서 발견되는 사례를 통해서 증명될 수 있을 것이다. 하와이에서 볼 수 있는 인상적인 깃털망토나 폴리네시아 제도의 몇몇 섬에서 볼 수 있는 유명한 제식용 손도끼 자루에 조각된 장식 등을 예로 들 수 있다. 이런 장식물들은 형태, 선, 색조의 탁월한 구성미를 선보인다는 점에서 그리고 디자인과 구성에서 솜씨가 대단하고 뛰어난 발명의 재주를 증명한다는 점에서 누가 보아도 아름다울 것이다. 그와 동시에 그 장식물들은 다른 어떤 경제적인 목적에도 부합하지 않는 성격을 여실히 보여준다. 그러나 낭비적인 노동규범에 이끌려 절묘하고 진기한 고안품들을 발달시킨다고 해서 언제나 좋은 결과가 나오지는 않는다. 그 결과 흔히 미나 실용성의 표현들로 간파될 수 있는 모든 요소들은 사실상 완전히 억압되고, 과시를 위한 어리석은 행동으로 낭비된 발명의 재주와 노동의 증거들을 증명하는 대용물로 전락하기 십상이다. 우리가 일상생활에서 늘 사용하는 잡다한 물건들은 물론 심지어 매일같이 착용하는 옷이나 장신구조차 규범적인 전통의 규제를 받지 않는 한 계속 그대로 두고 보기는 어려울 것이다. 이처럼 미와 실용성을 대신하는 기발하고 사치스런 대용물들 중에는 주택용 건축물, 가정용 공예품이나 장식품, 다양한 예복이나 장신구, 그리고 특히 여성용 의복이나 성직자의 제복 등이 포함될 것이다.

미의 규범은 일반성의 표현을 요구한다. 과시적 낭비의 요구사항들이 유발하는 "진기함"은 우리의 취미대상의 외관을 특이성의 집결지로 만들어버린다는 점에서 이러한 미의 규범과 마찰을 일으킨다. 그리고 무엇보다도 그런 특이성들을 선택적으로 감시 감독하는 것은 다름 아닌 표현의 규범이다.

이처럼 과시적 낭비를 목적으로 한 기획들에 선택적으로 적응하는 과정과 예술적인 미를 금전의 미로 대체하는 과정은 특히 건축의 발달과정에 효과적인 영향을 미쳤다. 미의 요소들과 명예로운 낭비의 요소들을 분리시키려는 사람이 보기에 상대적으로 불쾌감을 덜 느낄 것이라고 단정할 수 있을 문명화된 현대 주택이나 공공건물을 발견하기는 극히 어려울 것이다. 오늘날 미국 도시들에서 부단히 변모하고 있는 비교적 고급스런 주택이나 아파트의 다채로운 정면도는 끝없이 변하는 건축학적 고민들의 산물인 동시에 사치를 위해 감수해야 하는 수많은 불편을 암시하는 증표이다. 이들 건축물의 후면과 측면은 흔히 건축가가 손을 대지 않아 자연스러운 담장의 형태로 남는데, 미의 대상으로 이런 담장들을 고려하면 일반적으로 건물의 가장 아름다운 특색으로 보이게 된다.

앞서도 언급했다시피 취미규범에 영향을 미치는 과시적 낭비의 법칙은 또 다른 목적을 위해 재화를 사용할 때 심미성보다는 실용성을 고려하는 우리의 통념에 분명히―그 범위가 다소 변할 수는 있겠지만―지속적인 영향을 미칠 것이다. 재화는 인간의 생활을 더욱 완벽하게 드러내 보이기 위한 수단으로 생산되고 소비된다. 그런 재화의 유용성은 우선 이 목적에 부응하는 수단으로서 효력을 발휘한다는 데 있다. 그리고 이 목적은 무엇보다도 우선 개인생활의 충족이라는 절대적인 한계를 가지고 있다. 그러나 인간의 경쟁지향적인 성향은 재화의 소비를 차별적인 비교의 수단으로 파악함으로써, 소비자의 상대적인 지불능력을 증명하기 위한 증거로 동원할 수 있는 부차적인 유용성을 소비재에 부여했다. 소비재가 지닌 이러한 간접적이고 부차적인 용도는 소비에 명예로운 성격을 부여하는 동시에 이런 경쟁적인 소비의 목적에 가장 잘 부응하는 재화들에도 명예로운 성질을 부가한다. 비싼 재화를 소비하는 사람은 칭찬받을 만한 사람이고, 표면적이고 기계적인 목적에 부응하는 유용성을 위해 투입하는 비용을 훨씬 상회하는 명백한 고비용 요소를 내포한 재화는 명예로운 재화로 여겨진다. 그러므로 재화를 소비하는 데 과도한 비용을 들였다는 표시는 그런 소비의 간접적이고 차별적인 목적에 아비지하는 고도로 효율적이고 가치 있는 증표가 된다. 이와는 반대로 기계적인 목적을 추구하는 근검절약의 기질을 드러내는 재화나 만족스럽고 차별적인 비교에 입각한 사치의 여지를 포함하지 않는 재화는 저열하고 매력 없는 것으로 간주된다. 이러한 간접적인 유용성은 "좀더 고급스러운" 재화에 더 많은 가치를 부여한다. 어떤 물건이 유용성을 따지는 까다로운 감각에 호소력을 발휘하려면 이러한 간접적인 유용성을 조금이라도 내포하고 있어야 한다.

남자들은 처음에는 근검절약하는 생활태도를 지불능력이 없고 금력과시에 실패했음을 시사한다는 이유로 비난할 것이지만 나중에는 값싼 물건들을 싸구려려는 이유만으로 원래부터 불명예스럽고 무가치한 것으로 경멸하는 습관에 젖고 만다. 시간이 지나면서 후세들은 이전 세대로부터 물려받은 이러한 칭찬받을 만한 낭비의 전통을 수용하여, 그들이 소비하는 재화에 깃들인 금력과시적 명성의 전통적인 규범을 더욱 구체화시키고 강화시켰다. 그리하여 우리는 모든 값싼 것들은 무용하다는 확신을 갖게 된 나머지 "싼 것은 천하다"라는 경구를 아무 거리낌 없이 사용하기에 이르렀다. 비싼 것을 높이 치고 싼 것을 경멸하는 습관이 우리의 사고에 너무나 철저히 각인된 나머지 우리는 심지어 어떤 과시의 의도도 없이 아무도 안 보는 데서 재화를 소비하는 경우에도 본능적으로 약간이라도 낭비적인 사치성을 가미하려고 고집하기에 이르렀다. 더구나 우리는 심지어 외부사람의 눈에 잘 띄지 않는 가정에서 일상적인 식사를 할 때조차 비싼 린넨 식탁보 위에 놓인 (흔히 예술적 가치가 의심스러운) 화려한 자기에다 수제은수저를 사용하면 누구나 솔직히 의심할 여지없이 우쭐한 기분을 느낄 것이다. 이런 까닭으로 가치 있게 여겨지는 생활수준을 퇴보시키는 것은 우리의 인간적인 존엄성을 모독하는 중대한 위반으로 간주되기까지 한다. 같은 이유에서 지난 수십 년간 무엇보다도 양초가 저녁만찬을 빛내는 광원으로 각광을 받았다. 오늘날 상류계급은 촛불을 석유등이나 가스등 혹은 전구의 불빛보다 부드럽고 편안하게 느낀다. 물론 약 30년 전만해도 이런 호사를 위해 양초를 사용하는 사람은 드물었다. 그러나 일반 가정에서 사용할 수 있는 가장 저렴한 광원이 되어버린 오늘날 양초는 이러한 호사나 의례를 제외하면 더 이상 만족스럽거나 효과적인 광원으로는 사용되지 않게 되었다.

아직 생존해 있는 한 정치학자는 이와 관련된 모든 문제를 통틀어 "싸구려 옷은 그 옷을 입은 사람도 싸구려로 만든다"는 경구로 요약한 바 있는데, 이 경구를 설득력이 없다고 느끼는 사람은 아마 없을 것이다.

소비하는 재화에서 과도한 사치의 증표를 찾으려 하는 습관과 모든 재화는 간접적이거나 차별적인 어떤 유용성을 산출해야 마땅하다고 생각하는 습관은 재화의 유용성을 측정하는 기준의 변화를 주도한다. 명예로운 요소와 야만적인 능력의 요소는 상품에 대한 소비자의 평가와 별개로 존재하지 않으며, 두 요소는 모두 재화가 지닌 분석되지 않는 집합적 유용성을 구성하고 확립하는 역할을 한다. 그 결과 어떤 물건도 아무리 물리적인 능력만 출중하다고 해서 그렇게 확립된 유용성의 기준을 통과할 수는 없다. 소비자가 완전히 인정할 만큼 완벽한 물건이 되려면 명예로운 요소도 드러나야 한다. 그리하여 소비재를 생산하는 사람들은 이러한 명예로운 요소에 대한 수요를 만족시킬 수 있는 재화의 생산에 매진하게 된다. 생산자들도 재화를 평가하는 동일한 기준의 지배를 받고 있어서 그런 명예로운 기준에 맞지 않는 제품을 발견하면 진심으로 괴로움을 느끼기 때문에 모든 제품을 좀더 주도면밀하고 효과적으로 만들어 기준을 통과하는 데 매진할 것이다. 그러므로 오늘날 조금이라도 명예로운 요소를 내포하지 않은 재화는 어떤 거래에도 공급되지 않게 되었다. 마치 고대 그리스의 디오게네스처럼[11] 소비과정에서 명예롭거나 낭비적인 모든 요소를 배제하자고 고집하는 소비자라면 현대 시장에서는 가장 사소한 욕망조차 채우지 못할 것이다. 실제로 그가 직접 스스로의 욕구를 충족시키기 위해 노력하더라도 그가 현재 물들어 있는 이런 사고습관을 스스로 탈피하기가 불가능하지는 않으나 무척 힘들다는 사실을 깨달을 것이다. 그래서 그는 자가생산한 어떤 물건에 이러한 낭비적인 노동이라는 명예롭고 유사—장식적인 요소를 무심결에 본능적으로 합체시키지 않고서는 단 하루의 소비를 위한 생활필수품도 원활히 공급할 수 없을 것이다.

소비시장에서 실용적인 물건을 구입하는 소비자들은 대개 물건의 실질적인 유용성의 표시보다는 물건에 드러난 마감상태나 제작 솜씨에 이끌리는 수가 많다는 것은 익히 알려진 사실이다.

---

11 행복은 인간을 가장 자연스럽게 만족시키는 것이며, 자연스러운 것은 부끄러울 것도 없고, 흉하지도 않으므로 이 원리에 어긋나는 관습은 반자연적이라고 했다. 그는 부끄러움 없는 자족생활을 실천했다.—편집자

재화가 팔리려면 그것이 이바지할 물질적 용도에 맞는 효율성을 구비해야 할 뿐 아니라, 체면유지에 도움이 될 만큼 비싸다는 표시를 내기 위해 상당량의 노동을 투입했다는 흔적을 어느 정도 드러내야 한다. 이처럼 확연한 사치성을 유용성의 규범으로 만드는 습관은 소비재 전체의 가격을 높이는 작용을 하기 마련이다. 그 습관은 우리로 하여금 물건의 가치를 가격과 어느 정도 동일시하게 만듦으로써 값싼 것을 경계하게끔 조장한다. 일반소비자들은 대체로 되도록이면 싼값에 필요한 유용성을 가진 물건을 구입하기 위해 부단히 애를 쓴다. 그러나 재화가 보유한 실용성의 증표이자 구성요소로서 명백히 값이 비싸야 한다는 인습적인 필수요건은 소비자로 하여금 대단한 과시적 낭비의 요소를 내포하지 못한 재화는 저급품으로 배척하게 만든다.

나는 여기서 일반인들이 유용성의 표시로 여기는 소비재가 보유한 그런 특징들의 대부분을 과시적 낭비의 요소와 연관시켜 언급하고 있지만, 그런 특징들 자체도 비싸다는 이유를 제외한 다른 이유 때문에 소비자의 마음을 끄는 매력이 있다는 점도 부언해두고자 한다. 그것들은 비록 재화의 실질적인 유용성에 기여하는 바가 없을지라도 대개는 숙련되고 유력한 제작본능의 증거를 제공한다. 그리고 주로 이러한 이유 때문에 명예로운 유용성을 드러내는 어떤 특별한 표시가 최초로 유행하기 시작하고 다음으로 물건의 가치를 구성하는 정상적인 요소와 같은 기반을 확보하여 그것을 지속적으로 유지할 수 있다는 사실은 의심의 여지가 없다. 뛰어난 솜씨를 과시하는 과정에서 예기치 않게 애초의 목표와는 동떨어진 무익한 결과가 발생하는 수도 있지만, 그런 솜씨의 과시행위 자체만으로도 각광을 받는다. 또한 거기서는 그처럼 능수능란한 솜씨를 감상함으로써 예술적으로도 만족감을 느낄 수 있다. 그러나 그처럼 능란한 제작본능의 증거이든 목표달성을 위한 수단에 대한 영리하고 효과적인 적응의 증거이든 과시적 낭비규범의 재가를 받지 못하면 문명화된 현대 소비자의 인정 역시 오랫동안 받지 못할 것이라는 점도 기억할 필요가 있다.

이런 입장은 소비경제에서 기계제품이 차지하는 위치 덕분에 교묘한 방식으로 강화된다. 동일한 목적에 기여하는 기계제품과 수제품의 물리적인 차이점은 흔히 기계제품이 원래의 목적에 좀더 적합하게 기여한다는 데 있다. 기계제품은 좀더 완벽한 제품이어서 목적달성을 위한 수단으로서 좀더 완벽한 적합성을 선보인다. 물론 이런 사실이 기계제품을 멸시와 비난을 모면하게 하지는 못하는데, 명예로운 낭비의 취미로 보면 이런 제품은 가치가 거의 없기 때문이다. 그에 비해 수작업은 좀더 낭비적인 생산 방식이다. 따라서 수작업으로 제작된 제품은 금력과시적 명성의 목적에 좀더 크게 이바지할 수 있다. 나아가 수작업의 표시는 명예로운 것이 되고 이런 표시를 드러내는 제품은 동종의 기계제품보다 더 높은 등급의 제품으로 취급된다. 수작업으로 만들었다는 명예로운 표시는 모두 다 그런 것은 아니나 대체로 제작자가 애초의 설계도에 딱 맞아떨어지게 제작하지 못했음을 보여주는 수제품의 불완전하고 불규칙한 외관을 통해서 드러난다. 그러므로 수제품이 우월한 이유는 어느 정도 자연스러운 면을 드러낸다는 데 있다. 이러한 자연성은 제작비용을 적게 들였다는 증거가 될 수 있기 때문에 서투른 제작 솜씨를 알아볼 수 있을 만큼 결코 확연히 드러나서는 안 되며, 오직 기계만 이용하여 설계도와 딱 맞아떨어지게 제작되었음을 시사할 만큼 전혀 드러나지 않아서도 안 된다.

수제품이 상류계층의 눈에 우월한 가치와 매력을 지닌 명예로운 자연성의 증거로 평가될 수 있는 것은 그것이 탁월한 감식력과 관련된 문제이기 때문이다. 감식력을 구비하려면 이른바 재화의 형태학이라고도 부를 수 있는 감별훈련과 그에 상응하는 정확한 사고습관을 기를 필요가 있다. 일상에서 사용하는 기계제품을 찬양하고 선호하는 사람들은 흔히 우아한 소비의 격식에는 관심이 없고 지나치리만큼 정확하고 완벽한 것만 높이 평가하는 저속한 하류계급이다. 기계제품은 흔히 의례용에 부적합하고 열등한 것으로 취급된다. 이런 사실은 제품의 완성도를 높이기 위한 고비용의 기술혁신을 통해 달성한 완벽한 제작기술과 솜씨만으로는 기계제품이 공인받거나 영구적인 호평을 보장받기는 어렵다는 점을 증명하고 있다. 기술혁신은 반드시 과시적 낭비규범의 지지를 받아야 한다. 재화의 형태학을 구성하는 어떤 특징도 그 자체만으로는 아무리 각광을 받고 효율적인 작업을 선호하는 취미의 인정을 받더라도 이러한 금력과시적 명성의 규준에 어긋나는 불쾌한 것으로 판명된다면 용납될 수 없을 것이다.

많은 사람들은 "서민성"을 지닌 혹은 낮은 비용으로 생산된 소비재의 의례적인 열등함이나 불결함을 매우 심각한 문제로 취급해왔다. 기계제품에 대한 반감은 흔히 기계제품의 서민성에 대한 반감으로 정형화된다. 서민적인 것은 대다수의 사람들이 달성할 수 있는 (금력의) 범위 내에 속하는 것이다. 그러므로 기계제품을 소비하는 것은 명예롭지 못한 행위이다. 왜냐하면 그런 소비는 다른 소비자들과의 차별적인 비교를 통해서 우월한 지위를 확인하려는 목적에 이바지하지 못하기 때문이다. 따라서 기계제품을 소비하거나 구경하는 것조차 필연적으로 하류계급의 낮은 생활수준을 떠올려 불쾌감을 유발하고, 특히 그런 소비나 구경을 극도로 불쾌하고 우울하기까지 한 천박한 행위로 느끼는 민감한 사람이라면 아예 기계제품을 눈에 담기조차 거부할 것이다. 거만한 취미를 가진 사람이나 취미를 구성하는 다양한 판단력의 근거들을 식별할 수 있는 재능, 습관, 의지를 갖지 못한 사람은 명예감에서 비롯된 의견을 미적 감각과 효용감각에서 비롯된 의견과 앞서 설명했던 바와 같은 방식으로 뒤섞어버린다. 그렇게 조합된 가치평가방식은 대상의 미나 유용성에 대한 판단에 영향을 주고, 가치평가자의 편견이나 관심사가 그 대상의 이런 측면들 중 어느 한 편으로 더 강하게 쏠리게 만드는 역할도 한다. 그에 따라 싸구려나 서민성을 드러내는 표시들을 예술적으로 부적합한 결정적인 증표로 인정하는 사람도 심심찮게 볼 수 있다. 그리고 이런 편견 위에서, 한편으로는 미학적인 예법의 규약과 세칙이, 다른 한편으로는 미학적 혐오행위의 징표와 세목이, 취미의 문제들을 선도하는 지표로 구축된다.

앞에서도 지적했듯이 현대 산업사회에서 값싸고 그래서 품위도 없는 일상적인 소비재들은 대개 기계제품들이다. 기계제품의 형태학상 일반적인 특징은 수제품에 비해서 설계도에 따른 세부공정을 거친 좀더 높은 정확도와 좀더 완벽한 제작기술을 선보인다는 데 있다. 따라서 수제품의 가시적인 불완전성은 명예로운 것이기 때문에 미의 측면이나 유용성의 측면 아니면 두 측면 모두 우수하다는 표시로 평가되기에 이른다. 드디어는 그처럼 결함 있는 것들이 격찬을 받는 일까지 발생했고, 존 러스킨(John Ruskin, 1819~1900)[12]이나 윌리엄 모리스(William Morris, 1834~1896)[13] 같은 사람은 그런 결함을 열렬히 옹호하기도 했다. 그리고 이런 이유 덕분에 자연성과 낭비적인 노동에 대한 그들의 선전활동이 당대 사람들의 주목을 받고 영향력을 발휘할 수 있었고, 또 수공업이나 가내공업으로 회귀하자는 구호도 등장하게 되었다. 이처럼 결함을 특화하는 과정에 당당히 편입한 일단의 남자들의 작품이나 사상의 대부분은 좀더 완벽하게 보이는

---

12 영국의 예술비평계의 거장으로 알려진 러스킨이지만, 실제로 그는 죽을 때까지 대단히 검소한 생활을 했다고 한다.

13 영국 빅토리아 시대의 영향력 있는 디자이너, 건축가, 시인, 화가이자 사회비평가였다.

제품일수록 값이 비싼 시대였다면 출현하지 못했을 것이다.

물론 여기서 말하고자 하거나 말할 수 있는 것은 단지 이러한 미학적 유파가 가르치려는 교훈의 경제적 가치에 관한 것뿐이다. 그 말은 비난의 의미로 이해되기보다는 주로 소비와 소비재의 생산에 영향을 미치는 이러한 교육적 경향을 특성화한다는 의미로 되어야 할 것이다.

취미의 생성과 발달을 선도하는 이러한 편견이 생산과정에서 작동하는 방식을 가장 설득력 있게 보여주는 사례는 어쩌면 모리스가 말년에 몰두했던 인쇄업에서 찾아볼 수 있을 것이다. 그런데 모리스가 설립한 켐스콧 인쇄소에서 제작된 대표적인 책들은 최근에 일반적으로 볼 수 있는 관상용 책들에 비하면 다소 미흡하긴 하지만 활자, 용지, 삽화, 표지, 제본기술 면에서는 별로 뒤떨어지지 않아 보인다. 한편 최근의 인쇄업자들에 의해 제작된 책들이 우수하다는 평가를 받으려면, 성능이 떨어지는 작업도구로는 다루기 힘든 재료들을 가공하는 데 언제 끝날지도 모르는 노력을 투입했던 과거의 인쇄업자들에 의해 제작된 책들만큼 자연스러운 면모를 갖추고 있어야 한다. 그런 책들은 수작업을 필요로 하기 때문에 일반 책보다도 훨씬 더 비싸지만, 실용성만 고려하여 제작된 책보다는 사용하기가 훨씬 더 불편하다. 그러므로 그런 책들은 시간과 노력을 낭비할 수 있는 제작자의 능력과 아울러 그것들을 마음대로 구입할 수 있는 소비자의 능력도 증명한다. 이런 이유 때문에 오늘날 인쇄업자들은 "현대적인" 활자에 비해서 읽기는 좀더 까다로우나 자연스러운 면모를 더해주는 "고체"나 기타 낡은 서체의 활자를 다시 도입하고 있는 실정이다. 앞으로는 심지어 표면적으로 학술적인 문제를 가장 효과적으로 논의하기 위한 목적밖에 없는 듯이 보이는 학술관련 정기간행물들조차 구식종이에 구식활자로 인쇄하여 마무리재단도 하지 않고 출간되는 학술논문들처럼 이러한 금력과시적 미의 요구사항들을 수용하게 될 것이다. 그러나 내용의 효과적인 표현을 위주로 하지 않는 책들이 더더욱 이런 방향으로 쏠리게 될 것은 자명하다. 그 덕분에 우리는 고풍스런 서체, 고색창연한 용지, 깔끔하게 마무리 하지 않아 너덜거리는 듯한 느낌을 주는 가장자리, 과도한 여백, 다소 어설프고 투박한 느낌을 주기 위해 더욱 공들인 제본 상태를 자랑하는 책들을 접할 수 있다. 켐스콧 인쇄소는 낡은 철자법으로 편집하고 고딕체로 인쇄하여 양피지 표지에 가죽끈으로 제본한 현대적인 용도를 지닌 책을 펴냄으로써 야만적인 실용성의 관점에서 본다면 부조리하게만 보일 사태를 야기했다. 관상용 서적의 경제적 지위를 확고히 하는 이런 특징들을 더욱 특별하게 만드는 이유는 이처럼 외관이 좀더 우아한 책들일수록 최대한 한정된 수량만 제작된다는 사실에 있다. 그처럼 어떤 책의 수량을 한정하여 제작 판매하는 것은 그 책을 희귀성과 값을 높일 수 있을 뿐 아니라, 책의 소비자에게는 우월한 금력과시에 필요한 차별성을—여기엔 야만적인 면이 없잖아 있지만—확실하고 효과적으로 보증할 수 있기 때문이다.

세련된 취미를 가진 도서구매자가 이런 책들에 특별히 매혹되는 것은 물론 그 책들이 더 비싸고 더 서투른 솜씨로 제작되었다는 것을 의식하거나 솔직히 인정하기 때문은 아니다. 여기서 그런 책을 선택하는 의식의 저변에는 기계제품보다 수제품을 우수한 제품으로 평가하듯이 더 비싸고 서투르게 제작된 듯한 물건을 본질적으로 우수하게 평가하는 의식이 깔려 있다. 고풍스럽고 낡은 제작방식으로 제작된 제품을 모방한 책을 더 탁월하게 여기는 것은 대개 그런 책을 심미적으로 우월한 유용성을 지닌 것으로 생각하기 때문이다. 그러나 그렇게 낡아보이게 제작된 책이 인쇄매체로서도 더 큰 실용성을 지녔다고 주장하는 상류계급의 서적애호가도 심심찮게 발견할 수 있다. 따라서 고풍스런 책이 우월한 심미적 가치를 가지고 있다고 주장하는 서적애호가들이 그런 주장의 근거를 발견할 기회도 그만큼 많다고 할 수 있다. 그런 책은 단지 아름다움을 추구하는 사람의 눈을 만족시키기 위해 디자인되었고, 그 결과 흔히 디자이너들이 어느 정도 성공했음을 보여주는 물증으로 여겨진다. 그럼에도 여기서 고수되는 논지는 디자이너의 작업을 관장하는 취미규범이 과시적 낭비의 법칙에 따라 형성된 규범이라는 점, 그리고 이 법칙은 요구사항에 어긋나는 취미규범을 선택적으로 배제한다는 점이다. 다시말해서 낡아 보이는 책이 아무리 아름다워 보이더라도 디자이너가 수행할 수 있는 작업의 범위는 전혀 미학적이지 않은 요건들에 의해서 고정된다. 그런 책이 아름답다는 평을 받으려면 값도 비싸야 함과 동시에 표면적인 용도와는 맞지 않아야 한다. 그럼에도 디자이너에게 이처럼 강제적인 취미규범은 최초 형태의 낭비의 법칙에 의해서 전적으로 규정되지는 않는다. 그 규범은 어떤 면에서 약탈기질 내지는 오늘날 고전주의로 발달한 고대적이고 고풍스런 것에 대한 존경심리의 부수적 표현에 어느 정도 부응하게끔 규정된다.

미학 이론에 따르면 고전주의 규범 내지 고대적인 것에 대한 존경심과 미적 규범을 구분하는 정확한 선을 긋기가 불가능하지는 않지만 극히 어렵다고 한다. 미학적인 구별을 위해 억지로 구분선을 그을 필요는 거의 없을 뿐 아니라 실제로 그런 선이 존재할 필요도 없다. 취미이론이 인정하는 이상적인 고풍의 표현은 어떤 근거에서 인정했든 상관없이 아마도 아름다움의 구성요소 중에서 으뜸으로 평가될 것이다. 그 타당성에 대해서 의문할 제기할 필요는 없을 것이다. 그러나 공인된 취미규범의 저변에서 작동하는 경제적 동기가 무엇인지 그리고 그런 동기들이 재화의 분배 및 소비에 미치는 작용은 어떤 중요성을 가지고 있는지를 여기서 확실히 판단하려면 그러한 구별방식을 도외시해서는 안 될 것이다.

문명화된 소비구조에서 기계제품이 차지하는 위치를 살펴보는 것은 과시적 낭비의 규범과 소비의 예의규약 사이에 존재하는 관계의 성격을 지적하는 데도 도움이 된다. 예술, 취미와 관련된 문제들과 관련해서 뿐 아니라 재화의 실용성에 대한 현행의 감각과 관련해서도 이런 규범은 혁신이나 창의의 원리로 작용하지 못하고 있다. 혁신을 선도하여 새로운 소비품목과 새로운 지출요인을 추가하는 창의의 원리와는 달리 이 규범은 미래지향적인 것이 못된다. 문제의 이 원리는 어떤 의미에서 긍정적인 법칙이라기보다는 부정적인 법칙이다. 그것은 창의의 원리라기보다는 지배와 규제의 원리이다. 그것이 어떤 관례나 관습의 직접적인 동기나 원인으로 작용하는 경우는 극히 드물다. 그것의 활동은 오로지 선택적으로만 이루어진다. 과시적 낭비가 변화와 성장의 동기를 직접적으로 제공하지는 않는다. 그러나 그런 낭비의 필수요건들에 순응하는 것은 또 다른 동기에 따라 지속적인 혁신을 가능케 하는 하나의 조건이기도 하다. 관례들, 관습들, 지출방법들은 그 생성 경위와는 무관하게 모두 이러한 명성 규준의 선택적인 활동에 예속된다. 그리고 그것들이 낭비의 필수요건에 부합하는 정도는 다른 유사한 관례 및 관습과의 경쟁에서 살아남을 수 있는 적합성의 시금석이 된다. 다른 조건들이 동일할 경우, 좀더 확연한 낭비의 관행이나 방법일수록 이런 법칙 하에서 살아남을 기회를 더 많이 획득할 것이다. 과시적 낭비의 법칙은 변수들의 기원을 중요시하기보다는, 그 법칙의 지배 하에서 그것들이 생존하기 위해 구비한 형태의 영속성을 중시한다. 그 법칙은 수용 가능한 것을 발명하기보다는 적합한 것을 보존하는 작용을 한다. 그 법칙의 기능은 모든 것을 검증하여 그것이 추구하는 목적에 맞는 것만을 확고히 보존하는 것이다.

7. 금력과시문화를 표현하는 의복

여기서는 지금까지 살펴본 경제적 원리들이 생활과정의 일상적인 사실들에 어떤 한 방향으로 진행되고 적용되는 방식을 사례를 들어가며 비교적 상세히 다루고자 한다. 이 목적을 위해서 살펴볼 수 있는 사례들 중에서 의복에 대한 지출보다 더 적절한 소비의 사례는 없을 것이다. 다른 한편에서 같은 목적을 위해서 좋은 사례가 되곤 하는 금력과시적 명성의 원리들과도 관계가 있는 복장을 통해서 발견할 수 있는 것은 특히 과시적으로 재화를 소비하는 규칙이다. 누군가의 금력상의 지위를 증명하는 다른 방법들도 그와 같은 목적에 효과적으로 이바지하기 때문에 언제 어디서나 사용된다. 그러나 의복구입에 지출하는 비용을 살펴보는 것은 다른 대부분의 방법보다 이 목적에 도움이 될 것이다. 즉 우리의 복장은 언제나 밖으로 드러나기 때문에 누구라도 첫눈에 우리의 금력이 얼마나 되는지를 짐작할 수 있다. 과시적 지출을 인정하는 습관이 더욱 확연히 나타나고 있을 뿐 아니라 어쩌면 다른 어떤 부분의 소비보다도 의복과 관련된 소비가 훨씬 더 보편적으로 행해지고 있다는 것도 사실일 것이다. 모든 계급이 의복구입에 지출의 많은 부분을 할애하는 이유는 신체를 보호하기보다는 품위 유지에 더 신경을 쓰기 때문이라는 상식적인 견해에 누구나 동의할 것이다. 따라서 우리는 사회적 관습이 규정하는 수준만큼 품위 있는 복장을 갖추지 못할 경우 매우 심한 열등감에 휩싸이고 만다. 사람들이 생계나 생활의 편의를 위해 필요한 용품의 구입을 상당수 줄이더라도 체면유지에 필요하다면 낭비를 해도 된다고 생각하는 품목 중 대표적인 것이 의복이다. 그러므로 추운 날씨에도 단지 멋있게 보일 요량으로 가벼운 옷차림을 하는 사람도 이상하게 보이지 않는다. 그리고 현대사회에서 의복이라는 상품이 지닌 가치는 단순히 그 옷을 입는다는 기계적인 유용성보다는 유행에 맞는 옷을 입음으로써 명성을 획득할 수 있다는 데 있다. 따라서 의복에 대한 욕구는 분명히 좀더 "고급한" 혹은 정신적인 욕구이다.

의복에 대한 이러한 정신적인 욕구들은 모두 아니면 대부분 지불능력을 과시하려는 유치한 성향으로부터 생겨나지는 않는다. 의복 소비를 지도하는 과시적 낭비의 법칙은 다른 재화와 마찬가지로 대체로 부차적인 수준에서 작용하는 취미규범과 체면유지규범에 의해 형성된다. 일반적으로, 과시적으로 사치스러운 의복을 구입하거나 착용하는 사람의 의식적인 동기는 확립된 관습을 준수하고 공인된 취미와 명성의 기준에 생활수준을 맞추려는 욕구이다. 그런 동기 자체만으로도 대단한 평가를 받을 수 있겠지만, 의복을 소비하는 사람은 불쾌한 시선이나 비난이 가져다주는 굴욕감을 피하기 위하여 복장예절 규약을 따를 수밖에 없을 것이다. 뿐만 아니라 의복은 비싸야 한다는 사치의 필수요건이 의복에 대한 우리의 사고습관에 너무 깊이 각인된 나머지 우리는 값싼 의복을 본능적으로 혐오하기에 이르렀다. 우리는 깊이 생각하여 따져보지도 않고 싼 것은 무가치하다고 느낀다. "싸구려 옷은 그 옷을 입은 사람을 싸구려로 만든다"거나 "값싼 것은 천한 것이다"라는 경구는 다른 품목의 소비보다 특히 의복 소비에 대하여 더 강력한 위력을 발휘한다는 점은 사실로 인정받을 만하다. 취미나 유용성을 비롯한 어떤 근거를 동원하더라도 값싼 의복은 "값싼 것은 천한 것이다"는 격언에 따라 저급한 것으로 취급된다. 우리는 비싼 것일수록 실용적이고 아름다운 것으로 간주한다. 물론 이런 이론에 맞지 않은 매우 드물고 이례적인 예외로서, 우리는 누구나 비싼 수제의복과 같은 비싼 진품을 모방했다는 사실을 확연히 알아볼 수 있는 좀더 값이 싼 모조품조차도 아름답고 유용하다는 점에서 각광을 받는 경우를 알고 있다. 모조품에 우리가 반감을 느끼는 것은 그것의 형태나 색상 혹은 실제의 시각적 효과 등이 떨어지기 때문이 아니다. 그렇게 반감을 자아내는 물건 중에는 너무도 감쪽같이 위조된 나머지 정밀검사를 하지 않으면 진품과 다름없어 보이는 위조품이 있을 수 있다. 그러나 위조되었다는 사실이 밝혀지자마자 위조품의 미적 가치와 상품가치는 떨어지고 말 것이다. 뿐만 아니라 위조품으로 판명된 의복의 미학적 가치는 진품에 비해서 값이 싸다는 사실에 비례하여 어느 정도 떨어지긴 하겠지만 심각한 모순의 위기를 야기하지는 않을 것이다. 다만 그런 위조품은 금력이 약한 계급의 소비재로 편입됨으로써 미학적으로도 낮은 계급에 편입된다.

그러나 지불능력을 증명하는 의복의 기능은 단순히 그것을 입는 사람이 육체적인 안락에 필요한 것 이상으로 비싼 재화를 소비한다는 사실을 과시하는 데 머물지 않는다. 순전히 과시적으로 재화를 낭비하고 또 그런 낭비를 계속할 수 있는 낭비자는 뿌듯하고 만족스러운 기분을 느낄 수 있다. 그런 낭비는 금력과시에 성공했다는 자명한 증거가 되고 그 결과 낭비자가 사회적으로 가치 있는 존재임을 증명하는 명백한 증거가 된다. 그러나 의복은 이처럼 단지 초보적이고 단순한 낭비의 증거보다도 더 미묘하고 심원한 가능성을 가지고 있다. 더구나 마음껏 사치스럽게 소비할 수 있는 여력을 가지고 있다는 사실에 더하여 생계비를 벌어야 할 필요도 전혀 없다는 사실을 과시할 수 있는 남자 혹은 여자의 사회적 가치를 증명하는 증거는 그 혹은 그녀의 지위를 대폭적으로 상승시킬 것이다. 그러므로 우리의 의복이 그런 목적에 효과적으로 부응하려면 비싸야 할 뿐 아니라 그 의복을 입는 사람이 어떤 종류의 생산노동에도 종사하지 않는다는 사실을 모두가 확연히 간파할 수 있을 만큼 사치스러워야 한다. 우리의 의복체계가 그런 목적에 완벽히 부합할 정도로 세련되게 진화하는 과정에서 이러한 부차적인 증거들은 그만큼 많은 주목을 받아왔다. 일반인들이 훌륭하게 생각하는 의복을 자세히 살펴보면, 그 옷을 입는 사람이 어떤 실용적인 노동에도 습관적으로 종사하지 않는다는 인상을 풍기는 데 특별히 주안점을 두어 고안되었다는 사실을 확인할 수 있을 것이다. 어떤 옷이든 더러워지거나 헤져서 그 옷을 입은 사람이 육체노동자라는 사실을 드러내면 좋은 옷으로 평가되지 않는다는 것은 말할 필요도 없다. 대체로 단정하고 깨끗한 옷이 사람들에게 즐거운 기분을 줄 수 있는 것은 주로 모든 생산과정과의 개인적인 접촉을 면제받는 여가를 연상하게 만들기 때문이다. 유한계급의 신사가 본래 지닌 품격을 대폭적으로 높여주는 에나멜가죽구두, 깔끔한 린넨 양복, 사치스런 실크해트, 산책용 단장 등이 자아내는 매력의 대부분은 그것들을 착용한 사람이 당장에 필요한 실용적인 인간사에는 일체 관여하지 않는다는 사실을 단적으로 보여줄 수 있다는 데서 생겨난다. 훌륭한 옷은 비쌀 뿐 아니라 여가의 표시도 되기 때문에 우아한 여가를 과시한다는 목적에도 기여한다. 또한 그것들을 착용한 사람은 상대적으로 많은 가치를 소비할 수 있을 뿐 아니라 어떤 생산 활동에 종사하지 않고도 소비할 수 있다는 사실을 과시할 수 있다.

여성의 의복은 특히 생산적인 직업과는 동떨어져 있음을 과시하는 데 남성의 의복보다 더 확실히 기여한다. 귀부인용 모자가 신사용 실크해트보다 노동을 하는 데 훨씬 불편하다는 일반적인 논리를 여기서 새삼 강조할 필요는 없을 것이다. 귀부인용 구두 중에는 반짝반짝하게 닦기 위해서는 반드시 여가시간이 필요하다는 증거를 보여주는 이른바 프랑스 힐이라는 것이 있다. 더구나 이 하이힐은 가장 단순하고 기초적인 육체활동조차 극히 곤란하게 만들 정도로 실용성은 전혀 없다. 이런 경향은 여성 복장의 특징을 그대로 보여주는 불편한 치마를 비롯한 각종 의상을 통해서 더욱 확연히 드러난다. 그토록 불편한 치마에 집요한 애착을 보이는 본질적인 이유는 그것이 비쌀 뿐 아니라 그것을 입으면 활동하기 불편한 만큼 모든 실용적인 노동을 할 수 없다는, 혹은 하지 않아도 된다는 사실을 드러낼 수 있기 때문이다. 여성들이 필요 이상으로 머리를 길게 기르는 습관도 같은 맥락으로 이해할 수 있을 것이다.

그러나 여성의 복장은 남성의 복장보다 훨씬 더 많은 노동을 면제받는다는 사실을 증명하고 있을 뿐 아니라 남성들이 습관적으로 착용하는 모든 옷이나 장신구와는 질적으로 다른 매우 독특하고 특이한 양상을 선보이고 있다. 그중에서도 코르셋은 대표적인 경우라고 할 수 있다. 경제이론에 비추어 보면, 코르셋은 여성의 생활력을 저하시키고 노동에 적합하지 않은 불구자로 만들기에 충분한 의복이다. 여성들이 코르셋을 포기하지 않는 이유는 그것을 착용함으로써 개인적인 매력을 다소 상실할 수도 있지만, 그런 불이익을 충분히 상쇄할 수 있을 만큼 자신을 귀하고 가녀린 귀부인으로 보이게 만들어 명성을 가져다주기 때문이다. 이러한 여성 특유의 복장은 실제로 실용적인 노동을 효과적으로 방해하는 장애물로 전락하고 말 것이라는 견해를 낳을 수도 있을 것이다. 하여간 여기서는 남성의 복장과 여성의 복장의 차이를 대표하는 특징적인 양상을 개략적으로 지적했을 뿐이다. 이제 그런 차이들을 유발한 원인에 대해서 논의해보기로 하자.

앞에서 우리는 대대적이고 지배적인 복장의 규준만큼이나 광범위한 과시적 낭비의 원리를 확인했다. 우리는 이 원리를 보완하여 또 거기서 두 번째 규준이라 할 수 있는 과시적 여가의 원리를 도출했다. 의복 제작과정에서 이 규준은 그 의복을 입는 사람이 생산노동에 종사하지 않고, 또 그것이 상당히 비싸 보일 경우, 생산노동을 위해 입을 수도 없다는 사실을 과시할 수 있는 방편을 탐구하는 사람에 의해 본격적인 영향력을 발휘할 것이다. 이러한 두 개의 원리 외에도 이 주제를 성찰하는 누구라도 떠올리게 될 동등한 구속력을 지닌 제3의 원리가 존재한다. 의복은 현저하게 비싸고 불편해야 함과 동시에 최신 유행을 따라야 한다. 그런데 지금까지 유행의 변화현상에 관해서는 어떤 만족스러운 설명도 제시된 적이 없다. 가장 최근에 유행하는 예법에 따라 의복이 필히 갖추어야 할 요건이나, 이처럼 정평이 난 유행도 계절에 따라 부단히 변한다는 사실은 누구나 잘 알고 있지만 그런 유행과 변화를 체계적으로 설명하는 이론은 아직 나오지 않았다. 우리는 물론 완벽한 일관성과 진실성을 지닌 이와 같은 종류의 또 다른 기발한 이론을 과시적 낭비의 법칙으로부터 유추 가능하다고 말할 수 있을 것이다. 확실히 각각의 의복이 아주 짧은 시기 동안만 각광을 받고 또 지난 계절에 유행한 의복 중에서 이 계절에 입을 만한 것이 하나도 없다면, 의복 구입을 위한 낭비적인 지출은 대폭적으로 증가할 것이다. 이런 현상이 지속되는 것이 긍정적으로 보일지도 모르지만 사실은 단지 부정적인 현상에 불과하다. 이런 염려가 우리에게 확실히 해줄 수 있는 말은 '과시적 낭비의 규범은 의복과 관련된 모든 문제들을 통제하고 감시한다. 따라서 모든 유행의 변화는 낭비의 필수요건들에 부합해야 한다'는 말이 거의 전부일 것이다. 이래서는 현재 유행하는 스타일을 변하게 만들거나 그것을 수용하는 사람들의 동기를 알 길은 전혀 없으며, 특정한 시기 동안 특정한 스타일을 그토록 절대적으로 추종해야 할 필요나 이유에 대한 설명도 찾아볼 길이 없다.

유행을 창조하거나 쇄신하는 동기의 역할을 할 수 있는 창의의 원리는 의복을 탄생시킨 원시적 비경제적 동기—장식의 동기—에서 찾아볼 수 있을 것이다. 사치 법칙의 지도 하에 이런 동기가 표출되는 방식과 이유에 대한 논의를 확대하지 않아도, 유행의 연속적인 쇄신이 의복의 형태나 색상이나 효과에 대한 우리의 감각을 배제하기보다는 우리의 감각이 좀더 쉽게 수용할 수 있는 과시적인 어떤 형태를 구비하려는 노력의 결과라는 사실만큼은 알 수 있을 것이다. 변천하는 스타일은 우리의 심미적인 감각에 맞는 무언가를 부단히 찾고자 하는 노력의 표현이다. 그러나 이런 유행의 쇄신과정은 과시적 낭비 규범의 선택적인 작용에 영향을 받기 때문에 그 범위가 어느 정도 제한될 수밖에 없다. 그러한 쇄신은 그것이 배제한 것보다 더 아름답거나 어쩌면 사람들의 반감을 줄이는 역할을 해야 할 뿐 아니라 공인된 사치의 기준과도 일치해야 한다.

의복을 통해서 아름다워지려는 부단한 노력은 얼핏 보면 완벽함에 접근하기 위한 노력으로 비칠 수도 있다. 우리가 이런저런 방향으로 유행하는 의복을 보면서 인간의 몸에 어울리는 복장의 뚜렷한 변천의 경향을 읽어내기를 기대하는 것도 자연스러울 것이다. 우리는 오랫동안 의복을 발달시키는 데 재능과 노력을 바쳐왔다. 그리하여 우리는 오늘날 유행하는 의복을 보면서 영원히 통용될 예술의 이상에 상대적으로 근접하고 또 좀더 완벽하고 안정된 형태미를 달성할 수 있다는 희망의 실질적인 근거로 느끼고 있는 듯하다. 그러나 실상은 그렇지 않다. 오늘날 유행하는 의복의 스타일이 10년 전, 20년 전, 50년 전, 혹은 100년 전의 스타일에 비해 본질적으로 인간에게 더 어울린다는 주장은 강력한 반론에 직면할 수도 있다. 2000년 전에 유행하던 스타일이 오늘날 가장 공들여 만든 세련된 의복보다도 더 인간에 어울린다는 주장도 아무런 모순 없이 통용될 수도 있기 때문이다.

그래도 아직 유행에 대한 설명은 충분히 이루어지지 못한 만큼 논의를 좀더 진행해보기로 하자. 과거 세계 여러 곳에서 상대적으로 안정된 스타일의 의복이 제작되었다는 사실은 이미 잘 알려져 있다. 예를 들면 일본과 중국을 비롯한 아시아의 여러 국가들, 그리스와 로마를 비롯한 고대 유럽의 일부, 그리고 중세 이후 유럽의 모든 지역의 농민들조차 각자의 몸에 비교적 들어맞는 옷을 입고 있었다. 오늘날 저명한 비평가들은 이러한 민속적이고 서민적인 전통의복들은 대부분 문명화된 현대 국가들에서 주기적인 변모를 겪고 있는 현대 스타일의 의복에 비해서 훨씬 보기 좋을 뿐 아니라 예술성도 높다는 평가를 내리고 있다. 동시에 그런 전통의복은 대체로 사치스럽게 보이지 않는다. 즉 그런 의복의 구조를 보면 사치를 과시하는 요소와는 다른 요소들을 좀더 쉽게 발견할 수 있다는 말이다.

이렇듯 상대적으로 안정된 복장은 대개 매우 한정되고 협소한 지역에서 유행했고, 장소에 따라 다소 체계적인 등급화 과정을 거치면서 변모하게 된다. 그런 모든 복장은 지금의 우리보다 빈곤한 개인이나 계급이 만들었고, 특히 안정된 형태의 복장을 착용하는 사람들은 어떤 나라나 지역에 정착하여 상대적으로 동질적이고 안정된 생활을 영위했던 개인이나 계급이었다. 말하자면, 세파와 환경의 시험을 이기고 오랫동안 살아남을 안정된 복장은, 오늘날 상대적으로 유행을 잘 따를 수 있는 여유 있고 부유한 사람들이 사는 문명화된 대규모 현대도시에서보다는 과시적 낭비의 규준이 훨씬 덜 강제적으로 기능하는 환경에서 제작되었다는 말이다. 안정되고 예술적인 의상을 제작한 나라나 계급이 처한 환경도 그러했으므로, 그들의 금력과시경쟁은 과시적 재화소비보다는 오히려 여가를 과시하는 경쟁으로 방향을 잡았던 것이다. 따라서 재화를 과시적으로 낭비하는 원리가 절대적인 위력을 발휘하는 우리 사회에서 유행은 대체로 좀더 불안정하고 가변적이라고 말할 수 있다. 이처럼 불안정하고 가변적인 모든 문제가 비싼 의복과 예술적인 의복에 대한 평가를 엇갈리게 만드는 요인으로 작용한다. 따라서 실제로는 과시적 낭비의 규준과 의복은 입어서 아름답고 어울려야 한다는 요건과 양립하지 않는 것이 사실이다. 때문에 이런 대립관계는 사치의 규범이나 미적 규범만으로 설명할 수 없는 유행의 부단한 변천의 원인을 설명할 수 있는 단서가 될 수 있는 것이다.

명성획득의 기준에 따르면 의복은 금전을 낭비적으로 지출했음을 과시할 수 있는 증거가 되어야 한다. 그러나 모든 사치는 토착적 취미의 반감을 유발한다. 자연은 진공상태를 거부한다는 말도 있듯이, 심리학이 제시하는 법칙에 따르면 모든 사람은—아마도 여성은 더더욱—무익한 노력이나 지출에는 질색을 한다는 사실도 이미 지적한 바 있다. 그러나 과시적 낭비의 원리는 확실히 금전의 무익한 낭비를 요구한다. 그 결과 사치성을 노골적으로 과시하는 의복은 본능적으로 추악하게 여겨진다. 그러므로 의복을 혁신적으로 변형하려는 모든 경우에 어떤 표면적인 목적을 드러내 보임으로써 일시적인 비난을 모면하기 위한 부가적이고 가변적이며 세심한 노력을 기울인다는 사실, 그리고 동시에 과시적 낭비의 요건이 이런 변형의 목적을 다소간 투명한 위장 이상의 것이 되지 않도록 제약한다는 사실이 발견된다. 아무리 자유롭게 유행이 활개를 치는 곳에서도 표면적인 어떤 유용성은 명백히 기만적인 성격을 띠고 있기 때문에 그 유행이 내포한 본질적인 무익성도 이내 우리의 관심을 끌만큼 노골적으로 드러나 극도의 불쾌감을 유발하기에 이른다. 그렇게 되면 결국 우리는 새로운 스타일을 찾아 도피할 수밖에 없다. 그러나 그 새로운 스타일도 명성을 얻는 데 필수적인 낭비성과 무익성이라는 요건에 부합해야 한다. 하지만 그 무익성도 이내 종전의 무익성만큼 사람들의 싫증을 유발하고 만다. 낭비의 법칙이 우리에게 내리는 유일한 처방은 다시금 그토록 싫증나는 무익하고 덧없는 새로운 유행을 찾아 도피하는 길밖에 없다. 그러므로 유행이란 본질적인 추악함을 끝없이 반복적으로 재생하는 피상적인 변화의 연속에 불과하다.

유행의 변천 현상에 관한 설명은 이 정도로 하고 이젠 그런 현상을 일상적인 사실들에 적용시켜 보기로 하자. 일상적인 사실들 가운데 잘 알려진 것은 누구나 한때 유행하는 스타일에 대해서 애착심을 품을 수 있다는 사실이다. 어떤 새로운 스타일이 잠시 유행하면서 세인들의 호평을 받게 되면 최소한 그 스타일이 유행하는 기간만큼은 사람들은 그 스타일에 매력을 느낀다. 현재 유행하는 것이 아름답게 느껴진다는 말이다. 이런 현상은 한편으로는 새 유행이 지나간 유행과는 다르다는 사실로부터 사람들이 얻는 심적 위안에서 비롯되고, 다른 한편으로는 그 유행을 따르면 사람들 사이에서 어느 정도 좋은 평판을 얻을 수 있다는 심리에서 비롯된 것이다. 앞에서 언급했듯이 명성획득의 기준은 우리의 취미를 어느 정도 형성시키는 힘을 발휘하기 때문에, 그런 기준에 따르면 유행의 참신함이 사라질 때까지 혹은 동일한 일반적 목적의 달성을 보증해주는 명성의 기준이 새로운 기준으로 이행할 때까지 그 기준에 부합하는 어떤 유행도 훌륭한 것으로 인정될 것이다. 한때 유행하는 스타일은 일시적으로만 아름답거나 "멋지게" 보이는 겉치레에 불과하다는 것은, 많은 유행 스타일이 시간의 시험을 통과하지 못하고 부단히 변한다는 사실로 입증된다. 이 시대 유행했던 스타일 중 최상의 것이라도 해도 6년 혹은 그보다 더 먼 미래에는 흉하게 보이지는 않더라도 이상하고 기이하게 보일 수도 있다. 신제품이라면 가리지 않고 애착을 느끼는 우리의 심리는 심미적인 근거와는 다른 근거에서 비롯된 것으로, 우리의 완고한 미적 감각이 수용하기를 거부하는 신제품은 곧 시중에서 사라지고 말 것이다.

심미적인 혐오감이 발달하려면 다소 시간이 걸린다. 그렇게 소요되는 시간은 언제나 문제의 스타일이 지닌 본질적인 혐오스러움의 정도에 반비례한다. 유행하는 스타일의 혐오스러움과 불안정성 사이에 존재하는 이러한 시간적인 반비례관계는 빠르게 변하는 스타일일수록 건전한 취미에 더 거슬린다는 추론에 근거를 제공한다. 따라서 어떤 사회 특히 그 사회의 부유층의 인간관계 범위나 가용한 부가 더욱 확대되면, 의복문제와 관련하여 과시적 낭비가 더욱 불가피한 목적으로 자리 잡게 될 것이고, 미적 감각은 차단당하거나 금력과시적 명성 규범의 제약을 더욱 강하게 받을 것이며, 유행은 더 신속하게 변할 것이고, 연이어 유행하는 갖가지 스타일들은 갈수록 더 기괴하고 참을 수 없는 것으로 간주될 것이다.

지금까지 논의해온 복장이론과 관련하여 논의할 필요가 있는 문제가 하나 남아 있다. 지금까지 거론한 원리의 대부분은 여성 의복은 물론 남성 의복에도 적용될 수 있다. 물론 오늘날 그 원리들은 사실 거의 모든 방면에서 여성 의복에 좀더 큰 비중으로 적용되고 있다. 그러나 여성 의복은 남성 의복과는 완전히 다른 독특한 차이점을 하나 더 가지고 있다. 여성의 의복은 그것을 입는 여성이라면 누구나 비천한 직업을 면제받고 생산노동도 할 수 없다는 사실을 증명하는 특징을 더욱 강하게 드러낸다. 여성 의복이 가진 이런 특징은 복장이론을 체계화하는 데 뿐 아니라, 앞서도 언급한 바 있는 과거의 여성과 현재의 여성의 경제적 지위 변화를 확인하는 데도 흥미로운 사례로 참조될 수 있다.

"대리 여가활동"과 "대리 소비"를 주제로 하여 진행한 여성의 신분에 관한 논의에서도 확인한 바와 같이, 여성은 경제발전의 과정에서 가부장을 대신하여 수행하는 대리 소비를 주요 임무로 담당하게 되었다. 여성의 의복 역시 바로 이런 임무를 위해서 고안되었다. 생산노동은 신분이 높은 여자의 명예를 손상시키는 일이 분명하기 때문이다. 따라서 여성 의복을 만들 때는 그것을 입는 여성이 실용적인 노동에 습관적으로 종사하지 않아도 되고 또 종사할 수도 없다는 (실제로는 허구이기 십상인) 사실을 남들이 보아 금방 알 수 있도록 각별히 주의를 기울여야 한다. 복장예절은 상류계급 여성들에게 동일한 계급의 남성들보다 실용적인 노동을 더욱 삼가고 더 많은 여가활동을 향유하고 있음을 과시해야 한다고 강조한다. 따라서 상류계급 여성이 실용적인 노동을 통해서 생활필수품을 마련해야 한다는 생각은 우리를 매우 거북스럽게 만들 것이다. 왜냐하면 그런 노동은 "여성의 직분"이 아니기 때문이다. 여성의 직분은 가정에 머물며 집안을 "아름답게 꾸미고" 나아가 가정의 "대표적인 장식품"이 되는 것이다. 그에 비해 남성 가장은 일반적으로 장식품으로 취급되지 않는다. 당대의 예법이 여성에게 좀더 비싼 의상과 장신구를 과시적으로 착용할 것을 집요하게 요구한다는 사실을 고려하면, 이런 경향은 앞서 언급한 견해를 더욱 강력하게 뒷받침하는 듯이 보인다. 과거로부터 가부장제도의 영향을 계승한 오늘날 우리의 사회제도는 특히 여성에게 가족의 지불능력을 입증하는 직무를 부여했다. 문명화된 현대 생활양식에 따르면 여성은 가족의 명성에 특별히 더 많은 관심을 기울여야 한다. 따라서 가족의 명성을 유지시키는 데 이바지하는 체계적인 명예로운 지출 및 과시적 여가활동 역시 여성의 직분이다. 훨씬 더 많은 금전을 보유한 상류계급의 생활을 통해서 실현될 가능성이 많은 이상적인 생활구조에서는 과시적으로 물자나 노동을 낭비하는 데 이처럼 주의를 기울이는 것이 여성의 유일한 경제적 기능이 되어야 정상일 것이다.

여전히 여성이 완전히 남성의 재산으로 취급되었던 경제발전 단계에서 과시적 여가와 소비를 향유하는 것은 여성에게 요구되는 직무의 일부였다. 여성은 스스로의 주인이 아니었기 때문에 여자들이 수행하는 과시적 소비와 여가활동은 여자 자신이 아닌 주인의 명예를 높이는 일이었다. 그러므로 그런 가정의 부인이 낭비적이고 비생산적인 지출과 여가활동을 많이 하면 할수록 가족이나 가장의 명예도 좀더 효과적으로 높일 수 있었다. 그래서 여성들은 여유로운 생활을 영위할 뿐 아니라 심지어 실용적인 생활능력이라곤 아예 없다는 사실을 과시적으로 입증할 필요가 있었다.

남성 의복은 바로 이런 점에서 여성 의복에 비해 뒤떨어진다. 물론 그럴 만한 충분한 이유가 있다. 과시적 낭비와 여가는 금력을 대변하는 증거이기 때문에 명성을 떨치는 데도 톡톡히 기여하는 것이다. 금력은 성공과 우월한 권력을 증명하기 때문에 명성을 드높이는 명예로운 능력으로 대접받는 것이다. 따라서 금력 과시적으로 사치와 여가의 증거를 제시하는 사람들은 언제나 무능력을 증명하거나 명백한 불쾌감을 줄 수도 있는 형태의 증거를 기를 쓰고 배제하려 하지만 성공하지 못하는 경우도 있다. 그런 증거들은 자칫 금력의 우월함보다는 열등함을 증명하기 십상이어서 증거 자체의 목적마저 무산시키고 만다. 그래서 낭비적인 지출이나 노동을 면제받았음을 과시한다는 것이 오히려 뚜렷한 불쾌감만 유발하거나 타고난 신체적 무능력만 과시하는 셈이 되어버리는 경우, 그 개인은 자신의 금력으로 명성을 획득하기 위해 무능력과 낭비를 과시하기보다는 그가 경제적으로 의존하고 있는 다른 사람의 명성을 위해서 그렇게 한다는 추론도 할 수 있을 것이다. 이러한 의존관계는 결국 경제적인 예속관계로 귀착될 수밖에 없을 것이다.

이러한 일반적인 원리를 여성 의복에 적용하여 좀더 구체적으로 설명해보기로 하자. 여성용 하이힐, 스커트, 거추장스런 보닛[14], 코르셋과 같이 착용하는 사람의 편의성 자체를 아예 무시하는 듯한 특징을 보이는 모든 문명화된 여성의 의상들은 현대의 문명화된 생활구조에서 여성들이 여전히 이론적으로는 남성에게 경제적으로 의존하는 존재라는 것, 그리고 가장 이상적으로 표현하자면, 남성이 소유하는 동산(動産)이라는 것을 증명하는 품목들이라 할 수 있다. 여성들이 이처럼 과시적 여가에 필요한 복장의 소비자로 자리 잡게 된 이유는 분명히 대부분의 여성이 과거 경제적인 직업분화과정에서 주인의 지불능력의 일부를 위임받은 하녀의 신분이었다는 데서 찾을 수 있을 것이다.

여성의 의복과 가정부의 의복 중에서도 특히 하녀들이 입는 제복 사이에는 이처럼 오랜 기원을 지닌 유사점이 존재한다. 두 가지 의복 모두 불필요한 사치성을 교묘하게 과시할 뿐 아니라, 그것을 착용한 여성들의 신체적인 편의성도 완전히 무시하고 있다. 그러나 귀부인의 의복은 귀부인의 취약성을 드러내지는 않지만 한가로움과 나태함을 교묘히 강조하고 있다는 점에서 가정

---

14 턱밑으로 끈을 매는 두건 모양의 모자로 얼굴을 가리기 위해 챙이 앞으로 넓게 튀어나와 있다. 포크 보닛은 크기가 점점 커져 1830년에는 정면에서 보지 않으면 이것을 쓴 여성의 얼굴을 볼 수 없을 정도였다고 한다.

부의 의복보다는 월등한 것으로 취급된다. 금력과시문화의 이상적인 양식에 비추어 이론적으로 가정주부는 그 가정의 하인들을 이끄는 우두머리이기 때문에 그녀의 복장 역시 그런 지위에 걸맞아야 할 것이다.

일반적으로 하인계급으로 인정되는 고용인들 말고도 하인계급과 비슷하면서 여성다운 특색도 많이 드러나는 복장을 주로 착용하는 또 다른 계급이 존재한다. 그것은 바로 승려나 사제로 구성되는 성직자계급이다. 성직자의 제의(祭衣)는 예속적인 지위와 대리적인 생활의 증거를 보여주는 모든 특징을 확연한 형태로 구비하고 있다. 이른바 법의라고도 불리는 성직자의 제의는 성직자가 습관적으로 입는 평상복보다도 훨씬 더 장식적이고 기이해보일 뿐 아니라 적어도 겉보기에는 불편하기 그지없는 의복처럼 보인다. 그와 동시에 성직자들은 실용적인 노동을 삼가고 대중 앞에 나설 때는 마치 잘 훈련된 집사나 하인처럼 무표정하거나 엄숙한 표정을 지어야 하는 존재로 여겨진다. 말끔히 면도를 한 성직자의 얼굴은 이런 효과를 내기에 한층 더 적합할 것이다. 성직자계급의 태도나 의복이 하인계급의 태도나 의복과 그토록 흡사한 것은 두 계급이 경제적으로 유사한 기능을 하기 때문일 것이다. 경제이론에 따르면 성직자들은 신이 하사한 의복을 입고 신의 시중을 드는 신의 몸종이다. 성직자의 제복은 매우 비싸지만, 특히 숭고한 주인(신)의 존엄성을 그럴싸하게 과시하려면 오히려 당연히 비싸야 할 것이다. 따라서 그처럼 비싼 제복일수록 그것을 입는 사람의 몸을 전혀 고려하지 않아 입기에 불편하기 그지없다는 점을 과시하도록 고안된다. 왜냐하면 그런 옷은 대리 소비용 품목이어서, 그것을 소비함으로써 획득하는 명성은 마땅히 부재하는 주인에게 귀속되어야지 그것을 직접 소비하는 하인에게 귀속되면 안 되기 때문이다.

여성, 성직자, 하인들의 의복과 남성의 의복을 구분하는 경계선은 언제나 일관성 있게 지켜지는 것은 아니지만, 일반인들의 사고습관 속에서 다소 명확한 형태로 항상 존재하고 있다는 사실만은 이론의 여지가 거의 없을 것이다. 빈틈없이 완벽하고 훌륭한 복장을 갖추기를 열망한 나머지 남성 의복과 여성 의복 사이에 존재하는 관념적인 경계선을 넘어서 누가 보아도 극히 불편해 보이는 의복을 걸치는 남자도 물론 적지 않다. 그러나 그런 남자의 의복은 상궤를 벗어난 복장이라는 것을 누구나 기꺼이 인정할 것이다. 우리는 그런 복장을 "사내답지 못한(혹은 계집애 같은)" 옷차림이라고 부른다. 우리는 또한 그렇듯 기묘하게 차려입은 신사나 제복을 착용한 마부나 별로 다를 바 없다는 말도 이따금 들을 수 있다.

이러한 복장이론이 드러내는 어떤 명백한 모순은 좀더 자세히 따져볼만한 가치가 있는데, 이런 모순은 의복이 좀더 발달한 단계에서 더 뚜렷이 드러난다. 코르셋의 유행은 여기서 거론한 원리들이 적용되지 않는 예외적인 경우가 분명할 것이다. 그러나 좀더 자세히 살펴보면 이처럼 명백한 예외도 사실 '유행하는 의복을 구성하는 어떤 요소나 특징도 금력으로 획득한 지위를 과시하는 데 유용한 증거가 된다'는 법칙을 증명하는 증거로 활용될 수 있다. 좀더 발전된 산업사회에서는 코르셋이 어느 정도 한정된 계급에서만 사용된다는 것은 잘 알려진 사실이다. 빈곤계급의 여성들 그중에서도 특히 농촌지역의 여성들은 일년에 한두 번 열리는 축제나 잔치에서 부릴 수 있는 사치의 일환으로밖에는 코르셋을 착용하지 않는다. 이 계급의 여성들은 늘 열심히 일해야 하기 때문에 일상생활의 불편함을 감수하면서까지 한가함을 가장할 여유가 없다. 축제 때 코르셋을 착용하는 것도 사실은 상류계급의 체면유지 규범을 모방하는 것에 불과하다. 이처럼 빈곤한 하류계급 여성들을 제외하면 한두 세대 이상 부와 명예를 누려온 상류계급 여성들을 비롯한 거의 모든 여성들이 흠을 잡히지 않고 사회적인 신분을 유지하는 데 필수적인 코르셋을 착용했다. 하지만 이러한 원칙은 육체적인 노동을 할 필요가 없는 부유층이 많지 않고 계급 내부의 여론만으로도 계급의 행동준칙을 결정할 수 있는 자급자족인 고립사회에서만 통용되는 원칙이었다. 지금은 부유한 유한계급을 사회의 어디서나 쉽게 볼 수 있을 만큼 신분간의 격차가 줄어들었고, 강제적인 노동을 아무리 비난하더라도 특별한 우월감을 얻기는 어려워졌기 때문에, 코르셋 역시 그저 불편하기만 한 폐물로 취급받기에 이르렀다.

이리하여 코르셋을 착용하지 않아도 된다는 규칙이 등장한다. 하지만 이 규칙에도 표면적인 예외가 존재한다. 실제로 비교적 발달이 더딘, 즉 고대적인 외견상 평화적인 산업구조에 머물고 있는 나라의 부유층이나 선진산업사회에서 최근 부유층에 편입된 졸부들 사이에서는 이 규칙이 적용되지 않고 있다. 이 졸부들은 이전의 취미와 명성의 기준을 탈피할 만한 시간적 여유를 갖지 못했기 때문이다. 최근 미국 도시의 상류계급 사이에서도 코르셋이 유행하고 있는 것을 보면 이 원칙의 표면적인 성격이 더욱 확연히 드러난다. 다른 저의가 없는 객관적인 말로 표현하자면, 코르셋은 대체로 속물근성이 통용되는 시기에—금력과 시문화의 수준이 서서히 향상되어가는 불안정한 과도기에—과시적 의상으로 사용된다. 다시 말해서, 코르셋의 전통을 물려받은 모든 나라에서는 '코르셋을 착용한 여성은 신체적으로 무력하여 명예로운 여가를 누리고 있다'는 사실을 증명하는 데 도움이 되는 한 코르셋은 계속 사용될 것이다. 개인의 가시적인 능력을 확연히 저하시킬 수 있는 다른 장애물이나 고안품들에 대해서도 그처럼 표면적인 규칙이 적용될 수 있을 것이다.

과시적으로 소비되는 다른 몇 가지 품목도 비슷한 추세를 보일 것이다. 그리고 정도는 약하지만 의복을 구성하는 여러 가지 특징들도 그와 추세를 보일 것이라고 추정할 수 있다. 그런 특징들이 옷을 입는 사람의 몸을 불편하게 하거나 그로 하여금 불편한 기색을 드러내게 만든다면 더욱 그럴 것이다. 특히 지난 100년 동안 발전해온 남성 복장에서 그런 추세를 발견할 수 있다. 예를 들면 가발이나 금팔찌 착용, 습관적인 면도와 같은 낭비방법들 내지 여가의 상징들은 100년 전이라면 훌륭한 목적에 이바지했을지도 모르지만 오늘날 상류계급이라면 그런 일들을 계속하다가는 분명히 넌더리를 낼 것이 분명하기 때문에 결국에는 폐기되고 말았다. 면도습관은 최근 상류사회에서 다시 살아나는 듯한 기미를 보이고 있지만, 아마도 이런 유행은 하인들에게 부과했던 임무를 주인이 분별없이 모방한 데서 비롯되었을 것이다. 그리고 이런 유행은 우리들의 할아버지 시대에 유행하던 가발과 같은 길을 걷게 되리라고 예상해도 무방할 것이다.

이러한 품목들과, 이 품목들을 사용하는 사람들의 습관적인 무익함을 모든 사람에게 대담하게 지적해 보인다는 점에서 이 품목들과 닮았다고 할 수 있는 또 다른 품목들은, 동일한 사실을 표현하는 좀더 치밀한 또 다른 방법들을 통해서 서로 대체되어 왔다. 그런 방법들은 주로 소수 상류계급의 호평을 얻고자 애쓰는 길들여진 눈이라면 분명히 확인할 수 있다. 하지만 좀더 오래되고 조야한 선전방법들은, 선전의 주체가 호소해야 하는 대중이 부와 여가의 증거들 가운데서 미묘한 변수들을 간파하는 훈련을 받지 않는 사회의 대다수를 차지하는 경우에 한해서, 그 근거를 견지할 수 있다. 선전방법은 낭비의 미묘한 신호들을 해석하는 기량을 습득할 수 있는, 여가활동이 가능할 정도로 충분한 부를 소유한 계급이 늘어날 때 개량될 수 있다. "현란한" 의복은 훈련받지 못한 비천한 사람들의 감수성에 호소하여 특별한 인상을 남기려는 분별없는 욕망을 확연히 드러내면서 교양 있는 사람들을 불쾌하게 만든다. 명문가 출신 사람들은 그들과 같은 상류계급의 세련된 감각에 어울리는 것은 본질적인 중요성을 지닌 명예로운 존경심뿐이라고 생각한다. 부유한 유한계급은 매우 큰 세력으로 성장했고 또 구성원들 간의 접촉도 매우 광범위하게 이루어져서 명예로운 목적을 추구할 수 있는 인간적인 환경을 조성할 수 있게 되었기 때문에, 그런 환경으로부터 심지어 방관자들조차 찬양하거나 모욕할 수 있는 저속한 서민적 요소들을 배척하려는 경향이 생겨난다. 이런 모든 경향은 방법을 개량하고, 더 교묘한 발상에 의존하며, 의복에 깃들인 상징주의적인 의도를 정신화(精神化)시키는 결과를 초래한다. 그리고 이들 상류유한계급은 사회적인 체면에 보조를 맞추려고 노력하기 때문에 그들에게 영향을 받는 사회의 나머지 계급도 의복의 양식을 차츰 개량하게 된다. 사회의 부가 증가하고 문화가 발전함에 따라 지불능력은 구경꾼들에게 좀더 발달된 감식력을 요구하는 수단으로 증명된다. 선전매체를 구별하는 이처럼 발달된 감식력은 사실 좀더 발달된 금력과시문화를 구성하는 매우 중요한 요소이기 때문이다.

8. 생산노동을 면제받는 유한계급과 보수주의

인간의 사회생활은 다른 동물의 생활과 마찬가지로 생존을 위한 투쟁의 과정이다. 따라서 인간생활도 선택적응의 과정이라 할 수 있다. 사회구조의 진화도 제도들의 자연선택과정이었다. 지금까지 형성되었거나 형성중인 인간의 제도나 인간 성격의 진보는 넓게 보면 가장 적합한 사고습관의 자연선택의 결과이자, 인간의 삶을 규정하면서 생성해온 사회와 제도를 점진적으로 변화시켜온 환경에 각 개인들이 억지로 적응해온 과정의 결과라고 할 수 있을 것이다. 제도 자체는 인간의 정신적 태도와 기질을 보편적이거나 지배적인 유형으로 형성시킨 선택과 적응의 결과인 동시에 생활과 인간관계의 특별한 방법이기 때문에, 자연선택의 중요한 요인으로 작용한다. 따라서 그렇게 변화하는 제도들은 바야흐로 최적의 기질을 타고난 개인들을 선택하고, 또 새로운 제도를 형성시킴으로써 변화한 환경에 각 개인의 기질과 습관을 적응시키기도 한다.

인간의 생활과 사회구조의 발달을 규정하는 힘들이 궁극적으로는 생체조직이나 물리적 환경이라는 용어로 환원될 수 있다는 것은 의심의 여지없는 사실일 것이다. 그러나 한편으로 본 논의의 목적을 감안한다면, 이런 힘들은 부분적으로 인간적일 수도 비인간적일 수도 있는 환경이나 많건 적건 일정한 육체적 정신적 조건을 구비한 인간 자체라는 용어로써 가장 잘 표현될 수도 있을 것이다. 전체적으로 그리고 평균적으로 볼 때, 인간 자체도 다소 가변적이긴 하지만 요컨대 '환경적응에 유리한 변종이 자연선택을 통해서 보존된다'는 법칙을 따를 수밖에 없다는 사실도 의심의 여지가 없다. 유리한 변종의 선택은 아마도 상당 부분 인종적인 전형의 선택적 보존을 통해서 이루어질 것이다. 다양한 인종적 요소를 함께 구비한 사람들로 구성된 모든 사회의 변천사를 보면 특정 시기 동안 지속성이 있고 상대적으로 안정된 몇 가지 형태의 신체나 기질들 중에서 한두 가지 정도가 지배적인 것으로 나타난다. 어느 특정 시기에 위력을 발휘하는 제도와 상황은 특정한 유형의 성격에 좀더 강한 생존능력과 지배력을 부여할 것이고, 이런 식으로 선택된 유형의 인간은 과거로부터 물려받은 제도를 유지하거나 개선하여 되도록이면 자신의 취향에 맞도록 제도를 변화시킬 것이다. 그러나 상대적으로 안정된 유형의 성격과 사고습관 사이에서 이루어지는 자연선택과정과는 별도로, 지배적인 언어나 습관 따위의 인종학적 전형이나 그것의 특징을 구성하는 일반적인 성향들 내에서도 사고습관의 선택적 응과정이 동시에 진행되고 있다는 것은 의심할 여지가 없다. 물론 상대적으로 안정된 유형들 사이의 자연선택과정에서 사회구성원 중 누군가의 근본적인 성격이 변이될 수 있을 것이다. 그러나 그 유형들의 범위 내에서 이루어지는 세부적인 적응과정에서, 그리고 주어진 어떤 사회관계나 그런 관계들의 집합에 대한 특수한 습관적 견해들 간에 이루어지는 선택과정에서도 변이가 발생할 수 있다.

그럼에도 본 논의의 목적에 비추어볼 때, 적응과정의 성격에 대한 질문은, 그 과정이 주로 안정된 유형의 기질이나 성격들 사이의 단순한 선택과정이든 아니면 변화하는 환경에 대한 인간들의 사고습관의 적응과정이든 상관없이 '제도는 어떤 방식으로든 변하고 발달한다'는 사실에 비하면 중요한 문제가 아니다. 제도의 본성은 이처럼 변화하는 환경의 자극에 반응하는 습관적인 방법이라 할 수 있기 때문에 환경이 변하면 제도도 변할 수밖에 없다.

무릇 제도의 발전은 곧 사회의 발전이다. 제도는 실질적으로 개인과 사회의 특별한 관계와 기능을 지배하는 사고습관이라 할 수 있다. 그리고 어떤 사회의 발달과정에서 어떤 시점과 지점에서 위력을 발휘하는 제도들의 집합으로 구성되는 생활양식의 성격은 심리적인 측면에서 지배적인 정신적 태도 내지 지배적인 삶의 논리로 광범위하게 규정될 수 있을 것이다. 생활구조의 일반적인 특색과 관련된 이러한 정신적 태도나 삶의 논리는 최근의 분석에 따르면 '지배적인 성격유형'이라는 용어로 요약될 수 있을 것이다.

오늘날의 상황은 사물에 대한 남자들의 습관적인 견해에 영향을 끼치면서 과거로부터 전승된 관점이나 정신적 태도를 변화시키고 강화시키는 선택적이고 강압적인 과정을 통해서 내일의 제도를 규정하고 있다. 남자들의 생활을 주도하는 사고습관이라고 말할 수 있는 제도는 멀지 않은 혹은 아득히 먼 옛날부터 이런 방식으로 수용되었지만, 하여간 과거부터 구체적으로 가다듬어져 전승된 것이다. 제도는 과거에 만들어진 것이고 과거의 환경에 적응한 결과이기 때문에 현재에 필요한 요건들과 완벽하게 어울리기는 불가능하다. 이러한 선택적응의 과정은 그 성격상 언제 어느 사회에서나 발견되는 점진적으로 변하는 상황을 결코 따라잡지 못한다. 왜냐하면 적응을 강제하고 선택을 강행하는 환경, 상황, 삶의 긴박성이 매일같이 변하기 때문이다. 또한 한 사회에서도 연속적으로 발생하는 긴급 상황들도 일단 그 상황이 성립되자마자 낡고 진부한 것으로 변해버리는 경향이 있기 때문이다. 발전과정에 있는 한 단계가 일단 확립되면 그 단계 자체는 새로운 적응을 요구하는 상황의 변화에 필요한 조건을 조성한다. 그 단계는 변한 상황에 적응하는 과정에서 다시 새로운 단계로 나아가기 위한 출발점이 되는데, 이런 식으로 적응과 변화의 과정이 끝없이 계속된다.

　현재 공인된 삶의 체계를 형성하는 제도가 오늘날의 상황에 완전히 들어맞지 않는다는 말은, 지루하고 뻔하게 들릴지도 모르지만, 사실이라 할 수 있다. 그와 동시에 현재 남자들의 사고습관은 환경에 의해서 강제로 변하지 않는 한 무한히 지속되는 경향이 있다. 그렇게 전승된 제도, 사고습관, 관점, 정신적 태도와 기질은 그것들 자체가 보수적인 요인으로 자리 잡는다. 이런 경향을 주도하는 사회적 타성 내지 심리적 관성도 보수주의의 요인이라 할 수 있다.

사회구조는 상황이 변함에 따라 자체적으로 변화하고 발달하면서 변한 상황에 적응한다. 이 과정은 단지 몇몇 사회계급의 사고습관의 변화와 더불어, 아니면 사회를 구성하는 개인들의 사고습관의 변화와 더불어 진행된다는 것이 최근의 분석결과이다. 과거의 환경에서 형성되고 그 환경에 적응한 사고습관을 더 이상용납하지 않을 새롭고 상이한 환경의 압력을 받는 개인들에게 사회의 진화는 본질적으로 정신적인 적응과정이다. 여기서 이 논의의 당면 목적을 감안하면, 이런 적응과정이 지속력 있는 인종학적 전형의 선택과 생존의 과정이냐 아니면 획득한 형질에 대한 개인의 적응과정과 그 형질의 유전과정이냐 하는 문제를 중요시할 필요는 없을 것이다.

특히 경제이론의 관점에서 보면 사회의 진보는 "외부관계에 대한 내부관계의 적응"이 거의 완벽하게 이루어지는 시점까지 지속적이고 점진적으로 진보하는 과정으로 보인다. 그러나 "외부관계들"은 점진적으로 진행되는 "내부관계들"의 변화결과에 따라서 부단히 변할 수밖에 없기 때문에 적응은 결코 완벽하게 이루어지지 않는다. 그러나 진보의 정도는 적응능력에 따라 높아지거나 낮아질 수 있다. 남자들의 사고습관은 상황이 변하면서 발생하는 긴급사태에 다시 적응하지 않으면 안 된다. 그러나 그런 긴급 상황에 대한 사고습관의 재적응은 언제나 마지못해 느리게, 그것도 공인된 관점들이 더 이상 존속할 수 없는 상황의 강압을 받고나서야 겨우 이루어질 뿐이다. 변화된 환경에 대한 제도와 습관적인 관점의 재적응은 외부의 압력에 대한 반응으로 이루어진다. 그 반응은 본성상 외부자극에 대한 반응이다. 따라서 재적응의 자유와 능력 즉 사회구조의 성장에 필요한 능력은, 일정한 시기에 주어진 상황이 사회를 구성하는 개인들에게 행사하는 자유의 정도—개인들이 환경의 강제적인 구속력에 노출되는 정도—에 따라 대단히 달라질 수 있다. 만약 사회의 일부 구성원 또는 어떤 계급이 무언가 본질적인 면에서 환경의 강제력이 미치지 않는 위치에 있다면, 그들은 변화한 일반적인 상황에 그들의 관점과 생활양식을 훨씬 더 느리게 적응시킬 것이다. 그 결과 사회의 이행과정은 더욱 지연되는 경향을 보이게 될 것이다. 부유한 계급은 그처럼 변화와 재적응을 강요하는 경제(환경)의 강제력이 미치지 않는 곳에 위치한다. 그리고 특히 현대 산업사회에서 제도의 재조정을 요구하는 강제력은 최근의 분석에 따르면 거의 전적으로 경제의 본성이 지닌 강제력이다.

모든 사회는 이른바 경제적 제도라고 불리는 것들로 조성된 구조 즉 산업메커니즘 내지 경제메커니즘으로 간주될 수 있다. 이런 제도는 사회가 물리적인 생활환경과 접촉하면서 수행하는 습관적인 생활방법이다. 이렇게 주어진 환경에서 인간이 활동을 전개하는 일련의 방법들이 이런 식으로 구체화되었다면 사회생활은 그 사회가 지닌 어떤 능력과 더불어 이러한 습관적인 방향으로 표현될 것이다. 사회는 과거로부터 전수되어 경제적 제도에 통합된 생활방법을 가지고 목적을 달성하기 위하여 환경의 강제력을 활용하게 될 것이다. 그러나 인구가 증가하고 자연의 강제력에 대처하는 인간의 지식과 기술이 확대되면서, 집단의 구성원들이 서로 관계하는 습관적 방법과 집단 전체가 생활하는 습관적 방법은 더 이상 이전과 동일한 결과를 낳지 못할 뿐 아니라, 생활의 조건 역시 다양화된 구성원들에게 이전과 동일한 방식으로 동일한 효과를 발휘하게끔 분배되거나 할당되지 못할 것이다. 비록 과거의 환경에서 집단의 생활양식이 환경으로부터 얻을 수 있는 최상에 가까운 효율성과 편리성을 생활에 제공했다 하더라도, 변화된 환경에서는 그만큼의 효율성과 편리성을 제공하지 못할 것이다. 물론 인구, 기술, 지식 같은 조건들이 변한다고 해서 전통적인 생활양식의 편리성이 이전의 조건들 하에서보다 낮아지지는 않을 것이다. 그러나 환경이 변할 때마다 전통적인 생활양식도 그 환경에 맞게 변한다면 생활의 편의를 도모할 기회도 이전보다는 늘 줄어들 것이다.

집단은 개인들로 구성되고, 집단의 생활 역시 적어도 표면적으로는 개별적으로 수행되는 개인들의 생활이다. 집단이 인정하는 생활양식은 집단을 구성하는 대부분의 개인이 올바르고 좋고 편리하고 아름답다고 인정하는 생활이다. 환경에 대처하는 방법을 변화시킨 생활의 조건들을 재분배한다고 해서 집단의 전반적인 생활의 편리성도 균등하게 변하지는 않는다. 변화된 조건들은 집단 전체의 생활의 편리성을 증진시킬 수 있지만, 그 조건들을 재분배하는 과정은 흔히 집단의 일부 구성원들의 생활의 편리성이나 만족도를 감소시키는 결과를 낳기도 한다. 기술적인 방편이나 인구 산업조직이 변화된 산업방식에 편리하고 효과적으로 도입될 수 있을 만큼 진보하면 사회구성원 중에서 적어도 일부는 생활습관을 바꾸지 않으면 안 될 것이다. 그리되면 그들은 올바르고 아름다운 생활습관에 대한 기존의 통념을 계속 유지할 수 없을 것이다.

생활습관과 습관적인 인간관계를 변화시켜야 할 필요성을 느끼는 사람은, 새롭게 발생한 긴박한 상황이 그에게 요구하는 생활방식과 그에게 익숙한 전통적 생활양식이 서로 어긋난다는 느낌을 받을 것이다. 이런 상황에 처한 개인들은 기존의 생활양식을 개량하려는 의지를 가장 강하게 품고 새로운 기준을 수용하라는 설득을 가장 쉽게 받아들인다. 또한 그런 남자들은 생활수단을 마련할 필요성 때문에 그런 상황에 처하게 된다. 생활양식의 재조정을 강요하는 환경이 집단에 가하는 압력은 더 많은 금력과시를 요구하는 절박한 상황 속으로 집단의 구성원들을 내몬다. 그런 절박한 상황에서 외부강제력은 대개 금력과시를 어렵게 만드는 위기 혹은 경제적 위기로 해석된다. 그리고 현대 산업사회에서 제도들을 재조정할 수 있는 강제력들은 대부분 경제의 강제력에서 나온다고 말할 수 있다. 좀더 구체적으로 말하면, 이러한 강제력은 금력과시를 강요하는 압력의 형태를 취한다는 것이다. 여기서 그처럼 신중히 고려되는 재조정은 근본적으로 좋은 것과 옳은 것을 선택하는 사람들이 관점을 변화시키는 과정이다. 그리고 사람들은 대개 금력과시의 절박성이 야기하는 압력을 받는 경우에 좋은 것과 옳은 것에 대한 사람들의 견해를 변화시키게 된다.

인간의 삶에 좋은 것과 옳은 것에 대한 사람들의 관점이 변하는 속도는 언제 어디서나 느리기 마련이다. 이른바 진보라고 불리는 방향—다시 말해서 모든 공동체의 사회적 진화의 출발점으로 이해될 수 있는 고대로부터 시작된 분화의 방향—으로 진행되는 변화는 특히 더 느리다. 반면에 한 인종에게 익숙한 습관이 형성된 먼 과거의 어떤 출발점으로 역행하는 퇴보는 진보보다 더 쉽게 이루어진다. 이러한 발전이 시작된 과거의 출발점에서는 주류 인종들에게 배척당한, 이질적인 기질을 소유했던 유형의 인종은 이후에도 주류 인종들 대신에 이러한 발전을 주도하지 못하면 특히 더 퇴보하기 쉽다.

서구문명의 생활사에 현대 문화 바로 직전의 문화단계는 본서에는 외견상 평화적인 문화라고 부른 단계이다. 이처럼 외견상 평화적인 문화에서 신분의 법칙은 생활양식을 지배하는 특징이다. 오늘날 남자들도 그 단계를 특징짓는 지배적인 주인이나 굴종적인 하인 같은 정신적인 태도로 역행하기가 얼마나 쉬운지는 여기서 새삼 지적할 필요가 없을 것이다. 그런 경향은 이처럼 좀 더 뒤늦게 발생한 절박한 상황에 완전히 적응한 사고습관에 의해 결정적으로 퇴출되었다기보다는 오늘날 발생하는 절박한 경제적 상황이 발휘하는 모호한 억지력에 의해 억제된다고 말할 수 있을 것이다. 경제의 진화과정에서 나타나는 약탈적이고 외견상 평화적인 단계의 문화들은 서구문화지역의 인구를 구성하는 모든 주요한 인종적 요소들의 생활사를 통해서 장기간 유지되어 온 것으로 보인다. 그리하여 그런 단계의 문화에 적합한 기질과 성향은, 뒤이어 발달하는 사고습관을 유지시키는 그 문화의 강제력이 미치지 않는 어떤 계급이나 공동체의 심리학적 구조의 광범위한 특징들마저도 불가피하게 그 문화에 상응하게끔 신속하게 전환시킬 수 있을 만큼 강한 지속력을 획득하기에 이른다.

개인 또는 심지어 유력한 남자들의 집단은 좀더 발달한 산업문화로부터 격리되어 좀더 발달이 늦은 문화적 환경 또는 좀더 원시적인 성격의 경제적 상황에 노출되면 약탈적 유형을 띠는 인종의 전형적인 정신적 특징으로 재빨리 역행하는 모습을 보인다는 사실은 이미 잘 알려져 있다. 그리고 아마도 유럽인들 중에서 찾아볼 수 있는 장두금발의 요소는 서구문화와 결부된 다른 인종적인 요소들보다 야만문화로 역행하기 훨씬 더 쉬운 자질을 내포하고 있는 듯이 보인다. 소규모로 진행되는 그런 역행의 예는 최근에 진행된 이민의 역사와 식민화의 역사 속에서 흔히 찾아볼 수 있다. 여기서 약탈문화의 대표적인 특징이라 할 수 있는 국수주의적인 애국심을 반대하는 듯이 보일 수도 있다는 두려움을 무릅쓰고 현대 사회에서 자주 발견되는 가장 충격적인 역행의 증거들 중에서도 대표적인 것을 찾아보자면, 역행이 비록 엄청나게 대대적으로 진행되진 않았지만 그래도 통상적으로 볼 때 대규모로 진행된 아메리카 대륙의 식민화가 좋은 예일 것이다.

* * *

유한계급은 현대적이고 고도로 조직화된 사회라면 어디서나 찾아볼 수 있는 절박한 경제적 압력을 크게 받지 않는 위치에 있다. 생계수단을 얻기 위한 절박한 투쟁은 다른 계급들에게는 가혹한 일일지 몰라도 유한계급에게만큼은 그리 고통스런 일이 아니다. 따라서 우리는 사회계급들 가운데서도 이처럼 특권적인 지위를 차지하는 유한계급만큼은, 제도를 더욱 발달시키고 또 변화된 산업상황을 재조정하는 상황의 요구사항에 대해서 최소한의 책임을 질 수 있는 계급이 되리라고 기대할 수 있을 것이다. 무엇보다도 유한계급은 보수적인 계급이다. 사회에서 일반적으로 발생하는 절박한 경제적 사태들은 유한계급의 구성원들에게 거침없이 혹은 직접적으로 충격을 주지 못한다. 그들은 완전한 의미에서 산업사회를 구성하는 유기적인 부분이 아니기 때문에, 재산이나 금력을 상실하지 않기 위해서, 외부세계와 관련하여 변화된 산업기술의 요구사항에 부합하는 그들의 이론적 견해와 생활습관을 억지로 바꿀 필요가 없다. 그러므로 이처럼 절박한 경제적 사정들은 유한계급 구성원들로 하여금 기존의 질서를 그처럼 쉽사리 어기게 만들지는 못한다. 왜냐하면 기존의 질서야말로 그들로 하여금 습관화된 생활관과 생활방법을 포기하게 만들 수 있는 유일한 질서이기 때문이다. 사회의 진화와 관련하여 유한계급이 담당하는 임무는 진화의 운동을 지연시키고 과거의 것들을 보존하는 일이다. 그러나 이 명제는 결코 신기하지도 않고 오래 전부터 일반인들이 알고 있던 상식의 하나에 불과하다.

'부유한 계급의 본성은 보수적이다'라는 유력한 명제는, 문화의 발전과정에서 부유한 계급이 차지하는 입지와 인간관계에 대한 이러저런 이론적인 견해의 도움을 특별히 받지 않더라도 일반인들 사이에도 널리 인정을 받아왔다. 이 계급의 보수주의에 관하여 제시되는 설명들은 주로 '이 계급은 기존의 조건을 유지하고 무익한 기득권을 지키기 위해 혁신을 반대한다'라는 투의 시샘어린 설명일 경우가 많다. 그런데 이러한 설명은 어떤 무익한 동기에 대해서도 책임을 묻지 않고 있다. 사실 문화적 양식의 변화에 대한 이 계급의 반감은 본능적인 감정일 뿐 아니라, 이 계급의 첫째가는 관심사도 물질적인 이해타산이 아니다. 그러한 반감은 기존에 받아들여지고 있는 행동방식이나 세계관에서 비롯된 본능적인 반발심이요, 모든 남자들에게 공통적이어서 오로지 환경의 압력에 의해서만 극복될 수 있는 반발심이다. 그들은 생활습관, 사고습관과 관련된 모든 변화를 성가시게 여긴다. 부자들과 보통사람들 간에 보이는 이러한 관심사의 차이는 보수주의를 자극하는 동기의 차이가 아니라 변화를 촉구하는 경제의 강제력에 노출되는 정도의 차이에서 비롯된다. 부유한 계급의 구성원들은 혁신의 필요성을 느끼지 못하기 때문에 다른 계급의 구성원들에 비해서 혁신의 요구를 쉽사리 수용하지 않는다.

이러한 부유한 계급의 보수주의는 너무나 확고한 면모를 띠는 나머지 심지어 존경받을 만한 표시로까지 인정받기에 이른다. 그리하여 보수주의는 갈수록 더 부유한 사람의 성격이 되고 사회에서도 더욱 존경받는 요인이 됨으로써 명예롭거나 고상한 어떤 가치를 획득하기에 이른다. 보수주의는 또한 보수적인 견해를 옹호하는 것은 존경받을 만한 우리의 관념에도 당연히 포함되는 것으로 여겨지면서 규범화되기에 이른다. 그리하여 보수주의는 사회적 명성의 관점에서 비난당하지 않는 생활을 영위하고자 하는 사람이라면 누구나 불가피하게 져야 할 의무로 자리 잡는다. 상류계급의 특성이 된 보수주의는 이제 품위 있는 예의로 여겨지고, 반대로 하류계급에서 나타나는 현상인 혁신은 비천한 것으로 취급받는다. 우리가 모든 사회개혁가들에 대해서 그런 본능적인 반발심과 적대감을 느끼는 첫째가는 요인이자 가장 무분별한 요인은 이처럼 혁신적인 것에는 본질적으로 비천한 성격이 깃들어 있다는 감각이다. 따라서 심지어는 개혁가의 대변인이 되는 것을 본질적으로 가치 있는 일로 인식하는 사람도 나타날 것이다. 특히 개혁가가 퇴치하기 위해 애쓰는 악들이 시간적으로나 공간적으로나 인간적으로나 접촉하기 어려울 만큼 멀리 있을수록 그런 대변자들이 나타나기 쉽다. 그러나 여전히 개혁가는 생각만 해도 불쾌한 사람이라거나 사회적으로 접촉을 피해야 하는 사람이라는 사실밖에 느끼지 못하는 사람도 존재한다. 그런 사람에게 개혁은 바람직하지 못한 형식으로 보이기 때문이다.

부유한 유한계급의 관례, 행동, 관점이 사회의 다른 계급의 행동을 규정하는 규범적인 성격을 획득한다는 사실은 유한계급의 보수적인 영향력에 무게를 더하고 그것이 미치는 범위를 넓혀준다. 그리하여 그들을 추종하는 것이 모든 명망 있는 사람들의 의무로 자리 잡기에 이른다. 그 덕분에 훌륭한 형식의 화신으로 대접받는 높은 지위를 차지하게 된 부유한 계급은 사회발전을 지연시키기 위하여 단순히 그 계급성원의 머릿수만으로 발휘할 수 있는 영향력을 훨씬 상회하는 영향력을 행사하기에 이른다. 그러한 규범적인 선례는 다른 계급으로 하여금 모든 개혁에 맞서 더욱 강력하게 저항하도록 만듦과 동시에, 모든 사람으로 하여금 이전 세대로부터 계승된 바람직한 제도에 애착심을 갖게 만든다.

유한계급의 영향력이 동일한 방향으로 작용하는 두 번째 방식은 전통적인 생활양식을 시대의 절박한 사정에 적응하지 못하게 만드는 장애물을 모색하는 것이다. 상류계급이 주도하는 이 두 번째 방식은 앞서 말한 새로운 사고방식에 반대하는 본능적인 보수주의, 반감과 확실히 일치한다고 할 정도로 동일한 범주에 포함될 수는 없을 것이다. 그러나 그 방식이 사회구조의 혁신과 발달을 지연시키는 보수적인 사고습관과 많은 공통점을 가지고 있다면 여기서도 다루어볼 수 있을 것이다. 일정한 시기나 사람들 사이에서 유행하는 예절, 관습, 관례와 같은 규약은 어느 정도 유기적인 전체를 구성하는 성질을 가지고 있기 때문에, 그 구성체계의 한 부분에서 뚜렷한 변화가 발생하면 체계 전체를 재조직하지는 못하겠지만 다른 부분에서도 어떤 변화나 재조정을 유발한다. 어떤 변화가 체계의 약한 부분에만 영향을 미칠 경우, 그에 따라 발생하는 관습들의 구조적 교란은 즉시 눈에 띄지 않을 정도로 미미할 것이다. 하지만 그런 경우조차도 좀더 장기적인 관점에서 보면 전반적인 체계에 얼마간의 교란이 뒤따른다고 보는 편이 나을 것이다. 다른 한편으로, 시도된 어떤 개혁이 전통적인 체계를 구성하는 가장 중요한 제도를 금지하거나 전면적으로 개조하는 결과를 초래할 경우, 그 즉시 체계 전체에 심각한 교란이 발생할 수 있다는 사실이 감지될 것이다. 또한 그 체계의 중요한 요소들 중 하나로 채택된 새로운 형식의 구조를 재조정하는 과정은, 비록 그 과정이 의심받지는 않더라도, 고통스럽고 지루하게 느껴질 것이다.

그렇듯 전통적인 생활양식의 어떤 특징과 관련된 급격한 변화과정에 등장할 수 있는 난관들은 서양의 모든 문명국가에서 일부일처제도, 부계중심제도, 사유재산제도, 유일신론적인 신앙 등을 금지하거나 폐지하는 과정만 살펴보아도 확인할 수 있을 것이다. 아니면 중국의 조상숭배 전통이나 인도의 카스트제도가 영향력을 잃어가는 과정, 혹은 아프리카에서 노예가 사라져가는 과정이나 이슬람 국가들에서 남녀간의 성적 평등이 확립되는 과정 역시 급격한 변화가 얼마나 어려운지를 엿볼 수 있는 사례들이다. 전반적으로 이 모든 과정에서 전통적인 관습의 구조적 교란이 매우 심각할 수도 있음을 여기서 더 상세히 논의할 필요는 없을 것이다. 그런 개혁이 효과를 발휘하려면, 당장 문제가 있는 생활양식의 취약 부분은 물론 다른 부분들에서도 매우 장기적이고 광범위한 남자들의 사고습관의 변화가 뒤따라야 할 것이다. 그와 같은 개혁이나 혁신에 대한 반감은 본질적으로 이질적인 생활양식을 기피하는 데까지 이르게 된다.

기존의 생활방식을 탈피하라는 주장에 대해서 선량한 사람들이 느끼는 반발심은 일상생활에서도 익숙하게 경험할 수 있는 사실이다. 흔히 사회에 유익한 충고나 훈계를 한답시고 영국 국교회 폐지, 이혼절차 간소화, 여성참정권 승인, 알코올성 음료 제조 및 판매 금지, 유산상속의 폐지 또는 제한조치 같은 비교적 사소한 변화들이 사회에 치명적인 악영향을 장기적이고 광범위하게 미칠 것이라며 열변을 토하는 사람들을 우리는 심심찮게 접할 수 있다. 그들은 이 모든 개혁들이 "사회구조를 뿌리부터 뒤흔들 것"이라거나, "사회를 혼란에 빠뜨릴 것"이라거나, "도덕성의 기반을 뒤엎어버릴 것"이라거나, "삶을 각박하게 만들 것"이라거나, "자연의 질서를 교란시킬 것"이라거나 하면서 비난을 그치지 않는다. 이렇듯 다채로운 상투어들은 모두 의심할 여지없이 과장된 성격을 갖고 있기 마련이다. 그러나 다른 모든 과장된 상투어들과 마찬가지로 이런 비난들은 그렇게 비난하는 자들 역시 자신들이 묘사하려는 결과의 심각성을 생생하게 느끼고 있다는 증거이다. 개혁과 마찬가지로 이러한 비난들도 기존의 공인된 생활양식을 교란시키는 효과를 발휘한다. 이런 효과는 사회를 구성하는 남자들의 편의를 위해 고안된 일련의 항목들 중에서 단순히 단 하나만 변화시키는 것보다는 훨씬 더 중대한 결과를 낳는 것으로 느껴진다. 최고로 중요한 개혁이 확실시될수록 그보다 중요성이 떨어지는 눈앞의 변화는 분명하게 실감되지 않는 것이 사실이다. 변화에 대한 거부감은 대개 이미 이루어진 어떤 변화가 필수적으로 요구하는 성가신 재적응에 대한 반감이기 마련이다. 그리고 이러한 기존의 어떤 문화 혹은 인민과 관련된 제도체계의 결속력은 사고습관의 변경을 요구하는―심지어는 그들이 자발적으로 수용한 중요성이 훨씬 떨어지는 변화도 포함한―모든 변화에 대한 남자들의 본능적인 저항감을 강화시킨다.

이처럼 제도들 사이에 존재하는 결속력에 의해 증대된 거부감 때문에 사람들이 변화와 개혁에 재적응하려면 다른 어떤 경우보다도 많은 심적 에너지를 소비할 수밖에 없다. 기존의 사고습관들을 변화시키려는 노력은 단지 불쾌감만 유발하는 데 머물지 않는다. 기존의 삶의 논리를 재조정하는 과정은 상당한 정신적인 노력, 다시 말해서, 변화된 환경에서 새롭게 취해야 할 태도나 입지를 발견하고 유지하기 위한 다소 지루하고 힘겨운 노력을 수반한다. 이 과정은 일정한 에너지의 소비도 요구할 뿐 아니라, 특히 그런 노력이 성공하기 위해서는, 일상적인 생존투쟁에 필요한 것보다 훨씬 많은 에너지를 소비해야 할 것이다. 그 결과 사치스런 삶 못지않게 영양부족과 과도한 육체노동 역시 진보의 기회를 봉쇄하고 불만을 진압함으로써 효과적으로 진보를 저지할 수 있다는 견해가 등장한다. 일체의 에너지를 일상적인 생존투쟁에 쏟아부어야 하는 절대빈곤자들은 내일을 생각할 여유조차 없기 때문에 보수적일 수밖에 없다. 동일한 맥락에서, 부유한 사람들은 현재의 상황에 불만을 거의 느끼지 못하기 때문에 보수적일 수밖에 없다.

이러한 명제로부터, '유한계급제도는 가능하면 하류계급의 생존수단까지 박탈하여 하류계급의 소비력과 가용 에너지를 축소시킴으로써 하류계급을 보수화시킬 뿐 아니라 새로운 사고습관을 배우고 거기에 적응하려는 하류계급의 노력마저 불가능하게 만든다'는 논리가 도출될 수 있다. 이 논리는 '금력이 강한 상류계급이 부를 축적할수록 금력이 약한 하류계급은 더욱 심한 궁핍과 박탈감에 시달린다'는 의미를 내포하고 있다. 그리고 어디서나 찾아볼 수 있는 민중의 궁핍과 박탈감이 모든 개혁을 가로막는 심각한 장애요인이 될 수 있다는 논리는 이미 상식에 가깝다.

부의 불평등한 분배는 이처럼 개혁을 가로막는 직접적인 억제효과를 발휘한다. 이 억제효과는 동일한 결과를 가져오는 간접적인 효과의 뒷받침을 받는다. 앞에서도 보았듯이, 명성획득규범을 고정시키는 과정에서 상류계급이 선보인 절대적인 선례는 과시적 소비를 부추긴다. 물론 모든 계급들 사이에서 체면유지 기준의 주요 구성요소 중 하나로 유행하는 과시적 소비가 부유한 유한계급이 선보인 선례에 전적으로 기원을 두고 있는 것은 아니지만, 그런 선례가 과시적 소비를 위한 행위와 집착을 강화한다는 것만은 의심할 여지없는 사실이다. 이와 관련하여 체면유지에 필수적인 요건들은 매우 중요하고 절대적인 위력을 발휘한다. 그에 따라 생계에 필요한 것보다 훨씬 많은 재화를 소비할 수 있을 만큼 넉넉한 금력을 보유한 계급들 중에서는 좀더 시급한 육체적 욕구를 충족시키고 남은 여유자금을 육체적인 안락이나 생활의 만족을 더하는 데 사용하기보다는 품위과시용으로 전용하는 경우를 심심찮게 볼 수 있다. 나아가 그렇게 전용 가능한 잉여 에너지 역시 과시적 소비나 과시적 축재를 위한 재화획득에 전용되기 쉽다. 그 결과 금력과시적 명성획득에 필수적인 요건들은 (1)생계조차 어려운 처지에서도 과시적 소비를 위한 금전만큼은 남겨두게 만들고, (2)당장 부족한 의식주를 해결하고 남은 모든 가용 에너지를 흡수해버리는 경향이 있다. 그리하여 사회전체에 걸쳐 일반적인 보수적 태도를 강화하는 결과를 낳는다. 유한계급 제도는 직접적으로는 (1)그 계급 특유의 타성을 통해서, (2)과시적 낭비와 보수주의의 규범적인 선례를 선보임으로써, 간접적으로는 (3)그 제도 자체가 의존하고 있는 부와 생계수단의 불평등한 분배체계를 통해서 문화의 발전을 방해한다.

여기에는 유한계급 역시 과시적 소비에 필요한 금전이나 물자를 남기기 위한 물질적인 관심을 가지고 있다는 사실이 추가될 수 있을 것이다. 유한계급은 이런 환경이 지배하는 시대라면 언제나 특권적인 지위를 누리기 때문에, 기존의 질서를 벗어나는 모든 행위는 그 계급에 이익을 주기보다는 손해만 끼치는 것으로 간주될 것이다. 그 계급의 태도는 순전히 그 계급 자체의 관심사에만 영향을 받기 때문에 그대로 방치되고 있는 것이 분명하다. 하지만 바로 이러한 계급적 관심의 동기가 그 계급의 강력한 본능적 편견을 강화시킴으로써 다른 어떤 계급보다도 훨씬 더 완고한 보수주의적 성향을 갖게 만든다.

이 모든 설명은 물론 사회구조 속에서 보수주의 혹은 기득권의 대변자이자 매개자인 유한계급의 직무를 찬양하거나 비난하기 위한 방편은 결코 아니다. 그 계급이 수행하는 방해활동은 유익할 수도 있고 반동적일 수도 있다. 여기서 어느 경우에 어느 쪽이 옳으냐 아니냐 하는 문제는 일반론의 문제라기보다는 결의론(決疑論, casuistry)[15]의 문제이다. 물론 보수적인 요인의 대변자들이 흔히 표현하는 (정책적인 문제에 관한) 견해도 일리가 있을 수 있다. 그들은 보수적인 부자계급들이 개혁에 맞서 그처럼 본질적이고 끈질기게 저항하지 않았다면, 사회개혁과 새로운 실험

---

15 일상적인 사건이나 사물의 옳고 그름을 구별하기 위하여 만든 잠정적인 규약체계. 보통 옳은 행위를 엄밀하게 정의된 법체계에 대한 순응으로 간주하는 윤리개념과 관계가 있다.-옮긴이

은 사회를 더 이상 유지하거나 견딜 수 없는 상황으로 몰아갈 것이고 결국에는 불평분자들을 양산하고 재앙만 부르고 말 것이라고 주장한다. 그럼에도 이 모든 주장은 현재 진행 중인 논의를 벗어나는 것이다.

급진적인 개혁을 그처럼 필사적으로 견제하려는 노력에 대한 모든 비난이나 문제제기에도 아랑곳하지 않는 본성을 지닌 유한계급은 이른바 사회의 진보 혹은 발전이라고 불리는 환경에 대한 재적응을 지연시키기 위한 노력을 중단하지 않는다. 이러한 유한계급의 특징적인 태도는 "존재하는 것은 모두 옳다"라는 격률(格率)로 요약될 수 있을 것이다. 반면에 인간의 제도에도 적용될 수 있는 자연선택의 법칙은 "존재하는 것은 모두 틀렸다"라는 원칙을 제시한다. 오늘날 생활의 목적에 비추어 보면 오늘날 존재하는 제도들이 모두 틀린 것은 아니지만, 사물의 본성에 비추어 보면 언제나 어느 정도 틀린 측면이 있다. 제도는 지나간 발전 과정 중의 어느 한 시점에서 우세했던 상황에 생활방식이 불충분하게 적응한 결과물이기도 하다. 따라서 제도는 과거의 상황과 현재의 상황을 가르는 격차 이상의 어떤 것 때문에 틀린 것이다. 물론 여기서 "옳은 것"과 "틀린 것"은 그 당위성 여부에 대한 어떤 반성도 없이 판단된다. 그런 판단들은 그저 (도덕적으로 완전히 중립적인) 진화론의 입장에서 적용되고, 효과적인 진화과정에 적합한 것과 부적합한 것을 지적하려는 경향이 있다. 유한계급제도는 계급의 세력과 본능의 힘으로, 그리고 교훈과 규범적인 선례에 편승하여 기존 제도의 불완전성을 영구적인 것으로 만들 뿐 아니라 심지어 더욱 오래되고 낡은 생활양식으로 회귀하는 반동을 모색하기까지 한다. 그런 낡은 생활양식은 좀더 가까운 과거로부터 계승되고 공인된 낡은 생활양식보다도 당장 절박한 생활환경에 대한 적응을 훨씬 더 어렵게 만들 수도 있다.

이로써 바람직하게 여겨지는 옛 방식들의 보존과 관련하여 할 말은 다한 셈이지만, 여전히 제도는 변화와 발전을 거듭하고 있다는 사실만큼은 변하지 않는다. 관습과 사고습관 역시 누적적으로 성장하고 있고, 전통과 생활방식의 자연선택(또는 자연도태) 과정도 여전히 진행되고 있다. 이러한 발달과정을 선도하면서 지연시키기도 하는 유한계급의 직무에 관해서도 좀더 언급할 필요가 있을 것이다. 하지만 여기서는 유한계급의 직무가 일차적이고 즉각적으로 경제적 성격을 띠는 제도들에 영향을 미친다는 말을 제외하면 그 직무와 제도의 발달 사이에 존재하는 관계에 대해서 할 말은 거의 없다. 경제적 구조 자체라고 할 수 있는 이러한 제도들은 경제생활의 두 가지 상이한 목적 중 어느 쪽에 기여하느냐에 따라서 대략 두 가지 부류 내지 범주로 구분될 수 있을 것이다.

고전적인 술어를 동원하여 정의해보면, 그 제도들은 취득제도이거나 생산제도이다. 또한 앞에서 다른 관계들을 설명하기 위해 채택한 용어로 정의하자면, 그 제도들은 금력과시제도이거나 산업제도이다. 그리고 또 다른 용어로 정의하자면, 그 제도들은 경제적 이해관계의 차별화에 기여하거나 평등화에 기여하는 제도들이다. 이들 정의를 기계적인 의미로만 이해한다면, 취득제도·금력과시제도·경제적 차별화에 기여하는 제도는 분명 "사업(또는 경영)"과 관계를 맺을 것이고 생산제도·산업제도·경제적 평등화에 기여하는 제도는 산업과 관계를 맺을 것이 확실하다. 후자의 제도는 대부분 지배계급이 직접 관여하지 않고 그래서 의회나 각종 회의의 중요한 안건으로 상정되는 경우도 드물기 때문에 흔히 제도로 인식되지 않는다. 그런 제도는 주목받더라도 보통 금력과시나 사업의 측면에서 주목받을 뿐이다. 왜냐하면 우리 시대의 남자들, 특히 상류계급이 중요시하는 사안들은 주로 경제생활과 관계된 측면이나 국면이기 때문이다. 이러한 계급은 경제적 현안에 대해서도 사업적인 측면에만 관심을 기울이고, 동시에 그들이 져야 할 중요한 의무 중에 하나는 사회적인 현안을 놓고 심사숙고하는 일이다.

경제적 과정에 대한 유한계급(즉 산업활동을 전혀 하지 않는 유산계급)의 관계는 금력과시적 관계, 다시 말해서, 생산관계가 아닌 취득관계, 봉사관계가 아닌 착취관계이다. 간접적으로 보면 그들의 경제적 직무가 경제생활 과정에서 불가결한 중요성을 띠는 것도 당연하게 보일 수 있다. 물론 나는 여기서 유산계급이나 기업총수들의 경제적 기능을 폄훼할 의도는 결코 없다. 나는 다만 산업과정과 경제제도에 대해서 이들 계급이 맺는 관계의 본성을 지적하고자 할 뿐이다. 그들의 직무는 기생적인 성격을 띠고 있는 까닭에 그들의 관심사는 최대한 많은 자산을 그들만의 용도에 맞게 전용하고 그렇게 독점한 모든 것을 보존하는 것이다. 사업계의 관습들은 이러한 약탈원리나 기생원리의 선택적인 감시감독 아래 발달했다. 그런 관습들은 시간상의 차이는 다소 있겠지만 과거의 약탈문화에서 파생된 소유의 관습이다. 그러나 이러한 금력과시제도들은 지금과는 다소 상이한 과거의 상황에서 발달했기 때문에 오늘날의 상황에 완전히 들어맞지 않는다. 따라서 그 제도들은 금력과시용으로는 기대만큼 큰 효력을 발휘하지 못한다. 산업사회의 삶이 변하면 취득의 방법도 변할 필요가 있다. 그리고 지속적으로 진행되는 산업과정은 개인소득의 원천이기 때문에 금력을 보유한 계급들은 이러한 산업과정과 일치하는 개인소득을 최대한 늘리는 효과를 발휘하게끔 금력과시제도를 적응시키는 데 일정한 관심을 기울인다. 그리하여 유한계급이 주도하는 제도의 발달과정은 유한계급의 경제생활을 규정하는 금력과시라는 목적에 부응하여 어느 정도 일관된 경향을 띠게 된다.

금력에 대한 관심과 금력중심의 사고습관이 제도의 발달에 미치는 영향은 사유재산보호, 계약의 강제집행, 금전거래를 위한 편의시설, 기득권 등을 규정하는 법령과 관습들을 통해서 엿볼 수 있다. 이런 규정들은 파산제도나 재산관리제도, 유한책임제도, 금융제도, 통화제도, 노동자들이나 고용주들의 단결권, 기업합동(trust)제도나 공동출자관리(pool)제도 등에 영향을 미치면서 변화한다. 이런 종류의 사회적 제도장치는 유산계급에 대해서만 그리고 그들이 소유한 자산에 비례하여, 다시 말해서 그들이 유한계급과 어깨를 나란히 할 수 있는 정도에 따라 직접적인 영향력을 발휘한다. 그러나 간접적으로는 이러한 사업 중심의 생활관습들은 산업의 진행과정과 사회적인 삶에 가장 중대한 영향을 미친다. 또한 제도의 발달을 이런 방향으로 이끌어가는 금력보유계급들은 공인된 사회구조를 보존함과 동시에 적합한 산업과정을 규정함으로써 사회의 가장 심각하고 중대한 목적에 이바지하게 된다.

이러한 금력과시제도의 구조화와 개선을 선도하는 당면 목표는 평화롭고 조용한 착취를 더욱 용이하게 만드는 데 있다. 그러나 그러한 착취는 이와 같은 당면 목표를 뛰어넘어 좀더 장기적인 효과를 발휘한다. 사업하기가 좀더 편리해질수록 산업과 산업계 밖의 생활에 존재하는 불안요소를 줄이기 쉬울 뿐 아니라, 일상에서 치밀한 차별화를 요구하는 혼란과 분규를 해소함으로써 금력보유계급 자체를 흘러넘치게 만들 가능도 커진다. 금전거래가 일상화되고 기계화될수록 기업총수는 불필요한 존재로 전락할 수 있다. 이런 과정은 물론 먼 미래에나 완결될 것이다. 현대 제도들의 관심사인 금력과시에 유리하게 작용하는 제도적 개선작업들은 다른 한편으로 기업총수를 "영혼 없는" 주식회사로 대체하는 경향이 있고, 유한계급이 담당하는 중대한 기능인 소유(권)를 불필요한 것으로 만든다. 그러므로 유한계급이 경제제도의 발달에 끼치는 영향 때문에 발생하는 긴장은 간접적으로는 산업에 대해서도 매우 중요한 영향을 끼치게 된다.

9. 고대적 특성의 보존

  유한계급제도는 사회구조뿐 아니라 사회를 구성하는 개인들의 성격에도 영향을 미친다. 생활의 권위적인 기준이나 규준으로 인정된 어떤 성향이나 관점은 곧 그것을 공인한 사회구성원 전체의 성격에도 영향을 미칠 것이다. 그것은 그들의 사고습관을 일정 부분 규정할 것이고 남자들의 적성 및 경향의 발달과정도 선택적으로 감독할 것이다. 그것은 한편으로는 모든 개인들의 습관을 강압적이고 교육적으로 적응시키고 다른 한편으로는 부적합한 개인과 혈통을 선택적으로 도태시킴으로써 이런 감독효과를 발휘한다. 공인된 생활양식이 강요하는 생활방식에 맞지 않는 일부 인적자원들은 억압당하면서 도태되기에 이른다. 금력과시경쟁의 원리와 생산노동면제의 원리는 이런 식으로 생활규범으로 승격하여, 남자들로 하여금 그 규범에 자발적으로 적응하도록 강제하는 상당히 중요한 강압적 요인으로 자리 잡았다.

  과시적 낭비와 생산노동면제라는 이 두 가지 광범위한 원리는 모두 남자들의 사고습관을 지도함으로써, 그리고 제도의 발달을 통제하고 유한계급이 도모하는 생활의 편익에 도움이 되는 인간본성의 어떤 특성들을 선택적으로 보존함과 아울러 사회의 유력한 기질을 통제함으로써 문화발전에 영향을 미친다. 인간의 성격을 직접적으로 규정하는 유한계급제도의 경향은 정신의 생존과 격세유전을 지향한다. 그 경향은 발달이 저지된 정신의 본성 덕분에 한 사회의 기질에 영향을 미칠 수 있다. 특히 후기 문화의 제도일수록 전반적으로 보수적인 경향을 띠게 된다. 이 명제의 내용은 충분히 알려져 있지만, 이것을 현대에 적용할 경우에는 신기하게 보일 수도 있을 것이다. 그러므로 이와 관련된 상식들을 다소 지루하게 반추하고 공식화함으로써 받을 비난을 무릅쓰고라도 이 명제의 논리적 근거들을 요약하여 재검토해보는 것도 의미 있는 작업일 것이다.

사회가 진화하는 과정은 공동생활환경의 압력을 받는 기질과 사고습관이 그런 환경에 선택적으로 적응하는 과정이다. 사고습관의 적응과정은 제도의 발달과정이기도 하다. 그러나 제도의 발달과정에서 좀더 본질적인 성격의 변화가 발생한다. 사람들의 습관은 급변하는 절박한 상황에 따라 변할 뿐 아니라 그렇게 변하는 절박한 상황들은 인간성의 상관적인 변화를 초래한다. 사회의 인적자원 자체는 변하는 생활조건들과 함께 변한다. 최근의 민족학자들은 이런 인간성의 변화과정을 상대적으로 안정되고 지속력이 있는 몇 가지 전형의 인종 혹은 인종학적 요소들 간에 이루어지는 선택적응의 과정이라고 주장한다. 남자들은 인간성의 이런저런 전형으로 역행하거나 바로 그런 전형에 맞게 혹은 어느 정도 근접하게 성장한다. 이러한 인간성을 구성하는 요소의 주요 특성들은 오늘날의 상황과는 상이한 과거의 상황에 거의 적응하여 이미 고정된 것들이다. 서구문화에서는 이처럼 상대적으로 안정된 몇 가지 인종학적 전형을 찾아볼 수 있다. 이 전형들은 견고하고 불변하며 독립적이고 특수한 양상을 보이는 형태가 아니라 어느 정도 다양한 변종의 형태를 띠는 오늘날의 인종학적 유전형질로 잔존하고 있다. 인종학적 전형들로부터 파생된 일부 변종들은 몇 가지 전형과 잡종들이 선사시대와 역사시대에 걸쳐 진행된 문화발달과정에 맞추어 장기간 선택적으로 적응해온 결과 나타난 종들이다. 상당히 지속적이고 일관된 경향을 지닌 선택적 응과정에 부응하기 위하여 전형 자체가 필연적으로 겪을 수밖에 없었던 이런 형질변화는 그동안 인종의 생존에 관해서 논의해온 연구자들로부터 충분한 주목을 받지 못했다. 여기서는 서구문화에 속하는 인종학적 전형들이 이처럼 비교적 느린 선택적응과정을 거치면서 파생시킨 두 가지 주요한 인간성의 변종을 중심으로 논의를 전개하고자 한다. 여기서 특히 흥미로운 점은 이 두 가지 변종 중에서 어느 한쪽의 형질변화를 가속화시키면 어쩌면 오늘날의 상황에도 영향을 줄 수 있을지 모른다는 것이다.

민족학의 입장은 간략히 요약할 수 있을 것이다. 그리고 가장 필수적인 사항을 제외한 나머지 사항들을 언급하는 번거로움을 피하기 위하여 전형들과 변종들의 목록 그리고 그것과 관련이 있는 격세유전과 생존의 대략적인 과정을 다른 목적에는 쓰임

새가 별로 없을 도식적이고 간략한 설명을 통해서 제시해보기로
하겠다. 우리의 산업사회에 속하는 남자는 세 가지 대표적인 인
종학적 전형들 중에서 한 가지 전형에 맞도록 성장하는 경향을
보인다. 우리 문화의 사소하고 예외적인 요소들을 제외하면 장
두금발형, 단두브루넷형(brachycephalic-brunette)[16], 지중해형
이 대표적인 세 가지 전형이라 할 수 있다. 그러나 이들 전형들은
각기 다른 두 가지 전형의 변종—예컨대 평화적인 혹은 전(前)약
탈적인 변종과 약탈적인 변종—중에서 한 변종으로 격세유전하
는 경향을 보인다. 이 변종 중에서도 평화적 혹은 전약탈적 변종
들은 각기 일반적인 전형에 가까운데, 그것들은 고고학자나 심리
학자들이 증거로 동원할 수 있는 최초의 공동생활단계로부터 격
세유전되는 대표적인 전형들이기 때문이다. 이 변종들은 오늘날
문명인들의 조상으로서 약탈문화, 신분제도, 그리고 금력과시경
쟁의 발달에 선행하는 평화적이고 야만적인 생활단계에서 살았
던 사람들일 것이다. 그 전형의 제2의 변종 혹은 약탈적인 변종
은 그런 대표적 전형과 그 잡종들이 좀더 최근에 와서 형질변화
를 겪으면서 살아남은 종으로 생각된다. 이런 전형들은 약탈문화
의 원칙과 그 뒤를 잇는 외견상 평화적인 경쟁문화 혹은 금력과
시문화 아래서 주로 선택적응을 통해 변형되었을 것이다.

일반적으로 인식되는 유전법칙에 따르면 다소 먼 과거의 유
전형질도 살아남을 수 있을 것이다. 평범하거나 평균적이거나 정

---

16 두상이 아래위로 짧고 피부·머리칼·눈동자가 거무스름한 인종.–옮긴이

상적인 상황에서는, 전형이 변하면 전형의 특성들도 최근의 과거
—유전중인 현재라고도 말할 수 있는 과거—에 존재했던 특성들
과 거의 흡사하게 변형된다. 본 논의의 목적에 비추어 보면, 이처
럼 유전중인 현재를 대표하는 문화가 바로 후기 약탈문화와 외
견상 평화적인 문화라 할 수 있다.

문명화된 현대의 남자가 성장해가는 일반적인 방향은 이처
럼 유전이 현재진행중인 최근의 약탈문화 내지 외견상 평화적인
문화를 대표하는 인간성의 변종에 맞추어진다. 이 명제는 야만
시대의 노예계급 혹은 피억압계급의 후손들에 대해서는 어느 정
도 제한적으로 적용되어야 하겠지만, 그런 제한의 필요성은 아마
도 이런 명제가 처음 등장했을 당시보다는 크지 않을 것이다. 모
든 인간들을 고려하면, 약탈적이고 경쟁적인 이 변종은 그리 강
한 일관성과 안정성을 확보하지 못한 듯이 보인다. 다시 말해서,
현대 서양 남자들에게 유전된 인간성은 그것을 구성하는 변형된
적성들이나 성향들의 범위나 상대적인 강도(强度)면에서 일관성
과 통일성을 거의 보이지 못하고 있다. 유전중인 현재의 남자들
은 최근 공동생활의 절박한 목표들에 비추어 볼 때 약간은 구시
대적 인간형이라 할 수 있다. 그리고 변종의 법칙에 따라 현대의
남자들이 되돌아가려는 주요한 전형은 어쩌면 좀더 오래된 인간
성일 것처럼 보인다. 한편 지배적인 약탈적 유형의 기질로부터
변이한 개인들을 통해서 드러나는 격세유전된 특성들을 근거로
판단하면, 전약탈적인 변종은 기질적인 요소들의 분포나 상대적

인 세력 면에서 좀더 큰 안정성과 균질성을 지닌 듯이 보인다.

　개인의 성장을 선도하는 인간형이 초기 변종과 후기 변종으로 가지를 치듯이 유전된 인간성도 가지를 친다. 이러한 인간성의 분기(分岐)과정은 서양인들 중에서 대표적인 둘 내지 세 가지 인간형 사이에서 발생하는 유사한 분기현상과 마찰을 일으키면서 모호해진다. 이러한 사회의 개인들은 실제로 어느 순간에도 지배적인 인종요소들이 가장 다양한 비율로 혼합된 잡종들로 생각된다. 그 결과 그들은 그들을 구성하는 인종학적 전형들 중 한 가지로 퇴행하는 경향을 보인다. 이런 인종학적 전형들은 약탈적인 변종들과 전약탈적인 변종들 사이에서 나타나는 차이와 유사한 기질적 차이를 보인다. 예컨대, 장두금발형은 단두브루넷형보다도 더 많은, 그리고 특히 지중해형보다는 훨씬 더 많은 약탈기질의 특성들—아니면 적어도 폭력성—을 드러낸다. 그러므로 어떤 사회의 제도나 유력한 감정이 약탈적인 인간성으로부터 분기하여 발달했다는 사실이 드러날 경우 그런 분기가 전약탈적인 변종으로의 퇴행을 암시하는 것이라고 단언하기는 불가능하다. 그런 분기는 인간사회에서 "덜 중요한" 인종적 요소들의 지배력이 증대함으로써 가능하기 때문이다. 물론 그 증거는 우리가 원하는 만큼 결정적인 것은 아니라 해도, 적어도 현대 사회의 유력한 기질의 모든 변종들이 안정된 인종학적 전형들의 선택에서 비롯된 것은 아니라는 점만은 시사해주고 있다. 그것은 몇 가지 유형의 약탈적인 변종들과 평화적인 변종들 사이에 어느 정도 분명한 선택이 이루어졌다는 사실을 보여주는 듯하다.

현대 인간의 진화를 설명하는 이러한 개념은 본 논의를 위해 반드시 필요한 것은 아니다. 자연선택적응과 관련된 이러한 개념들을 이용하여 도달한 일반적인 결론들은, 만약 이전의 다윈 (Charles Darwin, 1809~1882)이나 스펜서(Herbert Spencer, 1820~1903)[17]가 사용한 용어들과 개념들을 대신할 수 있다면, 근본적인 진실로 남을 수 있을 것이다. 그렇게 된다면 용어들을 좀더 폭넓게 사용할 수 있을 것이다. 아마도 기질의 변종들을 독특한 인종학적 전형들이라기보다는 단지 어떤 전형의 평범한 변종들 정도로 인정할 민족학자들이라면 "전형(type)"이라는 단어를 그런 기질의 변종들을 지시하는 느슨한 단어로만 사용할 것이다. 좀더 세밀한 구별이 논의의 핵심을 이루는 듯이 보이는 부분에서는 그런 구별의 노력이 문맥 속에서 확연히 드러날 것이다.

따라서 오늘날 인종학적 전형들은 원시적인 인종학적 전형들의 변종이라고 할 수 있다. 그것들은 야만문화의 원리에 따라 일정한 변화를 겪었고 그런 변화된 형태로 어느 정도 고정되기에 이르렀다. 유전중인 현재의 남자는 야만적인 변종, 즉 노예적이거나 귀족적인 변종과 같은 인종학적 요소로 구성되어 있다. 그러나 이러한 야만적인 변종은 최고의 동질성이나 안정성을 구가하지 못했다. 야만문화 즉 약탈적이고 외견상 평화적인 문화단계

---

17 영국의 사회학자이자 철학자. 진화론을 중심으로 지식의 종합을 주장하면서 사회보다는 개인이 우월하고 종교보다는 과학이 우월하다고 설파했다.–옮긴이

는 전체적으로 존속기간은 길었지만, 그 전형을 최대한 고정시킬 정도로 오래 지속되지도 못했고 그 성격 역시 확고하지 못했다. 야만적인 인간성의 변종들은 꽤 자주 출현했다. 그리고 현대의 생활조건들은 야만적인 범형(凡型)으로부터의 이탈을 더 이상 철저히 저지하는 작용을 하지 않기 때문에, 오늘날 이런 변종들은 더 확연히 드러나고 있다. 약탈기질은 현대 생활의 모든 목적에 부응하지 못하고 현대 산업에는 특히 더 도움이 되지 않기 때문이다.

유전중인 현재의 인간성으로부터 가장 빈번하게 이탈하는 것은 그 전형의 초기 변종으로 퇴행하려는 본성이다. 이러한 초기 변종을 대표하는 기질은 평화롭고 미개한 원시적 단계를 특징짓는 기질이다. 야만문화보다 앞서 유행하던 생활환경과 노동의 목표는 인간성을 조성하고 그것을 어떤 근본적인 특성들과 결부시켜 고정시켰다. 그리고 현대 남자들은 유전중인 현재의 인간성으로부터 변이할 때면 고대적이고 일반적인 특성들로 퇴행하는 경향을 보인다. 인간적인 생활이라고 불릴 수 있는 가장 원시적인 공동생활 단계에서 남자들의 생활조건은 평화적이었던 것으로 보인다. 또한 이러한 초기의 환경조건과 제도들 아래 살았던 남자들의 성격, 기질, 정신적 태도는 나태하고 태평스럽다고 볼수는 없지만 어쨌든 평화적이고 온순했던 것으로 보인다. 본 논의의 당면 목적에 비추어 보면, 이처럼 평화적인 문화 단계는 사회가 발달하기 시작한 최초 단계의 표시로 이해될 수 있을 것이다. 현재의 논의와 관련하여 추정해본 이러한 문화의 최고 단계를 지배한 정신적인 특색은 대체로 생활의 모든 편의시설에 대해서는 전폭적이지만은 않은 어느 정도의 공감을 표시하고 생활을 방해하거나 무용하게 만드는 것에 대해서는 불쾌한 거부감을 표출하는 부문별하고 미숙한 집단연대감이었던 것으로 보인다. 이 감각은 전약탈적인 미개 남자의 사고습관 전반에 걸쳐 편재한다. 이처럼 일반적으로 유용하게 여겨진, 지배적이지만 강력하지 않는 감각은 그의 생활은 물론 그가 집단의 다른 구성원들과 습관적으로 접촉하는 방식도 어느 정도 구속하는 강제력을 발휘한 것으로 짐작된다.

우리가 만약 문명사회나 미개사회를 막론하고 현재진행중인 역사에서 유행하는 관례나 견해들을 통해서 그 절대적인 증거의 존재를 찾고자 한다면 이처럼 분화되지 않은 초기의 평화로운 문화 단계의 흔적들은 모호하고 의심스럽게 보일 것이다. 그러나 그 존재를 확인할 수 있는 좀더 명확한 증거는 인간의 성격을 구성하는 지속력 있고 지배적인 특성들의 형태로 남았을 심리학적 잔재들 가운데서 발견될 수 있을 것이다. 이러한 특성들은 아마도 약탈문화의 배경을 채웠던 인종학적 요소들 사이에서 현저하게 잔존해 있는 듯하다. 그래서 이전의 생활습관에 부합하는 특성들은 개인의 생존투쟁에 상대적으로 무용한 것이 되었을 것이다. 그리고 약탈생활에 기질적으로 맞지 않는 구성원들의 인종학적 요소들 혹은 그런 인종학적 집단들은 억압당하면서 뒷전으로 밀려났을 것이다.

생존투쟁의 성격은 약탈문화로 이행하면서 비인간적인 환경에 대한 투쟁에서 인간적인 환경에 대한 투쟁으로 변했다. 이러한 변화는 집단을 구성하는 개인들 사이의 대립과 적대의식을 증대시켰다. 집단 내부에서 성공하는 데 필요한 조건과 집단의 생존조건도 어느 정도 변했다. 또한 집단에서 우세한 정신적 태도도 차츰 변했고, 다양한 영역의 적성과 성향들도 공인된 생활양식에 합법적으로 우세한 위치를 차지하게 되었다. 평화적인 문화 단계의 유산이라고 볼 수 있는 이러한 고대의 특성들 중에는 정직성과 공평성의 감각을 포함하여 우리가 도리(양심)라고 부르는 인종적 연대본능과 그런 본능의 소박하고 무차별적인 표현이라 할 수 있는 제작본능이 있다.

최근의 생물학과 심리학에 따르면 인간성은 습관이라는 용어로 다시 진술되어야 할 것이다. 그리고 이런 재진술 과정에서 인간성은 대략적으로 이러한 흔적들이 할당받을 수 있는 유일한 장소이자 근거로 드러날 것이다. 이러한 생활습관들은 최근에 혹은 단기간에 시행된 훈련 덕분에 너무나 보편적인 성격을 띠게 되었다. 이 습관들은 최근 현대생활 특유의 절박한 상황에 의해 일시적으로 과잉 억압되기 쉽다. 이런 사실은 그 습관들이 아득한 옛날에 이루어진 훈련—다시 말해서 훗날 변화한 환경에서 남자들에게 자잘한 이탈을 빈번하게 강요한 가르침 혹은 전수—의 잔재효과라는 사실을 뒷받침한다. 그리고 그 습관들은 특별히 절박한 상황의 압박에서 벗어나면 거의 언제 어디서나 스스로를 표출한다. 이 사실은 그 특성들이 전형적인 정신적 기질로 고정되고 합체되는 과정이 비교적 매우 오랜 시간동안 결정적인 중단 없이 지속된 것이 틀림없다는 것을 증명한다. 중요한 것은 그 과정이 낡은 의미의 습관화 과정이냐 아니면 그 인종의 자연선택과 적응의 과정이냐 하는 문제로부터 그리 심각한 영향을 받는 것은 아니라는 사실이다.

약탈문화가 등장한 이후 현재까지의 전 기간을 아우르는 신분제도 아래 그리고 개인과 계급의 대립체제 아래 나타난 생활의 성격과 절박한 상황들은 여기서 논의하고 있는 기질의 특성들이 그 기간 동안에는 거의 출현할 수도 고정될 수도 없었다는 사실을 증명한다. 이러한 특성들은 좀더 오래전의 생활방식으로부터 전승되어 약탈적이고 외견상 평화적인 문화의 초기 내지 적어도 금방 사멸된 조건 하에서만 생존했을 뿐, 최근의 문화에까지 전수되어 고정된 것은 아니라는 사실은 확실히 개연성이 있다. 이 특성들은 인종의 유전적인 성격들로 드러나는데, 약탈문화가 금력과시문화로 이행하면서 변화된 성공의 필수요건에도 불구하고 지속적으로 유전된 것으로 보인다. 이 특성들은 그 인종의 구성원들이라면 누구나 어느 정도는 보유하고 있는 유전적 특징에 속하고 그래서 인종의 연속성을 보증하는 광범위한 기반 위에서 작용하는 집요한 유전의 힘에 의해 지속적으로 유전된 것으로 짐작된다.

그와 같은 일반적인 특징은 여기서 논의하고 있는 특성들이 약탈문화와 외견상 평화적인 문화가 종속되었던 엄밀하고 지속적인 자연선택과정에서도 쉽사리 배제되지 않았다. 이런 평화적인 특성들의 대부분은 야만적인 생활방식이나 아니무스와는 달리 매우 이질적인 것들이다. 야만문화의 두드러진 특성은 계급들 사이에서 그리고 개인들 사이에서 끝없이 발생하는 경쟁과 대립이다. 이러한 경쟁의 원칙은 평화적이고 미개한 특성들을 상대적으로 적게 소유한 개인들과 자손들에게 유리하게 작용한다. 따라서 그 원칙은 이러한 특성들을 배제하는 경향이 있고, 그 원칙에 복종하는 사람들이 사는 곳에서는 분명히 그런 특성들을 확연히 약화시키는 것으로 드러났다. 야만적인 유형의 기질에 맞지는 않아도 극단적인 처벌을 받지 않은 곳에서조차 원칙에 부합하지 않는 개인들이나 자손들은 적어도 어느 정도 억압을 받을 수밖에 없었다. 집단 내부의 개인들 사이에서 벌이는 투쟁이 생활의 대부분을 차지하는 곳에서는 고대의 평화적인 특성들을 확연히 소유하고 있다는 것은 생존투쟁을 벌이는 개인에게 장애요인으로 작용할 것이다.

여기서 추정하고 있는 초기 단계와는 달리 이미 알려진 다른 혹은 후기 문화에서 선한 본성, 공평성, 무차별적인 동정심 같은 성품들은 개인의 생활을 조금도 나아지게 하지 못한다. 그런 성품을 지녔다는 것은 이상적이고 정상적인 남자라면 이러한 특성들 중에서 단 하나라도 지녀야 한다고 강조하는 대다수 사람들로부터 어떤 개인이 가혹한 취급을 받지 않도록 보호할 수 있는 구실은 될 수 있을 것이다. 그러나 이러한 간접적이고 소극적인 효과를 제외하면 경쟁체제에서는 이런 성품을 적게 지닌 개인일수록 더 잘 살아갈 수 있다. 양심, 동정심, 정직함, 생명존중심이 없는 개인일수록 금력과시문화에서 상당히 광범위한 방면의 성공을 거두기가 더욱 쉽다고 말할 수 있을 것이다. 모든 시대에서 크게 성공을 거둔 남자들은 부나 권력과 무관한 성공을 거둔 남자들을 제외하면 대개는 이러한 유형의 인간이었다. 따라서 정직함이 최선책이라는 말은 오직 협소한 범위에서만, 그리고 단지 그런 경우에만 해당되는 특수한(Pickwickian)[18] 의미로만 사용할 수 있을 것이다.

서구문화의 계몽된 사회를 구성하는 문명화된 현대적 조건의 영향을 받는 인생관을 통해서 본다면 앞에서 개략적으로 추적해본 성격을 지닌 원시적이고 전약탈적인 미개인들은 대단한 성공을 거두지는 못했다. 이러한 원시적인 남자는 그가 소유한 유형의 인간성에 안정성을 부여한 그런 가설상의 문화의 목적—그리고 평화적인 미개인 집단의 목적—에 비추어 보면 경제적인 미덕만큼이나 다양하고 확연한 경제적 결점도 지니고 있다. 동료의식에서 비롯된 관용 때문에 편향된 감각을 지니게 된 사람들도 이런 결점을 확실히 드러낼 것이다. 이런 원시적인 남자는 기껏

---

18 영국 소설가 디킨스(Charles Dickens, 1812~1870)의 초기 소설 《피크위크 클럽의 기록 *The Pickwick papers*》(1837)에 등장하는 주인공 새무얼 피크위크(Samuel Pickwick)가 선보이는 특수한 말투나 행동을 빗댄 표현.

해야 "영리하지만 아무짝에도 소용없는 동료"에 불과하다. 이렇게 추정해본 전형적인 원시인의 성격적 결점은 취약하고 비능률적이며 창의력과 발명의 재능이 부족하고 유순하며 게으르고 친절할 뿐더러 생동감 넘치며 불가해한 정령이 만물에 깃들어 있다는 의식을 지니고 있다는 데 있다. 이런 특성들은 집단의 생활에 편익을 더한다는 의미에서 집단적인 생활과정에 부합하는 어떤 가치를 지닌 또 다른 특성들을 수반한다. 이런 특성들은 성실성, 평화정신, 선의, 그리고 인간과 사물에 대한 경쟁 없는 무차별적 관심 등이다.

약탈생활 단계가 시작되면서 성공적인 인간의 성격이 구비해야 하는 필수요건들도 변하기 시작한다. 남자들의 생활습관은 새로운 인간관계 구조에서 발생하는 새롭고 절박한 상황에 자발적으로 적응해야 한다. 앞에서 야만적인 생활의 특성들이 표출되는 과정에서 발견한 것과 동일한 에너지의 발현과정은 이제 변화된 자극에 습관적으로 반응하는 새로운 집단이 보이는 새로운 행동경향에 따라 표출되는 것으로 이해할 필요가 있다. 초기의 조건들 하에서 생활을 편리하게 만드는 것으로 이해된 방법들은 새로이 형성된 조건들과는 더 이상 부합하지 않는다. 초기의 상황이 상대적으로 대립이 적거나 관심사가 다양하다는 특징을 보이는 반면 후기의 상황은 경쟁의 긴장이 꾸준히 커지고 경쟁의 영역은 좁아진다는 특징을 보인다. 약탈문화와 뒤를 잇는 문화 단계들의 성격을 대표하고 신분제도 아래 살아남기 가장 적합한 남자의 전형들을 시사하는 특성들은 (무엇보다도 우선) 잔인한 행동, 이기적인 행동, 배타적인 행동, 그리고 폭력과 속임수를 마음대로 구사하는 표리부동한 행동으로 표출된다.

경쟁체제를 규정하는 엄밀하고 지속적인 원칙 아래 이루어지는 인종학적 전형들의 자연선택과정은 이런 특성들을 가장 풍부하게 타고난 인종학적 요소의 생존에 유리하게 작용함으로써 이런 성격의 특성들이 확실한 우위를 점할 수 있게 만들었다. 그와 동시에 그 인종이 예전에 습득한 좀더 일반적인 습관들은 집단적인 생활의 목적에 부응하는 일정한 실용성을 획득하기 위한 노력을 결코 잠시라도 중단한 적이 없었다.

장두금발형 유럽 남자들이 최근의 문화에서 우세한 영향력과 주도적인 입지를 차지할 수 있었던 것은 이례적일 만치 많은 약탈적 특성들을 소유했기 때문인 것으로 보인다는 사실은 짚고 넘어갈 가치가 있다. 타고난 풍부한 육체적 에너지와 어우러진—아마도 집단들 사이에서 그리고 그 혈통들 사이에서 진행되었을 자연선택의 결과 자체이기도 할—이러한 정신적 특성들은 특히 유한계급제도의 초기 발달 단계에서 주요한 인종학적 요소들을 유한계급 혹은 주인계급에 속하도록 만들기 위한 노력을 경주했다. 이러한 욕구는 어떤 개인이 자신의 적성과 정확히 일치하는 또 다른 특성을 보충하면 현저한 개인적 성공을 보장받을 수 있으리라는 것을 의미하지는 않는다. 경쟁체제하에서 개인이 성공하기 위한 조건은 어떤 계급이 성공하기 위한 조건과 반드시 동

일할 필요는 없다. 계급 혹은 당파의 성공은 당파심이나 두목에
대한 충성심, 어떤 주의(主義)나 교리에 대한 애착심 같은 것을 뒷
받침하는 강력한 요인으로 추정된다. 반면에 경쟁적인 개인은 그
의 야만적인 에너지, 진취성, 이기심과 불성실성을 충성심이나
당파심이 부족한 미개인의 특성에 결합시키기만 한다면 자신의
목적을 가장 잘 달성할 수 있을 것이다. 양심을 결여한 무차별적
인 이기주의를 기반으로 찬란한(나폴레옹과 같은) 성공을 거둔
남자들 중에는 장두금발형보다는 단두브루넷형에 가까운 신체
적인 특징을 지닌 남자가 더 많다는 것을 확인할 수 있다. 그러나
이기적인 방식으로 중간정도의 성공을 거둔 개인들은 대개 신체
적으로 장두금발형 인종학적 요소를 더 많이 구비하고 있는 사
람들로 보인다.

약탈적인 생활습관에 따라 형성된 기질은 경쟁체제하에서 개
인의 생존과 개인생활의 만족을 추구하는 경향을 강하게 보인
다. 그와 동시에 그 기질은 집단의 공동생활이 다른 집단과의 적
대적인 경쟁생활의 경향을 강하게 띨 경우 집단의 생존과 성공
을 강하게 추구한다. 그러나 산업적으로 좀더 성숙한 공동체들의
경제생활의 진화는 바야흐로 사회의 이익과 경쟁적인 개인의 이
익이 더 이상 일치하지 않는 방향으로 진행되기 시작했다. 협동
능력을 통해서 진보한 이러한 산업공동체들은—그들을 지배하
는 계급의 약탈적인 성향이 전쟁과 약탈의 전통을 고수하려 한
다는 사실을 제외하면—생활수단과 생존권을 확보하기 위한 경

쟁을 중단하고 하고 있다. 이러한 공동체들은 전통과 기질에 기초한 환경과는 다른 환경의 압력에 따라 더 이상 서로를 적대시하지 않는다. 그들의 물질적인 관심은—공동체의 명성에 대한 관심을 제외하더라도—더 이상 서로 상반되지 않을뿐더러 공동체들 중 어느 한 공동체의 성공은 또 다른 공동체의 생활의 만족도를 높이는 역할을 현재에도 하고 있고 먼 장래에까지도 그런 역할을 계속할 것이다. 그 어떤 공동체도 다른 공동체보다 더 좋은 물질을 더 많이 획득하는 데는 더 이상 관심을 보이지 않을 것이다. 하지만 개인들이나 개인 상호간의 관심사도 그렇다고 말하기는 어렵다.

현대의 모든 공동체의 공동관심은 산업적 효율성에 집중되고 있다. 개인은 소위 비천하게 여겨지는 생산적 직업을 통해서 그가 지닌 능력을 일정하게 발휘함으로써 공동체의 목표달성에 기여한다. 이러한 공동관심사에 가장 잘 부응하는 것은, 정령숭배적인 미신에 의지하거나 사건들에 개입하는 초자연적 힘에 의지하는 감정을 제외한, 성실성, 근면성, 평화지향성, 선의, 이타주의, 그리고 인과관계를 인식하고 이해하는 습관 같은 특성들이다. 이런 특성들이 내포하는 그처럼 평범한 인간성의 아름다움이나 도덕적 탁월성, 일반적인 정당성이나 명성에 관해서는 더 이상 구구하게 설명할 필요가 없을 것이다. 그리고 지배력을 잃는 법이 없는 이런 특성들이 낳았을 공동생활방식에 감탄할 필요도 거의 없을 것이다. 그것은 논의의 핵심을 벗어나는 일이기 때문이다. 현대 산업공동체의 성공적인 운영은 이러한 특성들이 서로 협력할 때 가장 잘 보장될 것이고, 인적자원이 각자 소유한 특성에 따라, 특성화되는 정도에 따라 성공의 정도도 달라질 것이다. 현대 산업 환경에 대략적으로나마 적응하려면 그런 특성들을 어느 정도 구비할 필요가 있다. 복합적이고 포괄적이며 본질적으로 평화롭고 고도로 조직화된 현대 산업공동체의 메커니즘은 이러한 특성들 전부 혹은 대부분이 최대의 실천력을 발휘할 때 최대의 이익을 이끌어낼 수 있다. 이 특성들은 현대 공동생활의 목적 달성에는 유용하지만 약탈적인 유형의 남자들은 이 특성들을 훨씬 적게 소유하고 있는 듯이 보인다.

한편 경쟁체제하에서 개인의 즉각적인 이익을 얻는 최선의 방편은 약삭빠른 거래와 파렴치한 경영이다. 위에서 언급한 공동체의 이익에 이바지하는 특성들은 개인에게는 이익보다는 손실을 주기 쉬운 것들이다. 개인이 구비한 이러한 적성들은 그가 보유한 역량을 금전획득이 아닌 다른 목적들을 달성하는 데 전용하도록 만들고, 또 그가 금전획득을 추구할 경우에도 그로 하여금 영리한 실천을 통해서 쌓은 자유분방한 이력보다는 산업활동에 참여하는 간접적이고 비효율적인 경로로 돈벌이를 하게 만든다. 산업활동에 맞는 적성들은 개인에게는 거의 언제나 강력한 장애요인으로 작용한다. 왜냐하면 경쟁체제의 지배를 받는 현대 산업공동체의 구성원들은 기회가 주어지면 그 경우에 한해서라도 양심을 저버리고 아무렇지 않게 동료들을 속이고 상처를 줄 수 있어야 개인적이고 즉각적인 이익을 가장 잘 확보할 수 있을 정도로 서로 경쟁관계에 있기 때문이다.

현대의 경제제도는 대략적으로 금력과시제도와 산업제도라는 두 가지의 범주로 나눌 수 있다는 것은 앞에서도 확인한 바 있다. 직업들도 이와 유사한 방식으로 구분해볼 수 있다. 금력과시제도에 속하는 직업들은 사적소유나 취득을 위주로 하고, 산업제도에 속하는 직업들은 제작이나 생산을 위주로 한다. 따라서 제도의 발달에 대해서 말한다는 것은 곧 직업에 대해서 말한다는 것이다. 유한계급의 경제적인 관심은 금력과시제도에 속하는 직업들에 집중된다. 노동계급의 관심은 두 부류의 직업에 다 있지만 대개는 산업제도에 속하는 직업에 집중된다. 따라서 유한계급에 진입하는 통로는 금력과시적 직업이라고 할 수 있다.

이 두 부류의 직업이 각기 요구하는 적성의 유형은 상이하다. 직업훈련방식 역시 두 가지 상반되는 계열로 나뉜다. 금력과시적 직업의 원칙은 약탈적인 적성과 아니무스를 보존하고 함양하는 역할을 수행한다. 그 원칙은 이러한 직업에 종사하는 개인과 계급을 교육하고 소질이 없는 개인과 혈통을 선택적으로 억압하고 배제함으로써 이 두 가지 역할을 수행한다. 이런 역할이 원활히 수행되려면 세 가지 전제조건이 필요하다. 첫째, 그런 직업에 종사하는 남자들의 사고습관은 취득과 소유를 위한 경쟁과정에서 형성되어야 한다. 둘째, 그들의 경제적 기능은 교환가치로 간주되는 부의 소유권이 미치는 범위 내에 그리고 가치의 치환이나 변환을 통해서 부를 관리하고 운영(금융)하는 범위 내에 포함되어야 한다. 셋째, 그들의 경제생활은 약탈적 기질과 사고습관을 존속시키고 강화하는 데 유리한 경험이어야 한다. 현대의 평화적인 체계 하에서 평화적인 범위에 속하는 약탈적 습관과 적성은 주로 취득생활을 통해서 육성된다는 것도 물론 사실이다. 즉 금력과시적 직업은 그 직업의 종사자들로 하여금 폭력적인 강탈이라는 좀더 낡은 방법보다는 일반적으로 기만과 속임수에 속하는 일련의 방법들을 능숙하게 구사할 수 있도록 만든다는 말이다.

약탈기질을 보존하는 경향이 있는 이들 금력과시적 직업은 소유라는 유한계급 본연의 직접적인 기능과 취득 및 축재 같은 보조적인 기능들을 주로 담당한다. 이런 직업들은 경쟁적인 산업 관련 기업들의 소유권을 기반으로 진행되는 경제적 과정에 참여하는 계급의 개인들과 그들이 맡는 책임의 범위도 아우를 뿐 아니라 특히 금융활동으로 분류되는 일련의 근본적인 경제적 관리활동마저 아우르고 있다. 이들 직업에는 대부분의 상업관련 직업들도 포함될 것이다. 이들의 책임이 최상의 수준으로 가장 명확하게 발달하면 "기업총수"의 경제적 직무로 확립된다. 기업의 총수는 재능 있는 사람이라기보다는 기민한 사람이며, 그가 차지한 총수의 지위는 최대의 생산성을 발휘할 수 있는 산업의 총수라기보다는 최대의 금력을 축적하고 과시할 수 있는 금력의 총수라 할 수 있다. 물론 그가 산업관리활동을 수행하는 것도 일반적으로 용납되고 있다. 하지만 생산과정과 산업조직에 필요한 기계적인 효과를 발휘하는 세부적인 활동은 정신적 "실천력"의 필요성이 적은—즉 관리능력보다는 제작능력을 보유한—부하들에게 위임된다. 교육과 선택을 통해서 인간성을 규정하는 경향이 있는 보통의 비경제적 직업들은 금력과시적 직업으로 분류될 수 있을 것이다. 정치·종교·군사관련 직업들이 이런 직업에 포함된다.

금력과시적 직업들은 물론 산업관련 직업들보다 훨씬 더 높은 명성을 획득할 가능성이 있는 직업들이다. 이 가능성 덕분에 유한계급의 명성 기준은 차별의 목적에 기여하는 그들 적성의 위신을 유지할 수 있다. 유한계급의 품위 있는 생활양식이 약탈적인 특성의 존속과 문명화를 촉진할 수 있는 것도 이 가능성 덕분이다. 직업은 바야흐로 명성에 따라 위계적으로 등급이 매겨지기에 이른다. 대규모의 소유권과 직결되는 직업은 경제적인 직업 가운데 가장 높은 명성을 획득할 수 있다. 두 번째로 높은 명성을 획득할 수 있는 직업은 은행가나 법률가처럼 소유권과 재산관리(금융)에 직접 이바지하는 직업들이다. 은행관련 직업들 역시 대규모의 소유권을 시사하기 때문에 은행종사자들도 흔히 사업가(경영자)에게 부여되는 위신을 공유할 수 있다는 것은 의심할 여지없다. 법률관련 직업들은 대규모의 소유권을 의미하지는 않지만, 법률가의 업무는 경쟁의 목적 외에는 아무 소용이 없기 때문에 관습체계상 높이 평가된다. 특히 변호사는 변론을 빙자하여 궤변을 늘어놓거나 반론을 펼치면서 교묘하게 약탈적인 속임수를 구사할 수 있는 유일한 직업이다. 따라서 성공적인 변호사는 언제나 사람들의 존경심과 두려움을 야기했던 야만적인 교활성을 대단히 많이 타고난 대표적 직업인으로 인정받는다. 상업관련 직업들은 소유권이나 실용성의 요인을 많이 포함하지 않는 한 중간정도의 명성밖에 획득하지 못한다. 이 직업들의 등급은 고급 욕구에 기여하느냐 저급한 욕구에 기여하느냐에 따라 높낮이가 좌우된다. 따라서 비천한 생활필수품을 판매하는 소매업자는 수공업자나 공장노동자와 같은 등급으로 매겨진다. 하지만 육체노동자는 물론 직접 기계를 조종하는 노동자조차 명성을 획득하기 불리한 기반 위에 서 있다.

금력과시적 직업들은 원칙적으로 이처럼 합당한 자격을 필수적으로 요구한다. 그런데 산업관련 기업들의 규모가 커짐에 따라 금전관리활동이 지닌 교묘하고 약삭빠른 경쟁의 성격은 세부적으로 차츰 감소하게 된다. 이런 국면의 경제상황과 접촉하는 개인들의 비율이 꾸준히 증가하면서 금전관리사업 자체는 경쟁자를 속이거나 착취한다는 인상을 거의 주지 않을 정도로 일상적인 사무로 정착되기에 이른다. 그리하여 주로 그 사업에 종사하는 하급자들부터 약탈적인 습관들을 결정적으로 탈피하는 분위기가 확산된다. 말하자면 소유권 및 금전관리와 관련된 의무들은 실제로 이러한 자격의 영향을 받지 않기에 이른 것이다.

그러나 생산기술이나 생산에 필요한 육체활동에 직접 종사하는 개인이나 계급은 사정이 다르다. 그들의 일상생활은 산업을 통해서 금력을 획득하려는 경쟁과 차별의 동기 및 책략에 습관을 들이는 과정이라고 할 수 없다. 그들은 기계적인 사실과 조작법을 철저히 이해하고 정확히 운전해야 함과 아울러 그것을 인간생활의 목적에 부합하도록 평가하고 활용해야 한다. 그들이 직접 접촉하는 산업과정의 교육적이고 선택적인 작용은 그들의 사고습관을 공동생활의 차별 없는 목적에 적응시킨다. 그러한 적응의 과정은 유전과 전통을 통해서 과거 야만적인 인종으로부터 물려받은 그들 특유의 약탈적인 적성과 성향의 위축을 촉진한다.

따라서 공동체의 경제생활이 지닌 교육효과는 생활 전반에 걸쳐 일관성과 통일성을 발휘하지 못한다. 산업과정에 참여하는 그런 계급의 구성원들과 관련하여 그런 직업들이 수행하는 교육훈련은 그들 속에 야만적인 약탈기질을 보존하는 경향이 있다. 그러나 또 다른 측면에서 언급해야 할 사항이 있다. 노동의 긴장을 면제받을 수 있는 위치에 있는 개인들은 비록 신체적 성질과 정신적 기질 양면에서 모두 평균적인 인간과는 다르다 할지라도 그들의 특성을 보존하고 유전시킬 수는 있을 것이다. 격세유전하는 특성을 보존하고 유전시킬 기회는 환경의 압력을 가장 적게 받는 계급들에게 가장 많다. 유한계급은 산업환경의 압력을 비교적 적게 받기 때문에 평화적이거나 야만적인 기질을 격세유전받는 비율이 이례적으로 높을 것이 분명하다. 그처럼 이례적이고 격세유전적인 개인들은 하류계급처럼 즉각적으로 억압당하거나 배척당하지 않고 전약탈적인 계열의 생활을 전개할 수 있는 가능성이 확실히 높을 것이다.

이런 일은 있을 법한 사실로 짐작된다. 예컨대, 상류계급 가운데에는 자선사업에 이끌리는 경향이 있는 자들의 비율도 상당할 뿐 아니라, 개혁이나 개선을 위한 노력을 지지하는 감정을 지닌 유력한 세력도 존재한다. 무엇보다도 이러한 자선과 개혁을 위한 노력의 대부분은 원시적인 야만인들의 특성인, 호감을 주는 "영리함"과 산만함 같은 성정을 지녔다는 표시들을 포함하고 있다. 그러나 이런 사실들을 '하류계급보다 상류계급의 특성들이 격세유전되는 비율이 더 많다'는 증거로 간주하기는 아직 어려울 것 같다. 설령 그런 성향들이 빈곤계급에게 존재했을지라도 쉽사리 밖으로 표출되지는 않았을 것이다. 왜냐하면 빈곤계급은 그들의 성향에 효과적인 표현력을 부여할 수단, 시간, 에너지를 결여하고 있기 때문이다. 그런 사실을 확인할 수 있는 자명한 증거도 물론 찾아볼 수 있다.

또 다른 자격조건과 관련하여, 오늘날의 유한계급은 금력과 시에 성공한 사람들 그리고 추정컨대 그런 성공 덕분에 더욱더 많은 약탈적 특성들을 물려받았을 사람들로 충원되고 있다는 사실은 주목할 만하다. 유한계급에 편입되는 길은 금력과시적 직업들에 있고, 이런 직업들은 선택과 적응을 통해서 오직 기준 이상의 금력을 보유한 상류계급의 자손들만 약탈적인 시험에서 살아남을 수 있게 만든다. 그리고 이러한 상류계급 중에서 전혀 약탈적이지 않은 인간성을 격세유전받았다는 표시를 드러내는 사람은 대부분 곧바로 축출되어 빈곤계급으로 퇴출되고 말 것이다.

따라서 어떤 혈통이나 가문이 계속 상류계급에 머물기 위해서는 금력과시 기질을 소유하고 있어야 한다. 그렇지 못할 경우 그 가문의 명망과 재산은 사라질 것이고 계급도 추락할 것이다. 이런 사례는 얼마든지 찾아볼 수 있다.

유한계급의 기반은 치열한 금력과시경쟁에 뛰어난 능력을 보이는 개인과 혈통을 하류계급에서 선발하여 유한계급으로 편입시키는 부단한 선택과정에 의해 유지된다. 상류계급에 편입되기를 열망하는 사람은 평균보다 강한 금력과시 성향을 지녀야 할 뿐 아니라 계급상승가도에 놓여있는 거의 모든 물질적인 난관을 극복할 수 있는 탁월한 재능을 타고나야 한다. 우연한 졸부들을 제외하면 "신참(*nouveaux arrivés*)" 유한계급은 그렇게 선발된 자들이다.

이러한 선택적인 인가과정은 물론 금력과시경쟁이 유행하기 시작한 다음부터, 다시 말해서 유한계급제도가 처음 정착되기 시작한 다음부터 언제나 진행되고 있다. 그러나 선택의 정확한 이유는 항상 같지 않았고 선택과정 역시 늘 동일한 결과를 낳지 않았다. 초기의 야만적인 단계 혹은 본연의 약탈 단계에 부합하는 기준성격은 소박한 의미의 용맹성이었다. 유한계급에 편입되기를 열망하는 후보자는 당파심, 당당한 체격, 잔인성, 악랄함, 집요함과 같은 재질을 타고나야 했다. 이런 재질들은 부를 축적하고 지속적으로 유지하기 위해 구비해야 할 자격조건이었다. 그 이후 유한계급의 경제적 기반은 부를 소유하는 데 있었지만, 부를 축적하는 방법과 부를 유지하는 데 필요한 자질들은 약탈문화의 초기부터 어느 정도 변하기 시작했다. 그런 선택과정의 결과 초기 야만적인 유한계급의 지배적 특성은 과감한 공격, 민감한 신분감각, 속임수 등을 통해서 거침없이 발휘된다. 후기 야만문화의 사회는 외견상 평화로운 신분체제하에 안정된 취득방법과 소유방법을 정착시켰다. 거침없는 공격과 상당히 무절제한 폭력은 가장 우수한 부의 축적방법으로 증명된 약삭빠른 행동과 교묘한 언변으로 대체된다. 그때부터 다양한 영역의 적성과 성향이 유한계급 사이에서 보존되었을 것이다. 위압적인 공격과 거기에 어울리는 강력한 완력은 냉혹하고 철저한 신분감각과 함께 여전히 그 계급의 가장 탁월한 특성으로 여겨질 것이다. 이 특성들은 우리의 전통 속에서 전형적인 "귀족의 미덕"으로 남게 되었다. 그러나 이 특성들은 절약이나 검약, 변명 같은 크게 거슬리지 않는 금력과시적 미덕과 결부되고 또 그런 미덕을 보완하는 미덕이 되어갔다. 세월이 흐르면서, 그리고 현대의 평화적인 금력과시문화의 단계로 진행하면서, 금력과시적 미덕에 포함되는 적성과 습관은 금력과시와 관련된 목적달성을 위해 상대적으로 큰 효력을 발휘했고, 유한계급에 편입되어 그 지위를 보장받는 선택의 과정에서도 상대적으로 더 많은 주목을 받게 되었다.

선택의 근거도 변하여 오늘날 유한계급에 편입될 수 있는 자격을 부여받는 적성은 금력과시성향을 내포한 적성들밖에 없기에 이르렀다. 약탈적인 야만인이 남긴 특성들은 평화적인 미개인과 그 미개인을 밀어내는 데 성공한 그를 구별하려는 목적달성을 위해 집요하고 철저하게 매진하는 성질이다. 그러나 이 특성 때문에 금력과시에 성공한 상류계급의 남자가 생산계급들에 속하는 남자와 특징적으로 구별된다고 말하기는 어렵다. 현대 산업사회에서 생산계급이 생활하면서 알게 모르게 거치는 훈련과 선택과정은 상류계급의 경우와 마찬가지로 이 특성에 결정적인 중요성을 부여한다. 목적에 대한 집요함은 오히려 이 두 계급을 다른 두 계급—즉 게으르고 쓸모없는 무능력자들이나 하류계급의 범법자들—과 구별할 수 있게 하는 특성이라고 말할 수 있다. 천부적인 자질을 타고났다는 점에서 금력을 과시하는 남자는, 산업에 참가하는 남자가 선량하지만 무능력하고 의존적인 남자와 비교되는 것과 거의 같은 방식으로 범법자와 비교된다. 이상적인 금력과시형 남자는 이기적인 목적에 따라 재화와 인력을 비양심적으로 횡령하고 타인의 감정과 소망은 물론 자신의 행동이 미칠 간접적인 영향에도 아랑곳하지 않는다는 점에서 이상적인 범법자와 같다. 그러나 그는 예민한 신분감각을 소유하고 있고 좀더 일관성 있는 장기적 안목으로 간접적 목적을 위해 활동한다는 점에서 범법자와는 다르다. 이 두 가지 전형적인 기질의 유사성은 "스포츠"와 도박에 대한 애착심과 목적 없는 경쟁을 즐기는 경향을 통해서 좀더 확연히 드러난다. 이상적인 금력과시형 남자는 또한 약탈적인 인간성이 수반하는 변종들 중 한 종이라는 면에서 이상적인 범법자와 흥미로운 유사성을 보여준다. 범법자는 대부분 미신적인 사고습관을 가지고 있다. 그는 재수, 주문(呪文), 점, 운명, 징조나 예감, 샤머니즘 의식 따위에 대단한 믿음을 가지고 있다. 상황이 허락하면 이런 성벽(性癖)은 무아지경에 빠지기 쉬운 노예적인 상태나 경건한 종교의식을 준봉하는 까다로운 격식 같은 것으로 표출되기 쉽다. 그것은 어쩌면 종교보다는 차라리 몰입에 가까운 특징을 보인다고 말할 수 있을 것이다. 이런 점에서 범법자의 기질은 산업활동을 하는 남자나 무능력하고 의존적인 계급보다는 금력과시형 유한계급과 더 많은 공통점을 가지고 있는 셈이다.

현대 산업공동체 또는 금력과시문화에서 영위하는 생활은 특정한 부류의 적성과 성향을 선택과정을 통해 발달시키고 보존하는 역할을 한다. 현재진행중인 이러한 선택과정의 경향은 단지 기존의 변함없는 인종학적 전형으로 역행하거나 그 전형을 격세유전시키는 데 머물지 않는다. 그 과정은 인간성을 과거로부터 유전된 어떤 전형이나 변종과는 어느 정도 다르게 변형시키는 경향도 가지고 있다. 진화의 목적지는 단일하지 않다. 진화가 정상적으로 확립시키는 기질은 더욱 안정된 목표를 가지고 있다는 점에서, 그리고 목적이 좀더 단일하고 그 덕분에 좀더 지속적인 노력을 할 수 있다는 점에서, 오래된 인간성의 변종들에 속하는 어떤 기질과도 다르다. 경제이론에 따르면, 자연선택과정의 목표지점은 이런 방면에서는 전체적으로 단일하다. 물론 이 과정에서 상당히 중요한 분기현상이 아주 가끔 발생하는 경향이 있기는 하지만 말이다. 그러나 이처럼 일반적인 경향을 제외하면 발달의 노선은 단일하지 않다. 경제이론에 따르면, 다른 방면으로 진행되는 발달은 두 가지 상반된 노선을 따른다. 개인의 자질이나 적성을 선택적으로 보존한다는 점에서 이 두 가지 노선은 금력과시의 방향과 산업의 방향이라고 부를 수 있을 것이다. 성향, 정신적 태도나 아니무스를 보존한다는 점에서 보면 이 두 노선은 차별화나 자기만족의 방향, 평등화나 경제적인 방향으로 부를 수 있을 것이다. 두 발달 방향의 지성지향성이나 인식지향성을 고려한다면, 금력과시노선은 능동성, 질적인 관계, 신분이나 가치를 중시하는 개인적인 입장으로 특징화될 수 있을 것이고, 산업노선은 수동성, 양적인 관계, 기계적인 능률이나 용도를 중시하는 비개인적인 입장으로 특징화될 수 있을 것이다.

금력과시적 직업들은 이 두 가지 부류의 적성과 성향 중에서 주로 금력과시 노선에 속하는 적성과 성향을 활성화시키고 그것을 그 직업종사자들 사이에 선택적으로 보존하는 역할을 한다. 한편 산업용 직업들은 주로 산업노선에 속하는 적성과 성향을 활성화시키고 보존하는 역할을 한다. 아무리 철저하게 심리학적 분석을 시도하더라도 두 가지 노선의 적성과 성향은 각기 타고난 어떤 기질적 경향의 다양한 표현에 지나지 않는다는 사실밖에 알 수 없을 것이다. 개인의 통일성 내지 단일성 때문에 금력과시 노선에 포함되는 적성, 아니무스, 관심은 기존 인간성의 변종적 표현이라 할 수 있다. 산업노선에 속하는 것들 역시 마찬가지다. 한 개인이 어느 한 방향으로 다소 일관성 있게 기우는 경향을 보이듯이, 두 노선도 양자택일해야 할 인생노선으로 이해될수 있을 것이다. 금력과시형 생활은 일반적으로 야만적인 기질을 보존하는 경향이 있다. 하지만 오직 초기 야만인들의 특징인 신체적인 손상을 입히기 좋아하는 성향을 속임수와 타산 또는 관리능력으로 대체함으로써만 그런 기질을 보존할 수 있다. 이러한 기만과 속임수가 파멸을 대신하지만 그 과정은 애매하기만 하다. 금력과시적 직업들 내부에서는 선택작용 역시 철저히 이런 방향으로 진행되지만, 소득경쟁을 제외한 금력과시형 생활의 원칙은 동일하고 일관성 있는 효력을 발휘하지 못한다. 시간과 재화의 소비를 관장하는 현대 생활의 원칙은 귀족의 미덕을 배척하거나 부르주아의 미덕을 육성하거나 하는 작용을 그다지 명료하게 하지는 못한다. 남부럽지 않은 전통적 생활양식은 이전의 야만적 특성들을 유력하게 발현할 것을 요구한다. 이러한 요구에 부응하는 전통적인 생활양식을 구성하는 일부 세부사항들은 '여가'를 주제로 다룬 장에서 이미 살펴본 바가 있고, 나머지 세부사항들은 다음 장에서 살펴보기로 할 것이다.

지금까지 논의한 결과에 비추어볼 때 유한계급의 생활과 생활양식은 야만적인 기질의 보존을 더욱 촉진하는 것이 분명하다. 그것은 곧 주로 외견상 평화적인 변종 혹은 부르주아적인 변종뿐 아니라 어느 정도 약탈적인 변종도 보존하는 것이다. 따라서 방해요인들이 없다면 사회계급들이 서로 기질이 다른 이유를 추적할 수도 있을 것이다. 귀족과 부르주아의 미덕들—파괴적이고 금력과시지향적인 특성들—은 주로 상류계급들 사이에서 발견될 것이고 산업적 미덕들—평화적인 특성들—은 주로 기계적인 산업에 종사하는 계급들 사이에서 발견될 것이 분명하다.

이런 구분은 일반적이고 개략적으로 보면 사실이겠지만, 구분의 기준은 기대보다는 쉽게 적용되지도 않을 뿐 아니라 결정적이지도 않다. 이러한 구분이 실패할 만한 이유가 몇 가지 있다. 모든 계급은 어느 정도는 금력과시 투쟁에 참여하고 있기 때문에 금력과시적 특성을 많이 보유한 개인일수록 성공과 생존에 유리할 것이라고 여겨진다. 금력과시문화가 지배적인 곳이라면 어디서나 남자들의 사고습관을 규정하고 경쟁하는 가계(혈통)의 생존을 결정하는 선택과정은 대개 취득을 보장하는 기반 위에서 이루어진다. 그리하여 금력과시능력이 산업능력과 전반적으로 상반된다는 사실 때문만이 아니라면 모든 직업의 선택작용은 금력과시형 기질에 전적인 우위를 보장하는 경향을 띨 것이다. 그 결과 "경제적 인간"으로 알려진 인간형이 정상적이고 결정적인 인간성의 전형으로 자리매김 될 것이다. 그러나 오직 이기적인 관심밖에 없고 오직 타산적인 인간성밖에 지니지 않은 이 "경제적 인간"은 현대 산업의 목적들을 달성하는 데 유용한 인간형이다.

현대 산업은 당장 필요한 노동에 대한 비개인적이고 무차별적인 관심을 요구한다. 이런 요구가 없다면 세부적인 산업과정이 진행될 수 없을 것이고, 실제로도 결코 구상조차 될 수 없을 것이다. 노동에 대한 이런 관심은 한편으로 노동자와 범죄자를 차별화하고 다른 한편으로 노동자와 기업총수를 차별화한다. 노동은 공동체 생활의 지속을 위해 수행되어야 하기 때문에 특정한 직업군 내부에서는 필요한 노동에 유리한 정신적 적성만 제한적으로 선택되는 결과가 발생한다. 그러나 산업용 직업군 내부에서는 금력과시형 특성들에 대한 선택적인 배제가 모호하게 이루어지기 때문에 심지어 이들 직업군 내부에서도 야만적인 기질이 뚜렷이 생존하게 되는 결과가 발생한다는 사실도 충분히 인정할 만하다. 이런 까닭에 현재 유한계급의 성격과 일반서민들의 성격을 서로 결코 명료하게 구분할 수 없는 것이다.

오늘날 계급 간 정신적 기질의 차이를 묻는 모든 질문은, 유전된 특성들과 매우 유사한 생활습관은 물론, 그 특성과 유사한 특성들을 사회구성원 전체 속에서 발달시키는 작용을 하는 생활습관을 습득한 모든 사회계급에 대해서도 역시 모호하게 제기되고 있을 뿐이다. 따라서 분명한 것은 이처럼 일반인들의 성격이 습득하는 습관들이나 떠맡은 특성들의 대부분은 귀족계급의 습관이요 특성들이라는 사실뿐이다. 유한계급이 차지하는 명성의 본보기라는 규범적인 지위는 유한계급 생활논리의 많은 특징들을 하류계급에 강요함으로써 언제든지 사회 전반에 걸쳐 이러한 귀족적인 특성들을 어느 정도 지속적으로 함양시키는 결과를 초래한다. 이런 연유로 이 특성들은 만약 유한계급의 교훈과 선례에 부합하지 못할지라도 일반인 전체 사이에서 생존할 기회가 훨씬 많은 것이다. 귀족적 인생관의 유전, 결과적으로는 다소 고리타분한 성격적 특성의 유전이 이루어지는 중요한 통로가 되는 계급은 바로 가정고용인계급이라 할 수 있을 것이다. 이들은 주인과 접촉하면서 형성된 좋은 것과 아름다운 것에 대한 관념을 갖게 된다. 이들은 이런 선입관을 통해서 같은 하류계급들의 지지를 획득하고 더 나아가 그들이 생각하는 고급스런 이상형들을 공동체 전반에 광범위하게 선전하는 역할을 수행한다. 이런 선전 활동은 다른 하류계급이라면 시간이 부족해서라도 수행할 수 없는 활동임은 물론이다. 이른바 "하인은 주인을 닮는다"는 말은 일반인들이 상류계급문화의 많은 요소들을 신속하게 받아들인다는 통념보다도 훨씬 더 큰 의미를 가지고 있다.

금력과시적 미덕의 생존과 관련하여 계급 간 차이를 더욱 감소시키는 또 다른 요인들도 있다. 금력과시 투쟁은 수많은 영양부족계층을 양산한다. 이런 영양부족은 생활필수품이나 체면유지에 필수적인 지출의 부족과 맥을 같이한다. 이 두 가지 경우 가운데 어느 쪽이든 육체적인 욕구나 좀더 고급스런 욕구를 막론한 일상적 욕구들을 만족시키기 위한 수단을 확보하려면 거의 강제적으로 참여할 수밖에 없는 투쟁을 야기한다. 곤경에 맞서 자신의 몫을 확보해야 하는 투쟁의 긴장은 투쟁하는 개인을 기진맥진하게 만들어버린다. 그는 오로지 자신을 차별화하여 남의 부러움을 사려는 목적을 달성하는 데만 노력을 쏟기 때문에 갈수록 편협하고 이기적인 인간이 되어간다. 산업형 특성들은 이런 식으로 방치됨으로써 사멸해가는 경향을 보인다. 그리하여 유한계급제도는 간접적으로는 금력과시적 체면유지체계를 강요하고 하류계급으로부터 충분히 생활수단이 될 수 있는 것들을 박탈함으로써 사회전체 구성원들 사이에 금력과시형 특성을 보존하는 작용을 한다. 그 결과 하류계급들은 본래는 오직 상류계급만의 것이었던 인간성의 전형에 동화되어버리고 만다.

따라서 상류계급의 기질과 하류계급의 기질의 차이는 그다지 크지 않은 것으로 나타난다. 그러나 그런 차이가 거의 없다는 사실도 대개는 유한계급이 선보인 규범적 선례에서 비롯되었을 뿐 아니라 유한계급제도가 의존하는 과시적 낭비와 금력과시경쟁이라는 광범위한 원리들을 일반인들이 수용했다는 데서 비롯된 것으로 보인다. 유한계급제도는 공동체의 산업효율을 저하시키고 현대 산업생활에서 발생하는 절박한 상황에 대한 인간성의 적응을 지연시키는 작용을 한다. 그 제도는, 첫째 유한계급 내부의 유전을 통해서 유한계급의 혈통을 이식받는 모든 외부계급에 까지도 고대의 낡은 특성들을 직접 전파함으로써, 둘째 낡은 체제의 전통을 보존하고 강화하여 유한계급의 혈통을 이식받지 않은 다른 계급들 사이에서도 야만적인 특성들이 생존할 기회를 더욱 많이 조장함으로써, 지배적이거나 유력한 인간성을 보수적인 방향으로 유인한다.

그러나 이런 특성들이 현대인들 사이에 잔존하느냐 배척당했느냐 하는 문제와 관련하여 특별히 중요한 의미를 지닌 종합적이고 설득력 있는 자료를 찾아보기는 거의 힘든 형편이다. 따라서 당장이라도 동원할 수 있는 일상적 사실들에 대한 산만한 견해들을 제외하면 여기서 제시된 견해를 확실히 뒷받침할 만한 구체적인 성격도 찾아보기 힘들다. 그런 견해들을 열거하고 상술하는 일은 어쩔 수 없이 상식적이고 지루한 일이 될 수밖에 없겠지만, 여기서 시도하고 있는 논증을 뒷받침할 빈약한 근거라도 마련하려면 보충적인 논의가 필요한 것으로 보인다. 나는 이러한 필요성에 기대어 다음 장에서 이러한 견해들을 간략하게나마 살펴보고자 한다.

10. 용맹성이 남긴 유산들

유한계급은 산업공동체 내부에서(in) 살아가기보다는 산업공동체를 매개로(by) 살아간다. 유한계급이 산업과 맺는 관계는 생산적인 관계라기보다는 금력과시적 관계이다. 이 계급에 가입하기 위한 자격은 금력과시형 적성들—노력봉사보다는 금전취득에 적합한 적성들—의 실력발휘를 통해서 획득할 수 있다. 따라서 유한계급을 구성하는 인적자원은 지속적인 선택과정을 통해서 변화하고 이러한 선택과정은 금력과시에 적합한 기반 위에서 진행된다. 그러나 유한계급의 생활양식은 대부분 과거의 유산으로 구성되고, 과거 야만시대의 습성과 이상형의 대부분을 구현하고 있다. 고대적이고 야만적인 이러한 생활양식 자체는 다소 완화된 형태로 하류계급에도 부과된다. 이렇게 전파된 생활양식과 관습은 선택과 교육을 통해서 인적자원을 형성시키고 그런 작용은 주로 초기 야만시대—용감하고 약탈적인 생활이 지배적인 시대—에 속하는 특성, 습관, 이상형을 보존하는 방향으로 이루어진다.

* * *

    약탈시대의 남자를 특징짓는 고대적인 인간성을 가장 직접적이고 명료하게 표현하는 것은 본연의 호전적 성향이다. 약탈활동이 집단적으로 이루어지는 곳에서 이 성향은 흔히 군인정신 내지 상무정신이라고 불리는데 최근 들어서는 애국심으로 불리기도 한다. 유럽의 문명국가들에서는 세습적인 유한계급이 중류계급들보다 군인정신을 물려받는 비율이 증가일로에 있다는 사실은 새삼 강조할 필요가 없을 것이다. 실제로 유한계급은 특히 자긍심과 관련하여 다른 계급들과 차별화를 요구하는데 확실히 그럴 만한 근거도 있다. 전쟁은 명예로운 활동으로 간주되기 때문에 호전적인 용맹성은 일반적인 남자들의 눈에는 아주 명예로운 성향으로 보인다. 호전적인 용맹성에 대한 이런 예찬 자체는 전쟁예찬자의 약탈기질을 가장 잘 보여주는 증거라고 할 수 있다. 전쟁에 대한 열광과 그 지표가 되는 약탈기질은 상류계급 중에서도 특히 세습적인 유한계급 사이에서 가장 강력하고 광범위하게 나타난다. 무엇보다도 상류계급의 중요한 직업은 표면적으로는 통치나 정치로 보이지만, 그 직업의 기원이나 발달과정을 들여다보면 역시 약탈활동이라는 것을 알 수 있다.

    호전적인 정신습관을 명예롭게 여긴다는 점에서 세습적인 유한계급에 필적할 수 있는 유일한 계급은 하류계급의 범법자(혹은 무뢰배)들밖에 없을 것이다. 산업에 종사하는 계급들은 평상시에는 호전적인 사안들에 대해서 상대적으로 큰 관심을 보이지는 않는다. 산업공동체의 유력한 세력이기도 한 이런 보통사람들은 흥분하지만 않는다면 방어적인 싸움을 제외한 모든 다툼을 오히려 싫어한다. 실제로 그들은 방어태세를 촉구하는 선동에 대해서도 약간 머뭇거리는 듯한 반응을 보이곤 한다. 좀더 문명화된 공동체나 좀더 진보된 산업발전을 이룩한 공동체의 일반인들 사이에서는 호전적이고 공격적인 정신이 차츰 위축되고 있다고 말할 수 있다. 물론 이런 추세가 산업종사계급들 사이에서 군인정신을 확연히 표출하는 개인들을 찾아보기 힘들어졌다는 것을 의미하지 않는다. 그것은 또한 오늘날 유럽의 몇몇 국가에서 진행 중이거나 미국에서도 한때 진행된 바 있는 특별한 선전선동에 자극받아 잠시나마 군인정신 내지 군국주의의 열정에 휩싸이는 국민들을 이제 거의 찾아볼 수 없게 되었다는 것을 의미하지도 않는다. 그러나 일시적인 열광의 시기를 제외하면, 그리고 전형적으로 고대적인 약탈기질을 타고난 개인들은 물론 유사한 기질을 타고난 상류계급과 최하층계급들의 개인들을 제외하면, 모든 현대 문명사회의 대중은 호전적인 면에서는 대단히 소극적이기 때문에 아마도 실질적인 침략에 대항하는 방어전쟁을 뺀 나머지 전쟁을 불가능하게 만들 것이다. 보통남자들의 습관과 적성은 전쟁보다는 극적인 성질이 부족한 방향의 활동들을 전개하려는 경향을 보이기 때문이다.

이러한 계급 간의 기질적인 차이는 한편으로는 몇몇 계급이 과

거부터 습득해온 특성들의 유전과정에서 생긴 차이에서 비롯된 것일 수도 있겠지만, 다른 한편으로는 인종학적 분기과정에서 생긴 차이에서도 비롯될 수 있는 것으로 보인다. 사회의 몇몇 계급을 구성하는 인종학적 요소들 간의 격차가 큰 국가보다는 국민들이 인종학적으로 동질성을 띠는 국가일수록 이러한 계급적 차이가 상대적으로 더 작게 나타난다. 이 사실과 동일하게, 일반적으로 계급 간의 기질차가 큰 나라에서는 유한계급에 늦게 편입한 남자들일수록 오늘날 유서 깊은 귀족가문의 후손임을 자랑하는 남자들보다 군인정신을 적게 표출한다는 사실은 주목할 만하다. 이들 신참 유한계급은 최근에는 일반국민들 중에서 출현했지만, 그들이 유한계급에 편입할 수 있었던 것은 고대적인 의미의 용맹성으로 분류될 수 없는 특성과 성향을 발휘했기 때문이다.

유한계급 본연의 호전적인 활동은 물론이려니와 결투제도 역시 우수한 전투태세의 표현으로 간주된다. 결투도 유한계급제도의 하나이기 때문이다. 결투는 본질적으로 서로 의견이 대립하는 두 남자가 약간의 고민 끝에 최종적인 결판을 내기 위해 의존하는 싸움의 한 방편이다. 문명사회에서 결투는 세습적인 유한계급이 존재할 경우에만 유행하고 또 그런 계급만이 배타적으로 실행할 수 있는 정상적인 현상으로 여겨진다. 이들 말고도 예외적으로 결투가 허용되는 두 부류가 있는데, 첫째 부류는 흔히 유한계급인 동시에 특별히 약탈적인 사고습관을 갖게끔 훈련받은 육해군 장교들이고, 둘째 부류는 유전이나 훈련 혹은 두 경우 모두에 의해서 첫째 부류와 유사한 약탈적 성질과 습성을 갖게 된 하류계급의 범법자들이다. 의견차를 해소하기 위한 보편적인 해결책을 통상적으로 결투에서 찾는 자들은 상류계급 신사들과 하류계급의 불한당들밖에 없다. 보통남자가 결투를 벌이는 경우는, 타인의 일시적인 격분이나 술김에 부리는 지나친 횡포가, 본래는 화를 돋우는 자극에 대해서 좀더 신중히 대응하는 그의 습관을 억제하는 작용을 할 때밖에 없을 것이다. 그 순간 그는 좀더 단순하고 분별력이 모자란 형태의 자기주장본능에 의존하게 된다. 다시 말해서, 그는 일시적으로 분별력을 잃고 고대적인 사고습관으로 역행하고 마는 것이다.

서로의 우열과 관련된 분쟁과 심각한 문제들을 최종적으로 해결하기 위한 방편으로 동원되는 이런 결투제도는, 마치 명성에 따라붙는 사회적 의무처럼, 의무적이고 이유 없이 치러야 하는 개인적인 싸움으로 차츰 변해간다. 이와 같은 유한계급의 결투관행을 엿볼 수 있는 대표적인 사례는 독일의 대학생들이 벌이는 결투인데, 그것은 한마디로 호전적인 기사도를 본뜬 기괴한 유풍이라고 할 수 있다. 모든 나라의 하류계급이나 사이비유한계급의 범법자들은 동료들에게 이유 없이 싸움을 걸어 사내다움을 과시하려는 무뢰배가 부과받는 것과 유사한, 그러나 공식성은 다소 떨어지는 사회적인 의무를 부과받는다. 그런 관행이 사회의 모든 계급으로 확산되면 소년들 사이에서도 유행하게 된다. 소년들은 보통 자신을 비롯한 친구들 중에서 누가 싸움을 잘하는지 매일같이 확인하고 또 서로의 서열도 정확히 알고 있다. 또한 소년들의 세계에서는 흔히 걸어오는 싸움을 피하거나 싸움을 못하는 소년은 명성의 기반을 확보하지 못한다.

결투와 관련된 이 모든 사항들은 다소 모호하기는 하지만 일정한 나이 이상의 소년들에 대해서는 더욱 잘 적용될 것이다. 일반적으로 모든 것을 습관적으로 어머니에게 의존하고 또 그렇게 하려고 하는 유년기와 근접보호기에 속하는 소년의 기질은 물론 이런 싸움이나 결투에 부합하지 않을 것이다. 이렇듯 어린시절에는 공격성이나 적대적인 성향이 거의 없기 때문이다. 이러한 소년의 평화적인 기질이 약탈적으로 변하거나 아니면 극단적으로는 악질적이고 포악하게 변하는 과정은 점진적으로 진행되는 과정이기 때문에 때로는 다른 어떤 경우보다도 개인의 적성을 철저하고 광범위하게 규정하기에 이른다. 아직 어린 소년이나 소녀는 자신이 생활하는 가족집단 속에서 자기를 주장하려는 동기나 공격성을 적게 드러내고 자신이나 자신의 관심사를 가족이나 가족의 관심사와 따로 분리하여 생각하는 경향도 크지 않다. 특히 어린 소년은 꾸지람에 더 민감하게 반응하고 부끄러움과 겁도 더 많지만 우정어린 인간적 접촉의 욕구 역시 더 크다. 일반적으로 이러한 유년기의 기질은 유아기적인 특징들을 점진적으로 아니면 일부는 급속도로 상실하면서 소년다운 기질로 변해간다. 그러나 약탈적인 특성들을 전혀 드러내지 않는 소년도 있고 설사 그런 특성을 드러내더라도 대부분은 단지 약하고 희미하게만

드러낼 뿐이다. 그런데 소년들처럼 철저히 약탈적인 단계로 이행하는 소녀는 드물다. 그리고 대다수의 소녀들은 그런 과정을 거의 거치지 않는다. 그렇게 유년기에서 청소년기를 거쳐 성년기로 성장하는 과정은 유아적인 목적과 적성으로부터 성년기의 목적, 역할, 인간관계로 관심이 이동하는 점진적이고 부단한 과정이다. 소녀들은 성장과정에서 전반적으로 약탈적인 기질의 지배를 받는 기간이 소년들에 비해 훨씬 짧고, 또한 그런 기간에도 통상적으로 소년들보다는 약탈적이고 고립적인 태도를 훨씬 약하게 표출한다.

남자아이의 약탈적인 기질은 흔히 일정 기간 동안 더 확연하고 지속적으로 드러나지만, 하여튼 성년기에 도달하면 일반적으로 더 이상 발달하지 않는다. 물론 이렇게 단정하는 데는 매우 실질적인 제한조건이 필요할 것이다. 따라서 "성년"의 기질을, 현대 산업사회의 공동체생활에 어느 정도 실용적으로 이바지함으로써 산업공동체의 유력한 평균세력을 구성한다고 말할 수 있는 성년 개개인의 평균적인 기질이라고 이해한다면, 소년의 기질이 성년의 기질로 이행하지 않거나 오직 부분적으로만 이행하는 경우도 결코 드물지만은 않다고 볼 수 있다.

유럽인들의 인종학적 구성은 다양하다. 심지어 하류계급들 가운데에서도 평화를 저해하는 장두금발형 인종이 다수를 구성하는 계급도 찾아볼 수 있다. 하지만 이런 인종학적 요소는 세습적인 유한계급 사이에서 주로 발견된다. 그리고 상류계급이나 장두금발형 인종의 소년들보다는 하류계급에 속하는 노동계급 소년들이 호전적인 습성을 더 적게 가지고 있는 듯이 보인다.

이렇게 일반화시켜본 노동계급 소년들의 기질이 좀더 충실하고 면밀한 현장조사를 통해서 사실로 밝혀진다면 '호전적인 기질은 어느 정도 뚜렷한 인종적인 특성의 하나다'라는 견해에 신빙성을 더할 수 있을 것이다. 이렇게 볼 때 유럽국가 인구의 대다수로 여겨지는 추종적 하류계급의 전형적인 남자들보다는 지배적인 상류계급의 인종학적 전형인 장두금발형 남자들에게 호전적인 기질이 훨씬 더 많이 깃들어 있음을 알 수 있다.

소년의 경우 몇몇 사회계급이 상대적으로 많이 타고나는 용맹성의 문제와 그리 깊은 관계가 없는 것으로 보이지만, 이러한 투쟁충동이 적어도 산업종사계급들의 평균적인 성년남성이 소유한 것보다는 좀더 오래된 기질에 속한다는 것을 증명하는 증거로서의 가치는 어느 정도 가지고 있는 듯이 보인다. 어린이의 생활 특유의 다른 많은 특징들과 마찬가지로 이런 특징과 관련해서도 어린이는 성년남성의 초기성숙단계에서 볼 수 있는 일부 특징의 축소모형을 일시적으로 재생산한다고 볼 수 있다. 이러한 해석에 따르면 소년이 자신의 공훈과 고립된 관심에만 치중하는 현상은 초기 야만문화—본연의 약탈문화—에서는 정상적이었던 인간성으로 소년이 잠시 역행하는 현상이라고 이해할 수 있다. 그에 비해 유한계급과 범법자계급의 성격을 통해서 확인할 수 있는 것은 '소년기와 청년기 즉 좀더 초기의 문화단계에서 정상적이거나 습관적이었던 특성들은 성년의 생활에까지도 지속적인 영향력을 발휘한다'는 것이다. 이런 차이가 지속력 있는 인종학적 전형들 사이의 근본적인 차이로부터 전적으로 연유하지 않았다면, 안하무인의 범법자들이나 허례허식에 젖은 유한계급 신사들을 일반대중들과 다르게 보이게 만드는 특성들은 그들의 정신적인 발달이 어느 정도 억제되었음을 증명하는 표시라고 할 수 있다. 그러한 특성들은 현대 산업공동체의 평균적인 성년남성들이 도달한 발달단계에 비해서 그들이 미숙한 단계에 머물러 있다는 표시이기도 하다. 그리고 우리는 그런 표시들을 보면서 '사회계급들 중에서 이러한 상류계급과 최하층계급을 대표하는 남자들의 미숙한 정신적 기질은 이처럼 과격한 위업과 고립에 치중하는 성향과는 다른 고대적 특성들의 발현을 통해서 표출된다'는 사실을 확인할 수 있을 것이다.

　본격적인 소년기로부터 사나이다운 성년기로 성장하는 과도기의 제법 나이를 먹은 학생들 사이에서 약간은 체계적이고 구체적으로 평화를 깨뜨리는 목적 없는 장난이나 소동이 유행하는 모습을 보면서 우리는 투쟁적인 기질의 본질적인 미숙함을 분명히 확인할 수 있다. 청소년들은 일반적으로 이처럼 평화를 교란하는 장난이나 소동을 자주 벌인다. 청년기를 지나 성년기로 접어들기까지 빈도와 강도는 줄지만 이런 일들은 반복적으로 벌어진다. 즉 일반적으로 약탈적인 생활습관에서 좀더 안정된 생활습관으로 단계적인 이행을 하는 과정에 있는 개인의 생활을 통해서 이런 장난이나 소동이 재연되는 것이다. 상당히 많은 남자들의 개인적인 정신의 발달은 이처럼 유치한 상태를 벗어나기 전에 이미 거의 끝나고 만다. 이런 남자들의 투쟁적인 기질은 일생을 통해서 지속적으로 영향력을 발휘한다. 정신적으로 발달을 계속하는 개인들은 흔히 격투기나 스포츠를 즐기는 남자들에게서 언제든지 볼 수 있는 정신상태에 어울리는 고대적 기질의 단계를 통과하여 결국에는 남자다운 면모를 갖추게 된다. 그리하여 남자들은 개인적으로 다양한 정신적 성숙도와 절제력을 보이게 된다. 또한 평균적인 수준에 도달하지 못한 남자들은 현대 산업사회에서 어울리지 않는 난폭한 인간성의 잔재로 남거나 산업효율성의 증대와 공동체생활의 충족에 필요한 선택적인 적응과정의 부속품으로 전락한다.

이처럼 억제된 정신적 발달과정은 직접적으로는 성년남성들을 젊은이들처럼 폭력을 통한 성공을 추구하게 만들 수 있을 뿐아니라 간접적으로는 청소년들의 장난이나 소동을 방조하거나 부추기게 만들 수도 있다. 나아가 그 과정은 자라나는 세대의 후반 인생까지 지속적인 영향을 미칠 수 있고 또 좀더 평화적이고 효율적인 공동체의 기질에 따른 모든 활동을 지연시킬 수도 있는 잔인한 습관의 형성을 더욱 촉진할 것이다. 폭력으로 명예를 추구하는 기질을 타고난 개인이 공동체 청소년들의 습관의 발달을 지도하는 위치에 있다면, 용맹성의 보존과 격세유전에 그가 미칠 영향력은 실로 대단할 것이다. 이 사실은 예컨대 최근 들어

"기독교소년단"을 비롯한 유사군사조직들에 대한 성직자나 기타 사회지도층 인사들의 관심을 부추길 정도로 중요한 의미를 갖게 되었다. 고등교육기관들에서 "대학정신"이나 대학체육활동 같은 것을 권장하고 있는 풍조도 동일한 맥락에서 비롯된 것으로 이해될 수 있다.

이러한 약탈기질의 증표들은 모두 약탈로 획득 가능한 명예로 분류될 수 있을 것이다. 그것들은 한편으로는 경쟁적이고 잔인한 태도의 단순하고 무분별한 표현이고 다른 한편으로는 용맹성에 걸맞은 명예를 획득할 수 있다는 견해에 따라 의도적으로 행하는 활동이다. 이와 동일한 성격이 프로권투, 투우, 육상, 사격, 낚시, 요트, 사냥 등은 물론 신체적인 효율성을 파괴하는 요소가 그리 뚜렷하지 않은 기능경진대회를 포함한 모든 스포츠에도 포함되어 있다. 적대적인 전투를 출발점으로 하는 스포츠는 기교가 발달하면서 어떤 면에서는 분명한 구분선을 긋기 힘든 잔꾀나 속임수로 변모해간다. 스포츠에 열광하는 이유는 약탈적인 경쟁지향성을 상대적으로 많이 보유한 고대적 정신구조 때문이다. 모험적으로 명예를 추구하거나 상해를 가하려는 강력한 성향은 일반적으로 스포츠정신(sportsmanship)이라는 특수한 용어로 지칭되는 활동들을 통해서 더욱 분명하게 표명된다.

남자들을 이끄는 기질이 본질적으로 소년기의 기질이라는 것은 최소한 아마도 앞에서 말한 약탈경쟁의 또 다른 표현들보다는 스포츠와 관련하여 좀더 정확한 증거이거나 사실일 것이다.

그러므로 유별나게 스포츠에 열중한다는 것은 그 남자의 도덕성의 발달이 억제되었다는 것을 표시한다. 이처럼 스포츠에 열중하는 남자들에게서 볼 수 있는 소년기 특유의 기질은 그들의 관심이 모든 스포츠활동에 존재하는 허세라는 커다란 요소에 몰리는 즉시 드러난다. 스포츠는 이런 허세의 성격을 어린이들 그중에서도 특히 소년들을 매료시키는 놀이나 명예들과 공유하고 있다. 허세의 요소는 모든 스포츠에 동일한 비율로 깃들지는 않지만 모든 스포츠는 상당한 비율로 이런 요소를 갖고 있다. 그것은 좀 더 부차적인 성격을 지닌 일련의 기능경진대회보다는 본연의 스포츠정신이나 육상경기 같은 본격 스포츠를 통해서 훨씬 더 강하게 드러나는 것으로 보인다. 하지만 이런 규칙은 대단히 일률적으로 적용되지 않는 것으로 보인다. 예를 들면 매우 점잖고 실질적인 성격의 남자들도 사냥을 나갈 때면 그 일의 심각성을 마음에 새긴다는 차원에서 필요 이상의 무기와 장비를 준비해가는 수도 있다는 사실은 주목할 만하다. 이들 사냥꾼들은 짐짓 꾸며낸 듯한 의기양양한 걸음걸이를 취하거나 사냥감에 대한 은밀한 접근이나 공격 같은 세부적인 동작도 으레 과장되게 행하는 경향을 보이는데, 이런 행동들은 모두 약탈로 명예를 추구하는 행동에 포함된다. 이와 마찬가지로 거의 모든 운동경기에서도 이런 활동들의 과시적 성격을 표시하는 특징이라 할 수 있는 상대의 기를 죽이기 위한 고함이나 기합, 상대를 위축시키기 위한 의기양양한 활보, 상대를 속이기 위한 현란한 행동 등을 발견할 수 있다. 이 모든 행동은 당연히 소년다운 허세를 상기시키기에 부족함이 없다. 게다가 운동경기에서 통용되는 속어나 은어는 대부분 전쟁터나 싸움판에서 주로 사용하는 용어에서 차용한 극히 살벌한 표현들로 이루어져 있다. 비밀통신을 위한 불가피한 수단으로 채택되는 특수한 은어를 제외한 모든 은어는 어쩌면 그 은어를 사용하는 모든 활동이나 직업이 본질적으로 과시적인 성격을 지녔음을 보여주는 증거로 인정될 수 있을 것이다.

스포츠가 결투를 포함한 기타 평화교란활동들과는 다른 활동임을 보여주는 또 다른 특징은 명예욕이나 폭력충동 외에 다른 동기들이 스포츠 자체에 삽입되는 것을 허용하는 특이성을 지녔다는 데 있다. 아마도 기존의 스포츠에 또 다른 동기가 삽입되는 경우는 드물겠지만, 스포츠에 탐닉하는 다른 이유들로 자주 지적되는 사실은 또 다른 동기들이 때때로 부차적인 방식으로 삽입된다는 주장을 뒷받침할 수 있을 것이다. 사냥꾼들이나 낚시꾼들 같은 스포츠맨들이 그런 오락성 운동을 즐기는 동기에는 자연에 대한 사랑을 표시하는 습관이나 레크리에이션(기분전환용 오락)에 대한 욕구 같은 것들도 약간은 포함되어 있을 것이다. 이런 동기들은 자주 볼 수 있고 스포츠맨 생활이 자아내는 매력의 일부를 구성하는 것은 틀림없지만, 대표적인 동기가 될 수는 없다. 이러한 표면적인 욕구들은 스포츠맨이 그처럼 사랑한다는 "자연"의 본질적인 특징을 구성하는 동물들의 생명을 빼앗기 위한 체계적인 노력을 동반하지 않아도 훨씬 더 쉽고 만족스럽게 충족될 수 있을 것이다. 실제로 스포츠맨의 활동이 초래하는 가장 주목할 만한 결과는 그가 지닌 파괴력을 최대한 발휘하여 모든 생명을 말살시켜버림으로써 자연을 회복불능의 폐허로 만들어버린다는 데 있을 것이다.

그럼에도 기존의 관습들 아래에서 레크리에이션이나 자연과의 접촉을 원하는 욕구를 지닌 스포츠맨이 그가 선택한 경로를 통해서 최대의 만족을 얻을 수 있다고 주장하는 데는 나름대로 이유가 있을 것이다. 훌륭한 품행을 규정하는 어떤 규범들은 과거 약탈적인 유한계급이 선보인 규범적 선례에 따라 부과되었고, 이후 세습되는 유한계급의 대표적인 관행들을 통해서 어느 정도 정성들여 보존되어왔다. 또한 이 규범들은 그가 또 다른 경로로 자연과 접촉하려고 노력하는 것을 아무런 비난이나 제재도 없이 허용하지는 않을 것이다. 스포츠는 약탈문화로부터 일상적인 여가활동의 최고의 형태로 전승된 명예로운 활동인 만큼 예의범절 면에서도 충분한 인정을 받는 유일한 옥외활동으로 자리 잡았다. 그래서 사냥과 낚시의 동기도 레크리에이션이나 옥외활동의 욕구에 필적하는 동기로 인정받을 수 있었을 것이다. 이러한 목적들을 조직적인 도살을 빙자하여 필수적으로 추구할 수밖에 없게끔 강제하는 간접적인 동기는, 치욕을 당하거나 자존심에 상처를 입을 수 있는 위기상황을 제외하면 위반할 수 없는 일종의 규범이기도 하다.

다른 스포츠도 상당히 비슷한 동기들에서 출발한다. 운동경기는 이런 동기들을 확인할 수 있는 가장 좋은 사례이다. 그것은 물론 명예로운 생활의 규약이 허용하는 형태의 활동, 운동, 레크리에이션만 가능하다는 규범적 관례의 영향을 받는다. 운동경기에 열중하거나 스포츠를 찬양하는 사람들은 그런 활동이 레크리에이션과 "체육문화"의 활성화를 위한 최선의 수단을 제공한다고 주장한다. 규범적인 관례도 이러한 주장을 뒷받침한다. 명예로운 생활의 규범들은 과시적 여가로 분류될 수 없는 모든 활동을 유한계급의 생활구조로부터 축출해버린다. 또한 그 규범들은 선례를 보임으로써 여가를 과시하는 활동이 아닌 것들을 공동체의 일반적인 생활구조로부터 배제하는 경향을 보인다. 그와 동시에 목적 없는 체육활동은 참을 수 없이 지루하고 싫증나는 활동으로 여겨지게 된다. 다른 관계들을 살펴보면서 지적한 바와 같이, 그런 활동이 살아남기 위해서는 설령 할당받은 목적이 오로지 겉치레밖에 없다 하더라도 적어도 그 목적을 그럴싸하게 포장할 수 있는 핑계를 제공하는 활동의 형식을 구비하는 수밖에 없다. 스포츠는 이처럼 목적을 그럴싸하게 치장하는 허식과 결합하여 본질적으로 헛된 활동의 필수요건들을 만족시킨다. 여기에 더하여 스포츠는 경쟁의 장을 제공하고 그 덕분에 매력을 자아낸다. 어떤 직업이 품위를 획득하기 위해서는 유한계급의 명예로운 낭비규범에 부합해야 한다. 동시에 모든 활동이 습관처럼 지속력을 획득하려면 단지 부분적으로밖에 생활을 표현하지 못하더라도 얼마간 실용성이 있는 객관적인 목적에 효과적으로 이바지해야 한다는 일반적인 인간의 규범에 부합해야 한다. 유한계급의 규범은 엄밀하면서도 포괄적인 헛된 행위를 요구한다. 반면에 제작본능은 목적지향적인 행위를 요구한다. 유한계급의 예절규범은 공인된 생활구조로부터 본질적으로 유용하고 목적지향적인 행동방식들을 서서히 그리고 광범위하게 선택적으로 배제하는 작용을 한다. 반면에 제작본능은 충동적으로 작용하고 또 그래서 목적에 육박하는 짧은 순간에만 충족될 수 있을 것이다. 어떤 일련의 행동 저변에서 감지되는 무익한 성질이 행위자의 의식을 동요시키거나 억제하는 효과를 발휘할 있는 경우는 오직 정상적인 생활과정의 목적지향성과는 본질적으로 다른 이질적인 요소와 같은 성질이 복잡한 반성적 의식 속으로 진입하는 경우밖에 없다.

개인의 사고습관은 생활과정에 필연적으로 유용하게 이바지하는 경향을 보이는 유기적 복합체를 구성한다. 생활의 한 목적이기도한 체계적인 낭비 내지 헛된 활동을 이러한 유기적인 복합체와 일치시키려고 하면 곧 반발이 뒤따른다. 그러나 만일 기민하거나 경쟁적인 노력의 당면목적 내지 무반성적인 목적이 이 유기체의 관심을 제한할 수 있다면 이 유기체의 반발을 피할 수 있을 것이다. 사냥, 낚시, 육상경기 같은 스포츠는 약탈생활의 특성인 기민성과 경쟁적인 잔인성 및 교활성을 발휘할 수 있는 활동의 장을 제공한다. 반성의 능력이나 자신의 행동 저변에 숨은 경향을 감지할 수 있는 능력을 조금밖에 타고나지 못한 개인이라면, 그리고 그의 생활이 본질적으로 조야하고 충동적인 행동으로 이루어진다면, 우세함을 표현하는 스포츠의 즉각적이고 무반성적인 목적지향성은 그의 제작본능을 어느 정도 만족시킬 수 있을 것이다. 그를 지배하는 충동이 약탈기질에서 비롯된 무분별하고 경쟁적인 성향이라면 특히 더 그럴 것이다. 그와 동시에 예절규범은 아무 비난도 받지 않고 금력과시생활을 표현할 수 있는 방편인 스포츠를 그에게 권장할 것이다. 어떤 직업이든 전통적이고 품위 있는 레크리에이션을 즐기는 습관적인 방식의 위상을 유지하려면 저변에 사치성을 숨기고 있어야 하고 단기적인 목적지향성을 지니고 있어야 한다는 두 가지 필수요건을 만족시킬 필요가 있다. 그 밖에 다른 형태의 레크리에이션이나 운동은 세련되고 까다로운 감수성을 지닌 개인들로서는 도덕적으로 실행불가능하다고 본다면 스포츠는 기존의 환경에서 가용한 최선의 레크리에이션 수단이라고 할 수 있다.

그러나 운동경기를 권장하는 사회지도층 인사들은 일반적으로 운동경기가 사회발달에 필요한 귀중한 역할을 한다는 이유를 들면서 그들 자신과 이웃들이 운동경기를 옹호하는 태도를 정당화한다. 그들은 또한 경기 참가자의 체력을 향상시킴과 아울러 대개는 참가자들뿐 아니라 관중들 역시 남자다운 정신을 함양할 수 있다는 점을 들어 운동경기를 옹호한다. 미식축구(football)는 운동경기의 유용성에 관한 문제가 제기될 때 아마도 미국 사람이라면 가장 먼저 떠올릴 특별한 경기임은 물론이려니와, 운동경기가 육체적 도덕적 구원의 수단이 될 수 있는지 여부를 놓고 논쟁을 벌이는 사람들도 머리 속에 맨 먼저 떠올리는 형태의 경기일 것이다. 따라서 이처럼 전형적인 스포츠는 선수의 성격과 체력의 발달정도에 따라 달라지는 선수의 행동거지를 설명하는 데 도움이 될 것이다. 미식축구와 체육문화의 관계는 투우와 농업의 관계와 거의 같다는 말은 일리가 있어 보인다. 이처럼 혼동하기 쉬운 제도에 부응하기 위해서는 공들인 훈련과 육성이 필요하다. 거기에 동원되는 재원이 짐승이든 인간이든 신중히 선별하여 훈련과 규율에 복종시킴으로써 본래 길들일수록 사라지는 경향이 있는 야생적인 적성과 성향을 유지하고 강화시킬 필요가 있다. 이 과정은 그런 짐승이나 인간이 지닌 야생적이거나 야만적인 사고습관 내지 신체적인 습관을 전면적으로 철저히 복원하는 과정이 아니다. 그것은 야만성 혹은 야생성(*fer æ natura*)의 일부만 복원하는—다시 말해서 야생의 환경에서라면 개체의 자기보존본능과 생활충족본능에 기여했을 특성은 도태시키고 상대를 손상시키고 파괴하는 데 필요한 야생적인 특성만 복원하여 강화하는—과정이다. 미식축구에 깃들인 문화는 이렇게 복원된 이색적인 잔인성과 교활성의 소산이다. 그 문화는 위기상황에 봉착한 사회와 경제에서 목격되는, 미개한 성격의 특성들을 벌충하는 사소한 기질은 억누르면서 초기의 야만적인 기질은 복원시킨다.

운동경기를 위한 훈련을 통해서 습득하는 체력은—그 훈련이 이처럼 체력증진효과를 발휘한다고 말할 수 있다면—다른 사항들이 동등할 경우 경제적 유용성을 제공한다는 점에서 개인과 집단 모두에게 유익한 것이다. 스포츠에 어울리는 정신적 특성은 집단의 이익과 대별되는 개인의 이익에 경제적으로 기여한다. 어느 정도라도 이런 특성을 지닌 사람들로 구성된 공동체라면 어디서나 이런 경향을 확인할 수 있다. 현대의 경쟁은 대부분 이처럼 약탈적인 인간성의 특성에 기초한 자기과시의 과정이라 할 수 있다. 현대적이고 평화적인 경쟁에 개입하면서 세련된 형태를 띠게 된 이런 특성은 문명세계의 남자라면 어느 정도라도 소유해야 할 거의 필수적인 사항으로 정착되기에 이르렀다. 그렇게 이 특성은 경쟁적인 개인들에게는 필요불가결한 것이 되어버렸지만 공동체에 대해서는 직접 봉사하지 못하고 있다. 집단생활의 목적에 대한 개인의 유용성이라는 측면에서 본 경쟁력은 단지 간접적인 용도만 지니고 있을 뿐이다. 잔인성과 교활성은 다른 공동체를 적대적으로 상대할 경우를 제외하면 공동체에는 아무 소용도 없다. 이런 특성들이 개인에게 유용한 경우는 오직 그가 처한 인간적인 환경에서 다수의 동일한 특성이 활성화될 때뿐이다. 이런 특성을 별로 타고나지 못한 개인이 경쟁적인 투쟁에 참가하는 것은 뿔도 없는 송아지가 강력한 뿔을 가진 들소 떼에 뛰어드는 짓만큼이나 불리하기 그지없는 행동이다.

약탈적인 성격의 특성을 소유하고 함양하는 것은 경제적인 이유 말고 다른 이유를 따져보더라도 물론 바람직한 일일 수 있다. 야만적인 적성에 대한 심미적이거나 윤리적인 편애가 유행하고 있는 만큼 이런 편애에 효과적으로 봉사할 수 있을 그런 특성이 지닌 심미적이거나 윤리적인 유용성은 아마도 그것이 초래할 수 있는 경제적인 어떤 비효율성을 상쇄할 수 있을 것이다. 그러나 이 가설은 현재진행중인 논의의 목적을 벗어난다. 그래서 여기서는 모든 스포츠가 바람직하다거나 권장할 만하다 아니면 경제적인 가치 외에 다른 가치를 가지고 있다거나 하는 식의 이야기는 전혀 할 필요가 없다.

일반인들의 견해에 따르면 스포츠생활이 육성하는 남자다움의 전형에는 칭찬할 만한 특성이 무척 많다. 그런 특성 중에는 시쳇말로 자신감과 동료애라는 것이 있다. 현재 그처럼 특성화되고 있는 성질들을 다른 관점에서 표현하자면 공격성과 당파심이라고 말할 수도 있을 것이다. 현재 남자다운 성질이라고 불리는 이 성질들이 한창 인정받고 칭찬받는 이유는 개인에게 이 성질들이 유용한 이유와 동일하다. 공동체의 구성원들 중에서도 특히 취미규범을 선도하는 계급은 이런 성향들을 충분히 타고났기에 이런 성향이 없는 사람들을 결함 있는 사람들로 생각하고 이런 성향을 이례적으로 많이 소유한 사람들을 우등하고 가치 있는 사람으로 평가하는 경향을 보인다. 약탈적인 남자의 특성은 현대의 일반인들 사이에서 결코 사라질 수 없을 것이다. 그 특성은 늘 현존하고 있어서 그것이 표출하는 감정에 호소할 때마다―그러나 이러한 호소가 우리의 습관적인 활동이나 직업을 구성하는 특수한 활동들과 충돌하지 않고 우리의 일상적인 관심사의 일반적

영역에 포섭되지 않을 경우에 한해서—확연히 두드러진 반응을 이끌어낼 수 있다. 여느 산업공동체에서나 일반서민들은 단지 그런 특성이 부분적이고 일시적으로 폐기됨으로써 잠재의식적인 동기의 저변으로 가라앉아버린다는 의미에서만 경제적인 면에서 고약한 성향들을 벗어버릴 수 있다. 개인에 따라 다양한 잠재력을 발휘하는 그 특성은 일상적인 긴장 이상의 자극이 그것을 호출할 때마다 남자들의 행동과 감정을 공격적인 형태로 만들 수 있는 여력을 가지고 있다. 또한 그 특성은 약탈문화와는 이질적인 직업이 개인의 일상적인 관심과 감정을 사로잡지 않은 곳이라면 어디서나 강력하게 표출된다. 이런 경우는 유한계급과 그 계급을 보조하는 일부 일반인들 사이에서 볼 수 있다. 따라서 유한계급에 쉽게 편입하려는 사람이라면 누구나 스포츠를 즐길 필요가 있다. 그래서 상당수의 일반구성원들이 노동을 면제받을 수 있을 만큼 충분한 부를 축적한 산업공동체에서는 스포츠와 스포츠감정이 급속히 발달하는 것이다.

약탈충동이 모든 계급에 동일하게 분포되어 있지 않다는 증거로 제시될 수 있는 친근하고 익숙한 사실이 하나 있다. 지팡이나 단장을 들고 다니는 습관이 그것인데, 이런 사실은 그저 현대적인 생활의 한 양태로 본다면 그리 대수롭지 않은 듯이 보일 수 있다. 그러나 그런 관행은 문제의 핵심과 직결될 정도로 중요한 의미를 지닌다. 그런 습관을 가장 흔히 보이는 계급들—일반인들이 지팡이와 결부되어 있다고 생각하는 계급들—은 누구보다도 유한계급 남자들과 스포츠맨들 그리고 하류계급의 무뢰배들이다. 아마도 여기에는 금력과시적 직업에 종사하는 남자들도 포함되어야 할 것이다. 물론 산업에 종사하는 보통남자들도 똑같이 여기에 포함될 것이다. 하지만 여자들의 경우 몸이 허약하고 아픈 여자나 노약자를 제외하면 지팡이를 들고 다니지 않고 또 들고 다니더라도 전혀 다른 용도로 사용한다는 사실은 특기할 만하다. 물론 지팡이 휴대는 대체로 예절관습의 문제지만, 그런 예절관습의 근거는 그 관습을 선도하는 계급의 성향이다. 지팡이는 그것을 들고 다니는 사람이 실용적인 노력을 기울일 필요가 없는 직업에 종사하고 있음을 과시하는 데 도움이 되기 때문에 그가 유한계급임을 증명하는 증거로도 유용하다. 그러나 지팡이는 또한 무기로도 사용할 수 있기 때문에 야만적인 남자의 절실한 욕구도 만족시킬 수 있다. 그래서 평균수준의 용맹성밖에 타고나지 못한 보통남자들도 그렇듯 단단하고 원시적인 공격수단을 휴대하면 아주 든든한 기분을 느낄 수 있는 것이다.

언어 특유의 즉물적 성격 때문에, 지금까지 진행해온 적성, 성향, 생활표현에 관한 논의가 불가피하게 명백한 비난의 의도를 포함하고 있는 듯한 인상을 자아낼지도 모른다. 그럼에도 나는 인간의 성격이나 생활과정과 관련된 이러한 국면들 중 어느 하나라도 비난하거나 칭찬하려는 의도가 없다. 지배적인 인간성을 구성하는 다양한 요소들은 경제이론의 관점에서 규정해본 것들이고, 거론해온 특성들도 집단적인 생활과정의 편리성과 경제적으로 직접 관련이 있다는 견지에서 평가하고 등급을 매겨본 것들이다. 바꾸어 말하면 나는 여기서 이런 현상들을 경제적인 관점에서 파악해보고, 나아가 환경에 대한 그리고 집단의 경제적 상황이 현재 요구하고 또 머지않은 미래에도 요구할 제도적 구조에 대해 이런 현상들이 인간의 집단성의 좀더 완벽한 적응을 직접 촉진하거나 가로막는 작용을 할 수 있다는 견지에서 가치를 평가해본 것이다. 이런 목적에 비추어보면, 약탈문화가 물려준 특성은 본 논의에 이바지하는 바가 기대만큼 크지는 않다. 이런 사정에도 불구하고 약탈적인 남자의 드센 공격성과 집요한 끈기가 대단히 가치 있는 유산이라는 사실만큼은 간과하지 말아야 할 것이다. 여기서는 이러한 적성들과 성향들의—좀더 좁은 의미의 사회적 가치는 일정 부분 감안하는 대신 또 다른 관점에서 본 가치에 대한 고찰은 제외한—경제적 가치를 평가해보고자 했다. 근래의 산업적 생활양식의 지루하고 평범한 성격과 비교할 때, 그리고 공인된 도덕성의 기준이나 특히 심미적인 기준과 시적(詩的)인 기준에 따라서 판단할 때, 좀더 원시적인 남자의 전형이 남긴 이러한 유산들의 가치는 내가 지금까지 할당한 가치와는 매우 상이할 수도 있다. 그러나 이 모든 사항은 본 논의의 당면목적과는 무관하기 때문에 여기서는 따로 의견을 개진할 필요는 없을 듯하다. 여기서 내가 할 수 있는 일이라야 당면목적과는 무관한 이러한 우월성의 기준으로 하여금 인간의 성격을 구성하는 이러한 특성이나 이 특성을 발달시키는 활동에 대한 우리의 경제적인 평가에 영양을 미치지 못하도록 신중을 기하는 정도밖에 없을 것이다. 이런 제약은 활발하게 스포츠에 참여하는 개인들은 물론 오직 경기를 관람하는 것밖에 스포츠를 경험하지 못한 사람들에게도 적용될 수 있다. 여기서 스포츠지향성과 관련하여 언급한 것은, 일반인들이라면 아마도 '종교생활'이라고 부를 것에 관해서 앞으로 진행할 다각적인 고찰과도 유사한 맥락에 속한다.

위의 문단은 비난이나 변명의 의미를 담지 않은 채 이런 적성과 활동을 일상적인 언어로 거론하기가 거의 불가능하다는 사실을 시사한다. 이 사실이 지닌 중요한 의미는 무덤덤한 보통남자들이 스포츠나 약탈적인 공훈으로 표출되는 성향에 대해서 일반적으로 취하는 습관적 태도를 확인할 수 있게 해준다는 데 있다. 또한 이 사실은 어쩌면 운동경기를 비롯한 약탈적인 성격이 현저한 활동을 변호하거나 예찬하는 모든 거대담론의 저변에 흐르는 비난의 음조를 거론하기에 편리한 근거일지도 모른다. 야만적인 생활단계에서 유래한 대부분의 다른 제도를 옹호하는 자들을 보면 적어도 이와 동일한 변명 지향성 사고구조의 최초 양상만큼은 관찰할 수 있다. 변호의 욕구를 느끼게 하는 이 낡은 제도는 다른 제도와 함께 현존하는 모든 부의 분배체계와 그것이 낳은 신분의 계급적 차별요인, 과시적 낭비에 속하는 거의 모든 소비형태, 가부장제도하의 여자들의 신분, 그리고 전통적인 교리와 종교의례, 특히 종교적 교리의 대중적인 표현과 기존의 종교의례에 대한 초보적인 견해가 보이는 다양한 면모에 포함된다. 따라서 이런 맥락에서 스포츠와 스포츠형 성격을 찬양하는 자들이 취하는 변호의 태도에 관하여 언급할 수 있는 것은, 문체(文體)를 적절히 변화시킨다면, 우리 사회의 유산과도 관계가 있는 이러한 다른 요소들을 옹호하기 위한 변론에도 적용될 것이다.

이러한 스포츠뿐 아니라 스포츠형 성격의 저변에 일반적으로 깔려있는 약탈적인 충동과 사고습관들 모두가 상식을 지지하지 않는다는 감정—변호인이 아무리 장광설로 변론을 해도 흔히 모호하기만 하고 공인받기 어렵지만 대개 그가 변론하는 태도만은 인정할 수 있다는 감정—이 존재하고 있다. "대다수의 살인자들은 지극히 그릇된 성격의 소유자들이다"라는 통설은 도덕주의자의 관점에서 약탈적인 기질을 평가하고 그런 기질이 공개적으로 표출되거나 실행됨에 따라 발생하는 규율효과를 평가하는 데 있어서 가치판단의 기준을 제공한다. 따라서 그 통설은 약탈적인 사고습관이 집단생활의 목적달성에 기여하는 정도에 따라 성년 남자들이 온건한 감각을 표출하는 정도도 달라진다는 것을 시사한다. 이 가설은 약탈적인 태도를 습관화시킬 수 있는 모든 활동을 반대하는 듯이 보이고, 그것을 증명할 책임은 약탈적인 기질의 복원이나 그 기질을 강화하는 관행을 옹호하는 자들에게 있는 듯이 보인다. 그런 종류의 기분전환이나 모험적인 기업정신을 고무하면서 대중의 감정을 조작하는 강력한 세력도 존재하지만, 그와 동시에 이런 감정의 근거를 합법화시킬 필요가 있다는 감각도 오늘날 사회에 만연하고 있다. 그렇게 합법화를 원하는 자들은 일반적으로 다음과 같은 사실을 증거로 제시한다. 즉 스포츠는 본질적으로 약탈적이어서 사회를 분열시키는 효과를 발휘하고 산업에 무용한 성향들의 격세유전을 직접 선도하는 효과를 발휘함에도 불구하고, 사회나 산업의 목적달성에 기여하는 사고습관을 간접적이고 우회적으로—혹은 어쩌면 반극유도(反極誘導, polar induction) 내지 반대자극(counter-irritation)이라고 말할 수 있는 쉽게 이해하기 힘든 어떤 과정을 통해서—육성하는 활동으로 여겨진다는 것이다. 다시 말하면 스포츠는 본질적으로 약탈적인 행위를 통해 차별적인 명예를 추구하는 성격을 가지고 있지만 우회적이고 애매한 어떤 효과를 발휘함으로써 비차별적인 활동에 봉사하는 기질을 발달시킬 수 있다는 것이다. 이 모든 가설을 증명하기 위해서 경험을 동원하는 경향이 일반화되어 있다. 하지만 그것은 오히려 사실을 주의 깊게 관찰해본 사람이라면 누구나 뻔히 알 수 있는 경험의 일반화 과정이기 십상이다. 따라서 이 가설을 증명하는 과정에서 원인과 결과를 추론하기 위해 동원된 깨지기 쉬운 근거가 앞서 언급된 "남자다운 미덕들"이 스포츠를 통해서 육성된다는 사실을 입증하지 못하는 한 그 근거는 은근슬쩍 회피되고 말 것이다. 그러나 이러한 남자다운 미덕들은 (경제적으로) 합법화되기를 요구받기 때문에 증명을 위한 논리의 사슬은 시작부터 끊어지기 십상이다. 가장 일반적인 경제용어를 사용해서 말하자면 이러한 변론들은 앞뒤 논리와는 무관하게 단지 스포츠가 포괄적으로 제작본능이라고 불릴 수 있는 성향을 실제로 더욱 촉진한다는 것을 증명하기 위한 노력에 불과하다. 사려 깊은 스포츠 변호인이라면 이런 촉진이 스포츠의 효과라는 것을 자신이나 남에게 납득시키지 못하면 만족하지 못할 것이다. 또한 대개 그런 사람은 설령 자신의 변론이 인정받더라도 만족감을 느끼지 못한다. 그가 자신이 펼치고 있는 변론에 불만을 느끼고 있다는 증거는 보통 그의 과격한 말투나 그의 입장을 뒷받침하기 위해 필사적으로 남발하는 단어들을 통해서 확연히 드러난다.

그런데 왜 그런 변론이 필요할까? 스포츠를 선호하는 감정이 대중에게 일반화되어 있다면 그런 사실이 왜 합법화를 위한 충분한 사유가 못 되는 것일까? 약탈문화와 외견상 평화적인 문화에 예속된 인종을 오랫동안 지배한 용맹성의 원칙은 오늘날 남자들에게 이러한 잔인성과 교활성을 표출함으로써 만족감을 느끼는 기질을 유전시켰다. 그렇다면 이러한 스포츠는 왜 정상적이고 건전한 인간성의 합법적 표현으로 인정받지 못하는 것일까? 용맹성의 유전형질을 포함한 현세대의 감정을 통해서 표출되는 모든 성향들이 준수해야 할 규범과는 다른 규범이 존재한다면 그것은 어떤 규범일까? 호소할 만한 잠재적인 규범은 제작본능일 것이다. 그 본능은 약탈경쟁지향성보다도 훨씬 근본적이고 오래된 규범적 본능이다. 약탈경쟁지향성은 제작본능이 발달하는 과정에서 생겨난 특수한 성향으로 지극히 오랜 기원을 가지고 있음에도 상대적으로 단명한 변종본능에 불과하다. 경쟁적인 약탈충동—혹은 스포츠맨십 본능이라고 부를 수 있는 충동—은 스포츠맨십이 발달되고 분화되어 나온 원초적인 약탈본능보다는 본질적으로 불안정한 충동이다. 이러한 생활의 잠재적인 규범에 비하면 약탈경쟁과 스포츠생활은 규범적인 위력이 한참 모자란다.

유한계급제도가 스포츠와 차별적인 명예의 보존에 이바지하는 방식과 정도는 물론 한마디로 요약하기 힘들 것이다. 앞에서 살펴본 증거에 비추어보면 산업계급보다는 유한계급의 감정과 성향이 호전적인 태도와 아니무스를 더 선호하는 것으로 보인다. 스포츠에 대해서도 비슷한 경향을 보이기는 마찬가지다. 그러나 유한계급제도는 주로 간접적인 효과를 발휘함으로써 그리고 품위 있는 생활규범들을 통해서 스포츠생활에 관한 일반적인 감정에 영향을 미친다. 이러한 간접적인 효과는 거의 확실하게 약탈적인 기질과 습관의 생존을 촉진하는 방향으로 작용한다. 이 효과는 상류유한계급의 예절규약이 배척하는 프로권투나 닭싸움 같이 스포츠기질의 비천한 발로로 치부되는 갖가지 변종 스포츠생활에 대해서도 동일한 작용을 한다. 최근에 인정받은 자잘한 예절규칙들이나 제도적으로 공인받은 품위규범들은 한결같이 경쟁과 낭비는 훌륭한 일이고 그와 반대되는 일은 불명예스러운 일이라고 노골적으로 주장하는 듯한 인상을 준다. 한편으로 황혼보다도 어두운 빛만 겨우 깃드는 하류세계에서는 그곳에 꼭 필요할지도 모르는 편의시설은 하나도 찾아보기 힘들고, 그곳에서도 광범위하게 유행하는 이러한 기초적인 체면규범들 역시 적응의 범위나 사소하게 용납되는 예외들조차 감안할 필요가 없다는 듯이 다소 무분별하게 적용되고 있다.

스포츠를 직접 즐기든 감정이나 도덕적으로 지지하든 스포츠에 열광한다는 것은 유한계급이 지닌 다소 뚜렷한 특성이다. 그런 특성은 하류계급의 무뢰배들도 공유하고 있을 뿐 아니라 현저히 약탈적인 경향을 타고난 공동체도 전반적으로 그런 특성을 경쟁적으로 모방하려는 경향을 보인다. 서양 문명국가들의 국민들 중에서 스포츠나 도박을 구경해도 아무 즐거움을 못 느낄 정도로 약탈본능을 거의 가지고 있지 않은 개인은 극소수에 불과하지만 산업계급들에 속하는 대다수 보통남자들의 스포츠지향성은 이른바 스포츠 습성이라는 것을 체질화했다고 할 만큼 강하게 표출되지 않는다. 산업계급들에게 스포츠는 생활을 좌우하는 중대한 요인이라기보다는 때에 따라 기분전환용으로 즐길 수 있는 오락 같은 것이다. 따라서 이런 일반인들이 스포츠성향을 함양한다고 말할 수는 없다. 스포츠는 평균적인 개인들 혹은 상당히 많은 수의 개인들에게 진부하고 쓸모없는 활동은 아니지만 일반적인 산업계급들의 스포츠에 대한 애착심은, 처음부터 사고습관들을 유기적인 복합체로 형성시키는 우세한 요인으로 여겨지는 사활이 걸린 항구적 관심이 아니라, 일시적인 흥미에 따라 다소간 즐거움을 느낄 수 있는 추억과 같은 성격을 가지고 있다. 이런 성향이 오늘날 스포츠생활을 통해서 표출되면 중대한 결과를 초래할 수 있는 경제적 요인으로 보이지는 않을 것이다. 단순히 그 성향 자체만 놓고 본다면 그 성향이 어떤 개인의 산업능률이나 소비활동에 미치는 직접적인 영향력은 대단하게 평가할 만한 것은 아니다. 그러나 이런 성향을 성격적 특징으로 구비한 인간성의 전형이 유행하고 발달한다는 것은 어느 정도 중대한 문제라고 할 수 있다. 그런 전형은 경제발전의 수준과 그런 발전이 낳은 결과들의 성격 모두와 관련이 있는 집단의 경제생활에 영향을 미칠 수 있다. 그런 전형이 좋든 나쁘든 일반인의 사고습관이 어느 정도는 이런 성격적 전형의 지배를 받는다는 사실은 집단적인 경제생활의 범위, 방향, 기준, 이상형뿐 아니라 그런 집단생활이 환경에 적응하는 정도에도 대단히 큰 영향을 미칠 수밖에 없다.

야만적인 성격을 형성하는 다른 특성들도 이와 유사한 효과를 발휘한다고 말할 수 있다. 경제이론의 목적에 비추어보면 이러한 추가적인 야만적 특성들은 용맹성으로 표현되는 약탈적 기질의 부수적인 변종들로 이해할 수 있을 것이다. 그 특성들은 대부분 원초적인 경제의 성격도 지니고 있지 않을뿐더러 경제적인 행동과 거의 직접적인 관계도 없다. 하지만 그 특성들은 그것들을 소유한 개인이 적응하는 경제적 진화단계를 명시하는 데 도움이 된다. 따라서 그 특성들은 오늘날 긴박한 경제상황에 포섭되는 과정에서 성격적으로 적응한 정도를 측정하기 위한 외부적 척도의 역할을 할 수 있기 때문에 중요한 의미를 가지고 있다. 한편으로 그것들 자체가 개인의 경제적 유용성을 증대시키거나 축소시키는 적성이 된다는 점에서도 어느 정도 중요성을 가지고 있다.

야만인들의 생활을 관찰하면 알 수 있듯이 용맹성은 폭력과 속임수라는 대표적인 두 가지 방향으로 표출된다. 이 두 가지 표현형식은 정도의 차이는 있지만 현대의 전쟁, 금력과시적 직업들, 스포츠와 도박을 통해서도 대체로 비슷하게 나타난다. 두 가지 방향의 소질들은 스포츠생활뿐 아니라 좀더 심각한 형태의 경쟁적인 생활을 통해서 함양되고 강화된다. 전략이나 속임수는 전투와 사냥에서는 물론 도박에서도 변함없이 등장하는 요소이다. 이 모든 활동들을 통해서 전략은 술수나 흉계, 기만행위 등으로 발달하는 경향을 보인다. 기만, 거짓말, 공갈 등은 일반적으로 모든 운동경기 진행방식과 도박이나 게임에서 부동의 위상을 차지하고 있다. 심판을 동원하는 습관이나 허용 가능한 속임수 및 전략적 선점의 범위와 세부내용을 관장하는 세세한 기술적인 규칙들은 상대를 속이기 위한 기만적인 행동이나 시도가 게임의 우발적인 특징이 아니라는 것을 충분히 반증한다. 그런 성격을 가지고 있는 스포츠에 습관을 들인다면 분명 남을 속이는 소질도 좀더 완벽하게 발달시키는 데 도움이 될 것이다. 그리고 남자들을 스포츠로 이끄는 그런 약탈기질이 공동체에서 유행한다는 것은 개인적으로나 집단적으로 타인의 관심이나 이익을 무시하는 교활한 관행과 무자비함이 만연한다는 것을 의미한다. 속임수에 의존한다는 것은, 그것이 어떤 그럴싸한 핑계가 있더라도 그리고 어떤 법률이나 관습에 의해 합법적으로 인정받더라도, 협소하고 이기적인 사고습관의 발로에 지나지 않는다. 이만하면 스포츠의 성격이 지닌 특징의 경제적 가치에 대해서는 더 이상 길게 설명할 필요가 없을 것이다.

이 문제와 관련하여 주목할 만한 사실은 운동선수들을 비롯한 기타 스포츠맨들을 매력적으로 보이게 만드는 외모의 가장 확실한 특징은 극히 단단하고 날렵한 체격이다. 율리시스(Ulysses)[19]의 천부적인 재능과 위업이 아킬레스의 재능과 위업에 못지않다는 것은 그 두 영웅을 기념하는 운동경기들이 일찍부터 발달했다는 점이나 그 경기에 참가하는 남자들 중에서 가장 뛰어난 스포츠맨이 갈채를 받는다는 점을 통해서 확인할 수 있다. 민첩한 동작은 일반적으로 유명한 중학교나 고등학교에 입학한 청소년들로 하여금 이왕이면 직업적인 스포츠맨의 길을 걷게 만드는 첫걸음이라고 할 수 있다. 또한 튼튼하고 날렵한 외모까지 덤으로 구비하면 운동경기나 각종 경주 또는 경쟁적인 성격을 지닌 기타 유사한 경기들에 지대한 관심을 보이는 남자들의 끊임없는 주목을 받게 된다. 그들과 유사한 정신적 특성을 보이는 사람들로는 하류계급의 무뢰배들이나 범법자들을 들 수 있을 것이다. 그들은 보통 확연하게 민첩하고 날렵한 외모를 가지고 있

---

19 호메로스의 서사시 《오디세이아》의 주인공 오디세우스(Odysseus)의 영어식 이름.-옮긴이

을 뿐 아니라 그들 중 대다수는 흔히 승리의 영예를 노리는 젊은 선수들에게서 볼 수 있는 극적이고 과장된 태도를 보인다. 그런 데 이런 태도는 악명을 떨치기를 염원하는 젊은이들이 속칭 "강인함(toughness)"이라고 부르는 성질을 가장 명백하게 보여주는 증표이다.

그렇게 시선을 모을 수 있는 민첩한 남자는 다른 공동체들을 상대하기 위한 민첩하고 교활한 활동의 목적에 부응하지 못하는 한 그가 속한 공동체에서는 경제적 가치를 전혀 인정받지 못한다. 그의 기능은 공동체 일반의 생활과정을 촉진할 수 없기 때문이다. 그 기능이 경제에 직접 미치는 영향이 있다면 기껏해야 그 집단의 경제적 자산을 보존함으로써 집단의 생활과정과는 이질적인 방향으로 성장하게 만드는 일밖에 없다. 그것은 마치 종양의 악성과 양성을 구분하는 모호한 경계선을 가끔 위반하는 경향이 있는 의사들이 악성종양을 양성종양으로 잘못 진단하는 일과 매우 흡사할 것이다.

잔인성과 민첩성이라는 이 두 가지의 야만적인 특성은 약탈적인 기질이나 정신상태를 조성하는 경향이 강하다. 그 특성은 협소하고 이기적인 사고습관의 발로이다. 두 특성 모두 차별적인 성공을 추구하는 개인의 편의를 도모하는 데 매우 유용하다. 또한 두 특성 모두 심미적으로 높은 가치를 가지고 있어서 금력과 시문화에 의해 육성된다. 그러나 두 특성은 모두 집단생활의 목적을 달성하는 데는 전혀 쓸모가 없다.

11. 행운에 대한 믿음

도박성향은 야만적인 기질의 또 다른 부수적 특성이다. 그 성향은 스포츠맨들과 일반적으로 호전적이고 경쟁적인 활동들을 즐기는 남자들의 부수적인 변종성격이다. 이 특성 역시 직접적인 경제적 가치를 가지고 있다. 그래서 이 특성이 상당히 일반화되어 있는 모든 공동체에서 이 특성은 전체 산업으로 하여금 최고의 효율성을 발휘하지 못하게 만드는 요인으로 인식된다.

도박성향을 오직 약탈적인 인간성의 전형에만 속하는 특징으로 분류하기에는 미심쩍은 구석이 있다. 도박습관의 대표적인 요인은 행운에 대한 믿음이다. 그리고 이런 믿음의 기원 중에서 최소한 그 믿음을 구성하는 기본요소들의 기원만큼은 약탈문화에 선행하는 인간진화단계에서 찾아볼 수 있다. 행운에 대한 믿음은 약탈문화단계를 거치면서 도박성향의 주요한 요소가 스포츠기질을 통해서 드러나는 오늘날의 형태로 발달했다고 볼 수 있다. 현대문화에서 드러나는 그 믿음의 특수한 형태는 아마도 약탈문화원리의 소산일 것이다. 그러나 행운에 대한 믿음은 근본적으로 약탈문화보다도 더 오래전에 형성된 습관이다. 그 믿음은 사물을 물활론(또는 정령숭배)적인 각도에서 이해하는 방식의 하나라고 할 수 있다. 그 믿음은 본질적으로 오래전에 야만문화로 유전되어 그 속에서 형질변화를 거친 다음 약탈원리에 편승하여 인간 발달과정의 최근단계에까지 특수한 형태로 유전되어온 특성으로 보인다. 그러나 그 믿음은 어쨌거나 좀더 먼 과거로부터 유전되어 현대 산업의 필수요건들과 다소 어긋날 뿐 아니라 현대의 집단적인 경제생활 최고의 효율성을 약간이나마 떨어뜨릴 수도 있는 고대적인 특성으로 이해될 수 있을 것이다.

행운에 대한 믿음이 도박습관의 기본요소이긴 하지만, 그것이 내기도박습관을 구성하는 유일한 요소는 아니다. 체력과 기량을 놓고 내기도박을 벌이는 과정은 그 믿음 이상의 동기에 따라 진행되는데, 그런 동기가 없었다면 행운에 대한 믿음은 스포츠생활의 두드러진 특색으로 등장하지는 않았을 것이다. 그 동기는 승리할 것으로 예상되는 개인 혹은 집단이 패배할 것으로 예상되는 개인이나 집단의 희생을 발판으로 주도권(혹은 지배력)을 강화하려는 욕망이다. 내기도박에 참가한 자들의 금전 득실 격차가 클수록 승자는 더욱 확실한 승리감을 만끽하고 패자는 더 큰 고통과 굴욕감을 감수해야 한다. 물론 이런 도박에 참가한다는 것만으로도 물질적인 부담이 될 수 있다는 사실이 고려되어야 할 것이다. 하지만 내기도박은 일반적으로 도박판에 참가하는 자들에게 승리할 기회를 높여줄 것이라는, 공인받기는커녕 암묵적인 인정조차 못 받는, 막연한 기대감을 부추기면서 벌어지기 마련이다. 이런 목적으로 탕진한 자금과 열정은 승부를 위해서라면 무가치한 것은 아니라는 느낌을 자아낸다. 여기서 제작본능이 특수한 형태로 표출된다. 그 본능은 훨씬 더 명백한 감각의 뒷받침을 받는다. 이 감각은 사건에 내재하는 성향이 매우 능동적이고 활동적인 그의 충동과 화합하여 강화됨으로써 사물의 정령과 그가 일체화된다면 확실히 승리할 수 있다는 감각이다. 이처럼 내기도박을 부추기는 동기는 모든 경기에서 자신이 좋아하는 편을 응원하는 형태로 자유롭게 표출된다. 따라서 그 동기는 확실히 약탈적인 면모를 구비하고 있다. 행운에 대한 믿음은 내기도박을 통해서 본연의 약탈적인 충동을 보조하는 동기로 표출된다. 그에 따라 행운에 대한 믿음은 그것이 내기도박의 형태로 표현되는 한 약탈적인 성격의 전형을 구성하는 필수적인 요소로 간주될 수 있을 것이다. 그 믿음은 그 기본적인 요소들을 고려하면 근본적으로 분화가 이루어지지 않았던 초기의 인간성에 속하는 오래된 습관이다. 그러나 이러한 믿음은 약탈경쟁충동의 도움을 받아 도박습관의 특수한 형태로 분화되면서 야만적인 성격의 특성으로 분류될 수 있는 특수한 믿음의 면모를 갖추게 되었다.

행운에 대한 믿음은 연속되는 현상들 가운데서 우연한 필연성을 느끼는 감각이다. 그 믿음은 변화를 거듭하며 다양한 형태로 표현되면서 모든 공동체의 경제적 효율성에 아주 심각하고 중대한 영향을 미치게 되었다. 이런 사실은 그 믿음의 기원과 내용, 다양하게 분화된 믿음의 변종들과 경제적 구조 및 기능과의 관계, 그리고 그것의 발달, 분화, 지속과 유한계급의 관계를 좀 더 상세히 논의할 수 있는 근거를 마련해줄 것이다. 약탈문화의 야만인들과 현대 사회의 스포츠맨들 사이에서 가장 쉽게 관찰할 수 있는 발달되고 완성된 형태의 믿음은 적어도 식별 가능한 두 가지 요소를 내포하고 있다. 그 요소들은 동일한 기본적 사고습관의 두 가지 상이한 단계 내지 동일한 외형적 요인이 진화과정에서 연속적으로 거치는 두 가지 단계로 이해될 수 있다. 이 두 요소가 동일한 믿음의 일반적 발달과정의 연속적인 두 단계라는 사실은 어떤 개인의 사고습관들 가운데 두 요소가 공존하는 것을 막지 못한다. 좀더 원시적인 형태(혹은 좀더 고대적인 단계)의 믿음은 사실들에 유사—인간적인 성격을 부여하는 초기의 정령숭배적인 믿음 내지 인간관계나 사물에 대한 정령숭배적인 감각이다. 고대의 남자는 그가 처한 환경에 존재하는 두드러지고 확실하며 필연적인 대상물과 사실들은 한결같이 유사—인간적인 개체성을 지닌 것으로 이해했을 것이다. 그런 대상물과 사실들은 불가해한 방식으로 원인(동기)들의 복합체에 개입하여 사건들에게 영향을 미치는 어떤 의지(意志)—혹은 차라리 성향이라고 말하는 편이 나을 의지력—에 속하는 것으로 생각되었을 것이다. 행운이나 절호의 기회 혹은 우연한 필연성을 감지하는 스포츠맨의 감각은 아직 분화되지 못했거나 막연한 초보적 정령숭배감정이다. 그 감정은 흔히 아주 막연한 방식으로 대상물과 상황에 적용된다. 그러나 그 감정은 대개 기량이나 기회를 다투는 경기(혹은 게임)의 장치와 장식에 사용되는 대상물에 내재된 성향의 발현과정에서 그 성향과 화합하거나 그것을 속이고 부추기거나 아니면 반대로 방해하고 교란시킬 수 있는 잠재력을 품고 있을 만큼 대단히 결정적인 감정이다. 어느 정도 효능이 있다고 느껴지는 부적 따위를 소지하는 습관을 갖지 않은 스포츠맨은 거의 없다. 또한 내기를 건 도박판이나 경기에 참가한 선수들이나 사용되는 장치나 도구가 "불운"을 가져다줄지도 모른다는 두려움을 본능적으로 느끼는 사람들, 혹은 자기편 선수나 선수단에 보내는 응원이 자기편을 강하게 만들고 또 당연히 그래야 한다고 느끼는 사람들, 아니면 자신들이 키운 "마스코트"가 단순한 장난 이상의 어떤 것을 의미한다고 생각하는 사람들도 적지 않다.

행운에 대한 믿음의 단순한 형태는 이처럼 대상물이나 상황에 내재된 불가해한 목적론적 성향을 감지하는 본능적 감각이다. 대상물이나 사건은 결국은 주어진 목적이 되고 마는 성향을 가지고 있다. 물론 이처럼 연속적으로 주어진 목적 혹은 목표지점이 우연히 주어진 것으로 생각되든 계획적으로 노린 것으로 생각되든 결과는 마찬가지이다. 이처럼 단순한 정령숭배로부터 출발한 믿음은 감지 불가능한 과정을 거쳐, 불가해한 초자연적인 힘에 대한 다소 구체적인 믿음을 지향하는 부차적이고 파생적인 형태 내지 단계의 믿음으로 차츰 변해간다. 초자연적인 힘은 그 힘을 연상하게 만드는 가시적인 대상물을 통해서 작용하지만, 개체성의 입장에서는 이런 대상물과 동일시되지는 않는다. 여기서 사용하고 있는 "초자연적인 힘"이라는 용어는 초자연적인 것이라고 말해지는 어떤 힘 또는 전능자의 본성 이상의 의미를 함축하고 있지 않다. 이 용어는 다만 정령숭배적인 믿음의 좀더 발달된 형태를 지칭할 뿐이다. 그러한 초자연적인 힘을 반드시 완전한 의미의 인격적인 힘으로 생각할 필요는 없지만, 그 힘은 어떤 모험이나 특히 어떤 경쟁(혹은 경기)의 결과에 다소 자의적으로 영향을 미칠 수 있는 인격적 속성을 얼마간 함유한다고 할 수 있을 것이다. 아이슬란드 전설에 유달리 많이 등장하고 초기 게르만족의 설화에도 흔히 등장하는 하밍기아(hamingia)에 대한 일반적인 믿음은 사건을 이끄는 초(超)물질적인 성향에 대한 이런 감각을 대변하는 좋은 사례일 것이다.

이처럼 믿음으로 표현되거나 믿음의 형태를 띠는 성향은 다양한 측면에서 개성이 부여되긴 하지만 인격화되는 경우는 거의 없다. 그리고 이처럼 개별화된 성향은 때로는 환경에 복종하고 또 대개는 정령 혹은 초자연적인 환경에 순응하는 것으로 여겨진다. 상당히 진보한 분화단계에 속하는 믿음, 그리고 초자연적인 힘에 호소하고 그 힘을 의인화시키고 인격화시키는 믿음, 이런 믿음을 보여주는 널리 알려진 실례는 투기종목을 놓고 벌이는 내기도박이다. 이 도박판에서 초자연적인 힘은 필요에 따라 심판의 역할을 하거나, 도박참가자가 요구하는 공정성이나 정당성 같은 것을 결정하는 약정된 어떤 기준에 따라 경쟁의 결과를 조작하는 것으로 여겨진다. 그와 비슷하게 이해할 수는 없지만 정신적으로 보면 필연적인 것으로 보이는 경향이 사건을 이끈다는 감각이 존재한다. 예컨대 오늘날처럼 문명화된 사회에서조차 흔히 지각없는 사람들이라면 매우 중요하게 여기는 "자신의 싸움이 정당하다는 것을 아는 사람은 3인분의 무기를 들고 싸우는 셈이다"라는 격언이 널리 인정받고 있다는 사실을 통해서, 현재 통용되고 있는 일반적인 믿음을 구성하는 모호한 요소의 단초가 바로 이런 감각이라는 것을 확인할 수 있다. 이런 격언이 인정받고 있는 곳에서 찾아볼 수 있는 하밍기아 혹은 보이지 않는 손의 힘에 대한 믿음과 관련된 현대인들의 기억은 아마도 어렴풋하고 불확실할 것이다. 그리고 그 기억은 어떤 경우에나 정령숭배의 성격을 거의 갖지 않은 심리적인 동기들과 뒤섞여버리는 것으로 보인다.

본 논의의 목적을 고려하면, 여기서 정령숭배성향의 두 가지 이해방식 중에서 최근의 방식이 이전의 방식으로부터 파생되어 나오는 심리학적 과정이나 인종학적 혈통관계를 더 자세히 살펴볼 필요는 없을 것이다. 이 문제는 민속심리학이나, 아니면 종교적 교리나 제례의 진화론적 입장에서 보면 가장 중요한 문제일지도 모른다. 같은 맥락에서 두 가지 이해방식이 연속적인 발전단계와 관련이 있느냐의 여부도 더욱 근본적인 문제로 여겨질 것이다. 여기서 이런 문제들을 거론하는 것은 단지 현재진행중인 논의의 관심이 그런 방면에 있지 않다는 것을 명시하기 위함일 따름이다. 경제이론의 입장에서 보자면, 행운에 대한 믿음 혹은 사물이나 사건의 초인과율적인 경향이나 성향에 대한 믿음을 형성하는 이 두 가지 요소 내지 두 단계는 본질적으로 동일한 성격을 가지고 있다. 그것들은 사실이나 사건을 접하는 개인의 습관적인 관점(견해)에 영향을 주고 산업의 목적달성에 개인이 이바지하는 정도에 영향을 주는 사고습관처럼 경제적으로 중요한 의미를 가지고 있다. 그리하여 정령숭배적인 믿음의 아름다움, 가치, 이익에 관한 모든 의문을 차치한다면, 경제적인 요인이자 특히 산업의 담당자로서 개인이 지닌 유용성과 관련하여 그것들이 지닌 경제적인 의의를 논할 수 있는 여지가 마련될 것이다.

앞에서도 사실관계를 이미 설명한 바 있듯이, 오늘날 복잡한 산업과정에서 개인이 가장 유용한 존재가 되려면 사실들의 인과관계를 쉽게 이해하고 그 관계에 개입할 수 있는 적성(소질)과 습성을 타고나야 한다. 산업과정은 전체적으로 보나 세부적으로 보나 양적(量的)인 인과관계에 입각한 과정이다. 산업과정의 현장감독자와 노동자에게 요구되는 "지능(intelligence)"이란 양적으로 결정된 인과적인 작업절차를 이해하고 그 절차에 적응할 수 있는 능력에 불과하다. 이러한 이해력과 적응력이 우둔한 노동자에게는 부족하기 때문에, 이런 능력을 발달시키는 것이 그런 노동자들을 대상으로 실시하는 교육의 목적이다. 단 이런 교육은 노동자들의 산업능률을 향상시키는 것 이외의 다른 목적으로 시행되지 않는다.

개인이 타고난 유전적 소질이나 그가 받은 훈련 때문에 사실과 결과를 인과관계나 사무관계에 비추어 이해하는 경향이 있다면 그런 이해방식은 그의 생산능률이나 산업적 유용성을 저하시킬 것이다. 사실을 정령숭배방식으로 이해하는 경향 때문에 생긴 이러한 능률의 저하는 특히 정령숭배적 경향을 보이는 공동체 구성원 전체를 고려하면 더욱 확연해진다. 정령숭배정신의 경제적 약점은 현대의 대규모 산업체계하에서 가장 명백하고 그 결과 역시 가장 광범위한 영향을 미친다. 현대 산업사회에서 지속적인 증가추세를 보이고 있는 산업은 그 세부조직과 기능 간에 상호조절이 가능한 포괄적인 체계로 조직화되고 있다. 그에 따라 모든 편견을 벗고 가능해진 현상에 대한 인과율적인 이해는 산업에 관계하는 남자들에게 필수적인 능률이나 능력의 향상을 지속적으로 요구한다. 수공업체제 하에서는 뛰어난 기량이나 근면성, 강인한 근력이나 인내력 같은 장점들이 직공들의 사고습관에 깃들인 정령숭배적인 편견의 대부분을 상쇄할 수 있었을 것이다.

수공업과 거의 흡사한 본성을 요구하는 전통적 농업에 종사하는 농부의 장점들도 유사한 작용을 한다. 수공업 직공이든 농부든 최우선적으로 믿고 의존하는 것은 자기 자신이지만, 작업에 필요한 자연력만큼은 대부분 그들의 통제력이나 재량을 벗어나서 초월적으로 작용하는 불가해하고 우연한 힘으로 이해한다. 일반인들의 견해에 따라 이러한 전통적인 산업 형태들의 진행과정을 살펴보면, 인과율의 관점에서 파악되어야 하는 포괄적이고 기계적인 절차에 따라 이루어지는 숙명적 반복운동이나 노동자가 적응해야 하는 산업운용체계와 작업동작을 거의 발견할 수 없다. 생산방식이 발달하면서 수공업종사자들은 지식이나 정보의 부족에 시달리거나 작업과정의 인과관계를 인정받기 힘들어졌고 자연히 그들의 가치도 갈수록 낮게 평가되었다. 산업조직은 갈수록 기계적인 성격을 띠게 되고 그 조직에 속한 남자가 당당하게 되는 직무는 그의 작업에 가장 효과적으로 동원할 수 있는 자연력을 판별하고 선택하는 일이다. 산업에 종사하는 남자는 일차적인 작동자에서 양적인 인과관계와 기계적인 사실들을 판별하고 평가하는 자로 변해간다. 그가 처한 환경에서 원인들을 쉽게 파악하고 편견 없이 평가하는 재능의 경제적인 중요성은 갈수록 커진다. 이런 추세에 발맞추어, 사무적인 인과관계를 쉽게 파악하지 못하게 만드는 편견을 초래하는 복합적 사고습관의 구성요소들도 그의 산업적 유용성을 저하시키는 방해요소로서 갈수록 중요하게 취급된다. 그런 편견이 일반서민들의 습관적인 태도에 끼치는 영향이 누적되면서, 양적인 인과관계가 아니라 또 다른 근거들을 통해서 일상적인 사실들을 설명하려는 경향을 지닌 눈에 잘 띄지 않는 편견조차 그 공동체의 집단적인 산업능률을 현저하게 저하시킬 것이다.

정령숭배적인 사고습관은 분화되지 않은 초기 형태의 미숙한 정령숭배적 믿음에서 생겨나거나, 사실에 투사된 성향을 의인화하여 인격화시키는 좀더 완성된 후기의 믿음에서 생겨날 수도 있다. 그처럼 생생한 정령숭배감각이나 초자연적인 힘 또는 보이지 않는 손의 힘에 의존하는 감정은 어느 경우에나 그 산업적 가치가 동일할 뿐 아니라 개인의 산업적 유용성에 미치는 영향력도 동일하다. 그러나 이러한 사고습관이 개인의 복합적인 사고습관에 대해서 발휘하는 지배력이나 결정력은 그가 환경의 사실들을 상대하면서 정령숭배 공식이나 의인화 공식을 습관적으로 적용하는 과정에서 얼마나 직접적으로, 얼마나 절박하게, 얼마나 배타적으로 적용하느냐에 따라서 달라진다. 정령숭배습관은 모든 인과관계를 파악하기 어렵게 만든다. 그러나 사물의 성향에 대한 초보적이고 분별력이 떨어지며 명확하지 못한 정령숭배감각은 좀더 발달된 형태의 의인화 방식보다 훨씬 일반적인 방식으로 개인의 지성활동에 영향을 미칠 것이라고 기대될지도 모른다. 정령숭배습관이 소박한 형태를 띠는 경우에 그 습관의 적용 범위와 영역은 한정되거나 제한되지 않는다. 따라서 그 습관은 개인 생활의 모든 방면에서—그가 생활을 위한 물질적 수단과 관계할 수밖에 없는 모든 곳에서—그의 사고방식에 뚜렷한 영향을 줄 것이다. 구체적인 의인화과정을 통해서 명백해진 정령숭배가 좀더 성숙하게 발달하여, 다소 일관된 방식으로 간접적이고 비가시적인 것에만 제한적으로 적용된다면, 그렇게 함양된 정령숭배의식 자체가 표현하는 초자연적 힘을 근거로 동원하지 않아도, 한창 영역을 확장하고 있는 일상적인 사실들은 잠정적으로나마 해명될 수 있을 것이다. 고도로 완성되고 인격화된 초자연적 힘은 사소한 일상적 사건들을 처리하는 데 편리한 수단이 아니다. 그래서 현대인은 평범하거나 비속한 많은 현상들을 인과관계를 통해서 이해하는 습관에도 쉽게 젖는다. 그렇게 도달한 잠정적인 설명은 특수한 자극이나 난관이 개인에게 과거의 충직한 믿음을 환기시키기 전까지는 사소한 일상적 목적에 대해서만큼은 아무 의혹도 받지 않은 채 결정적인 설명으로 용인된다. 그러나 특별히 긴급한 상황이 발생할 때, 다시 말해서 특별히 인과법칙에 완전하고 자유롭게 의지할 필요가 있을 때, 만약 의인화된 사물(혹은 신인동형설)에 대한 믿음을 가진 개인이라면 대개 보편적인 해결책으로 초자연적인 힘에 의지할 것이다.

인과율을 초월하는 성향이나 힘은 곤경에 처했을 때 의지할 수 있는 매우 유용한 방편이지만, 그 성향이나 힘이 지닌 유용성은 모두 비경제적인 유용성이다. 특히 그것은 의인화된 신(혹은 신성)이 지녔을 것으로 여겨지는 일관성과 전문성마저 획득할 수 있을 만큼 안전한 피난처요 두둑한 자금이라고 할 수 있다. 또한 그것은 난관에 봉착한 개인에게 난관을 인과관계에 입각하여 설명해야 하는 괴로움을 피할 수 있게 해주는 근거들 이외의 다른 근거들도 추천할 가능성이 농후하다. 심미적 도덕적 영적 관심에 근거한 관점에서 보더라도 아니면 정치적 군사적 사회적 정책이라는 다소 직접적인 입장에서 보더라도, 의인화된 신의 확연하고 충분히 공인된 가치에 관해서 여기서 상세히 언급할 필요는 없을 것이다. 여기서 문제는, 그런 신을 믿는 개인의 유용성에 영향을 미치는 사고습관으로서의 초자연적인 힘에 대한 믿음이 그다지 이성적이지도 절박하지도 않은 경제적 가치를 지녔다는 데 있다. 그리고 이처럼 협소한 경제적 영역에 국한된 연구조차 좀더 간접적인 경제적 효과들을 포함하는 영역에까지 확장되기보다는 인격신을 믿는 남자들의 노동자다운 유용성과 이런 사고습관의 직접적인 관계 때문에 억지로 제한될 수밖에 없다. 이러한 간접적인 효과들을 추적하기는 매우 어렵다. 그런 효과들에 대한 탐구는 그와 같은 인격신과의 영적인 접촉으로 생활이 고무되는 만큼 통용되는 선입관의 방해를 받기 때문에 그 효과들의 경제적 가치를 연구하려는 어떤 시도로 아무런 결실을 거두지 못할 것이 분명하다.

정령숭배 사고습관이 신봉자의 일반적인 정신구조에 미치는 즉각적이고 직접적인 효과는, 지능이 현대 산업사회에서 각별한 중요한 역할을 한다는 견지에서 볼 때, 그의 효율적인 지능을 저하시키는 방향으로 작용한다. 이런 효과는 신봉되는 초월적인 힘이나 성향의 위력이 얼마나 강하냐에 따라 다양하게 나타난다. 행운과 성향에 대한 야만인과 스포츠맨의 감각이나 그와 동일한 부류의 남자들이 일반적으로 소유하는 의인화된 신에 대한 좀더 고도로 발달된 믿음도 이런 경향을 확실히 드러낸다. 상대적으로 설득력이 높다고는 감히 말할 수 없지만, 경건한 문명인 남성에게 호소력을 발휘할 수 있을 만큼 현대 문명에 좀더 적합하게 발달한 인격신에 대한 숭배의례 역시 분명히 이런 경향을 나타낸다고 볼 수 있다. 좀더 발달된 인격신 숭배의례들 중 한 의례에 대한 대중의 집착이 수반하는 산업적 무능력은 그리 중대한 사항은 아니겠지만 그렇다고 그냥 간과해서도 안 될 것이다. 서양문화에서 행해지는 이런 유(類)의 고급의례들조차 인과율을 벗어난 성향에 대한 이러한 인간적 감각의 최종적인 해체과정을 대표하지는 못한다. 이런 의례들마저 초월한 동일한 정령숭배의식은 자연의 질서와 자연의 정의에 호소했던 18세기 식 신인동형설이 거의 사라진 곳에서도, 그런 가설들의 현대적인 재판(再版)이라고 할 수 있는 개량주의적 진화론의 경향을 보이는 후기―다윈주의 개념들을 통해서도 확연히 표출되고 있다. 현상에 대한 이러한 정령숭배적인 설명은 논리학자들이 이른바 "관성적인(무능한) 이성(ignava ratio)"으로 간주한 오류의 한 형태이다. 산업이나 과학의 목적에 입각해보면 그런 설명은 사실들을 이해하고 평가하는 과정에서 저질러진 커다란 실수로 간주된다.

정령숭배습관은, 그것이 산업에 직접 끼친 영향들과는 다른 이유 때문에라도 경제이론과 관련하여 일정한 의의를 가지고 있다. 그 습관은 첫째, 어떤 면에서는 그것이 수반하고 경제적으로도 본질적인 중요성을 지닌 다른 어떤 고대적인 특성들의 현존은 물론 심지어는 그 특성들이 지닌 잠재력의 정도까지 시사하는 대단히 신빙성 있는 지표이다. 둘째, 정령숭배습관이 인격신숭배의례로 발달하는 과정에서 생성시키는 경건한 성향들에 대한 규약의 실질적인 결과들은 (1)앞에서 이미 시사한 바와 같이, 공동체의 재화소비와 지배적인 취미규범에 영향을 미친다는 점

그리고 (2)우등한 존재와의 관계를 인식하는 습관을 유도하고 보존함으로써 신분과 충성심에 대한 일반적인 감각을 견고하게 만든다는 점에서 중요시된다.

마지막으로 거론한 (2)항의 관점에서 본다면, 어떤 개인의 성격을 구성하는 사고습관 일체는 어떤 의미에서 유기적인 총체라 할 수 있다. 어떤 시점에서 일정한 방향으로 진행되는 확연한 변화는, 또 다른 집합들을 구성하는 또 다른 방향의 활동들을 통해서 이루어지는 생활의 습관적 표현이 동반하는 변화와 상관적으로 진행된다. 이렇게 변화하는 사고습관 혹은 생활의 습관적 표현들은 모두 개인의 단일한 생활절차를 구성하는 단계들이다. 따라서 일정한 자극에 반응하면서 형성되는 습관은 필연적으로 또 다른 자극에 대한 반응의 성격에도 영향을 줄 것이다. 이런 이유 때문에, 그리고 어쩌면 여기서 거론할 수 없는 훨씬 더 광범위하고 모호한 이유들 때문에, 인간성의 상이한 특성들 사이에서 이런 부수적인 변화가 발생할 것이다. 따라서 예를 들면, 잘 발달된 약탈생활양식에 따라 살아가는 야만인들은 일반적으로 강력한 지배력을 지닌 정령숭배습관, 매우 정형화된 인격신 숭배의례, 생생한 신분감각을 소유하고 있기 마련이다. 다른 한편으로, 인격신 숭배의식이나 물질적인 사물들에 깃들인 정령의 성향을 깨닫는 감각은 모두 야만문화에 선행하는 문화와 후속하는 문화의 일반인들의 생활에서는 좀더 희미하게 나타난다. 신분감각도 평화적인 공동체에서는 전반적으로 더욱 미약하게 나타난다.

생생하지만 전문화가 덜 된 정령숭배적인 믿음은 약탈문화 이전의 미개문화단계에서 살았던 사람들 전부는 아니더라도 대부분의 사람들에게서 찾아볼 있다는 사실은 주목할 만하다. 원시적인 미개인은 야만인이나 퇴화한 미개인보다는 정령숭배를 덜 심각하게 받아들였을 것이다. 미개인의 정령숭배는 강압적인 미신보다는 환상적이고 매력적인 신화로 귀착되었을 것이다. 야만문화는 스포츠맨십, 신분제, 인격신숭배로 대표된다. 오늘날 문명공동체 남자들의 개인적인 기질을 살펴보아도 유사한 부수적 변종 기질들을 흔히 발견할 수 있다. 오늘날 스포츠의 기본요소가 된 약탈적인 야만인 기질의 대표자들은 대개 행운을 믿는 자들이다. 적어도 그들은 사물이나 사건에 깃들인 정령의 성향을 감지하는 강력한 감각을 가지고 있고 그런 감각에 의지하여 도박에 몰두할 수 있다. 인격신 숭배의식도 동일한 역할을 한다. 그런 자들 중에서 어떤 신조에 집착하는 자들은 흔히 초보적이고 일관성 있는 인격신 교리들 중 하나에 완전히 몰입해버리곤 한다. 유일신교도(Unitarian)[20]나 보편주의자(Universalist)[21]들처럼 인격신 숭배경향이 좀더 약한 의례를 통해서 정신적 안정을 추구하는 스포츠맨들은 상대적으로 극소수에 불과하다.

이러한 인격신 숭배의식(또는 신인동형설)과 용맹성의 상관

---

20 '유니테리언교도'라고도 한다. 삼위일체론을 인정하지 않는 기독교의 일파.-옮긴이

21 '유니버설리스트'라고도 한다. 18세기 미국에서 출현한 기독교 일파의 신도. 보편구원론을 믿는다.-옮긴이

관계는 인격신 숭배의례가 신분체제에 유리한 사고습관을 촉발시키는 않았더라도 보존하는 작용은 했다는 사실과 밀접한 관계가 있다. 이런 관점에서 보면, 그런 숭배의례들이 발휘하는 규율효과가 미치는 종착점과 유전된 특성들의 부수적인 형질변화가 시작된 출발점을 분명히 지적하기는 극히 힘들다.

그런 효과가 가장 크게 발휘되고 그런 변화가 가장 잘 이루어지면, 약탈기질 · 신분감각 · 인격신 숭배의례는 모두 야만문화에 귀속된다. 그리고 야만문화 수준에 머물러 있는 공동체에서 출현하기 시작하는 그런 세 가지 현상들 사이에는 인과적인 어떤 상호관계가 존재한다. 그런 관계가 오늘날 개인과 집단의 습관과 적성을 통해서 상관적으로 재연되는 방식은 개인의 특성이 습관과 같은 것으로 간주되는 심리적인 현상들 사이에도 비슷하게 존재하는 인과적이거나 유기적인 관계까지도 아우르기에 이른다. 사회구조의 한 특징으로서의 신분관계는 약탈생활습관의 소산이라는 사실은 앞에서 이미 거론한 바 있다. 신분관계의 기원을 추적해보면 신분이란 본질적으로 약탈적인 태도의 구체적인 표현이라는 것을 알 수 있다. 그런 한편으로 인격신 숭배의례는 유형의 사물들에 깃들인 초자연적이고 불가해한 성향의 개념에 겹쳐진 세부적인 신분관계에 대한 규약과 같다. 그리하여 신분관계를 파생시킨 외부적인 사실들을 고려하면 그런 숭배의례는 약탈생활습관이 규정하고 또 그 습관 때문에 어느 정도 변형되기도 한 고대 남자의 지배적인 정령숭배감각의 부산물이며, 그 결과 약탈문화의 남자를 특징짓는 사고습관 일체를 관장하는 인격화된 초자연적 힘으로 이해될 수 있을 것이다.

따라서 이런 사정과 관련하여, 경제이론과 직접적인 관계가 있기 때문에 여기서 감안할 필요가 있는 좀더 총체적인 성격을 지닌 다음과 같은 세 가지의 심리학적 특색이 존재한다. (1)앞에서도 언급했고 또 여기서는 용맹성이라고 칭하고 있는 약탈적이고 경쟁적인 사고습관은 인격(개인)을 차별적으로 비교하는 습관의 지도 아래 특수한 형태로 전락해버린 일반적 인간의 제작본능의 야만적 변종에 불과하다. (2)신분관계는 공인된 기준에 준하여 정식으로 측정하고 등급을 매기는 차별적 비교의 공식적인 표현이다. (3)인격신 숭배의례는 적어도 그런 의례가 성행했던 초기에는 열등하게 치부된 인간과 우등하게 신봉된 인격화된 초자연적 힘 사이에 성립되는 신분관계와 같은 성격적 요소를 지닌 일종의 제도이다. 이런 사정을 감안한다면 인간성과 인간생활을 구성하는 이 세 가지 현상들 사이에 존재하는 긴밀한 관계—그 현상들을 구성하는 본질적 요소 가운데 어떤 것들을 동일시할 수 있게 만드는 관계—를 인식하기는 결코 어렵지 않을 것이다. 한편으로 신분제도와 약탈적인 생활습관은 차별적인 비교의 관습 아래 형태를 얻은 제작본능의 표현이다. 그에 비해서 인격신 숭배의례와 종교적 의례습관들은 유형의 사물들에 깃들인 성향에 대한 남자들의 정령숭배감각의 표현이어서, 본질적으로는 제작본능과 동일한 차별적 비교습관의 지도 아래 구체적인 형태를 띠게 되었다. 따라서 경쟁적인 생활습관과 종교적 의례습관이라는 두 가지 범주에 속하는 요소들은 야만적인 인간성의 전형과 현대의 야만적인 변종들을 보완하는 요소들로 이해될 수 있을 것이다. 두 범주의 요소들은 일련의 상이한 자극들에 반응하는 과정에서 형성되는 적성들과 거의 같은 적성이나 소질의 발로라고 할 수 있다.

12. 종교의례

현대생활에서 발생하는 일련의 사건들을 개괄적으로만 살펴보더라도 인격신 숭배의례가 야만적인 문화 및 기질과 유기적인 관계를 맺고 있음을 확인할 수 있을 것이다. 그런 작업은 또한 그런 숭배의례의 유풍과 효력이, 그리고 종교의례에 편승한 그런 숭배의례 준칙의 확산과정이 유한계급제도와 관련되는 방식과 아울러 그 제도의 저변에서 작동하는 원동력과의 관련 방식을 확인하는 데도 도움이 될 것이다. 물론 여기서 나는 종교의례라는 주제로 거론되는 관행이나 습관 혹은 이런 의례의 표현인 정신적 지적 특성들을 칭찬하거나 비난할 의도는 전혀 없다. 나는 다만 경제이론을 보강하는 데 도움이 된다는 관점에서 현재 일상적으로 유행하고 있는 인격신 숭배의례 현상들을 다룰 수 있다고 생각한다. 여기서 정당하게 거론할 수 있는 것은 종교의례의 자명하고 외면적인 특색들이다. 신앙생활의 종교적 가치와 도덕적 가치는 이 연구의 대상에 포함되지 않는다. 따라서 여기서는 그런 숭배의례의 기반이 되는 신조나 교리의 진리성이나 아름다움에 대한 질문도 당연히 제기되지 않을 것이다. 나아가 그런 의례가 경제와 맺는 좀더 간접적인 관계조차도 여기서 다룰 수 없을 것이다. 그것은 여기서 간략한 소묘로 그치기에는 너무 심원하고 중대한 주제이기 때문이다.

금력에 대한 관심과는 무관한 근거에 의거하여 수행되는 가치평가과정에 금력과시적 가치 기준이 끼치는 영향에 관해서는 앞에서도 어느 정도 언급한 바 있다. 그런 관계는 전적으로 일방적인 것이 아니다. 가치평가를 위한 경제적 기준이나 규범은 번갈아가면서 비경제적 가치 기준의 영향을 받는다. 사실들의 경제적 의미에 대한 우리의 판단은 어떤 면에서 우세하게 현존하는, 좀더 중요시되는 관심사에 따라 규정된다. 실제로 경제적 관심은 이처럼 좀더 고차원적이고 비경제적인 관심사들을 보조하는 관심이 될 경우에 한해서만 중요시될 수 있다는 관점도 존재한다. 따라서 이 연구의 목적을 달성하려면, 이러한 인격신 숭배의례 현상에 대한 경제적 관심 또는 동 현상의 경제적 의미를 독립적으로 이해하는 어떤 사고법이 반드시 필요하다. 좀더 심각한 관점을 버리려면, 그리고 이런 사실들에 대한—경제이론과는 무관한 좀더 고차원적인 관심에서 비롯된 편견을 가지고는 거의 불가능할—경제적인 평가를 완수하려면 상당한 노력이 필요할 것이다.

* * *

앞에서 스포츠기질에 대해 논의하는 과정에서, 사물과 사건에 깃들인 정령의 성향을 지각하는 감각은 스포츠맨들의 도박습관의 정신적 기반을 제공하는 감각임이 드러났다. 경제적 목적에 비추어보면 성향에 대한 이런 감각은 본질적으로 정령숭배적인 믿음이나 인격신에 대한 신조와 같은 다양한 형태로 성향을 표출하는 동일한 심리적 요소이다. 경제이론이 마땅히 다루어야 할 그런 자명한 심리적 특색들을 고려하면, 스포츠의 원천을 지배하는 도박의 정령은 불지불식간에 종교의례 속에서 만족을 구하는 정신구조로 점진적으로 변모하고 있다. 경제이론의 관점에서 볼 때 스포츠의 성격은 종교적 헌신의 성격으로 변모한다. 도박하는 남자의 정령숭배감각이 어느 정도 일관성 있는 전통의 원조를 받고 있는 곳에서, 그 감각은 인격신관을 구성하는 내용과 더불어 초자연적 초물리적 힘에 대한 다소 구체적이고 세련된 믿음으로 발달해왔다. 그리고 이런 발달이 진행된 곳에서는 흔히 공인된 접근방법과 위무방법에 기대어 초자연적인 힘과 타협하려는 경향이 눈에 띈다. 이렇듯 초자연적인 힘에 대한 믿음을 위무하거나 부추기는 요소는 역사적 파생과정은 다를지라도 적어도 실제적인 심리의 내용 면에서는 많은 공통점을 가지고 있다. 그 것은 미신적인 관행과 믿음으로 인식되는 요소로 부단히 변모하여 결국에는 좀더 광범위한 인격신 숭배의례와도 근친관계가 있음을 강하게 표출하기에 이른다.

그리하여 스포츠기질이나 도박기질은 본질적이고 심리적인

요소들을 포함한다. 그 요소들은 불가해한 성향에 대한 믿음이나 사건의 인과적인 진행과정에 대한 초자연적인 힘의 개입형식과 핵심적인 차원에서 일치하는 신조, 예배형식을 믿고 따르는 신도를 양산한다. 도박관행의 목적에 비추어보면, 초자연적인 힘에 대한 믿음은 특히 초자연적인 힘에 기대하는 사고습관과 생활양식—바꾸어 말하면 사건에 개입하는 초자연적인 존재의 도덕적 성격과 목적들—을 고려하면 그리 엄밀하게 정형화될 수도 없고 또 일반적으로 정형화되지도 않는다. 행운이나 절호의 기회, 후두(hoodoo)[22], 마스코트 등으로 나타나는 초자연적인 존재, 힘의 개성 또는 인격으로 숭배되는 그런 존재를 느끼고, 때로는 밀려드는 두려움을 쫓기 위해 애쓰기도 하는 스포츠맨의 견해는 그리 특별하지도 않을 뿐 아니라 완전하지도 세련되지도 않은 불완전한 상태에 있다. 그가 벌이는 도박성 활동의 근거는 대개 인격적 존재로는 거의 인정되지 않는 사물이나 사태에 광범위하게 깃들인 비(非)물리적이고 임의적인 힘이나 성향의 존재를 감지하는 단순한 본능적 감각이다. 도박꾼들 중에는 이처럼 단순한 감각에 따라 행운을 믿으면서 동시에 공인된 형태의 어떤 신조도 철저하게 신봉하는 자들이 심심찮게 발견된다. 그런 도박꾼은 특히 그가 확신하는 신(신성)의 불가해한 능력과 임의적인 습관들과 관련이 있는 신조의 대부분을 받아들이는 경향을 보인

---

22 "부두(voodoo)"에서 파생된 단어. 여기서 후두는 행운이나 불운을 좌우할 수 있는 초월적인 능력을 지닌 것으로 여겨지는 부두교 주술사나 주문 등에 비유될 수 있다.

다. 그런 경우에 그는 정령숭배의 상이한 여러 단계들 중 두 단계에 혹은 가끔은 둘 이상의 단계들에 동시에 속하게 된다. 실제로 정령에 대한 믿음의 연속적인 단계 일체는 모든 스포츠공동체의 정신적 구조 속에서 빈틈없이 연결되어 있음을 확인할 수 있다. 그런 정령숭배관념의 사슬은 이쪽 끝에는 운과 기회와 우연한 필연성을 감지하는 가장 원초적인 형태의 본능적인 감각이, 저쪽 끝에는 연결과정의 모든 단계에 개입하는 완전히 발달한 인격신(성)이 결부됨으로써 완전한 형태를 이루게 될 것이다. 이러한 초자연적인 힘에 대한 믿음들이 결합하면, 이쪽에서는 추측된 행운의 기회를 잡는 데 필수적인 요건들에 부합하는 행동을 본능적으로 규정하고, 저쪽에서는 신(성)의 불가해한 명령에 어느 정도 종교적으로 복종하는 경향이 동시에 나타나는 것이다.

　스포츠기질과 불량배기질 사이에도 바로 이런 관계가 존재한다. 두 기질은 인격신 숭배의례에 이끌리는 기질과 관계가 있다. 불량배나 스포츠맨 모두 평균적인 일반인들보다는 공인된 어떤 신조에 집착하는 경향이 더 많고, 종교의례에 이끌리기도 더 쉽다. 이러한 불량배들이나 스포츠맨들 중에서 무신론자들은 일반적인 무신론자들보다 공인된 어떤 신앙으로 개종하기 더 쉬운 경향을 보인다는 사실 역시 주목할 만하다. 이런 사실은 스포츠의 변호인들 중에서도 특히 좀더 원초적이고 약탈적인 운동경기의 변호인들도 인정하는 바이다. 실제로 운동경기에 습관적으로 참가하는 사람은 특히 종교생활도 상당한 열의를 보인다는 사실을 근거로 스포츠생활도 칭찬받을 만한 면이 있는 활동이라는 주장이 다소 집요하게 제기되고 있다. 그리고 스포츠맨들과 약탈적인 불량배들이 집착하거나 이 무리들 중에서 개종한 자들이 흔히 귀의하는 숭배의례는 이른바 고등종교가 아닌 전적으로 인격신(성)을 대상으로 해서만 이루어지는 숭배의례라는 것을 확인할 수 있다. 고대적이고 약탈적인 인간성은 예컨대 제1원리, 보편지성, 세계영혼, 성령 등에 의지하는 기독교의 사변적이고 비밀스런 교리들처럼 양적인 인과관계의 개념으로 변모하는 구원적인 인격신의 난해한 개념들만으로는 만족을 느끼지 못한다. 운동선수나 불량배의 사고습관이 요구하는 숭배의례라면 이른바 구세군으로 알려져 있는 기독교 군대의 일파를 관찰하면 확인할 수 있다. 구세군의 일부는 하류계급의 불량배 출신들로 충원된다. 특히 구세군 장교단에서 스포츠경력이 있는 남자들이 차지하는 구성비는 구세군 전체인원에서 차지하는 구성비보다 훨씬 큰 것으로 보인다.

대학 운동경기 역시 이런 경향을 보여주는 좋은 예가 될 것이다. 대학생활의 종교적 요소를 옹호하는 자들은 미국의 학생운동 단체에서 선발된 바람직한 운동선수라면 동시에 뛰어난 종교적 심성을 가진 학생이거나 운동경기를 비롯한 대학스포츠에 관심이 덜한 일반학생들보다 종교의례에 더 강한 열의를 보이는 학생일 것이라고 주장한다. 그런데 이런 주장을 반박할 만한 근거는 사실 어디서도 찾아보기 어렵다. 이론적인 근거를 고려해보아도 이런 주장이 나오리라고 예상할 수 있다. 그런데 이런 주장이 대학스포츠 생활과 운동경기 그리고 이런 활동에 몰두하는 개인에 대한 신뢰감을 반영한다고 보는 관점은 특기할 만하다. 대학스포츠맨들 중에서 직업적으로 혹은 부업으로 종교의 전파활동(전도, 포교 등)에 자발적으로 헌신하는 남학생들도 종종 발견된다. 또한 이런 활동을 하는 남학생들일수록 좀더 인격적인 신(성)을 숭배하는 종교(종파)의 선전자가 되기 쉬운 것으로 보인다. 그들은 선교과정에서 인격신(성)과 그에 복종하는 인간 사이에 존재하는 인격적 신분관계의 중요성을 강조하는 경향이 있다.

이처럼 남자대학생들이 참가하는 운동경기와 종교의례가 서로 밀접한 관계가 있다는 것은 충분히 알려진 사실이다. 그러나 이 사실이 아무리 자명하더라도 지금까지 주목받지 못했던 어떤 특수한 양상을 숨기고 있다. 대학스포츠의 구성요소 대부분에 깃들어 있는 종교적 열의는 특히 불가해한 섭리를 무조건 숭배하고 그 섭리에 천진난만하고 자족적으로 복종하는 경향을 뚜렷이 드러낸다. 따라서 그들은 대중적인 형태의 신앙을 전파하는 활동에 자발적으로 헌신하는 기독교청년회(YMCA)나 기독교청년봉사회(YPSCE) 같은 종교단체에 가입하기도 한다. 이런 단체들은 "실용적인" 종교를 진작하기 위해 조직된다. 마치 스포츠 옹호자들이 스포츠기질과 고대적인 숭배심리 간에 밀접한 관계가 있다는 논리를 발달시켜 확고하게 정립하려고 애쓰듯이, 이들 종교단체 회원들도 에너지의 상당 부분을 운과 기교를 겨루는 운동경기나 기타 유사한 게임들을 활성화하는 데 몰두한다. 이런 종류의 스포츠는 신의 은총을 받기 위한 수단과 같이 일정한 효능을 발휘하는 활동이라고 말할 수 있을 것이다. 그런 스포츠는 개종의 수단이자 일단 개종된 자의 종교적 태도를 유지시키는 수단으로도 확실히 유용하다. 다시 말해서 정령숭배감각과 경쟁성향을 활성화하는 게임들은 좀더 대중적인 숭배의례에 부합하는 사고습관을 형성시키고 보존하는 데 이바지한다. 그래서 일반 종교단체들이 주도하는 이런 스포츠활동은 해당종교의 교리를 완벽하게 체질화한 신도만이 누릴 수 있는 정신적 특권을 생활 속에서 좀더 확연히 표현하도록 유도하기 위한 수련 기간 내지 방편의 역할을 하기에 이른다.

다양한 종교단체의 성직자들이 이런 활동을 하는 평신도단체들을 이끌고 있다는 사실을 감안하면 경쟁적으로 그러나 좀더 미약하게 정령숭배 성향을 발휘하는 활동이 종교적 목적달성에도 본질적으로 유용하다는 사실은 의심의 여지가 없어 보인다. 특히 실용적인 종교를 강조한다는 면에서 평신도단체들과 가장 가까운 성직자단체들도 전통적인 종교의례와 결부된 이러한 활동 또는 유사―활동들을 일부 채택하는 방향을 나아가고 있다. 그에 따라 경쟁성향과 교단의 청년들의 신분감각을 발달시키는 "기독교소년단"을 비롯한 기타 단체들이 성직자의 재가를 받아 조직된다. 이들 유사―군사조직은 경쟁적이고 차별적인 비교의 성향을 구체화시키고 강조함으로써 인격적인 주인과 하인의 관계를 깨닫고 인정하는 타고난 재능을 강화시키는 경향이 있다. 그래서 신앙인은 은총을 동반하는 벌칙에 복종하고 순종하는 방법을 아는 뛰어난 개인이다.

그러나 이런 습관적 활동이 기르고 보존하는 사고습관은 인격신 숭배의례의 실질적인 내용 중 절반밖에 차지하지 못한다. 종교적인 생활—정령숭배적인 사고습관—을 구성하는 다른 보충적인 요소들은 성직자들이 재가한 부수적인 활동을 통해서 충원되고 보존된다. 이런 활동은 도박성 활동으로 분류되는데, 전형적인 활동으로 교회에서 벌이는 바자회나 복권 판매행사 같은 활동을 들 수 있다. 이런 복권 판매행사나 자잘한 도박성 활동들이 종교적인 사고습관을 적게 가진 사람들보다는 종교단체의 일반회원들에게 더 큰 매력을 주는 것처럼 보인다는 데서 본연의 종교의례와 결부된 이런 활동들의 합법성을 암시하는 지표를 찾을 수 있다는 사실은 주목할 만하다.

이 모든 활동은, 한편으로 사람들을 인격신 숭배의례로 이끈 것과 동일한 기질이 사람들을 스포츠로 이끈다는 사실, 다른 한편으로 스포츠 중에서도 특히 운동경기에 익숙해진 습관은 종교의례를 통해서 만족감을 느끼는 성향을 발달시킨다는 사실을 증명하는 듯이 보인다. 거꾸로 말하면, 이런 종교의례에 익숙한 습관은 차별적인 비교의 습관과 행운에 기대는 습관을 활성화시키는 운동경기와 모든 게임들을 선호하는 성향을 발달시키는 데 유리하게 작용하는 듯이 보인다는 말이다. 본질적으로 이와 같은 성향은 동시에 이런 방향의 정신적 생활을 통해서 표출된다. 약탈본능과 정령숭배관점에 우세한 야만적 인간성은 통상적으로 양방향의 경향을 함께 갖고 있기 마련이다. 약탈적인 사고습관은 개인적인 위신과 상대적인 지위를 매우 중시하는 감각을 수반한다. 약탈습관이 제도를 형성시키는 우세한 요인으로 작용하는 사회구조는 신분제에 기반을 두고 있다. 약탈적인 공동체의 생활양식을 지배하던 규준은 우등한 자와 열등한 자, 고귀한 자와 비천한 자, 지배자와 피지배자, 지배계급과 피지배계급, 주인과 노예 등의 관계들을 규정한다. 인격신 숭배의례는 산업발달단계 중에서도 약탈생활단계로부터 발원하여 그 단계에서 진행된 경제적 분화과정—소비자와 생산자로 분화되는 과정—을 통해서 형성되었기 때문에, 약탈생활단계에서도 우세했던 지배—복종원리의 지배를 받는다. 그런 숭배의례는 그 의례가 종교적 형태를 띠게 된 경제적 분화단계에 부응하는 사고습관을 숭배대상(신)에게 투사한다. 그렇게 인격화된 신은 이전에 발생한 모든 문제에 일일이 개입한 것으로 여겨질 뿐 아니라, 권능—최후의 심판자로서 지닌 강제력에 습관적으로 의존하는 권능—의 주인임을 자처하고 그 권능을 임의대로 생각하는 경향이 있다.

이처럼 지배의 습관이 투사된 두려운 현존재요 불가해한 권능인 인격신에 대한 신조는 세월이 흘러 좀더 성숙한 형태로 정형화되면 "하나님 아버지"에 대한 믿음으로 순화된다. 초자연적인 존재에 투사된 정신적 태도와 적성은 여전히 신분체제에 속하는 것이지만, 외견상 평화적인 문화단계에 접어들면서 가부장의 특성으로 간주되기 시작한다. 물론 숭배의례가 이처럼 발달한 단계에서도 신앙심을 표현하는 종교의례는 변함없이 신의 위대함과 영광을 찬양하고 복종과 충성을 맹세함으로써 신의 비위를 맞추기 위해 애쓴다는 사실 역시 주목할 만하다. 신의 비위를 맞추거나 숭배하는 행위는 그런 행위를 통해서 접근할 수 있는 불가해한 능력에 투사된 신분감각에 호소할 수 있도록 구상된다. 신의 비위를 맞추기 위해 가장 흔하게 행해지는 공식행사들은 여전히 차별적인 비교를 위한 행위이거나 그런 비교의 의미를 내포하고 있다. 그런 고대적인 인간성을 타고난 인격신과도 같은 개인에 바치는 충심어린 애착심은 독실한 신자들에게서 발견되는 고대적인 성향들과 같은 의미를 가지고 있다. 경제이론에 따르면, 육화된 인격이든 육체를 벗어난 인격이든 그런 인격에 대한 충성관계는 약탈생활양식과 외견상 평화적인 생활양식을 두루 형성하는 인격적인 노예관계의 변종으로 이해될 것이다.

위압적인 통치방식을 선호하는 호전적인 추장이나 두목처럼 여겨지는 야만적인 신의 개념은 초기의 약탈단계와 현재 단계 사이에 등장하는 문화단계들을 특징짓는 좀더 온건한 방식과 좀더 평온한 생활습관을 통해서 눈에 띄게 온유해졌다고 할 수 있다. 그러나 그처럼 경건한 환상이 이렇게 완화되었음에도, 나아가 지금도 신에게 투사하고 있는 이전의 과격한 행동과 성격의 특성들이 온건해졌음에도, 일반인들은 여전히 신의 본성과 기질을 야만적인 개념의 근본적인 잔재에 입각하여 이해하고 있다. 그 덕분에 여전히 웅변가들과 작가들도 신의 특징을 규정하고 인간생활과정에 신이 관계하는 특징을 해명하기 위하여 전쟁용어와 약탈생활방식을 표현하는 어휘들뿐 아니라 차별적인 비교에 동원되거나 연루되는 어구들을 비유적으로 차용하여 효과적으로 구사할 수 있을 것이다. 이렇게 차용한 수식어들은 좀더 온건해진 변종신조의 지지자들로 구성된, 이전보다 호전성이 적은 현대의 청중들에게도 매우 효과적으로 구사될 수 있다. 대중연설가들이 야만적인 형용어구와 용어를 비유를 통해 이처럼 효과적으로 구사한다는 것은 그만큼 야만적인 미덕의 위엄과 가치에 대한 최종평가도 보류되어왔음을 의미한다. 또한 그것은 종교적인 태도와 약탈적인 사고습관 사이에 어떤 일치점이 존재한다는 것을 증명한다. 현대 신앙인들의 종교적 환상은 그들이 추앙하는 대상에 잔인하고 원한어린 감정과 행위의 투사를 혐오하고 거역하더라도, 그것은 적어도 두 번 정도는 생각한 다음에야 가능한 일이다. 신에게 붙여지는 살벌한 형용사들조차 고도의 미학적 가치와 명예로운 가치가 있다고 이해하는 일반인들도 흔히 발견할 수 있다. 다시 말해서, 우리의 무분별한 이해력은 이런 형용사들이 자아내는 암시들을 매우 만족스럽게 수용한다는 말이다.

나의 눈은 강림하시는 주님의 영광에 눈멀었네.

주님께서는

켜켜이 쌓인 진노의 포도를 짓밟으시고,

숙명의 섬광을 흩뿌리는 무서운 검을 번개처럼 내리치사,

주님의 진리가 진군하나니[23]

　신심이 깊은 사람을 이끄는 사고습관은 경제적으로 절박한 오늘날 집단생활에 필요한 유용성을 거의 상실한 고대적인 생활구조의 지평으로 역행하고 있다. 오늘날의 집단생활이 봉착하는 절박한 상황에 적합한 경제조직이라면 신분체제를 상실하고 인간적인 예속관계를 유지하는 데 아무 소용도 없고 그런 관계가 생겨날 여지도 전혀 제공하지 않는다. 공동체의 경제적 효율성을 감안하면, 인간적인 충성심과 그런 심정의 표현인 일반적인 사고습관은, 그런 효율의 기반을 뒤흔들어 인간의 제도가 기존의 상황에 알맞게 적응하지 못하게 만드는 유산들이라고 할 수 있다. 평화로운 산업공동체의 목적에 가장 잘 부응하는 사고습관은 물리적인 사실들의 가치를 단지 기계적인 절차에 속하는 애매한 공정들로만 인정하려는 실용적인 기질이다. 그런 사고구조는 사물에 대해서 정령의 성향을 본능적으로 투사하지도 않고, 난해한 현상들을 설명하기 위해 초자연적인 존재의 개입을 거론하거나 그런 존재에 의존하지도 않으며, 인간의 용도에 맞도록 사건의 진행방향을 조작하는 보이지 않는 손에 기대지도 않는다. 요컨

23　이 글은 베블런이 자신의 논리를 뒷받침하기 위해 임시로 지어본 운문인 듯하다. 기독교 경전 중에서도 특히 〈요한계시록〉을 연상시킨다(《요한계시록》 14장, 19장 참조).–옮긴이

대, 현대적인 조건들 아래서 경제적 효율성을 최고로 올리는 데 필수적인 요건에 부응하려면, 반드시 양적이고 냉엄한 물리력과 인과관계에 입각하여 세계의 진행과정을 이해하는 습관을 구비해야 한다.

최근으로 올수록 긴박한 경제적 상황들이 빈발한다는 관점에서 보면, 경건한 신앙심은 아마도 모든 경우에 집단생활 초기단계의 유습(遺習)이자 억제된 정신적 발달의 증표로 간주될 수 있다. 아직도 경제구조가 근본적으로 신분체계와 다름없는 공동체에서는 물론 그런 유습이 확실히 남아있을 것이다. 그런 공동체에서는 평균적인 개인들의 태도는 최종적으로 인격적인 지배─복종의 관계에 의해 규정되고 또 그런 관계에 적응하거나, 아니면 전통이라든가 유전된 적성 같은 또 다른 이유들 때문에 전체 성원들이 종교의례에 강하게 이끌릴 것이다. 또 거기서는 공동체의 평균적인 경향을 벗어나지 않는 개인들의 종교적인 사고습관은 지배적인 생활습관의 세부항목으로밖에 취급되지 않을 것이다. 이렇게 볼 때, 종교적인 공동체의 종교적인 개인은 공동체의 평균적인 경향에서 벗어나지 않기 때문에 격세유전의 한 사례로 취급될 수 없을 것이다. 그러나 현대 산업이 처한 상황의 관점에서 보면 예외적인 신앙심─공동체의 평균적인 신앙심을 훨씬 상회하는 광신에 가까운 종교적 열정─만은 모든 경우에 격세유전된 특성으로 간주해도 무방할 것이다.

물론 이런 현상들을 다른 관점에서 고찰해도 동일한 타당성을 확보할 수 있을 것이다. 이 현상들은 다른 목적을 위해서 평가될 수 있을 것이고 그렇게 밝혀진 특성들도 동일하게 적용될 수 있을 것이다. 종교적 관심이나 종교적 취미에 대한 관심의 측면에서 말한다면, 현대적인 산업생활에 의해 육성된 남자들의 정신적 태도가 신앙생활의 자유로운 발달에 악영향을 줄 수 있다는 말도 동일한 설득력을 가지고 있을 것이다. 근래에 발달한 산업과정은 그 과정을 규정하는 원리가 "유물론"에 경도되면서 독실한 신앙심을 배척하는 경향을 보인다는 이유로 비난받기 십상일 것이다. 미학적인 관점에서 보더라도 이와 유사한 반론이 제기될 수 있을 것이다. 그러나 이런 반론과 반성의 목적이 아무리 정당하고 가치 있다 하더라도, 나는 여기서 오직 경제적인 관점에서 이런 현상들의 가치를 평가하는 것만을 목표로 삼고 있기 때문에, 지금은 그것에 관해서 상세히 논의할 계제는 아닌 듯하다.

정령을 인격시하는 사고습관과 종교의례 중독현상이 지닌 중대한 경제적 의미라는 주제를 좀더 심도 있게 논의하려면, 그런 현상을 경제현상으로 논의하다가는 오직 불쾌감만 유발할 정도로 종교적인 우리 사회에서는 필시 합당한 변론이 필요할 수밖에 없을 듯하다. 종교의례의 중요성은 그것이 약탈적 사고습관을 동반하는 기질의 부수적 변형의 지표이기 때문에 산업적으로 무용한 특성들의 현존을 시사한다는 데 있다. 그것은 일정한 경제적 가치를 지닌 정신적 태도가 현존함을 시사한다. 그런 정신적 태도가 경제적 가치를 지니는 것은 개인의 산업적 유용성에 영향을 주는 미덕을 가지고 있기 때문이다. 그러나 종교의례가 지닌 좀더 직접적인 중요성은 특히 재화의 분배와 소비와 관련하여 공동체의 경제활동을 수정하고 개량한다는 데 있다.

이런 종교의례와 경제가 맺고 있는 가장 확연한 관계는 재화와 용역의 종교적인 소비활동에서 찾아볼 수 있다. 모든 종교나 종파에서 필요로 하는 신전, 사원, 제복(祭服), 제물, 성사(聖事)나 성물(聖物), 예복 같은 의례용 장식품의 소비활동은 즉각적이고 실질적인 목적달성에 이바지하지 않는다. 따라서 이 모든 의례용품은 과시적 낭비를 위한 품목의 성격을 비난의 여지없이 확실하게 획득할 수 있다. 의례용으로 소비되는 용역도 대개 그런 성격을 획득할 수 있기는 마찬가지이다. 예를 들어 성직자들이 행하는 설교, 봉사, 순례, 단식, 주일예배, 가정예배 등의 활동이 이런 용역에 포함될 것이다. 그와 동시에 이런 소비활동이 이루어지는 종교의례는 인격신 숭배의례의 버팀목 역할을 하는 사고습관의 유행을 확산하고 지속시키는 데 이바지한다. 다시 말하면, 종교의례는 신분체제를 대표하는 사고습관을 더욱 활성화시킨다. 그러니 만큼 종교의례는 현대적인 상황에서는 산업의 가장 효율적인 조직화를 방해하는 장애요인이 될 수 있다. 나아가 그것은 오늘날의 상황이 요구하는 경제제도의 발달을 가로막는 첫번째 장벽이 될 수 있다. 이 논의의 목적에 비추어보면, 이런 식의 소비의 간접적 효과는 물론 직접적 효과 역시 공동체의 경제적 효율성을 떨어뜨리는 성격을 지녔다고 말할 수 있다. 따라서 경제이론에 따라 그런 소비의 직접적인 결과를 감안하면, 인격신을 위해 재화와 용역을 소비한다는 것은 공동체의 활력을 저하시킨다는 것을 의미한다. 그렇다면 이런 부류의 소비가 좀더 우회적이고 간접적으로는 어떤 도덕적 효과들을 유발할 수 있을까? 그러나 이 질문은 간단한 대답을 허락하지 않는 만큼 여기서 당장 답을 제시하기에는 지면이 모자란다.

그럼에도 종교적인 소비의 일반적인 성격을 또 다른 목적을 위한 소비와 비교하여 도출해볼 수는 있을 것이다. 재화를 종교적으로 소비하게 만드는 동기와 목적을 명시할 수 있다면, 이런 소비 자체의 가치와 이런 소비를 선호하는 일반적 사고습관의 가치 모두를 평가하는 데도 도움이 될 것이다. 인격신을 위한 소비와 야만문화 사회의 상류계급 유한남성—주인, 두목, 지도자, 가부장 등—을 위한 소비는, 그 동기 면에서는 본질적으로 다르지만, 유사한 측면도 굉장히 많다. 지도자나 인격신에게는 항상 화려한 건축물이 따로 배정된다. 이런 건축물 자체뿐 아니라 그것을 보완하는 예법의 종류나 수준도 평범하면 안 된다. 그런 건축물이나 예법은 언제나 과시적 낭비의 요소를 대규모로 선보여야 한다. 또한 종교적 건축물의 구조와 설비는 한결같이 고색창연한 분위기를 자아낸다는 사실도 주목할 만하다. 따라서 주인에게 봉사하는 하인들이나 인격신에게 봉사는 성직자들도 특별하고 화려한 의복을 착용하고 직무를 수행해야 한다. 이런 의복의 경제적인 특징은 일반적인 수준을 상회하는 과시적 낭비의 산물임을 강조한다는 데 있고, 이런 의복이 항상 일정하게 갖추어야 하는 고풍스런 양식 같은—야만적인 권력자의 시종이나 신하보다는 성직자에게 더욱 강조되는—이차적인 특징과 부합한다. 또한 공동체의 평민들도 지도자나 신 앞에 나설 때에는 일상복보다 더 비싼 예복을 입어야 한다. 여기서 주인의 응접실이나 지도자의 접견실의 용도와 성전이나 신전의 용도가 유사하는 사실을 다시금 분명히 확인할 수 있다. 이런 사실과 관련하여 의례용 예복은 "정결"해야 한다. 이렇듯 특별한 순간에 입는 예복들이 핵심적으로 구비해야 하는 정결함이라는 특징은, 경제적인 측면에서 볼 때, 그 옷을 착용한 사람이 산업활동이나 실용적인 직업에 습관적으로 종사한다는 표시를 거의 드러내지 않게 만들 수 있다.

이처럼 필수적으로 요구되는 과시적 낭비라는 요건과, 산업의 흔적이 없는 의례적 정결이라는 요건은, 신성한(종교적인) 휴일에 소비되는 의복과 음식에도 적용된다. 물론 의복에 비해 음식에 대해서는 그 요건이 좀더 약하게 적용되긴 하지만 말이다. 그리고 여기서 신성한 휴일이라는 말은 인격신을 위해서 혹은 초자연적인 유한계급의 일부 하급구성원들을 위해서 마련된 휴일 혹은 금기의 날을 가리킨다. 경제이론에 따르면, 신성한 휴일은 분명 신이나 성자를 기념하여 대리 여가활동을 즐기는 날이다. 이런 날에는 신이나 성자의 이름으로 금기가 부과되고 또 신이나 성자의 훌륭한 업적이나 명예를 기념하여 당연히 실용적인 노동은 삼가야 한다. 경건한 대리 여가활동에 바쳐지는 모든 휴일의 대표적인 특징은 인간에게 유용한 모든 활동에 대해서 다소 엄격한 금기가 적용된다는 데 있다. 특히 단식일 같은 날에는, 소비자의 생활을 안락하고 풍요롭게 만들 수 있는 소비가 강제적으로 금지됨에 따라 이득을 위한 활동과 인간생활의 (물질적인) 향상을 위한 모든 노력을 삼가는 과시적 금욕(conspicuous abstention)이 더욱 강조된다.

여기에 더하여, 세속적 휴일도 다소 우회적인 경로로 파생되긴 했지만 그 기원만은 신성한 휴일과 동일하다는 사실도 주목할 만하다. 세속적 휴일은 처음에는 어느 정도 위업을 쌓은 것으로 평가받는 왕이나 위인들의 탄생일 같은 매개적인 기념일이었다가 본격적으로 신성한 날로 인정받는 과정을 거쳐, 종래에는 주목할 만한 어떤 사건이나 획기적인 사실의 명성을 드높이기 위해 그리고 회복할 필요성이 있는 왕이나 위인들의 명예나 명성을 위해 의도적으로 특별히 제정한 휴일로 변모하면서 완전히 정착된다. 대리 여가활동을 어떤 현상이나 여건의 명성을 드높이기 위한 수단으로 채택하는 이러한 우회적인 기교는 최근 들어 가장 잘 응용되고 있는 것으로 보인다. 일부 사회에서는 대리 여가활동을 위한 노동절을 특별히 제정해두고 있다. 이런 관례는 실용적인 노동을 금지하는 고대적이고 약탈적인 수법을 역이용하여 노동(labour)이라는 실질적 활동의 위신을 높이기 위한 의도의 소산이라고 볼 수 있다. 그리하여 노동을 삼간다는 증거로 제시되는 금력을 통해서만 획득할 수 있었던 명성을 이젠 이러한 일반적인 노동을 통해서도 획득할 수 있게 된 셈이다.

신성한 휴일과 일반적인 휴일은 모두 평민들에게 부과되는 조세의 성격을 띠고 있다. 그 조세는 대리 여가활동으로 지불되는데, 그 과정에서 생성되는 명예로운 효력은 휴일로 제정될 만큼 명성이 높은 인물이나 사실에 전가된다. 십일조와 같은 대리 여가활동은 초자연적인 유한계급 구성원 모두의 부수입이라고도 할 수 있기 때문에 그들이 명성을 위해서는 빠뜨릴 수 없는 필수적인 활동이다. 그래서 축일을 갖지 못한 성자(*Un saint qu'on ne chôe pas*)[24]는 참으로 불행한 성자이리라.

평신도나 속인들에게는 이러한 대리 여가활동이라는 십일조가 부과되듯이, 다양한 직위의 사제나 성직자로 구성된 특수한 계급들도 각자의 모든 시간을 대리 여가활동과 유사한 활동에 바쳐야 한다. 또한 성직계급은 특히 돈벌이나 일시적인 인간의 안락에 이바지하는 것으로 여겨지는 비천한 노동을 삼가야 할 의무만 지는 데 머물지 않는다. 성직계급은 비록 산업생산력을 저하시키지 않더라도 세속적인 이익을 좇는 일이라면 모두 금하는 강제적 명령 형식의 더욱 세밀한 금기를 주문받고 또 지켜야 한다. 신을 섬기는 하인(성직자)이 물질적인 이익을 좇거나 잠시나마 그런 마음을 먹는다면 그 자신의 가치도 추락할 뿐 아니라 그가 섬기는 신의 위엄은 더더욱 추락하기 십상이다. 그래서 "감히 신을 섬긴다면서 자신의 안락과 야망만 좇는 성직자만큼 치

---

24 이 구절은 프랑스어로서 본래의 뜻은 '우리가 찬양하지 않는 성자'이다.

욕스런 존재는 세상에 없다"는 말이 생겨났을 것이다.

　인간의 생활을 풍요롭게 만드는 데 기여하는 행동이나 품행, 인격신의 명성을 높이는 데 이바지하는 행동이나 품행 사이에는 종교의례를 통해서 함양된 취미를 가진 자라면 쉽사리 그을 수 있는 분명한 경계선이 존재한다. 이상적인 야만체계에 따라 수행되는 성직계급의 활동은 전적으로 인격신의 명성을 높이는 활동에 속한다. 경제학의 영역에 속하는 것은 최고의 자질을 지닌 성직자가 마땅히 염원해야 하는 것보다 훨씬 수준이 떨어지는 것이다. 이 규칙을 명백히 벗어난 듯이 보이는, 예컨대, (실제로 어떤 실용적인 목적달성을 위해 노동을 하기도 했던) 중세의 일부 수도승들처럼 예외적인 성직자들도 규칙 자체를 비난하거나 배격하지는 않았을 것이다. 성직계급의 주변부에 위치했던 이런 계층은 완전한 의미의 성직자들은 아니었다. 그리고 생계비를 벌기 위해 일한 구성원들을 묵인한 이렇듯 이상한 성직자들은 그들이 속했던 공동체의 예절감각을 위반했기 때문에 경멸당했다는 사실도 특기할 만하다.

　성직자는 기계적이고 생산적인 노동을 직접 해서는 안 되었지만 소비는 많이 해야만 했다. 하지만 성직자는 소비를 하더라도 자신의 안락이나 풍요에 확실히 보탬이 되지 않는 형태의 소비만 해야 했고, 앞서도 설명한 바 있는 대리 소비활동을 규제하는 규칙에 부합하는 소비만 할 수 있었다. 비대한 풍모나 경박한 태도를 보이는 성직자는 일반적으로 성직계급의 품격을 실추시키는 자로 치부되었다. 실제로 좀더 세련된 숭배의례를 행하는 종교나 종파들은 대부분 이런 대리 소비를 제외한 나머지 소비는 모두 금지하고 있는데, 이런 금지명령이 육신의 고행을 강요하는 경우도 비일비재하다. 그리고 현대 산업사회에서 가장 최근에 정립된 교리에 따라 조직된 현대적 교단이나 종파들은 현세에서 좋은 것만 향유하려는 모든 경거망동과 공공연한 취미는 진정한 성직자의 예법을 벗어나는 것으로 간주한다. 우리의 감수성은 눈에 보이지 않는 주인을 섬기는 이 하인들이 주인의 명성을 높이는 데 헌신하기보다 이기적인 목적달성에 열중하는 모습을 발견할 때마다 근본적으로 영원히 그릇된 것을 목격하는 듯한 충격에 휩싸이곤 한다. 설령 그들이 대단히 높은 신분의 주인을 섬긴다할지라도 또 그런 주인의 후광을 등에 업고 사회적으로 높은 지위를 차지하더라도, 그들은 역시 하인계급에 지나지 않는다. 그들이 하는 소비는 대리 소비이다. 그리고 좀더 발달한 교단이나 종파에서 섬기는 주인은 물질적인 이득을 전혀 요구하지 않기 때문에 그들의 직무도 완전한 의미에서 대리 여가활동이다. "그러므로 너희들이 먹든 마시든 무엇을 하든 모든 일은 하나님의 영광을 위하여 하라"[25]는 명령도 아마 바로 이런 경위를 반영할 것이다.

여기서 평신도들도 신의 하인으로 생각된다는 점에서 성직자들과 동일시될 수 있다면 이렇게 전가되는 대리적인 성격도 평

---

25 기독교경전 중 〈고린도전서〉 10장 31절.

신도들의 생활에 수반된다고 말할 수 있을 것이다. 이 추론은 다소 폭넓게 적용될 수 있는데, 특히 엄격하고 경건하며 금욕적인 분위기를 자아내는 종교생활의 개선이나 복원을 위한 운동에도 적용될 수 있을 것이다. 이런 종교생활을 하는 인간의 주체성은 그의 영적인 주권자를 직접 섬기는 노예적인 생활을 통해서 유지될 것이다. 다시 말하면 성직제도가 퇴행하는 경향을 보이거나 아니면 신이 주인처럼 직접 생활에 일일이 간섭한다는 이례적인 감정이 강하게 잔존하는 곳에서 평신도는 신을 직접 섬기는 노예로 간주되고 그의 생활도 주인의 명성을 높이기 위한 대리 여가활동의 수행과정으로 해석된다. 그런 퇴행이 발생하는 곳에서는 종교적인 태도를 지배하는 사실이 그렇듯이 직접적인 주종관계가 복원된다. 그리하여 은총을 받기 위한 수단으로 엄격하고 불편한 대리 여가활동을 강조하는 대신 과시적 소비를 등한시하는 경향이 나타난다.

성직자들의 생활구조를 이렇게 특징짓는 것이 과연 합당한 일인지는 의문의 여지가 있을 것이다. 왜냐하면 현대 성직자들의 상당수가 많은 세부적 측면에서 그런 생활구조를 벗어나고 있는 듯이 보이기 때문이다. 그런 생활구조는 오래전에 확립된 신앙이나 종교의례의 준칙을 어느 정도 탈피한 교단이나 교파의 성직자들에 대해서는 그리 큰 영향을 주지 못하고 있다. 이런 성직자들은 적어도 표면적으로 혹은 허용된 범위 내에서 평신도들은 물론 자신의 세속적인 행복을 염두에 두고 있다. 사생활의 프라이버시뿐 아니라 심지어 종종 공적생활의 프라이버시도 감안하는 그들의 생활방식은 표면적인 엄격함이나 생활도구의 고풍스러움을 선호한다는 점에서 세속적인 개인의 생활방식과 그리 큰 차이는 없어 보인다. 본류에서 멀리 이탈한 교파나 종파일수록 이런 경향을 심하게 드러낸다. 물론 여기서 우리가 문제 삼고 있는 것은 성직생활의 논리적 모순이 아니라 그런 생활구조에 대한 이런 성직자들의 불완전한 적응이라고 말할 수 있다. 이들은 성직계급의 부분적이고 불완전한 대표자들에 불과하기 때문에 정확하고 적실한 방법으로 성직생활구조를 대표하는 성직자들로 간주되어서는 안 될 것이다. 다양한 교단이나 교파의 성직자들은 되다만 미완의 성직자 내지 훈련받는 중이거나 재교육을 받고 있는 성직자로 규정될 수 있을 것이다. 성직생활에 완전히 적응하지 못한 이러한 미완의 성직자들은, 그들이 속한 단체의 목적에 내포된 정령숭배와 신분제 이외의 또 다른 교란요인에서 비롯된 이질적인 동기와 전통이 혼합되면서 성격이 모호해진 성직의 특성들만 보여줄 것으로 예상된다.

성직자가 비난받지 않고 할 수 있는 일과 할 수 없는 일을 생각하거나 비평하는 데 구성원 모두가 익숙한 공동체에서는 종교적인 예법을 식별하는 세련된 감각을 지닌 개인의 취향 아니면 성직자의 예법을 조성하는 지배적 감각이 호소력을 발휘할 수 있을 것이다. 심지어 가장 심하게 세속화된 교파나 종파에서도 성직 생활구조와 평신도의 생활구조 사이에 반드시 지켜야 할 일정한 차별감각이 존재한다. 전통적인 관습을 벗어나서 엄격성이 떨어지고 좀더 현대적인 행동거지와 복장을 취하는 이들 교파나 종파의 성직자들은 성직자가 지켜야 할 이상적인 예법으로부터도 이탈하고 있다는 것을 감수성이 있는 사람이라면 누구나 느낄 수 있을 것이다. 서양문화에서 일반 평신도들보다도 성직자들에게 더 넓은 범위의 방종을 허용하는 공동체나 교파는 아마 하나도 없을 것이다. 성직자가 지켜야 할 예절감각이 그 성직자를 효과적으로 제약하지 않는다면, 대개는 공동체의 지배적인 예절감각이 전면에 나서서 그 성직자를 예법에 적응하도록 만들든가 아니면 성직에서 물러나도록 만들 것이다.

여기에는 어느 교파의 성직자도 소득증대를 위한 봉급인상을 공공연하게 요구하지는 않을 것이라는 사실도 덧붙여질 수 있을 것이다. 그리고 만약 어떤 성직자가 공개적으로 그런 요구를 한다면, 신도들은 그를 혐오하게 될 것이다. 이런 맥락에서, 냉소적인 사람이나 극히 어리석은 사람이 아니라면 누구나 목사나 신부가 설교단(說敎壇)에서 농담을 할 때면 본능적으로 내심 유감을 느낄 수밖에 없다는 사실, 그리고 경직된 분위기를 완화시키는 등 분명한 의도로 꾸며서 하는 행동이나 농담 말고 경박한 생활에서 비롯된 모든 경거망동은 성직자에 대한 신도들의 존경심을 망칠 수도 있다는 사실도 주목할 만하다. 성직자, 성직에 합당한 말씨나 표현법은 일상생활을 강하게 연상시키지 말아야 하고, 현대적인 상거래용이나 산업적 어휘도 피해야 한다. 그와 마찬가지로 성직자가 산업이나 기타 지극히 인간적인 사안들을 너무 상세하고 친밀하게 다루어도 일반인의 예절감각은 쉽사리 상처 입는다. 설교에 필요한 세련된 예절감각도 일반적인 어떤 수준을 요구하는데, 이러한 예절감각은 교양 있는 성직자로 하여금 설교할 때 세속적인 관심사를 거론하지 못하게 만든다. 설교자가 인간적이고 세속적인 결론으로 귀결되는 이런 사안들을 언급할 때에도 오직 일반적이고 초연하게 언급해야 한다. 이러한 일반성과 초연함은 설교자가 그에게 암묵적으로 허용된 세속적인 일들에 대한 관심을 통제하는 어떤 주인(혹은 신)의 대변자라는 것을 암시한다.

더 나아가 여기서 논의되고 있는 성직에 적응하지 못한 미완의 교파나 지파들은 이상적인 성직생활구조에 적응하는 정도가 각기 다르다는 사실도 주목할 만하다. 일반적으로 이런 적응의 격차는 상대적으로 젊은 교파들일수록 그리고 특히 중하류계급의 신도들이 주축을 이루는 신생교파일수록 가장 크게 나타날 것이다. 그런 교파들은 흔히 종교적 태도의 표현으로 분류될 수 없는 인도주의나 박애주의 같은 여러 동기들이 뒤섞인 혼합종교의 성격을 드러낸다. 그런 동기들 중에는 대개 이들 종교단체 구성원들의 유력한 관심에 포섭되는 학습의 욕구나 연회 기분을 느끼려는 욕망도 있다. 비국교도운동이나 종교적 분파운동들은 일반적으로 여러 가지 동기들이 혼합되면서 진행되었고, 그중 일부는 성직의 기반인 신분감각과 모순적인 것이었다. 실제로 그런 동기의 대부분은 때로는 신분제도에 대한 반발심에서 비롯된 것이었다. 이런 동기에 따라 운동이 진행되는 동안 성직제도는 적어도 부분적으로 붕괴되면서 과도기적인 변화를 겪기도 했다. 그런 종교단체의 대변자는 처음부터 특수한 성직계급의 구성원이자 신성한 주인의 대변자라기보다는 그 단체의 종이자 대표자였다. 그리고 이러한 대변자는 세대를 이어가면서 오직 점진적인 전문화 과정을 거침으로써만 완전한 성직의 권위를 부여받고 엄격하고 고대적인 대리 생활방식을 수반하는 성직자의 지위를 회복할 수 있었다. 그런 반역을 겪으며 파괴된 종교의례가 복원되는 과정도 역시 비슷했다. 다시 말하면, 인간의 끈질긴 종교적 예절감각이 무엇보다도 초자연적인 존재의 관심을 자극하는 문제들에 대한 관심을 통해서만 거듭 표출되듯이, 그리고 어쩌면 종교단체들이 부를 증대시킴으로써만 유한계급의 관점과 사고습관을 더욱더 많이 습득할 수 있듯이, 성직과 성직 생활구조의 종교의례준칙도 부지불식간에 다소 세부적이고 점진적인 변화를 겪음으로써만 다시 복원될 수 있을 것이다.

성직계급을 넘어 좀더 높은 계급에 오르는 존재들은 흔히 성자들이나 천사들 혹은 그들과 동급의 소수민족종교의 제사장들이나 정령들로 구성되는 '초인적인 대리유한계급'이라 할 수 있다. 이런 존재들은 세분화된 신분제도에 따라 순서대로 한 계급씩 승격한다. 신분제의 원칙은 가시적 체계와 비가시적 체계를 모두 아우르는 계급체계 전체를 규정한다. 이러한 몇몇 초자연적인 계급들의 명성도 대개는 대리 소비활동과 대리 여가활동이라는 일정한 조세를 요구한다. 따라서 그들은 대부분 앞에서도 살펴본 바 있는 가부장제도 하에서 의존적인 유한계급이 수행하던 활동과 동일한 방식으로 그들을 위한 대리 여가활동을 수행하는 시종들이나 식객들의 봉사나 보필을 받았던 것이다.

* * *

이러한 종교의례와 그것에 함유된 기질의 특이성 혹은 숭배의례에 포함된 재화와 용역의 소비가 현대사회의 유한계급이나 그 계급을 현대 생활양식의 지표로 만드는 경제적 동기와 맺고 있는 관계는 충분히 고찰될 필요가 있다. 이런 관계와 관련이 있는 사실들을 요약 검토해보는 것도 이러한 목적을 달성하는 데 유익할 것이다.

앞에서 말했듯이 오늘날 집단생활의 목적에 비추어볼 때 종교적 기질을 대표하는 특성들은 특히 현대사회의 산업적 효율성을 높이는 데 도움이 되기보다는 방해요인이 되는 듯이 보인다. 이런 사정과 맞물려 현대 산업생활은 산업과정에 직접 종사하는 계급의 정신체제로부터 인간성의 이런 특성들을 선택적으로 배제하는 경향을 보인다는 것을 확인할 수 있다. 효과적인 산업사회라고 불릴 수 있는 공동체의 구성원들 사이에서 신앙심은 줄어들거나 퇴화되는 경향이 있다고 말해도 무방할 것이다. 그와 동시에 이런 적성이나 습성은 하나의 생산적인 요인으로서 그 사회의 생활과정에 직접적으로나 일차적으로 참여하지 않는 계급들 사이에서는 훨씬 더 강하게 잔존하고 있는 듯이 보인다.

산업과정에 내부에서 살기보다는 산업과정을 매개삼아 살고 있는 계급은 대체로 다음과 같은 두 개의 범주에 포함된다는 사실은 이미 지적한 바 있다. 그것은 (1)경제상황의 압력을 받지 않는 위치에 있는 본래의 유한계급, 그리고 (2)그런 압력을 과도하게 받는 하류계급의 범법자들을 위시한 빈민계급이다. 유한계급은 고대적인 사고습관을 고수하는데, 이 계급은 어떤 실질적인 경제적 압력을 받더라도 변화하는 상황에 그들의 사고습관을 적응시킬 정도의 긴장감을 느끼지 않기 때문이다. 반면에 빈민계급의 사고습관이 변화된 산업효율에 적응하지 못하는 이유는 영양부족 때문이다. 다시 말해서 빈민계급은 변화된 환경에 쉽게 적응할 만한 여력이 없을 뿐 아니라 현대적인 관점을 습득하여 거기에 익숙해질 수 있는 기회가 거의 없기 때문이다. 이렇듯 두 계급 모두 동일한 방향으로 선택 적응해가는 경향을 보인다.

현대 산업생활이 반복적으로 주입하는 관점은 습관적으로 현상들을 양적이고 기계적인 인과관계로 요약해버린다. 빈민계급은 이런 관점이 수반하는 기초과학의 일반법칙을 습득하고 파악하는 데 필요한 여력도 없을 뿐 아니라 대개는 우월한 금력을 가진 자들에게 의존하거나 예속되는 처지이기 때문에 신분제도 고유의 사고습관을 실질적으로 탈피하기도 매우 어려울 수밖에 없다. 그 결과 빈민계급은 어느 정도 일반화된 신분제적 사고습관을 가질 수밖에 없고 그런 사고습관은 주로 개인의 강력한 신분 감각과 신앙심으로 표출된다.

유럽문화에 속하는 비교적 오래된 사회에서 대다수의 빈민들은 물론 세습적인 유한계급들도, 산업활동에 참여하는 중산계급의 성격이 유력하게 존재하는 어디서나 그런 중산계급들보다는 훨씬 심하게 종교의례에 열중하는 것으로 나타난다. 그러나 이런 나라들 가운데는 앞에서 명시한 두 가지 범주의 보수적인 인간성이 실제로 인구 전체에 걸쳐 나타나고 있는 나라들도 있다. 그처럼 이 두 범주의 계급이 매우 우세한 나라에서 두 계급은 그만큼 세력이 약한 중산계급의 분화가능성을 억압하는 일반인들의 감정을 조작하여 종교적인 태도를 사회전반에 강제한다.

물론 이런 사실은 종교의례에 유별나게 열중하는 공동체와 계급들이 오늘날 우리가 언제나 신상고백과 결부시켜 생각하는 세부적인 도덕적 규약에 각별할 정도로 순응하는 경향을 보인다는 의미로 해석되어서는 안 될 것이다. 대부분의 종교적 사고습관은 십계명이나 관습법 같은 금지명령을 엄격히 준수할 것을 강요하지 않는다. 실제로 유럽의 많은 나라에서 발생하는 범죄들을 주의 깊게 관찰해본 사람이라면 범죄자나 범법자들은 보통 남자들보다 훨씬 종교적이고 신에 대한 순진한 믿음을 보인다는 사실이 이미 상식화되고 있음을 확인할 수 있을 것이다. 종교적인 태도에 대해서 상대적으로 강한 면역성을 보이는 사람들을 찾아보려면, 금력과시형 중산계급과 준법정신을 가진 시민계급을 관찰하면 될 것이다. 좀더 고차원적인 종교적 신조나 종교의례의 가치를 최고로 평가하는 사람들은 아마도 이런 주장에 이의를 제기하면서, 하류계급 범법자들의 신앙심은 거짓이어서 기껏해야 미신적인 믿음에 불과한 것으로 폄하할지도 모른다. 이런 논리는 물론 정당하고 또 그들이 의도하는 목적과도 부합할 것이다. 그러나 당장의 연구목적을 고려하면 이러한 비경제적이고 탈심리학적인 구별법은 설령 공인된 목적에 비추어 아무리 진실하고 결정적인 구별법이라 하더라도 여기서는 부득이 논의를 보류할 수밖에 없다.

현실적으로 계급들이 종교의례습관에서 해방되고 있다는 사실은 최근 성직자들의 불평을 통해서도 확인된다. 성직자들은 교회가 갈수록 노동자계급의 공감을 얻지 못하고 있어서 노동자들을 포섭하기 어려워졌다고 불평한다. 그와 동시에 통상적으로 중산계급이라고 불리는 계급이 교회를 지지하는 열의도 약화되고 있으며, 특히 중산계급의 성년남성들은 더욱 교회를 경원시하는 것으로 믿는다. 이렇듯 성직자들이나 일반 신도들 사이에서 발견되는 일반적 현상들은 이러한 개괄적인 설명을 뒷받침하는 실증적 논거로 삼을 수 있고, 그런 논거에 의지한다면 여기서 제시한 명제들도 충분히 납득될 수 있을 것이다. 그러나 한편으로 오늘날 선진 산업사회의 정신적인 태도에 이런 변화를 초래한 사건들의 진행과정과 그것을 이끈 특별한 힘을 추적해볼 필요가 있다. 그것은 경제적 동기가 남자들의 사고습관을 세속화시키는 방식을 설명하는 데 도움이 될 것이다. 이런 견지에서 미국 사회는 이례적으로 매우 설득력 있는 사례로 동원될 수 있을 것이다. 왜냐하면 미국 사회는 동등한 어떤 산업사회보다도 외부적인 환경의 구속을 가장 적게 받았기 때문이다.

예외적이고 우발적인 이탈을 충분히 감안하여 현재 미국 사회의 상황을 간략히 요약해보면 일반적으로 다음과 같은 규칙이 도출된다. 미국 사회에서 경제력과 지력이 모자란 계급은 특히 신앙심이 강하고 종교적이다. 예를 들면 남부의 흑인들, 하류계급의 이주민들, 농촌주민들, 그중에서도 특히 교육을 못 받고 산업발전이 더디거나 국내 산업의 여타 부문과의 접촉이 드문 농촌주민들의 대부분이 신앙심이 깊다. 뿐만 아니라 미국 사회에서 흔히 볼 수 있는 특수화되거나 대대로 가난한 빈민계급 혹은 사회와 격리된 범죄자들이나 타락한 자들 중 일부도 그런 경향을 보인다. 그러나 범죄자들이나 타락한 자들의 종교적 사고습관은 어떤 공인된 종교적 신조에 따른 정형화된 신앙이 아니라 흔히 후두나 샤머니즘의 관습이 갖는 효험에 대한 초보적인 정령숭배적 신앙의 형태를 띤다. 그런 반면에 기술자계급은 익히 잘 알려져 있다시피 공인된 인격신 교리와 모든 종교의례들을 멀리한다. 왜냐하면 이 계급은 비개인적이고 실용적인 절차를 자연적인 현상으로 부단히 인정하고 인과법칙에 무조건 순응하기를 요구하는 조직화된 현대 산업의 지적 정신적 압력에 특히 많이 노출되어 있기 때문이다. 동시에 이 계급은 그런 요구조건에 적응하느라 탈진할 정도의 영양부족이나 고역에 시달리지 않는다.

미국의 하류계급이나 애매한 유한계급—흔히 말하는 중산계급—의 경우는 사정이 좀 특이하다. 이들의 신앙생활은 유럽인의 신앙생활과는 그 정도와 방법은 다르게 보이지만 본질적으로 별 차이가 없다. 교회는 여전히 이 계급들로부터 금전적인 지원을 받고 있다. 그러나 이 계급들이 쉽사리 믿는 교리는 인격신 숭배경향이 상대적으로 약하다. 동시에 이런 교리를 믿는 사람들은 대개 중산계급의 여성들이다. 중산계급의 성년남성들은 기왕의 교리에 대해서 체면상 동의하고 있을 뿐 신앙에 대한 열의는 매우 적다. 그런 남성들의 일상생활은 산업과정과 더욱 밀접하게 접촉하면서 이루어지기 때문이다.

종교의례를 여성에게 일임하는 경향을 보이는 이러한 남녀간 역할분화는 적어도 어떤 측면에서는 중산계급의 여성이 대리 유한계급이라는 사실에서 비롯된다. 유한계급보다 낮은 기술자계급의 여성들도 정도는 약하지만 종교의례를 전담하는 경향을 보인다. 그런 여성들은 산업발달의 초기단계로부터 전승된 신분제도의 구속을 여전히 받고 있기 때문에, 대부분 구시대적인 사고방식에 이끌리는 정신구조와 사고습관을 유지하고 있다. 그와 동시에 대부분은 산업과정과 직접적이고 유기적인 관계를 맺고 있지 않기 때문에 현대 산업의 목적에 비추어보면 이미 폐습이라 할 수 있는 사고습관을 깨뜨리려는 강력한 의지도 보이지 않는다. 다시 말해서 그런 여성들이 유별나게 강하게 드러내는 신앙심은 대개 그 여성들의 경제적 지위가 요구하는 보수주의적 성격 특유의 발로인 것이다. 가부장적인 신분관계는 이미 현대 남성들의 생활을 규정하는 두드러진 특징이 아니다. 그러나 관습이나 경제적 환경 때문에 "집안에만" 머물 수밖에 없는 여성들, 그중에서도 특히 중산계급의 여성들에게는 이런 신분관계가 생활구조를 결정하는 가장 현실적이고 근본적인 요인으로 작용하고있다. 그런 사고습관은 종교의례와, 일반적으로 인간적인 신분제의 관점에서 진행되는 생활의 사실들에 대한 해석에도 유리하게 작용한다. 이러한 여성의 가정생활의 논리와 논리적인 과정은초자연적인 왕국으로 이월되기 십상이어서, 남성의 눈에 여성은굉장히 낯설고 어리석은 관념의 세계에서 안정과 만족을 구하는듯이 보이는 것이다.

한편 이 계급의 남성 역시 대개는 적극적으로 신앙생활을 하지는 않지만 신앙심이 전혀 없는 것도 아니다. 상류중산계급의남성은 일반적으로 기술자계급의 남성보다 종교의례에 대해서훨씬 만족스런 태도를 보인다. 이런 사실을 근거로, 상류유한계급 여성들 사이에서 볼 수 있는 경향은 어쩌면, 정도의 차이는 있겠지만, 같은 계급의 남성들에게도 동일하게 나타난다고 말할 수있을 것이다. 그들은 상당한 보호를 받고 있는 계급이다. 또한 그들의 부부생활이나 하인을 부리는 습관을 통해서 지속적인 위력을 발휘하는 가부장적인 신분관계는 고대적인 사고습관을 보존하는 데 이바지했을 뿐 아니라 그들의 사고습관을 세속화하는 과정을 연기시키는 영향력도 발휘할 수 있었다. 그러나 미국의 중산계급 남성들이 경제공동체와 맺고 있는 관계는 대개 매우 긴밀하고 엄밀하다. 그럼에도 그들의 경제활동은 흔히 어느 정도 가부장적이거나 외견상 약탈적인 성격을 보이기 일쑤라는 사실은 주목할 만하다. 이 계급에게 가장 좋은 평판을 얻고 또 이 계급의 사고습관을 형성하는 데도 가장 깊이 간여하는 직업은 앞에서도 지적했듯이 금력과시적 직업들이다. 그런 직업들은 자의적인 지배와 복종 관계의 성격을 상당히 강하게 띨 뿐 아니라 약삭빠른 행동습관이나 아니면 약탈적인 속임수의 성격도 적잖이 구비하고 있다. 이 모든 직업들은 그들의 종교적인 태도를 습관화시키는 약탈적인 야만인의 생활지평에 속한다. 게다가 이 계급은 종교의례를 존경할 만하다는 이유로 찬양한다. 그러나 이러한 신앙심의 동기는 그 자체만으로도 살펴볼 만한 가치가 있다.

미국사회에서는 남부지역을 제외하면 중요한 세습유한계급은 존재하지 않는다. 이러한 남부지역 유한계급은 다른 지역 동급의 금력을 보유한 어떤 계급들보다도 종교의례에 열의를 보인다. 남부의 종교적 신조는 북부에 비해서 훨씬 구시대적이고 낡았다는 사실은 널리 알려져 있다. 이러한 남부의 구시대적인 종교생활은 산업발달이 좀더 더딘 지역에서보다도 더 자주 발견된다. 남부의 산업조직은 미국사회 전체의 산업조직에 비하면 최근까지도 훨씬 원시적 면모를 띠고 있었다. 남부에서 제작된 빈약하고 조잡한 기계제품은 수제품과 유사하고 지배와 복종의 요소도 훨씬 많이 깃들여 있다. 이 지역의 특수한 경제상황 때문에 백인이나 흑인을 막론한 남부지역 주민 전체가 신앙심이 깊다는 사실이 여러모로 산업발달과정 중 야만적인 단계를 연상시키는 생활양식과 관계가 있다는 사실은 주목되어야 할 것이다. 또한 이 지역주민들 사이에는 고대적인 성질의 비행(非行)이 다른 지역보다 더 일반적으로 행해졌고 지금도 그러하지만 그것을 크게 비난하는 사람도 찾아보기 힘들다. 이런 현상은 예를 들면, 결투, 말다툼, 불화와 반목, 술주정, 경마, 닭싸움, 도박, (그리고 대단히 많은 수의 흑백혼혈인들이 태어나고 있다는 사실이 반증하는) 남성들의 성적 방종 등을 보면 확인할 수 있다. 이 비행들은 스포츠맨십의 표현이자 약탈생활에서 파생된 감각이기도 한 좀더 생생한 명예감각의 소산이라 할 수 있다. 미국의 유한계급이라고 할 수 있는 북부의 부자계급과 관련하여 처음부터 세습적인 종교적 태도를 언급하기란 매우 어렵다. 이 계급은 극히 최근에 들어서야 생성되었기 때문에 뚜렷하게 전승된 종교적 습관을 지니고 있지 않을 뿐 아니라 가문의 고유한 전통 같은 것도 없다. 그러나 이 계급은 공인된 신조들 중에서 어떤 신조에 대해서 적어도 명목상으로나 표면상으로는 진실한 것으로 인정하고 옹호하는 경향을 보인다는 사실은 지적할 만하다. 또한 이 계급이 치르는 결혼식이나 장례식과 같은 명예로운 공식행사들은 거의 한결같이 종교적인 분위기 속에서 엄숙하게 거행된다. 여기서 이러한 종교적 분위기에 대한 애착심이 종교적인 사고습관의 진정한 격세유전의 소산인지, 그리고 외국의 이상향들을 차용한 명성의 규범에 외면적으로 동화되려는 목적의 모방심리로 분류될 수 있는 것인지는 분명히 말하기 불가능하다. 특히 상류계급의 신도들은 종교의례나 예배를 거행할 때 사용되는 소품과 장식품들을 상대적으로 중시하는 종파나 교파에 소속되려는 경향을 보인다. 또한 상류계급 신도들이 우세한 교회에서는 예배를 비롯한 종교의례에 사용되는 도구나 소품들의 지적인 특성마저 희생시키면서 의례를 강조하는 경향을 보인다. 이런 경향은 일반적인 발달수준에 못 미치는 소품들을 사용하여 의례를 거행하는 종파나 교파에서도 찾아볼 수 있다. 이러한 의례적인 요소들이 특별히 발달하는 이유는 어느 정도 과시적이고 호화로운 연출을 선호하는 경향에서 비롯된 것은 분명한데, 그것 역시 신도들의 종교적 태도의 일면을 보여주는 특징이라 할 수 있다. 이런 가설이 사실이라면 그것은 상대적으로 오래된 낡은 형태의 신앙습관을 시사한다. 화려한 연출효과를 지닌 종교의례의 우세함은 지적 발달이 늦은 비교적 원시적인 문화단계의 모든 종교적 공동체에서 확인할 수 있다. 그런 경향은 특히 야만문화의 특징이기도 하다. 여기서 행해지는 거의 모든 종교의례들은 거의 일률적으로 오감을 총동원하여 신도들의 정서에 직접 호소하려는 경향을 드러낸다. 그리고 이러한 초보적이고 감정적인 설득법으로 회귀하는 복고적 경향은 오늘날 상류계급의 교회에서 확연히 드러나고 있다. 그런 경향은 하류유한계급과 중산계급을 포섭하려고 애쓰는 종파나 교파에서는 좀더 약하게 나타난다. 거기서는 휘황한 조명과 화려한 장식이 복원되고, 상징들과 오케스트라 음악과 분향(焚香)이 거침없이 양껏 사용될 뿐 아니라, 이른바 "입장 찬송"과 "퇴장 찬송"이 어우러지며 다채로운 동작들을 펼치는 고대풍의 예배용 성무(聖舞) 같은 꾸밈행동으로 나타나는 원초적인 격세유전의 흔적도 발견된다.

이러한 화려한 의례를 복원하는 경향은 상대적으로 금력이 많고 사회적 신분도 높은 계급이 주류를 이루는 종파나 교파에서 주로 볼 수 있지만, 그렇다고 해서 유독 상류계급만이 그런 경향을 보이는 것은 아니다. 미국 남부흑인들과 후진적인 이주민들을 비롯한 미국의 하류계급이 주를 이루는 종파들도 의례, 상징, 연출효과를 중시하는 경향을 강하게 드러낸다. 그들의 조상과 문화수준으로 미루어볼 때 그런 경향을 보이는 것은 당연할지도 모른다. 이러한 하류계급들 사이에 광범위하게 나타나는 종교의례와 인격신 숭배경향은 격세유전된 것이라기보다는 과거를 계승하며 연속적으로 발달한 것이다. 그러나 종교의례와 관련된 믿음의 특성은 바야흐로 다른 방향으로 발달하고 있다. 초기 미국 사회를 지배하던 교파들은 엄격하고 소박한 의례와 소품을 사용했다. 그러나 세월이 흐르면서 그들은 각기 정도는 다를지라도 한때 비난해 마지않았던 화려한 요소들을 대부분 수용했다는 사실은 익히 알려져 있다. 일반적으로 이러한 발달과정은 신도들의 부가 늘어나고 생활이 편리해지면서 점진적으로 이루어졌고 부와 명성의 측면에서 최상의 위치를 차지한 계급들 사이에서 가장 완벽하게 표현되었다.

이러한 신앙심과 관련하여 금력의 계층화가 이루어진 동기들은 사고습관의 계급적 차이를 설명하는 과정에서 이미 지적된 바 있다. 신앙심과 관련된 계급적 차이는 일반적인 사실의 특수한 표현에 불과하다. 신앙심이 없기로 소문난 하류계급의 느슨한 신앙심은 기계적인 산업에 종사하는 도시주민들 사이에서 주로 발견된다. 일반적으로 오늘날 기술자나 기계공과 가까운 직업에 종사하는 계급 사이에서는 비난의 여지가 없는 신앙심을 찾아보기 힘들다. 기계를 다루는 이러한 직업들은 대개 근래에 생겨났기 때문이다. 초기의 수공업자들은 현재의 기계공들과 같은 성격의 산업목적 달성에 기여했지만 현재의 기계공들보다는 신앙의 규율에 순응하기 쉬운 사람들이었다. 이러한 수공업적 산업분야에 종사하는 남자들의 습관적인 활동은 현대적인 산업이 번창함에 따라 그들의 지적 원리에 커다란 변화를 가져왔다. 그리고 기계공이 항상 따르고 있는 그런 원리는 직업 이외의 문제에 대한 그의 사고방식과 사고기준에도 영향을 미친다. 고도로 조직화되고 매우 비개인적인 현대 산업과정에 익숙해진다는 것은 정령숭배적인 사고습관이 교란된다는 것을 의미한다. 노동자의 임무는 점차 기계적이고 비감정적인 과정을 판별하고 감시 감독하는 일로 국한되어간다. 개인이 이런 과정을 주도하는 전형적이고 일차

적인 추진력의 담지자라면, 그리고 산업과정의 명백한 특징이 수
공업자의 기량과 역량이라면, 개인적인 동기와 성향의 관점에서
현상들을 해석하는 습관은 유력하고 일관성 있는 사실들 때문에
교란되거나 배제되지 않는다. 그러나 최근에 발달한 산업과정 하
에서 작동하는 일차적인 추진력과 장비들이 비인간적이고 비개
인적인 성질을 띠고 있다면, 노동자가 사고습관에 따라 일반화
시키는 근거들과 그가 현상들을 습관적으로 이해하는 관점 역시
실용적인 인과관계가 강요한 인식의 소산일 것이다. 그리 되면
노동자의 신앙생활은 비종교적이고 회의주의적인 성향을 띠게
될 것이다.

* * *

그래서 종교적 사고습관은 상대적으로 오래된 문화 속에서
가장 잘 발달하는 것으로 보인다. 물론 여기서 사용되고 있는 "종
교적"이라는 용어는 단순한 인류학적 의미로 사용되고 있을 뿐
종교의례를 선호한다는 사실을 제외한 더 이상의 다른 정신적
태도를 의미하지는 않는다. 이러한 종교적 태도는 사회가 더욱
발달하여 더욱 철저히 조직화된 현대 산업생활과정보다도 약탈
적이고 외견상 평화적인 문화의 생활구조에 더 적합하다. 또한
이런 습관은 현대 사회에서 기계적인 산업과정과 가장 멀리 떨
어져 일상생활을 영위하는 가장 보수적인 계급 사이에 잔존하는

것으로 보인다. 그런 반면에 현대 산업과정과 항상 밀접한 관계를 맺고 있는 계급과 사고습관이 기술적인 필연성의 속박에 얽매여 있는 계급 사이에서는, 종교의례의 기반이 되는 모든 현상에 대한 정령숭배적 해석이나 인격신숭배 습관이 폐기되고 있다. 그리고 이런 논리와 특히 밀접한 관계가 있는 종교적 습관은 현대 사회에서 부와 여가시간을 가장 많이 확보한 계급들 사이에서 일정하게 그 영역을 넓히면서 점점 구체화되어가고 있는 듯이 보인다. 유한계급제도는 다른 관계들과 마찬가지로 최근의 사회에서 이루어지고 있는 산업의 진화과정에 의해 배제되고 있는 고대적인 인간성의 전형과 고대적인 문화의 전형적 요소들을 보존하는 것은 물론 복원하는 역할까지 하고 있다.

13. 비차별적 관심의 유산들

시대가 변하는 속도가 빨라짐에 따라 종교의례의 규약과 함께 인격신 숭배의례는 긴박한 경제적 상황의 압력이 거세지고 신분제도가 쇠퇴하면서 서서히 와해되어간다. 이러한 와해과정이 진행되면서, 종교적인 태도는 또 다른 동기나 충동과 결합되고 혼합되기 시작한다. 그러나 그 동기와 충동의 기원이 모두 인격신 숭배에 있는 것도 인간적인 복종습관에 있는 것도 아니다. 또한 훗날 나타나는 종교적인 생활의 신앙습관과 혼합된 이런 복종의 충동들 모두가 종교적인 태도나 현상의 인과관계에 대한 인격신 숭배적인 이해와 부합하는 것도 아니다. 그런 동기나 충동의 기원은 동일하지 않기 때문에 종교적인 생활구조에 대해서도 동일한 방향으로 작용하지 않는다. 그것은, 본질적으로 종교의례규약과 교회 및 성직제도에 기반을 두고 수행되는 복종생활이나 대리생활의 기초적인 규준과 다양한 방식으로 마찰을 일으킨다. 이처럼 이질적인 동기들이 현존하면서, 사회적이고 산업적인 신분체제는 점점 와해되기 시작하고, 인간적인 복종의 규범은 일관된 전통으로부터 더 이상의 지원받지 못하게 된다. 외부적인 기원을 가진 습관과 성향은 이러한 규범이 장악한 행위의 장을 잠식하는 한편, 교회구조와 성직구조는 성직이 가장 역동적이고 특징적으로 발달하는 시대에 정착된 종교적 생활양식의 목적과는 다소 이질적인 용도로 전용되기 시작한다.

이후에 발달한 신앙체계에 영향을 미친 이러한 이질적 동기들 중에는 자선, 사교나 친목, 동호회, 파티 같은 활동이나 모임에 참여하려는 동기들도 포함될 것이다. 좀더 일반적인 용어를 사용하자면, 이런 동기들은 인간적인 유대감과 공감의 다각적인 표현 방식이라고 말할 수도 있을 것이다. 여기서 이러한 교회구조의 외부적인 용도는 그 구조의 알맹이마저 기꺼이 포기할 수 있는 사람들 사이에서조차 그 구조의 명칭과 형태를 유지하는 데 실질적으로 이바지한다는 사실도 추가로 언급될 수 있다. 신앙생활양식을 형식적으로라도 유지하려고 애쓰는 동기들 가운데 여전히 좀더 강한 특성과 지배력을 지닌 이질적 요소는 환경과의 미학적 조화를 전혀 존중하지 않는 감각이다. 이 감각은 인격신 관념의 내용이 축출된 이후 최근까지 존속하는 숭배행위의 잔재이다. 이 감각은 성직제도에 복종의 동기를 섞어 넣음으로써 제도를 유지하는 데 훌륭히 기여했다. 이러한 미학적 조화를 느끼는 감각이나 조화를 원하는 충동은 원래 경제적 성격을 가지고 있지는 않지만, 근대 산업발달과정에서 개인의 사고습관을 경제적 목적에 부응하게끔 규정하는 데 간접적으로 상당한 효력을 발휘한다. 이런 과정에서 가장 확실히 드러나는 효력은 좀더 초기적이고 경쟁력 있는 신분체제단계에서 비롯된 전통을 통해서 전승된 다소 두드러진 이기적 편견을 완화시키는 방향으로 작용한다. 그래서 이런 충동에서 비롯된 경제적 행동은 종교적 태도에서 비롯된 행동과 마찰을 일으키는 것으로 보인다. 경제적 충동은 자기와 타자의 대립관계나 적대관계를 지양(止揚)함으로써 이기적인 편견을 제거하지는 못해도 그런 편견에 자격을 부여하거나 제약하려고 애쓴다. 반면에 인간적인 복종과 지배의 감각적 표현이기도 한 종교적 태도는 이러한 대립관계를 강조하고 이기적인 이익과 일반적인 인간생활과정의 이익이 상반됨을 강조하기 위해 애쓴다.

자선충동이나 사교충동을 비롯한 이러한 종교생활의 비차별적인 잔재—환경, 또는 일반적인 생활과정과의 소통감각—는 널리 유행하는 방법으로 남자들의 사고습관을 경제적 목적에 부응하게끔 형성시키는 작용을 한다. 그러나 이런 부류의 성향들은 하나같이 다소 모호하게 작용하기 때문에, 그 작용효과들도 세부적으로 추적해보기는 어렵다. 그럼에도 이런 부류의 모든 동기들이나 적성들은 이미 공식화된 유한계급제도의 기본원칙들과는 반대방향으로 작용하는 경향이 있다는 것만은 확실해 보인다. 그러나 그런 제도의 근거뿐 아니라 문화발전과정에서 그 제도와 결부되는 인격신 숭배의례의 근거는 차별적인 비교습관이다. 그리고 이런 습관은 지금 논의하고 있는 적성들의 실제 작용과 일치하지 않는다. 유한계급 생활양식의 근본적인 규범들은 시간과 자산을 과시적으로 낭비하고 산업과정을 기피하는 것이다. 그런 반면에 여기서 논의하고 있는 특별한 적성들은, 한편으로는 경제적 측면의 낭비와 무익한 생활방식에 대한 혐오감을 표출하지만, 다른 한편으로는 경제적 측면은 물론 여타 다른 국면이나 측면의 생활과정에 참가하거나 일체화되려는 충동을 표출한다.

이러한 적성과 생활습관은 그것이 표출되기 유리한 환경이나 지배적인 방식으로 표출될 수 있는 곳에서 위력을 발휘하지만, 유한계급 생활양식과 만나면 갈등을 일으킨다는 것만은 분명하다. 그러나 근래의 발달단계들을 통해서 목격되는 바와 같이 유한계급체계의 통제를 받는 생활이 일관성 있게 이러한 적성을 억압하거나 이 적성을 표현하는 사고습관으로부터 벗어나는 경향이 있는지는 불확실하다. 유한계급 생활양식의 긍정적인 원리는 대부분 다른 방식으로 작용한다. 유한계급체계는 그런 긍정적인 원리에 따른 규범화와 선택적 배제를 통해 생활상의 모든 사안들을 규제하는 모든 낭비규범과 차별비교규범이 널리 확산되어 지배적인 원칙에 등극할 수 있도록 뒷받침한다. 그러나 부정적인 효과들도 동반하는 유한계급원리의 경향성은 유한계급체계의 근본규범과 분명하게 일치하지는 않는다. 유한계급의 규범은 금력과시적 체면유지를 위한 목적에 부응하는 인간의 활동을 규제하고 지배함으로써 산업과정에 불참할 것을 줄기차게 강조한다. 다시 말해서, 그 규범은 사회에서 금력이 모자라거나 결핍된 구성원들이 습관적으로 할 수밖에 없는 노동이나 노역 같은 활동을 금지한다. 이러한 금지규범은 특히 진보한 산업사회의 상류계급과 중상류유한계급의 여성들에게도 금력과시적 활동에 필요한 외견상 약탈적인 방법들을 이용한 경쟁적 축적과정에 불참하기를 강요한다.

제작본능을 경쟁적으로 모방한 변종본능에서 시작된 금력과시문화 내지 유한계급문화는 최근의 발달과정에서 효율성이나 심지어 금력상의 지위를 차별적으로 비교하는 습관을 배제함으로써 그 문화의 고유한 동기를 희석시키기 시작했다. 한편 유한계급의 남자들과 여자들이 공히 동료, 이웃들과 경쟁적인 투쟁을 벌이면서 생계수단을 구해야 할 필연성에서 어느 정도 벗어나 있다는 사실은, 비록 그들이 경쟁적인 투쟁에서 승리하는 데 필요한 적성을 타고나지 못했어도 그들을 살아남게 할 수 있을 뿐 아니라 심지어 허용되는 범위 내에서만큼은 그들의 성미에 따라 행동할 수 있게 만든다. 다시 말하면, 제도가 최신식으로 가장 완벽하게 발달한 상황에서 이 계급구성원들의 생계는 성공적인 약탈형 남자를 대표하는 적성의 소유 여부와 그것의 꾸준한 발휘 여부에 달려 있지 않다. 따라서 그런 적성을 타고나지 못한 개인들 중에서 생존의 기회를 더 많이 부여받은 개인은 경쟁체계 아래에서 생계유지에 급급한 일반서민 출신보다는 금력도 강하고 사회적 지위도 높은 유한계급 출신이다.

앞에서 고대적인 특성들의 생존조건을 논의하는 과정에서도 드러났듯이, 유한계급의 특이한 입지는 이례적으로 좀더 초보적이고 낡은 문화단계 본연의 인간성의 전형이 갖고 있는 대표적인 특성들이 살아남는 데 유리한 기회들을 많이 제공한다. 그 계급은 절박한 경제상황의 압력을 받지 않는 위치에 있기 때문에 경제상황에 대한 적응을 요구하는 강제력의 무자비한 충격파를 피할 수 있다. 약탈문화를 상기시키는 특성과 전형들이 유한계급과 유한계급 생활양식에 잔존해있다는 사실은 이미 논의한 바 있다. 이런 적성과 습관들은 유한계급체제하에서 살아남을 수 있는 유리한 가능성을 유달리 많이 가지고 있다. 더구나 금력을 안전하게 과시할 수 있는 유한계급의 입지는 현대 산업과정에 이바지하는 데 필요한 적성을 충분히 타고나지 못한 개인들에게도 생존에 유리한 상황을 제공한다. 그와 동시에 유한계급의 명성획득 규범들은 약탈적인 적성의 실력과시를 요구한다. 약탈적인 적성이 실력을 발휘하는 직업들은 부와 출신혈통의 증거이자 산업과정에 대한 불참의 증거로서 이바지한다. 유한계급문화에서 살아남은 약탈적인 특성들은 부정적으로는 유한계급이 산업활동을 면제받는 데도 도움이 되고, 긍정적으로는 유한계급의 품위규범이 공인받는 데도 도움이 됨으로써 생존을 지속할 수 있다.

본격적인 약탈문화 이전의 약탈적인 미개문화의 대표적 특성들의 생존력은 경우에 따라 약간씩 차이를 보인다. 유한계급의 안정된 입지는 물론 이런 특성들의 생존에 유리하게 작용한다. 그러나 그 적성들이 평화와 선의를 위해 실력을 발휘하면 그 계급의 예절규약에 대한 확실한 인정을 이끌어내지 못한다. 전약탈적인 문화를 연상시키는 기질을 타고난 개인들 중에서도 유한계급에 속하는 개인들일수록 비경쟁적인 생활을 요구하는 이러한 적성들을 굳이 금력으로 짓눌러야 할 필요가 없다는 점에서 약간 유리한 고지를 점령하고 있다. 그러나 그들은 여전히 이러한 경향들을 무시하라고 다그치는 도덕적 제약을 받고 있다. 왜냐하면 예절규약이 그들에게 약탈적인 적성에 뿌리를 둔 생활습관을 강요하기 때문이다. 신분제도가 온존하고 있는 한, 그리고 유한계급이 목적 없는 낭비적 소모활동으로 헛되이 시간을 보내는 대신 다른 비산업적인 일련의 활동에 시간을 투자하는 한, 유한계급의 명예로운 생활구조로부터 그들이 확연히 이탈하기를 기대할 수 없을 것이다. 그런 단계에 있는 계급 내에서 비약탈적인 기질이 출현하면 그것은 우발적인 역행현상으로 간주될 것이다. 그러나 바야흐로 경제가 비약적으로 발전하고, 대형사냥감들이 사라지며, 전쟁이 감소하고, 전제정치가 타파되고, 성직제도가 쇠퇴함에 따라 인간의 활동성향에 부합하는 명예롭고 비산업적인 배출구들이 봉쇄되기 시작했다. 그런 배출구들이 완전히 막히게 되면 사태도 변하기 시작한다. 인간의 생명력은 다른 방향의 출구를 못 찾겠다 싶으면 기왕의 출구에만 매달리기 마련이다. 따라서 약탈기질의 배출구가 완전히 막혀야만 다른 방면에서 활로를 찾기 시작한다.

앞에서 지적했듯이, 다른 어떤 유력한 인간집단보다도 발전된 산업사회의 유한계급 여성들이 금전적 압박을 가장 적게 받아왔다. 그래서 여자들은 남자들보다 훨씬 뚜렷하게 비차별적인 기질로 역행하는 듯이 보일 수 있다. 그러나 유한계급 남자들 사이에서도 이기적인 것으로 분류될 수 없는 적성들에서 비롯되었으나 차별적인 구별을 목표로 하지 않는 활동의 범위와 규모가 확대되고 있다는 것을 확인할 수 있다. 예컨대 기업의 자금을 관리하는 방식으로 산업에 참여하는 남자들이 갈수록 증가하고 있는데, 그들은 공정이나 업무가 산업적으로 무리 없이 효과적으로 잘 돌아가는 모습을 보면서 일정한 흥미와 자부심을 느끼곤 한다. 심지어 그런 공정이나 업무상의 어떤 개선이 이익을 창출하지 못할 경우에도 그것들이 잘만 돌아가면 흥미나 자부심을 느끼는 사람도 있다. 상인단체들과 제조업자협회들이 이처럼 산업능률의 비차별적인 향상을 위해 기울이는 노력도 잘 알려져 있다.

차별적인 목적과는 다른 목적을 추구하는 생활경향은 자선활동과 사회개량활동을 목적으로 하는 다양한 단체들을 양산했다. 이러한 단체들은 흔히 반(半)종교적인 성격 내지 유사종교적인 성격을 띠고 있으며, 남녀 모두 이런 단체들에 참여하고 있다. 여기서 논의 중인 성향들의 범위와 특성을 시사하는 실례로 거론할 만한 그런 단체들은 많지만, 좀더 잘 알려지고 성격이 분명한 단체들을 거론해보자면, 금주운동을 비롯한 갖가지 사회개선운동, 형무소개혁운동, 교육기회확대운동, 범죄추방운동, 중재나 군축을 비롯한 모든 수단을 동원한 반전운동 등을 주도하는 단체들을 들 수 있다. 대학의 사회복지사업단, 지역자원봉사단, 기독교청년회나 기독교청년봉사단을 전형으로 하는 다양한 종교 단체, 자선재봉회, 친목회나 사교모임, 예술동호회, 그리고 심지어 상인협회들도 어느 정도 유사한 성격을 가진 단체들일 것이다. 또한 부유한 개인들의 기부금이나 그렇지 않은 일반인들의 성금을 자산으로 삼아—종교적인 성격을 띠지 않는—자선이나 교육 혹은 위락을 위해 설립된 약간의 공적인 성격을 갖춘 재단들도 미진하나마 유사한 성격을 지닌 단체로 간주할 수 있을 것이다.

물론 이런 노력들이 이기적인 동기들과 전적으로 다른 동기에서 이루어진다고 말할 수는 없을 것이다. 그런 다른 동기들은 일반적인 상황에서도 위력을 발휘한다는 주장이 여기서 제기될 수 있다. 그리고 신분제도의 원리가 여전한 지배력을 발휘하는 체제하에서보다 현대 산업생활환경에서 이런 노력이 더욱 확연하고 광범위하게 이루어진다는 사실이, 현대 생활에서 경쟁적인 생활구조의 완벽한 타당성을 의심하는 유력한 회의주의가 현존함을 시사한다는 주장도 제기될 수 있다. 이러한 종류의 노동을 부추기는 동기들—이기적인 동기들—과 특히 차별적인 구별의 동기들 중에는 흔히 외부적인 동기들도 존재한다는 사실은 일상적 농담거리가 될 정도로 잘 알려진 사실이다. 그런 동기들은 공익정신과는 무관한 많은 과시형 사무나 업무들이 의심할 여지없이 그런 업무들을 주도하는 자들의 명성이나 소득을 높여줄 것이라는 기대에서 촉발되고 수행된다는 사실과도 어느 정도 부합한다. 유력한 집단으로 구성되는 이런 단체나 재단을 통해서 수행되는 사업이나 활동의 주도자, 후원자들을 견인하는 지배적 동기는 분명히 차별화를 위한 동기라고 할 수 있다. 이런 단체나 재단은 예컨대 대학교나 공동도서관, 박물관을 운영하는 재단처럼 대규모의 과시적 자금을 그런 기관들을 운영하는 데 투자함으로써 그 운영자들에게 차별성을 부여한다는 점에서 특히 차별화 동기를 자명하게 드러낸다고 말할 수 있다. 그러나 특히 상류계급이 주도하는 단체나 운동에 좀더 일반적인 서민들이 가입하여 활동하는 경우도 어쩌면 동일한 차별화 동기의 발로로 볼 수 있을 것이다. 이런 단체에 가입한 회원들의 활동이나 운동은 자신들의 금력과시적 명성을 입증해줄 뿐 아니라, 그들의 인간성과 그들이 개선활동의 대상으로 삼는 하류계급의 인간성을 대비해보임으로써 그들이 우월한 신분에 있음을 상기시키는 기분 좋은 계기가 되어준다. 현재 대학교 설립이 유행하는 것도 바로 이런 이유 때문이다. 그러나 이런 유행을 가능하게 만든 모든 사정을 고려해보아도, 비경쟁적인 동기들 역시 여전히 일정한 영향력을 발휘하고 있음을 확인할 수 있다. 차별이나 명성이 이런 방식으로 추구된다는 사실 자체는 '현대 사회의 사고습관들을 견인하는 항구적 요인이라 할 수 있는 비경쟁적이고 비차별적인 관심이 합법적이고 유력한 추론가능성을 지니고 있다'는 감각의 광범위한 존재를 증명하는 증거라 할 수 있다.

이처럼 최근에 비개인적이고 비종교적인 관심에 따라 수행되는 유한계급의 모든—물론 자금을 대규모로 지출할 필요가 있는 사업을 제외한—활동에 남자들보다는 여자들이 더욱 적극적이고 지속적으로 참가하고 있다는 사실은 주목할 만하다. 여자들은 남자들의 금력에 의존하는 입장에 있는 만큼 대규모의 자금이 소요되는 사업을 벌이기는 역부족이다. 좀더 세련된 교파나 세속화된 교단의 성직자들은 일반적인 개선사업을 여자들과 함께 진행하는 경향이 강하다. 이런 현상은 이론적으로도 설명될 수 있을 것이다. 다른 경제적 관계들을 고려해보아도 이런 성직자들은 여자들과 경제활동에 종사하는 남자들 사이의 다소 애매한 지점에 위치하고 있는 형국이다. 성직자들과 부유층 여자들은 모두 전통과 지배적인 예절감각에 따라 대리 유한계급의 위상을 차지한다. 성직자들과 여자들의 계급적 사고습관을 형성하는 특징적 관계는 복종관계 즉 인격을 기준으로 고려되는 경제적 관계이다. 따라서 성직자들과 여자들은 공히 인과관계보다는 인격관계에 준하여 현상들을 해석하는 독특한 경향을 보인다. 두 부류는 모두 돈벌이용이나 생산적인 활동을 금하는 체면치레규범 때문에 오늘날 산업생활과정에 참여하기가 도덕적으로 불가능하다. 그에 따라 비천하게 간주되는 생산적 노동을 이렇게 의례적으로 면제받은 현대 여성들과 성직자들은 이기적인 관심사보다는 다른 관심사에 상대적으로 많은 에너지를 투입하고 있다. 그런 규약은 중대한 행동을 하려는 충동이 이런 방향을 제외한 다른 방향으로 표출되는 것을 허용하지 않는다. 이처럼 유한계급 여성들의 산업적으로 유용한 활동을 철저히 금지하는 규약의 힘은 제작본능을 영리적인 사업이 활동이 아닌 다른 방향으로 부단히 표출되는 것으로 보인다.

앞에서도 지적했듯이 부유층 여자들과 성직자들의 일상생활은 일반적인 남자들 중에서도 특히 현대 산업 본연의 직업에 종사하는 남자들의 일상생활보다 신분제의 요소를 더 많이 포함하고 있다. 그런 만큼 종교적인 태도는 현대 사회의 보통남자들 사이에서보다 여자들과 성직자들 사이에서 보존상태가 더 양호하게 남아 있다. 그래서 이러한 대리 유한계급 구성원들 사이에서 비영리적인 활동으로 표현의 출구를 찾는 에너지는 상당 부분이 종교의례와 신앙생활로 귀착되는 것은 당연할지도 모른다. 앞장에서 언급했듯이 여자들의 지나치게 강한 종교적 성향도 부분적으로는 이런 연유에서 비롯되었을 것이다. 그러나 여기서 좀더 주목하고자 하는 것은 이 성향이 비영리적인 활동을 규정하고 그런 운동과 단체의 목적을 윤색하는 데 미치는 영향력이다. 이러한 단체들의 종교적 윤색작업은 그들이 노력을 집중하고 있을 어떤 경제적인 목적달성에 필요한 직접적인 능력을 저하시킬 것이다. 다양한 자선단체들과 개선단체들이 자선 및 개선대상자들의 종교적 세속적 행복에 기울이는 관심의 크기는 단체마다 각기 다르다. 만일 그들이 세속적인 관심사에 대해서 자선 및 개선대상자들이 기울이는 관심과 노력만큼 동일한 관심과 노력을 기울였다면, 그들이 벌이는 활동의 직접적인 경제적 가치도 틀림없이 상당히 높아졌을 것이다. 앞에서도 비슷한 맥락에서 언급되었던 이 가설이 만약 타당하다면, 종교적인 목적에 따라 수행된 이런 개선활동의 직접적인 효율성은, 늘 존재하기 마련인 세속적인 동기와 목표의 방해를 받지 않는 한, 대단히 높아졌을 것이다.

이런 비차별적 사업에 종교적 관심이 개입하면 그 사업의 경제적 가치는 얼마간 떨어진다. 그러나 이렇듯 제작본능의 비경제적 표출을 선도하는 경제적 추세와 다소 폭넓게 마찰을 일으키는 이질적 동기들이 존재하는 경우에도 그 가치가 떨어질 수 있다. 이 가설들을 좀더 면밀히 검토해보면, 어떤 면에서는 이러한 일반적인 부류의 사업들이 지닌 경제적 가치는—이 사업들이 개선의 대상으로 삼는 개인들이나 계급들의 생활의 풍요나 편익을 기준으로 따져보아도—한결같이 애매하게 보인다. 예컨대 대도시 빈민들을 개선시킨다는 미명하에 한창 유행하고 있는 수많은 활동들은 대부분 본성상 문화전도사업의 성격을 가지고 있다. 이런 활동들은 상류계급문화에 맞는 요소들이 하류계급의 일상생활구조에 수용되는 속도를 높이는 수단이 되고 있다. 이른바 "생활안정"에 대한 염려나 배려는 대개 빈민의 산업생산력의 향상시키고 그들이 가진 수단을 산업에 더 적합하게 사용하도록 선도하는 데 집중된다. 그러나 그런 선도활동은 대개 상류계급의 복잡하고 까다로운 예법과 관습들을 부드럽고 반복적인 충고나 시범을 통해서 빈민들에게 가르치는(주입하는) 데 집중되고 있는 것이 사실이다. 이러한 예법들의 경제적 본질을 면밀히 따져보면 대개는 시간과 재화를 과시적으로 낭비하는 방식이라는 것을 알 수 있다. 빈민들을 교화(인간화)하는 데 발 벗고 나서는 그런 친절하고 고상한 사람들은 흔히 신중한 태도를 보이면서 그리고 대단히 양심적인 체하면서 은근하고 집요하게 예의범절과 생활의 품위를 강조한다. 그런 사람들은 대개 모범적으로 생활하고, 일상적으로 소비하는 품목들도 의례적인 정결함을 갖추기를 집요하게 고집하는 천성을 타고난 사람들이다. 시간과 상품을 올바르게 소비하는 사고습관을 이렇게 자상하고 반복적으로 가르치는 교화활동 내지 문명화사업의 효력은 높은 평가를 받기는 어려울 것이고, 이렇게 좀더 고상하고 명예로운 이상형들을 습득한 개인들의 경제적인 가치도 높은 평가를 받지 못할 것이다. 금력과시문화가 현존하는 환경에서 개인은 대체로 시간과 재화를 습관적으로 낭비하고 있음을 증명하는 거동과 소비방법에 숙달될수록 명성을 획득하고 성공을 거두기가 쉽다. 그러나 좀더 높은 가치를 지닌 생활방법을 몸에 익히는 이러한 훈련의 잠재적인 경제적 의미를 감안하면, 이런 훈련의 효과는 대개, 실질적인 경제적 가치를 지닌 사실인 동일한 물질적 결과를 수반하지만 비용은 더 많이 들고 효과는 더 적은 훈련방식을 대신할 수 있다. 문화선전활동의 대부분은 신분제와 금력과시적 체면의 원칙들에 따라 유한계급의 공식이 선도하는 상류계급의 생활양식에 적합한 새로운 취미나 새로운 예법을 하류계급들에게 부드럽고 반복적으로 주입하는 활동이다. 이러한 새로운 예법은 산업과정의 외부에서 생활하는 사람들의 본령이 구체화된 규약을 통해서 하류계급의 생활양식에 침투한다. 그러나 이러한 침투력을 지닌 예법도 하류계급들 사이에서 이미 유행하고 있던 예법보다 하류계급생활의 절박한 상황에 더 잘 부응할 수 없을 것이고, 특히 현대 산업생활의 압력을 견디기 위해 하류계급 스스로 만든 예법에 비하면 그런 상황에 훨씬 더 부응하지 못할 것이다.

물론 이 모든 논의가 새로 대체된 예법이 이전보다 더 격조 있는 예법이라는 사실을 문제시하고 있는 것은 아니다. 여기서 제기하는 의문은 다만 이러한 개선 내지 갱생사업의 경제적 편의주의에 대한 의문, 다시 말해서 '개인이 아닌 집단생활의 편의성'이라는 입장에서 볼 때, 그런 경제적 편의주의가 과연 즉각적이고 실질적인 태도나 행동거지를 어느 정도 신뢰할 만하고 확인할 수 있을 정도로 변화의 효력을 가지고 있느냐' 하는 의문이다. 따라서 이러한 개선사업들의 경제적 편의주의를 평가하려면, 그런 사업의 일차적인 목표가 경제적인 것에 있고 그 사업의 관심사가 전혀 이기적이거나 차별적인 것이 아니라하더라도, 그 사업의 효과를 액면 그대로 이해해서는 안 될 것이다. 그런 사업이나 활동에 따라 이루어지는 경제적인 개량은 과시적 낭비의 방법들을 대대적으로 치환하는 성질을 띠고 있다.

그러나 금력과시문화를 특징짓는 사고습관의 영향을 받는 이 계급에 있어서 모든 사업의 공평무사한 동기와 운영규범의 성격은 좀더 고찰해볼 필요가 있다. 그리고 이러한 추가적인 고찰을 통해서 앞에서 도달한 결론들을 좀더 구체화할 수 있을 것이다. 앞에서도 보았듯이, 금력과시문화의 명성획득규범이나 체면치레규범은 비난받을 소지가 없는 금력과시생활을 영위하고 있음을 표시하는 무익한 활동을 습관적으로 행할 것을 강조한다. 그런 문화는 유용한 직업과 활동을 천시하는 습관을 조장할 뿐 아니라 사회의 명예를 높이자는 취지에서 단체를 조직하는 사람들의 활동을 견인하는 좀더 결정적이고 중요한 결과를 초래한다. 그런 문화는 저속한 생활필수품과 관계가 있는 과정이나 사소한 행동에 친숙해지지 말기를 요구하는 전통을 가지고 있다. 그런 전통에 따르면 기부금을 낸다든가 유관단체의 운영위원으로 활동한다든가 하여 하류계급의 복지에 대한 양적인 관심을 보이는 사람도 훌륭하게 평가될 수 있다. 또한 하류계급의 취미를 향상시키기 위한 개선안을 내놓거나 정신적인 개선을 도모할 수 있는 기회를 제공하는 식으로 하류계급의 문화적 복지증진을 위해 전반적으로나 세부적으로 열의를 보이는 사람이라면 아마도 훨씬 훌륭한 사람으로 평가받을 것이다. 그러나 그런 사람은 이런 단체의 노력을 물질적으로 유용한 목적을 달성하는 방향으로 이끌기 십상인 비천한 생활을 둘러싼 물질적 환경이나 비천한 계급들의 사고습관에 대한 깊은 지식을 가지고 있다는 표시를 내면 안 된다. 이처럼 하류계급의 생활조건의 세세한 부분들까지도 지나치리만큼 잘 알고 있다는 표시를 드러내기 꺼리는 태도나 심리는 각계각층의 개인들 사이에서 다양한 형태로 유행하고 있다. 그러나 일반적으로 그런 태도를 가진 사람들이 여기서 거론하고 있는 부류의 단체들을 통해서 집단화되면 그들의 태도나 심리는 그런 단체들의 활동방향을 좌우하는 근본적인 영향력을 발휘하게 된다. 그런 단체들의 관행과 선례를 형성하는 활동이 누적되면서, 비천한 생활에 친숙하지 않도록 보이기 위해 이처럼 머뭇거리는 태도는, 궁극적으로는 금력과시적 가치기준으로 환원될 수 있는 명성이라는 선도원리들을 견지하기 위하여 사업의 최초 동기를 점점 등한시하는 경향을 보인다. 그리하여 역사가 오래된 단체일수록 하류계급들의 생활을 개선시키겠다는 최초의 동기는 표면적인 미명으로만 남게 되고, 하류계급을 위한 유력한 활동들도 점차 허울 좋은 연례행사로 전락하고 만다.

이와 같이 비차별적인 목적으로 결성된 단체들이 효력을 발휘한다면 동일한 동기에서 그런 활동을 벌이는 개인들도 역시 그만한 효력을 발휘할 것이다. 어쩌면 단체의 사업보다는 개인의 사업이 더 큰 효력을 발휘할 수도 있을 것이다. 공익사업을 벌이고 싶어 하는 개인이라면 필연적으로, 생산이나 소비 모든 면에서 사치스런 낭비를 강조하고 비천한 생활을 멀리할 것을 강조하는 유한계급의 규범에 따라 가치를 측정하는 습관을 강하게 드러낸다. 그리고 만약 그 개인이 자신의 신분을 망각하고 그의 노력도 비천한 결과를 낳는다면, 사회의 상식—금력과시적 체면 감각—은 곧 그의 사업을 거부하면서 그를 본래의 자리로 되돌릴 것이다. 어떤 특수한 관점에 따라 (적어도 표면적으로는)—인간생활의 편익을 증진시킨다는 단일한 목적을 추구하는—공익 정신을 가진 남자들이 수행하는 기증유산 관리활동은 이런 가설을 뒷받침하는 예가 될 수 있을 것이다. 현재 이런 유산들이 가장 빈번하게 기증되는 기관은 학교, 도서관, 병원, 그리고 부랑자 수용소나 고아원 등이다. 이런 기관에 유산을 기증하는 자들의 유서나 유언 등으로 특별히 명시된 공개적인 목적은 인간의 생활을 개선하는 데 있다. 그러나 흔히 사업이 실행되는 과정에서 애초의 동기에 어긋나는 적잖은 다른 동기들이 출현하여 결국에는 기증유산의 상당 부분을 다른 특수한 목적을 위해 처분하기로 결정하는 변함없는 관행이 나타날 것이다. 예를 들면 그런 기증유산의 일부를 따로 떼어 정신요양원이나 부랑자 수용소를 짓기 위한 자금으로 전용하는 일도 생길 수 있다. 그와 같은 명예로운 낭비를 위해 기증유산을 전용하는 일은 결코 놀랄 일도 아니고 웃을 일도 아니다. 그렇게 전용되는 자금의 상당 부분은, 흔히 값비싼 석재로 뒤덮인 건축물을 짓는 데 투입된다. 이런 석재들의 표면은 흔히 총안(銃眼)이 뚫린 성벽이나 성탑, 거대한 성문이나 망루 등에서나 볼 수 있는 야만적 전투장면을 연상시키는 기괴하고 조잡한 조각들로 빼곡히 채워진다. 따라서 그런 건축물은 미학적으로는 불쾌감마저 자아낼 정도로 허식성이 다분하다. 더구나 그런 건축물의 내부구조 역시 과시적 낭비와 약탈의 공훈을 명시하는 규범들의 위력을 확연히 선보인다. 예컨대 그런 건축물의 창문들은 건축물의 수익자들에게 편익이나 안락을 제공한다는 표면적인 목적에 기여하는 위치가 아니라 드물게 찾아오는 외부의 기부자나 방문객의 금력이 막강하다는 인상을 줄 수 있는 위치에 배치되어 있다는 것은 두말하면 잔소리일 것이다. 또한 건물의 세부적인 내부설비 역시 기껏해야 금력이 선사하는 아름다움을 과시하는 데나 필요한 거만한 요구조건에 부합하면 그만인 듯이 보인다.

물론 이 모든 경우에 유산기증자가 직접 혹은 그의 유언을 따르는 대리인을 통해서 잘못을 발견하거나 지적하리라고 예상할 수 없다. 하지만 그가 직접 그런 사업을 지도하는—다시 말해서 그가 유산을 기증하는 대신 직접 자금을 지출하고 감독하면서 그런 건축사업을 지도하는—경우도 그 사업의 운영목표와 운영방법은 그가 유산을 기증하는 경우와 다르지 않을 것이다. 건축물의 직접적인 수익자는 물론 직접적인 관계가 없는 외부에서 여유나 허영심을 만끽하려는 구경꾼들도 그런 기금이 다른 데로 전용되는 것은 좋아하지 않을 것이다. 그러나 애초의 실질적인 목적에 맞도록 그 기금을 가장 경제적이고 효율적으로 사용해야 한다는 직접적인 관점에 따라 사업이 진행된다면 아무도 만족감을 느끼지 못할 것이다. 그들의 관심이 당장의 이기심을 만족시키는 데 있건 그저 감상하고 관조하는 데 있건 그런 사업과 관련된 모든 사람들은, 약탈의 공훈이나 금력과시적 낭비를 조장하는 차별적 비교의 습관에서 비롯된 좀더 고상하고 정신적인 욕구들을 만족시키는 데 사업기금의 상당 부분을 전용해도 좋다고 생각한다. 그런데 이런 사실은 경쟁의 규범과 금력과시적 명성의 규범들이 사회의 상식을 지배하고 있는 상황에서는, 표면적으로 비차별적 관심에 전적인 기반을 두고 수행되는 사업조차도 여지없이 약탈적인 성격을 띠기 마련이라는 것을 시사할 뿐이다.

그럼에도 그런 사업이 기부자의 명성을 높이는 명예로운 미덕을 획득할 수 있는 것은 이러한 비차별적 동기에 출발했기 때문일 것이다. 그러나 그런 동기만으로는 기금의 지출을 주도하는 차별적 관심을 막지 못한다. 이런 비경쟁적인 사업들도 경쟁욕구나 차별욕구에서 비롯된 동기들의 영향력을 받는다는 사실은 앞에서 거론한 사업들 중 어느 사업을 살펴보아도 충분하고 구체적으로 확인할 수 있을 것이다. 그런 경우에 이러한 명예로운 사업들을 견인하는 세부적인 동기들은 일반적으로 미학적이거나 윤리적이거나 경제적인 관심분야에 속한다는 듯한 명칭을 가면 삼아 쓰고 등장할 것이다. 금력과시문화의 기준과 규범에서 파생된 이러한 특수한 동기들은, 사업발기인의 선의를 교란하지도 않고 그 사업이 본질적으로 허영의 발로라는 생각을 그에게 강요하지 않으면서도, 비차별적인 노력에 효과적으로 기여하는 사업방향을 은연중에 다른 방향으로 변경하는 작용을 한다. 그렇게 사업방향을 변경하는 효과는 상류계급의 공개된 생활양식 중에서도 주목할 만한 그리고 특히 과시적인 성격이 농후한 비차별적 개선사업의 진행과정 전체에 걸쳐 발견될 것이다. 그러나 여기서 이론적인 의미는 아마도 충분히 밝혀졌을 것이므로 더 이상의 설명은 필요 없을 것이다. 특히 이런 계통의 사업들 가운데 ―고등교육기관 설립사업 같은―약간만 세심히 주목해보아도 이런 사업들과 결부된 또 다른 동기들을 확인할 수 있을 것이다.

따라서 유한계급을 안전하게 보호하는 환경에서는 약탈문화 직전의 야만문화를 대표하는 비차별적 충동들 중에서 격세유전된 듯한 어떤 충동이 존재하는 것을 볼 수 있다. 그렇게 격세유전된 것들 중에는 제작감각과 아울러 나태와 동료애에 이끌리는 성향도 포함되어 있다. 그러나 현대 생활양식을 대변하는 금력의 가치나 차별의 가치에 기초를 둔 행동규범들은 이러한 충동들이 자유롭게 표출되지 못하도록 규제하는 작용을 한다. 우세한 규제력을 가진 이러한 행동규범들은 비차별적인 관심에 기반을 두고 행해지는 노력들을 금력과시문화의 기초인 차별적 관심에 따른 노동으로 전환시킨다. 금력과시적 체면치레규범들은 본 논의의 목적을 감안하여 낭비의 원칙, 허영의 원칙, 잔인성의 원칙으로 단순화시켜볼 수 있을 것이다. 체면치레에 필요한 요건들은 다른 계통의 행동을 통해서도 전제적으로 제시되듯이 개선사업을 통해서도 전제적으로 제시되고, 그 모든 개선사업의 세세한 진행 및 운영과정도 선택적으로 감시하는 작용을 한다. 이러한 체면치레규범들은 세부적인 방법을 주도하고 적용함으로써 모든 비차별적인 열망이나 노력을 수포로 돌려버린다. 일반적이고 비개인적이며 절박하지 않은 헛일의 원칙은 일상생활에 긴밀히 영향을 미치고, 약탈시대 이전부터 살아남은 많은 적성들이 효과적으로 표출되는 것을 확실하게 방해하는 역할을 한다. 그러나 그런 식으로 존재하는 원칙은 그런 적성들의 유전이나 그런 적성들을 출구로 삼는 충동의 부단한 재기(再起)를 가로막지는 않는다.

금력과시문화가 고도로 발달할수록, 사회적인 비난을 피하려면 산업과정에 불참해야 한다는 필수요건들은 경쟁적인 직업에 종사하지 말아야 한다는 요건을 포함할 경우에만 제 기능을 발휘한다. 이렇게 발달된 단계의 금력과시문화는 산업적이거나 생산적인 직업들에 비해서 경쟁적이거나 약탈적인 금력과시적 직업들이 지닌 가치의 중요성을 부정적인 방법으로 떨어뜨리고 비차별적인 성향들이 어느 정도 표출될 수 있는 환경을 조성한다. 앞에서도 지적했듯이, 인간에게 유용한 모든 직업에 불참해야 한다는 필수요건은, 만약 어떤 종파의 성직자들을 실제 이상으로 확연하게 이 요건을 적용받지 않은 예외적인 계급으로 간주하지 않는다면, 다른 어느 계급보다도 상류계급의 여성들에게 가장 엄격하게 적용될 것이다. 동일한 상류계급의 남성들보다도 여성들이 유독 헛된(허영) 생활을 더 극심하게 강요받는 이유는 그녀들이 상류 유한계급임과 동시에 대리 유한계급이라는 데 있다. 그런 여성들이 이처럼 이중계급에 속하는 것은 유용한 노동에 철저하게 불참하기 때문이다.

모든 사회에서 여성이 차지하는 지위는 그 사회와 그 사회의 구성 계급들이 도달한 문화수준을 명시하는 가장 확실한 지표이다. 이러한 사실은 사회의 구조, 기능과 관련된 문제에 대한 지성인들의 상식을 반영하는 대중작가와 연설가들에 의해 유창하게, 누누이 회자되어왔다. 이러한 논평은 아마도 다른 어떤 부문의 발달보다 경제의 발달단계를 고려하면 더 신빙성 있게 들릴 것이다. 그와 동시에 공인된 생활체계가 여성들에게 배정하는 지위의 대부분은 어떤 사회나 문화에서도 전통들의 표현이기 마련이다. 그런 전통들은 경제발달 초기단계의 환경에 의해 형성되고, 현존하는 경제적 환경이나 현대적인 경제상황에서 살아가는 여성들의 활동을 견인하는 기질과 사고습관이 상대하는 절박한 현실에 단지 부분적으로만 적응한 것들이다.

현대 경제구조에서 여성들이 차지하는 지위는 동일한 계급의 남성들의 지위보다 제작본능을 자극하는 것들과 더 광범위하고 철저한 불화관계에 있다. 이 사실은 앞에서 일반적인 경제제도의 발달과정에 대해 논의하면서 그리고 특히 대리 여가활동과 의복에 관해 이야기하면서 이미 지적한 바 있다. 여성의 기질이 평화를 선호하고 헛일을 비난하는 이러한 본능을 상당히 많이 내포하고 있다는 것도 분명한 사실이다. 그러므로 현대 산업사회의 여자들이 공인된 생활양식과 절박한 경제상황 사이의 모순을 더 생생하게 느끼는 듯이 보이는 것은 우연한 일이 아니다.

"여성문제"의 몇 가지 측면들은 현대사회에서 특히 상류사회 여성들의 삶이 초기 발달단계의 경제적 환경에서 공식화된 상식의 지배를 받는다는 사실은 어떤 면에서 잘 알려진 사실이다. 시민적이고 경제적이며 사회적인 관계를 통해서 본 여성의 생활은 여전히 본질적으로 그리고 통상적으로 대리생활이라고 여겨진다. 그리고 그런 생활의 장점이나 단점은 그 본연의 성질로 볼 때 여자를 일정하게 소유하거나 보호하고 감독하는 위치에 있는 다른 개인들에게 귀속되는 것이라고 생각된다. 따라서 어떤 여자가 공인된 예법의 금지명령에 저촉되는 행동을 하면 그것은 곧바로 그녀를 소유한 남자의 명예를 손상시키는 행동으로 간주된다. 물론 그 여자의 변덕이나 심술에 이런 비난을 던지는 사람이라면 내심 다소 부조리한 감정을 느낄지도 모른다. 그러나 그런 문제들에 대한 사회적 상식의 판단은 서슴없이 이루어지기 때문에, 그런 행동을 하는 여자들을 난폭하게 다루는 보호자들의 감정적 합법성을 문제시하는 남자는 거의 찾아볼 수 없다. 그런 한편에서 함께 생활하는 남자의 악행 때문에 비난을 받는 여자도 거의 찾아볼 수 없다.

그래서 고상하고 아름다운 생활양식 즉 우리가 익숙한 생활양식은 남자의 활동을 내조하는 "역할과 지위"만 여자에게 배정한다. 그리고 그렇게 배정받은 의무들의 전통에서 조금이라도 벗어나는 여자는 여자답지 못하다고 간주된다. 여성의 시민권이나 참정권의 문제가 대두되면, 이 문제의 핵심에 대해서 일반적인 생활양식에 제시하는 논리적 의견이라고 말할 수 있는 우리의 상식은 여성이 직접 대표로 나서기보다는 여성이 속한 가정의 가부장을 매개로 하여 정치단체를 대표하거나 법 앞에 나서야 마땅하다고 말한다. 자주적이고 자기중심적인 생활을 원하는 여자들은 여자답지 못한 여자로 간주된다. 그리고 우리의 상식은 여성이 공무나 산업문제 같은 사회적 현안들을 다루는 일에 직접 참여하는 행동을 금력과시문화의 전통적 지도를 받아 형성된 사고습관의 표현으로서의 사회질서를 위태롭게 만드는 처사로 간주된다. 혹자는 이런 비판을 할지도 모른다. "잠깐 흥분에 휩싸여 '여성을 남성의 노예상태에서 해방시키자'라는 등등의 구호를 거침없이 입에 담는 여자들이 늘고 있지만 이 모든 구호들은, 엘리자베스 캐디 스탠턴(Elizabeth Cady Stanton, 1802~1902)[26]의 간결하면서도 의심장한 표현을 역으로 빌려 말하자면, 한마디로 '턱없는 말장난'에 불과하다. 남녀의 사회적인 관계는 천부적으로 정해져 있는 것이다. 우리의 문명 전체는—다시 말해서 우리 문명에서 좋은 것은 모두—가족에 기초를 두고 있기 때문이다." 여기서 "가족"이란 남성이 가장 역할을 하는 가정을 말한다. 좀더 간략하게 상식적으로 표현할 수도 있는 이런 관점은 문명사회의 보통남자들뿐 아니라 여자들 사이에서도 여성의 신분을 바라보는 지배적인 관점으로 자리 잡고 있다. 여자들은 예법체계가 요구하는 예절들에 관한 한 매우 기민하고 빈틈없는 감각을 소유하고 있다. 그리고 대다수의 여자들은 그런 예절규약이 강요하는 세부적인 예절들을 불편하게 여기는 것도 사실이지만, 기존의 질서가 여자들을 필수적으로 그리고 규범화된 신성한 권리에

---

26 미국의 초기 여성인권운동을 이끈 지도자로 여성의 참정권보장과 노예제철폐를 위해 노력한 정력적인 연설가이자 작가였다.

따라 남자를 보조하는 지위에 배정한다는 사실을 인식하는 여자는 거의 없다. 최근에 분석에 따르면, 고상하고 아름다운 것에 대한 여성 특유의 감각에 부응하는 여성의 생활은 남성의 생활을 간접적이고 우회적으로 표현한다고 볼 수 있다.

그러나 여성에게 합당하고 자연스런 지위에 대한 이러한 지배적인 감각에도 불구하고 보호받는 대리생활 전체 그리고 그에 부과되는 칭찬과 비난 전체의 배합구조에 무언가 오류가 있음을 느끼는 감정이 싹트고 있다는 것만은 분명해 보인다. 아니면 적어도, 여자들의 대리생활이 시대와 장소에 맞아떨어짐에 따라 자연스럽게 발달하여 고상한 배합구조를 형성할 수 있었고 분명한 예술적인 가치마저 획득할 수 있었다 할지라도, 여전히 그런 생활은 현대 산업사회의 좀더 일상적인 목적에 적합하게 부응하지 못하고 있는 듯이 보인다. 심지어 이러한 신분관계 자체를 근본적이고 항구적인 권리로서 권장하는 전통적인 예의범절에 대해서 냉정하고 침착한 감각을 소유한—보수적인 태도의—상류계급과 중상류계급 여자들 중에서도 중요한 위치에 있는 여자들조차, 흔히 전통적으로 행해져온 일들과 행해져야 할 일들 사이에서 약간의 모순을 발견하곤 한다. 그러나 현대 여성들 중에는 젊기 때문에 아니면 어느 정도 교육을 받은 덕분에 아니면 기질 때문에 야만문화에서 전승된 신분제적 전통의 영향권에서 어느 정도 벗어나 다루기 힘든 반항적 여성들도 존재한다. 이들은 아마도 나머지 여성들에 대해 느끼는 지나치게 강한 불만감에 의해 자극받기 쉬운 자기표현의 충동과 제작본능을 과도하게 많이 격세유전받았을 것이다.

이른바 빙하기 이전에 살았던 여성의 지위를 회복하겠다는 이상을 기치로 맹목적이고 중구난방으로 이루어지고 있는 이러한 "신여성"운동은 적어도 식별 가능한 두 가지의 요소를 가지고 있는데, 두 요소 모두 경제적인 성격을 지고 있다. 이 두 요소들 혹은 동기들은 "해방"과 "노동"이라는 이중의 표어로 대표된다. 이 표어들은 각기 광범위하게 퍼져 있는 어떤 불만감을 대변하는 구호 같은 것으로 인식되고 있다. 오늘날 상황에서 대두되고 있는 그런 불만감의 어떤 실질적인 동기나 근거도 발견하지 못하는 사람들마저 그런 감정이 널리 확산되고 있다는 사실만은 인식하고 있다. 그런데 제거되어야 마땅한 이러한 불만감은 바로 산업이 가장 발달한 사회의 상류계급 여성들 사이에서 가장 활성화되고 표현의 출구도 가장 많이 발견한다. 바꾸어 말하면, 이들은 모든 신분관계나 보호관계 혹은 대리생활관계로부터 해방되기를 다소 진지하게 요구하고 있는 셈이다. 그러한 반항심은 특히 과격하게 대리생활을 강요하는 신분체제로부터 전승된 생활양식을 따르고 있는 여성들 사이에서 그리고 이러한 전통적인 생활양식에 맞는 환경에서 가장 먼 경제발전을 구가한 사회들에서 더욱 강하게 표출된다. 그런 요구는 명성의 규범들 덕분에 모든 효율적인 노동을 면제받고 여유로운 과시적 소비생활에 가장 가까이 역행한 여성들에 의해 제기되고 있다.

비평가들 중에서 이러한 신여성운동에 대해 그 동기를 제대로 이해하지 못하고 있는 비평가가 한둘이 아니다. 최근에 한 유명한 사회평론가는 다소 온정적인 태도로 미국의 "신여성"을 이렇게 요약한 바 있다. "그녀는 세상에서 가장 헌신적이고 열심히 일하는 남편들 중 한 명인 자신의 남편에게서 귀여움을 독차지하고 있다……그녀는 교육수준은 물론 거의 모든 방면에서 남편보다 우월하다. 그녀는 가장 많은 관심과 가장 세심한 배려에 둘러싸여 살고 있다. 그럼에도 그녀는 늘 불만스럽다……[이러한] 앵글로색슨 혈통의 '신여성'은 현대 사회가 생산한 가장 우스꽝스런 상품이기에 금세기 들어 가장 참담한 실패작으로 전락할 운명에 처해 있다." 이 비평이 담고 있는—어쩌면 적절한—것만큼 여성문제를 적나라하게 폭로한 비난은 없을 것이다. 신여성의 불만감은 이런 운동의 성격을 묘사할 때면 전형적으로 강조되는 사실들에 의해서 날조되는데, 신여성은 필시 바로 그런 사실들에 불만을 느낄 것이다. 그녀는 관습에 따라—남편이나 아니면 본래부터 그녀를 보호하는 다른 남자로부터—대단히 그리고 과시적으로 귀여움을 받고, 그런 남자들을 대리하여 생활하는 것을 허락받거나 그렇게 생활하라는 요구를 받기도 한다. 그녀는 본래 (금전적으로) 그녀를 보호하는 남자의 명성을 높일 수 있는 대리 여가활동을 수행하기 위해 비천하고 유용한 노동을 면제받거나 금지 당한다. 이러한 그녀의 임무는 관습적으로 자유롭지 못하다는 표시인 동시에 목적 있는 활동을 하려는 인간의 충동과 상반되는 일이다. 그러나 그런 여성도 헛된 생활이나 낭비를 혐오하는 제작본능을 일정하게, 어떤 경우에는 상당히 많이 타고난다. 그녀도 그녀가 접촉하는 경제적 환경의 직접적이고 적나라한 자극에 반응하여 그녀의 생명활동을 전개해야 한다. 자신만의 방식으로 자신만의 삶을 영위하려는 본능과 자신에게 좀더 가까운 사회의 산업과정에 참가하려는 본능은 아마도 남성보다는 여성에게 더욱 강할 것이다.

늘 단조롭고 반복적인 고역을 감내해야 하는 처지에 있는 평범한 여성일수록 자신의 고된 운명을 기꺼이 감수하는 경향을 보이기 쉽다. 그녀는 목적이 분명하고 확실한 성과를 거둘 수 있는 일을 할 필요가 없을 뿐 아니라 타고난 자기본위의 인간성을 반항적으로 표출할 만한 시간이나 생각도 없다. 여성들이 보편적으로 감내해야 하는 지루한 고역의 단계를 벗어나서, 힘겨운 노역을 할 필요가 없는 대리 여가활동이 상류계급 여성들의 공인된 활동으로 자리 잡으면, 경제적인 허영에 몰두할 것을 요구하는 금력과시적 체면치레규범은 상류의식에 물든 여성들을 자주성과 "유용한 역할"에 감정적으로 이끌리지 못하게 만드는 억지력을 장기간 발휘할 것이다. 이런 경향은 특히 금력과시문화의 초기단계에서 현저하게 나타난다. 이 시기에 이루어지는 유한계급의 여가활동은 대부분 지배자라면 수치심을 느끼지 않고 할 수 있는 활동만큼이나 명백히 차별적인 목적으로 수행하는 약탈적 활동인 동시에 지배의식의 적극적인 발로이다. 이러한 조건

은 오늘날 일부 사회에서도 그 위력을 상실하지 않고 있다. 그것
은 개인이 타고난 신분감각의 활력과 제작본능의 취약성과 함께
변화하는 다양한 개인들에게 다양한 방면으로 지속적인 영향을
미치고 있다. 그러나 사회의 경제구조가 신분제도에 기반한 생활
구조에 포함될 수 없을 정도로 거대해지면 인간적인 복종관계는
더 이상 유일한 "천부적" 인간관계로 여겨지지 않게 된다. 그런
사회에서는, 목적 있는 활동을 지향하는 고대적인 습관은, 약탈
문화와 금력과시문화가 우리의 생활구조에 선사한 좀더 현대적
이면서 상대적으로 피상적이고 생명력도 짧아진 습관과 관점을
더욱 불편하게 여기는 개인을 통해서 표출되기 시작할 것이다.
이런 습관과 관점은, 약탈문화와 외견상 평화적인 문화의 원칙이
낳은 사고습관과 생활의 관점이 이후에 발달된 경제상황에 적응
하기를 중단하자마자, 당면한 사회나 계급에 대한 강제력을 상실
하기 시작할 것이다. 이런 경향의 증거는 현대 사회의 산업종사
계급들 사이에서 확인되고 있다. 산업종사계급들의 입장에서 볼
때, 유한계급의 생활양식은 특히 신분제의 요소를 고려하면 그
구속력을 대단히 많이 상실하고 있다. 그러나 상류계급의 생활양
식도 분명히 (비록 방식은 다르지더라도) 구속력을 상실하고 있
는 것으로 보인다.

약탈문화와 외견상 평화적인 문화에서 유래한 습관은 어떤
인종의 기초적인 성향과 정신적 특성이 변형된 상대적으로 생명
력이 짧은 변종습관이다. 그런 습관은, 상대적으로 단순하고 변

화도 거의 없는 물리적 환경에서 상대적으로 분화가 덜된 경제생활을 평화롭게 영위하던 아득한 태초의 원시문화로부터 이어져온 원리 덕분에 지금까지 살아남을 수 있었을 것이다. 경쟁적인 생활방식이 부활시킨 습관이 당장 절박한 경제상황으로부터 허가받기를 중단한다면, 좀더 최근에 발달했으나 어떤 면에서는 일반적인 성격이 적은 사고습관은 좀더 고대적이고 지배적인 어떤 인종의 정신적인 특성에 터전을 내주면서 서서히 와해되기 시작할 것이다.

그래서 어떤 의미에서 신여성운동은 인간성의 좀더 일반적인 전형이나 분화가 덜된 인간성의 격세유전을 증명하는 표시라고 할 수 있다. 그러한 인간성의 전형은 최초의 원시인의 성격으로 규정될 수 있고, 또 그런 전형의 우세한 특성들을 구비하지 못했으나 가능하면 후보인간(sub-human)으로 분류될 수 있는 원시인들의 문화단계에 속하는 실체로 특징화될 수도 있을 것이다. 이러한 전형이 보이는 특이한 운동이나 진보적인 면모는 물론, 이러한 사회발전이 좀더 오래전 분화되지 않은 경제적 진화단계를 대표하는 정신적 태도의 격세유전을 증명하는 것이라면, 최근에 진행되고 있는 사회발전도 이러한 성격을 공유하고 있을 것이다. 차별적인 관심이 지배적인 시대로부터 격세유전된 일반적 경향을 보여주는 그런 증거는, 비록 충분하지도 않고 확실한 설득력도 없다할지라도 완전히 쓸모없는 것은 아니다. 현대 산업사회 전반에서 발견되는 신분감각의 쇠퇴현상도 어떤 면에서는 이런 경향을 확인시켜주는 증거일 수 있다. 또한 인간생활에 무익한 활동을 비난하는 성격과, 자신이 속한 집단이나 다른 사회집단을 희생시켜 잇속만 챙기는 데 급급한 개인의 행동을 비난하는 성격이 복원되고 있다는 사실도 유력한 증거가 될 수 있을 것이다. 심지어 이러한 차별적인 관심의 발로가 그것에 대해 부정적인 의견을 피력하는 공동체나 개인에게 물질적인 손해를 거의 입히지 않는 곳에서도 남에게 고통을 주는 행위나 사람을 비난하고 모든 약탈적인 사업을 비방하는 경향이 확연히 존재한다. 현대 사회에서 평범하고 온순한 남자들의 감각에 따르면 이상적인 인간의 성격이란 이기적이고 폭력적이고 기만적이고 지배적인 생활보다는 평화로운 생활, 선의와 경제적 효율성을 추구하는 성격이라고 말할 수 있을 것이다.

유한계급의 영향력은 이러한 원시적인 인간성의 부활과 그리잘 어울리거나 강하게 대립하지 않는다. 원시적인 특성을 이례적으로 많이 타고난 개인의 생존가능성을 따져본다면, 유한계급에 속해 보호받는 위치에 있는 개인은 직접적으로는 치열한 금력과 시경쟁에 휘말리지 않기 때문에 생존에 유리하지만, 간접적으로는 재화와 용역의 과시적 낭비를 요구하는 유한계급의 규범들을 통해서 전체인구 중에서의 생존가능성을 줄어들기 때문에 불리하다. 체면유지에 필수적인 낭비는 차별적인 과시투쟁에 참여하는 모든 이들의 에너지를 과도하게 흡수하기 때문에 비차별적인 생활의 표현에 필요한 재화나 용역은 일절 남아나지 않는다. 좀더 우회적이고 모호하며 정신적인 체면치레원칙의 영향력도 동일한 방향으로 발휘되고, 어쩌면 동일한 목표를 달성하는 데는 더욱 효과적으로 이바지할지도 모른다. 요컨대 체면치레용 생활규범들은 차별적인 비교원칙의 역작(力作)이라 할 수 있는 만큼 모든 비차별적인 노력을 철저히 금지하고 이기적인 태도를 철저히 반복적으로 주입하는 작용을 한다.

14. 금력과시문화를 표현하는 고등학문

어떤 주제와 부합하는 사고습관이 다음 세대까지 존속할 수 있기 위해서는, 그와 관련된 학문분야가 사회적 상식의 공인을 받은 생활양식과 합치되어야 한다. 교사들과 학문적 전통의 지도를 받아 형성되는 그런 사고습관은—개인의 유용성에 영향을 미치는—일종의 경제적 가치를 지닌다. 그 가치는 교사나 전통의 지도를 받지 않고 일상생활에서 겪는 체험이나 훈련을 통해서 형성되는 다른 유사한 사고습관의 경제적 가치 못지않게 실질적인 가치이다. 공인된 학문 체계와 분야의 특성의 기원이 유한계급의 편애에 있든 금력과시적 가치 규범의 지도력에 있든 그 특성은 모두 유한계급제도에 이바지할 수 있다. 그리고 이러한 교육체계의 특징이 소유한 모든 경제적 가치는 유한계급제도의 가치를 구체적으로 표현한다. 그러므로 여기서는, 그 학문분야의 교육목표와 방법, 그 분야가 가르치고 주입하는 지식의 범위와 성격 모두를 고려하면서, 유한계급 생활양식이 낳은 교육체계의 고유한 특징을 지적해보고자 한다. 유한계급의 이상(ideals)이 지닌 영향력을 가장 확실히 드러내는 부문은 바로 본연의 학문, 좀더 정확히 말하면, 고등학문이다. 그리고 본 장의 목적은 금력과 시문화가 교육에 미치는 효과를 증명할 수 있는 모든 자료를 다 동원하여 일일이 대조하기보다는 유한계급이 교육에 영향을 미치는 방법과 경향을 설명하는 데 있으므로, 고등교육의 명백한 특징들만 제대로 조명한다면 이 목적을 달성하는 데 별 어려움은 없을 것이다.

학문은, 그 유래와 초기 발달과정에 초점을 두고 본다면, 사회의 종교적 기능과 밀접한 관계가 있을 뿐 아니라 초자연적 유한계급을 위한 제례(祭禮)로 표현되는 종교의례와는 특히 관계가 깊다고 할 수 있다. 흔히 초자연적인 행위자들을 위무하기 위해 원시적인 종교들이 치르는 제례는 공동체의 시간과 노력을 산업적으로 유익하게 사용하는 활동이 아니다. 그래서 제례는 대개 타협하고 제를 올리고 복종을 맹세하면 선의를 베풀 것으로 기대되는 초자연적 권력자를 위한 대리 여가활동으로 분류될 것이다. 초기의 학문은 대부분 초자연적 권력자를 위한 제례에 필요한 지식과 기량을 습득하는 과정이었다. 따라서 학문은 세속적인 지배자(가부장이나 공동체 지도자)가 수행하는 공적활동(가족제사나 공무)에 필요한 훈련과 매우 유사한 성격을 띠고 있었다. 원시공동체의 제사장들이 전수하는 지식의 대부분은 당연히 의례나 제사에 관한 것들이었다. 즉 그런 지식은 초자연적 행위자들이 가장 쉽게 수용할 수 있는 가장 타당하고 효과적인 접근방식과 제례방식에 관한 지식이 주를 이룬다. 그런 지식을 학습한다는 것은 학습자들이 초자연적 권력자에게 필수불가결한 존재가 되는 법을 배운다는 것이고, 그런 권력자들에게 사건의 진로를 조정해달라거나 어떤 일에 간섭하지 말아주기를 부탁하고 요구할 수 있는 위치에 오른다는 것을 의미한다. 그런 학습의 최종적인 목적은 초자연적인 존재의 비위를 맞추고 위무하는 데 있었기 때문에 대부분의 경우 복종의 기술을 습득함으로써 그런 목적을 추구했다. 그러한 초자연적 혹은 세속적 지배자에 대한 효과적인 제례나 봉사를 제외한 다른 요소들은 오직 느리고 점진적인 과정을 거쳐서만 성직자들이나 샤먼들의 교육체계에 편입될 수 있었던 것으로 보인다.

세계 밖에서 활동하는 불가해한 권력자를 섬기는 성직자들은 그런 권력자와 무지한 평민들을 연결시키는 중개인(혹은 제사장)의 역할을 담당하기 시작했다. 왜냐하면 그런 성직자들은 권력자 앞에 나설 수 있는 초자연적인 예절에 관한 지식을 소유하고 있었기 때문이다. 그리고 속인들과 자연적이거나 초자연적인 지배자(주인이나 신)를 매개하는 중개인이 된 (성직)자는 흔히 그가 원하는 바를 그런 불가해한 권력자에게 부탁하면 이루어질 수도 있으며, 그것을 속인들에게 확실히 각인시킬 수단을 쉽게 확보할 수 있다는 사실을 깨달았을 것이다. 그리하여 얼마 지나지 않아 능란한 솜씨와 더불어 인상적인 연출효과를 내는 데 활용할 수 있는 자연 현상에 관한 지식이 성직자가 필수적으로 구비해야 할 것으로 자리 잡기 시작했다. 이런 종류의 지식은 "불가해한" 지식으로 간주되고, 그 난해한 성격 덕분에 성직자들이 목적을 달성하는 데도 기여했다. 이처럼 마술적인 의례와 샤머니즘적 눈속임을 모태로 일종의 제도라고 할 수 있는 학문이 탄생하여 분화해온 것으로 보이지만, 그 분화과정은 장기간에 걸쳐 느리고 지루하게 진행되었고, 물경 가장 진보했다고 여겨지는 오늘날의 고등학문분야조차 아직 완벽하게 분화하지 못하고 있는 것으로 보인다.

학문이 내포한 난해한 요소는 지난 모든 시대와 마찬가지로 여전히 무지한 사람들에게 감명을 주거나 강제력을 발휘할 수 있는 아주 매력적이고 효과적인 요소로 작용하고 있다. 그래서 학문을 모르는 사람들은 누구나 학자라고 하면 대개 신비한 힘에 정통한 사람으로 생각한다. 그렇게 생각하는 전형적인 사람들이 바로 노르웨이의 농민들이라 할 수 있는데, 그들 사이에서는 최근 19세기 중반까지도 루터, 멜란히톤(Philipp Melanchthon, 1497~1560)[27], 다스(Petter Dass, 1647~1707)[28]는 물론 심

---

27 여기서 멜란히톤(Melanchthon)이란 말은 그리스어로 '검은 땅'이라는 뜻을 가지고 있다고 한다. 본명은 필리프 슈바르체르트(Philipp Schwartzerd)로, 루터와 함께 종교개혁을 주도한 독일의 인문주의자이자 신학자이며 교육자이다. 저서로는 최초로 종교개혁의 원칙을 체계적으로 다룬 《신학요강 Loci communes》(1521)과 종교개혁 이후 작성된 모든 프로테스탄트 문서에 영향을 끼친 《아우크스부르크 신앙고백에 대한 변호 Apology of the Confession of Augsburg》(1531)가 유명하다.

28 노르웨이의 시인이자 신학자로 세속적인 서정시와 종교적인 시를 모두 잘 썼다. 특히 현학과 기법을 중요시하던 시대에 생동감과 참신성, 일상 언어의 사용, 대중성도 중시한 그의 서정시들은 매우 독창적인 것으로 평가받는다.

지어 최근의 그룬트비(Nikolai Frederik Severin Grundtvig, 1783~1872)[29]같은 신학자들마저 신비한 학식을 지닌 일종의 흑마술사로 생각하는 본능적 경향이 공식화되어 있을 정도였다. 이 신학자들을 포함하여 생존해 있거나 죽은 다른 광범위한 무명 학자들 역시 모든 마술에 통달한 존경받을 만한 인물로 간주되었다. 그리고 좀더 지체 높은 사람들도 성직자들은 마술과 신비한 학문에 정통하기 때문에 높은 자리를 차지한다고 생각했을 뿐 아니라, 박식함과 불가해함 사이에는 밀접한 관계가 있음을 증명하는 훨씬 본질적인 사실도 공존할 것이라고 생각해왔다. 이런 사실은 인식력을 요하는 관심사에 이끌리기 쉬운 유한계급 생활의 경향을 대략적으로나마 조명하는 데도 도움이 될 것이다. 유한계급만이 유독 이러한 비학(祕學)을 신봉한 것은 아니었지만, 오늘날 유한계급 중에는 그 종류와 수준을 불문하고 모든 비학을 믿는 자들이 지나치게 많은 것도 사실이다. 현대 산업과 무관하게 형성된 사고습관을 가진 그런 사람들은 불가해한 것에 관한 지식을, 비록 유일하고 참된 지식으로 여기지는 않을지라도, 여전히 절대적인 지식이라고 생각하고 있다.

따라서 학문은 어떤 면에서 성직에 종사하는 대리 유한계급

---

29 덴마크의 목사이자 시인으로, 덴마크 교회개혁과 부흥운동을 이끈 신학운동[이른바 그룬트비주의(Grundtvigism)]의 선구자로 유명하다. 또한 찬송가 작가이자 역사가로서, 그리고 초기 스칸디나비아 문학 연구의 개척자이자 교육이론가로서도 뛰어난 재능을 발휘했다. 1803년 신학박사학위를 받은 후 에다(Eddas)와 아이슬란드의 전설들을 연구했다. 저서로는《북구 신화 Nordens mythologi》 등이 있다.

의 부산물로 생겨났다고 볼 수 있고, 고등학문도 적어도 최근까지는 어떤 면에서 성직계급들의 부산물 내지는 부업으로서 살아남았을 것이다. 일련의 체계적인 지식이 증대하면서, 비학적인 지식과 통속적인 지식 사이에 구별이 생기기 시작하는데, 이런 구별은 사실 교육사(教育史)의 먼 과거에서 그 연원을 발견할 수 있다. 두 지식 사이에 본질적인 차이가 존재하는 한, 비학적인 지식은 일차적으로 비경제적이거나 비산업적인 효과를 발휘하는 지식들을 포함하고, 통속적인 지식은 습관적으로 생활의 물질적인 목적을 달성하는 데 유익하다고 판단되는 산업과정과 자연현상에 관한 지식을 포함한다. 시간이 지나면서 이러한 구분선은, 적어도 일반대중의 생각에 따르면, 고등학문과 하등학문을 가르는 정상적인 구분선으로 자리 잡았다고 할 수 있다.

모든 원시공동체의 학문을 담당하는 (지식)계급이 지위·의례·행사에 맞는 예복을 비롯한 학문에 필요한 소품일반의 구비형태·선례·등급 따위를 매우 까다롭게 따진다는 사실은 그들이 성직과 밀접한 관계가 있다는 중요한 증거일 뿐 아니라, 그들이 수행하는 활동 중에서 상당 부분이 예절과 교양으로 알려진 과시적 여가활동의 범주에 속한다는 중요한 시사점도 제공한다. 물론 당연히 예상할 수 있는 이런 사실은 고등학문이 애초부터 유한계급의 직업—좀더 정확히 말하면 초자연적인 유한계급을 섬기는 대리 유한계급의 직업—이었음을 강하게 시사한다. 그러나 성직자나 학자가 학문의 소품이나 부대시설을 이처럼 편애한다는 사실 역시 성직과 학문 사이에는 좀더 가깝고 영속적인 접촉점이 존재함을 시사한다. 학문도 성직과 마찬가지로 교감의 마술 (sympathetic magic)에서 발원하여 성장했기 때문이다. 성직이나 학문에 필요한 의례나 소품들은 마술적인 목적에 부응하는 신비한 효력을 지닌 것으로 여겨졌기 때문에, 마술과 학문이 발달하기 시작한 초기단계에서 그것들이 필수적인 요인으로 자리 잡기란 단순한 상징이 애정과 존경을 받는 일만큼이나 쉬운 일이었다.

이처럼 상징적인 의례가 효과를 거둘 수 있다거나 아니면 이루어져야 할 행위나 목적을 위한 전통적 장식물들을 교묘히 배치하고 연출함으로써 교감의 효과를 거둘 수 있다는 감각은 대개는 비학들까지 포함한 학문적인 훈련보다는 마술적인 수완을 통해서 훨씬 더 확연하게 드러난다. 그러나 아마도 학문의 가치에 대한 세련된 감각을 가진 사람들 중에서 학문적인 의례에 사용되는 모든 장식물들을 무용지물로 생각하는 사람은 거의 없을 것이다. 이후의 발달과정에서도 지속적으로 사용되는 이러한 의례용 소품들이 대단한 지속력을 지녔다는 사실은 우리의 문명과 더불어 지속되어온 학문의 역사를 되돌아보는 사람이면 누구나 분명히 실감할 것이다. 심지어 오늘날 학계에서도 대학입학식이나 졸업식, 학문적 세습과정을 연상시키는 학위·명예·특권 등을 수여하는 행사 등을 주기적으로 거행하면서 학사모나 가운 같은 학문적 소품들을 사용하는 관행이 남아있다. 학문적 행사·의복·시험 혹은 마치 안수기도를 하듯이 특별한 명예나 자격을 수여하는 의례 등을 포함하는 이 모든 학문적 관행의 직접적인 원천이 성직자들의 관례라는 것은 틀림없다. 그러나 그런 관행들의 원류는, 한편으로는 마술사(또는 성직자)와 다른 한편으로는 세속적인 주인을 모시는 비천한 하인과 구별되는 분화과정을 거치면서, 전문화된 본연의 성직계급이 그런 관행들을 수용한 시점까지 거슬러 올라갈 것이다. 학자들과 성직자들 모두의 원류와 심리적인 내용을 고려하면, 그들이 의존하는 이런 관행과 개념들은 안게코크(angekok)[30]나 제사장(주술사)들이 활약하던 시기와 거의 동일한 문화적 발달단계에 속한다. 이후 종교의례는 물론 고등교육체계가 발달하는 과정에서 그들이 차지한 위상은 인간성의 발달과정 중 매우 초기에 해당하는 정령숭배 단계부터 살아남은 위상이라고 볼 수 있다.

현재와 머지않은 과거의 교육체계가 지닌 이러한 의례적 관행들은 좀더 저급하고 기술적이거나 실용적인 학문기관들보다는 좀더 고급하고 자유로우며 고전적인 고등학문기관들 속에서 우선적인 지위를 차지해왔다고 말해도 무방할 것이다. 고등학문기관들이 그런 관행을 견지하고 있는 한, 좀더 저급하고 명예롭지 못한 학문기관들은 고등학문기관으로부터 그 관행을 차용할 것이 분명하다. 그러나 실용적인 학문기관들은 적어도 그 관행을 지속적이고 모범적으로 견지해온 고전적 고등학문기관들의 허

---

30 특별한 주술적인 능력을 가지고 있어서 정령과 대화할 수 있다고 여겨지는 이누이트 (Innuit, q북아메리카와 그린란드의 에스키모) 사람. 여기서는 '에스키모 주술사' 정도로 해석될 수 있다.- 옮긴이

가 없이는 지속적으로 차용하기 어려울 것이다. 저급하고 실용적인 학문기관들과 학자들이 그 관행에 적응하고 그것을 함양하는 과정은 모방과정에 불과하다. 이러한 모방은 일종의 직계상속권을 통해서 장식적 관행이나 소품을 합법적으로 장악한 상급학문들과 상류계급들이 지켜온 학문적 명성의 기준에 최대한 적응하려는 욕망의 발로라 할 수 있다.

여기서 이 문제와 관련하여 분석을 좀더 진행해도 좋을 듯하다. 의례적인 유습과 격세유전된 관행은 성직계급과 유한계급의 교육과 우선적으로 관계가 있는 학문기관들 가운데서도 가장 자유로운 자발적 분위기 속에서 가장 활기차게 발현된다. 따라서 실용적인 분야의 지식과 직접 관련이 있는 하류계급을 교육하기 위해 설립된 교육기관들이 고등학문기관으로 발달하는 모든 경우에, 의례적인 관행과 세분화된 학문적 "기능들"이 발달하는 과정은 실용적 학문기관 본연의 실용적 영역이 좀더 고급하고 고전적인 영역으로 단계적으로 이행하는 과정과 다름없다. 이와 같은 사실은 최근 단과대학과 종합대학교의 발달과정을 조사해보면 아주 명백하게 드러날 것이다. 애초의 설립목적과 이 교육기관들이 거치는 2단계의 발달과정 중 초기단계에서 주로 담당하는 역할은, 산업계급의 젊은이들을 노동에 적합하도록 교육하는데 있다. 이 교육기관들은 일반적으로 좀더 고등하고 고전적인 학문기관의 반열에 오르고자 한다. 그 과정에서 이 교육기관들이 노리는 지배적인 목표도 성직계급과 유한계급—혹은 신참 유한계급—의 젊은이들로 하여금 유무형의 재화들을 공인된 명예로 운 범위와 방식에 따라 습관적으로 소비하게 만드는 예습과정으로 변모한다. 이처럼 행복한(?) 이행과정은 이른바 "인민의 벗들"이 흔히 '장래를 고민하는 청춘남자'들을 돕는다는 취지로 설립한 교육기관들에게 주어지는 운명의 길이 되어왔다. 그와 동시에 좀더 고등한 형식에 따라 이러한 이행과정을 겪는 교육기관들은 좀더 의례적인 생활과 항상 완벽하게 일치하지는 않으나 대체적으로 부합하는 변화도 겪게 된다. 오늘날 학교생활을 살펴보면 학문적인 의례는 "인문학" 교육을 주목적으로 삼는 학교에서 일반적으로 가장 잘 시행되고 있다. 이러한 상관관계는 최근에 성장한 미국의 단과대학과 종합대학의 생활사를 통해서 가장 정연하게 드러나고 있는 듯이 보인다. 물론 이 규칙을 벗어나는 많은 예외들이 있을 수 있는데, 특히 전형적으로 명예와 의례를 중시하는 교회들이 설립했기 때문에 보수적이고 고전적인 지평에서 출범했거나 최단시간에 고전적인 명문의 반열에 오른 학교들이 그런 예외에 포함될 수 있을 것이다. 그러나 19세기 동안 새로 생겨난 미국의 공동체들이 대학을 설립하는 과정에서 고려했던 일반적인 규칙은, 그 공동체의 경제사정이 열악하고 또 설령 대학을 설립하더라도 학생을 모집하기가 어려울 정도로 공동체의 젊은이들이 산업과 근검절약 습관의 지배를 받고 있는 경우라면, 그 대학의 생활체계가 수용할 주술사나 마술사를 상기시키는 요인들도 부족하고 불안할 수밖에 없다는 것이었다. 그렇지만 그 공동체에 상당한 부가 축적되기 시작하고 학교도 유한계급 출신 학생들 위주로 운영되기 시작하면 얼마 지나지 않아 학문적인 의례를 중시하고 의복이나 교복의 고전적 양식과 사회적 학문적 공식행사에서 고대적인 격식의 준수를 강조하는 경향도 확연히 강해진다. 그리하여 예를 들면 미국 중서부지역에서도 확인할 수 있듯이, 어떤 대학을 후원하는 지역공동체의 부가 증가할수록—처음에는 융통성이 있었지만 나중에는 필수적인 것으로 유행하는—남성들은 연미복을 입고 여성들은 이브닝드레스를 입는 날(사교모임이나 무도회가 열리는 날)도 많아지고, 그에 발맞추어 학위에 맞는 예복을 입는 학문적 행사를 개최하거나 대학 내 사교모임이나 연회를 여는 날도 많아진다. 이처럼 방대한 사례를 수집하는 데 따르는 기술적인 난관을 제외하면, 이러한 상관관계를 추적하는 데는 별 어려움이 없을 것이다. 학사모나 가운의 유행도 바로 이 관계를 여실히 보여주는 사례일 것이다.

최근 몇 년 사이에 이 지역의 많은 대학들은 졸업식이나 학위수여식 같은 학교행사의 공식복장으로 학사모와 가운을 채택했다. 물론 이런 관행이 아주 오래전에 생겼다고 말할 수는 없겠지만, 그런 대학의 교육목적을 타당하게 간주하는 고대적인 견해로 강하게 역행하는 운동을 지지하고 후원할 만큼 그 공동체 내에 유한계급의 감정이 충분히 확산된 이후에 생겼다고 말할 수는 있을 것이다. 이처럼 학문적인 의례관행이, 거창한 연출효과에 이끌리는 고대적인 성향과 고풍스런 상징주의에 대한 애착심에 호소함으로써 사물의 합목적성에 이끌리는 유한계급의 감각을 만족시킬 뿐 아니라, 뚜렷한 과시적 낭비의 요소를 내포함으로써 유한계급의 생활체계와도 부합한다는 사실은 주목할 만하다. 학사모와 가운이 복원되던 바로 그날뿐만 아니라 그와 거의 동시에 많은 학교에 그 관행이 파급되었다는 사실 역시 어느 정도는 바로 그 시점에서 그 공동체를 지배하던 순응주의적이고 명예지향적인, 격세유전된 감각의 파급력에서 기인한 것으로 보인다.

이러한 진기한 역행현상이 발생한 시점이 다른 방면으로 격세유전된 감정과 전통의 유행이 절정에 달한 시기와 일치한다는 사실도 간과하면 안 될 것이다. 그런 역행의 파도를 촉발한 최초의 충격파는 심리적 분열효과를 발휘한 남북전쟁이었다. 전쟁이 지속되면 필연적으로 일련의 약탈적 사고습관이 생겨나서 배타적인 감정은 유대감을 어느 정도 대신하고, 차별적인 명예를 중시하는 감각은 평등하고 일상적인 유용성을 중시하는 본능을 밀어내기 마련이다. 이러한 요인들이 누적적으로 작용하는 전쟁을 치른 다음 세대에서는 사회생활은 물론 종교의례와 기타 상징적 의례 형태를 띠는 생활영역에서 신분제의 요소가 복원되는 현상을 쉽게 목격할 수 있다. 외견상 약탈적인 사업습관에 유리하고 신분제와 인격신 숭배경향과 보수주의를 강조하는 감정의 파도가 1870년대부터 미약하게 나타나기 시작하여 1880년대 내내 점진적으로 거세지는 경향을 뚜렷이 보였다. 한편 특정 "기업총수들"이 자행하던 무법행위들이나 과시적 약탈적 사기행위들처럼 야만적인 기질을 좀더 직접적이고 노골적으로 드러내는 이러한 행위들은 이전에는 절정을 이루었으나 1870년대가 가까워지면서 확연히 줄어드는 경향을 보였다. 또한 그와 함께 유행하던 인격신 숭배감정도 1880년대에 접어들기 전에 이미 절정기를 지난 것으로 보였다. 그러나 여기서 거론 중인 학문적 의례와 장식물들은 아직 야만적 정령숭배감각을 훨씬 간접적이고 난해하게 드러내고 있었다. 그래서 이러한 의례 및 장식물들은 근래에 들어서야 유행을 타기 시작하여 좀더 서서히 세련된 덕분에 가장 효과적으로 발달할 수 있었던 것이다. 지금은 그러한 것들마저 절정기를 넘어섰다고 믿어도 무방하다. 왜냐하면 새로운 전쟁의 경험에 의해 촉진된 새로운 추진력이 사라지면, 그리고 늘어난 부유층이 특히 낭비적이고 신분상의 등급을 명백히 시사하는 모든 의례나 행사에 대한 후원을 줄이기 시작하면, 최근에 개령(改令)·확대되고 있는 학위수여식이나 학문적인 의례도 어쩌면 차츰 쇠퇴하기 시작할 것이기 때문이다. 그러나 한편으로 학사모와 가운, 그리고 그것들과 함께 도입된 학문적 예법들을 더욱 열심히 지키려는 관행이 남북전쟁 이후 거세지기 시작한 야만주의로 역행하는 파도에 편승하여 성행한 것도 사실이라 할 수 있다. 하지만 다른 한편으로 유한계급의 필수요건인 고등학문을 가르칠 수 있을 정도로 지역대학들의 수준을 높이는 운동에 필요한 자금을 원활히 공급할 수 있을 만큼 유산계급이 부를 축적하기 전까지는 그와 같은 역행적인 의례관행이 대학 생활양식으로 채

택될 수 없었다는 것도 틀림없는 사실이다. 학사모와 가운을 착용하는 관행은 현대의 대학생활에 격세유전된 명백한 특징들 가운데 하나인 동시에 이런 대학들이, 유한계급의 현실적인 성공을 대변하든 그들의 열망을 대변하든, 유한계급을 위한 결정적인 교육기관이 되어버렸다는 사실을 증명하는 표시이기도 하다.

공동체의 교육체계와 문화적 기준이 밀접한 관계를 가지고 있음을 보여주는 주목할 만한 또 다른 증거는 최근 들어 성직자들을 대신하여 기업총수가 고등교육기관의 수장을 맡는 경향이 나타나고 있다는 사실이다. 물론 그러한 대체는 결코 완전하거나 명백하게 이루어지지 않는다. 교육기관의 수장들은 고도의 금력을 구비하고 성스러운 직무를 담당하는 사람으로 공인받고 있기 때문이다. 이런 경향보다 명백하지 않지만 유사한 경향으로서, 고등교육을 일정한 금력을 갖춘 남자들에게 맡기는 경향도 나타난다. 기업총수가 지닌 관리능력과 선전기술은 교육자에게 오히려 더 요긴할 수도 있기 때문이다. 이런 능력과 기술은 특히 일상생활과 가장 관계가 깊은 학문에 응용될 수 있고, 경제적으로 단일한 목적을 추구하는 공동체들이 설립한 학교의 경우에는 더욱 잘 응용될 수 있다. 이처럼 성직자의 능력의 일부가 금력으로 대체되는 과정은 명성획득을 위한 대표적인 수단이 과시적 여가에서 과시적 소비로 대체되는 현대적인 이행과정에 수반되는 과정이다. 이 두 가지 사실의 상관관계는 더 이상 구체적인 분석을 하지 않아도 명백하게 확인될 것이다.

교육기관들과 지식계급이 여성교육에 대해 취하는 태도를 관찰하면 학문이 성직계급과 유한계급의 특권으로 간주되었던 고전적인 위상을 어떤 방식으로 얼마나 탈피했는지를 확인하는 데 도움이 된다. 뿐만 아니라, 진정한 학자들이 현대의 경제 혹은 산업과 관련된 실질적인 현안들에 대해서 어떤 관점에 따라 어떤 식으로 접근해왔는지를 시사하는 데도 도움이 될 것이다. 고등교육기관들과 학문적인 직업들은 최근까지 여성들에게는 접근이 허용되지 않는 금기와 같았다. 이러한 교육기관들은 처음부터 그리고 대단히 오랫동안 성직계급과 유한계급에 대한 교육에만 전념해왔기 때문이다.

앞에서 보았듯이 여성들은 처음부터 노예계급이었고, 또 특히 명목적인 혹은 의례적인 위상의 차원에서 보더라도 지금까지 어느 정도 그런 지위를 머물렀다고 할 수 있다. 그것은 (마치 엘레우시스의 비밀종교의례[31]와도 같은) 고등학문을 학습하거나

---

31 Eleusinian mysteries: 고대 그리스의 엘레우시스(Eleusis) 시에서 곡물의 여신 혹은 지모신(地母神) 데메테르(Demeter)를 위해 행해진 유명한 비밀종교의례. 호메로스의 서사시들 중에서 〈데메테르 찬가 *Hymn to Demeter*〉에 따르면 데메테르는 하계(下界)의 신 하데스(Hades)에게 유괴당한 그녀의 딸 코레(페르세포네)를 찾으러 엘레우시스에 갔다가 엘레우시스 왕가(王家)와 친해졌는데, 그곳 여왕으로부터 아들을 맡아 길러달라는 부탁을 받고 그 소년에게 죽지 않는 영원한 젊음을 선사하려 했다. 그러나 여왕이 이를 두려워하여 실패로 돌아가자, 데메테르는 왕가에 자기의 신분을 밝히고, 은둔할 수 있는 신전을 건설하라는 명령을 내렸다. 엘레우시스 비밀종교의례는 바로 이러한 데메테르의 신화에 관련된 두 가지 이야기, 즉 '딸과 헤어진 후 재회한 이야기'와 '엘레우시스의 여왕의 아들을 불멸의 존재로 만드는 데 실패한 이야기'에서 비롯되었다고 한다. 이 비밀종교의례는 매년 9~10월에 엘레우시스에서 거행되는데, 바다목욕의례, 3일 금식, 그리고 아직도 비밀로 남아 있는 본(本)의례로 이루어진다. 일종의 입문의례 내지 통과의례라고 할 수 있는 이 의

가르치는 특권들을 여성들에게 허용하면 학문종사자들의 위엄이 실추될 수 있다는 강력한 감정이 존재해왔기 때문이다. 그리하여 극히 최근에 와서야 그리고 산업이 가장 발달한 사회의 고등교육기관들만이 여성들의 자유로운 입학이나 재직을 허용하게 되었다. 그러나 긴박하게 급변하는 환경이 지배하는 현대 산업사회에서조차 최고의 명문대학교들은 대부분 여성들에게 그러한 자유의 허용을 극도로 꺼린다. 지적인 품격의 우열을 따지는 차별의식에서 비롯된 명예로운 성차별에 대한 계급적 가치관 즉 신분감각은 학문적 귀족주의와 결합된 이러한 교육기관들 속에서 엄밀한 형식으로 살아남아 있다. 여성들은 모든 예법 중에서도 다음의 두 가지 항목 중 어느 한 항목으로 분류될 수 있는 예법 지식만 습득하면 충분한 것으로 여겨진다. 그 두 가지는 (1) 가사노동─가정 내에서 하는 일들─을 더욱 잘 수행하는 데 직접 도움이 되는 지식과 (2)분명히 대리 여가활동에 속하는 외견상 학문적이고 외견상 예술적인 소양과 솜씨이다. 그런 지식이, 만약 예절규범들의 자극을 받지도 않고 지식을 사용하거나 과시하면 주인의 쾌락이나 명성을 높일 수 있다는 사실도 염두에 두지 않는 학습자 자신의 생활을 표출하고 인식욕구에 부응하는 지식을 습득하는 과정을 표현하는 지식이라면, 여성에게는 어울리지 않는 지식으로 여겨진다. 따라서 '대리'여가활동이 아닌 여가활동을 증명하는 데 유용한 모든 지식도 여성에게는 거의 어

례를 끝마치면, 입문자들은 내세에 몇 가지 복을 받을 것이라는 계시를 받는다고 한다.

울리지 않는 지식으로 간주된다.

이러한 고등학문기관들이 공동체의 경제생활과 맺는 관계를 제대로 평가하기 위해서는 지금까지 검토한 현상들이 일반적인 태도를 시사하기 때문에 중요한 것이지 그 현상들 자체가 일차적인 경제적 결과를 낳기 때문에 중요한 것은 아니라는 점을 알아야 한다. 그 현상들을 관찰하면 어떤 산업공동체의 생활과정에 대한 지식계급의 본능적인 태도와 아니무스를 확인할 수 있기 때문이다. 그 현상들은 또한 산업의 목적에 부응하여 고등학문과 지식계급이 이룩한 발전단계를 보여주는 지표의 역할도 한다. 따라서 지식계급의 학문과 생활이 공동체의 경제생활과 경제적 효율성은 물론 시대가 요구하는 필수요건들에 대한 공동체 생활체계의 적응과정과도 더욱 직접적인 관계를 맺고 있다는 견지에서 본다면 그 현상들은 지식계급에게 마땅히 기대할 만한 것이 무엇인지를 시사하는 지표도 제공한다. 이러한 의례적 유산들이 시사하는 것은 반동적인 감정을 내포하지는 않는 듯이 보이는 보수주의가 특히 관습적인 학문을 함양하는 고등교육기관들 사이에서 유행한다는 사실이다.

보수주의적인 태도를 시사하는 이런 지표들에 포함될 수 있는 또 다른 특성이 있는데, 이 특성 역시 동일한 방향으로 작용하지만 사소하고 하찮은 형식과 의례에 경도되는 이처럼 우스꽝스런 경향과는 비교할 수 없을 정도로 중대한 결과를 초래할 수 있는 징후라 할 수 있다. 미국의 수많은 단과대학과 종합대학은 어띤 종교의 교파와 제휴하고 있어서 때로는 종교의례에 열중하곤 한다. 그런 대학들이 세인들의 인식처럼 과학적 방법과 과학적 관점에 그토록 익숙하다면 어쩌면 그 대학의 교수들은 정령숭배적인 사고습관을 탈피했어야 할 것이다. 그러나 상당수의 교수들은 여전히 고대문화의 잔재인 인격신에 대한 믿음과 종교의례에 대한 애착심을 품고 있음을 고백하거나 공언하고 있다. 이러한 종교적 열의를 고백하는 일은 틀림없이 법인의 자격을 지닌 학교의 입장에서나 교수단의 일원인 교수 개인의 입장에서나 대단히 편리하고 형식적인 일에 불과하다. 그럼에도 고등교육기관들에 인격신 숭배감정을 매우 뚜렷하게 보여주는 요소들이 존재한다는 사실만큼은 의심할 수 없다. 이 사실을 부정할 수 없다면 고등교육기관은 고대적 정령숭배적 사고습관의 발로로 규정되어야 마땅할 것이다. 이러한 사고습관은 교육과정에서 어느 정도는 필연적으로 표출될 수밖에 없기 때문에, 학생들의 사고습관을 형성하는 그 사고습관의 영향력은 보수주의를 확대하고 그런 요소의 격세유전을 조장한다. 그것은 나아가 산업의 목적에 가장 잘 부응하는 실질적인 지식을 습득하는 학생들의 발달을 저해하는 작용도 한다.

오늘날 명문대학에서 대단히 성행하는 대학스포츠도 유사한 방향으로 작용하는 경향이 있다. 실제로 스포츠는 심리적인 근거나 교육적인 효과 면에서 종교적인 태도와 공통점을 대단히 많이 공유하고 있다. 그러나 이러한 야만적 기질이 표출될 수 있는 것은, 때때로 대학 차제나 대학직원들이 적극적으로 스포츠를 권장하고 육성하는 경우를 제외하면, 그런 교육기관의 기질보다는 일차적으로 대다수 학생들의 기질 탓으로 볼 수 있을 것이다. 약간의 차이는 있지만 대학스포츠를 위한 남학생 스포츠동호회들도 비슷한 경우에 해당된다. 이러한 동호회 단위의 스포츠는 주로 단순한 약탈충동의 발로이지만, 대학단위의 스포츠는 좀더 전문화된 야만적 약탈기질의 발로라고 할 수 있다. 뿐만 아니라 스포츠동호회들과 교육기관들의 스포츠활동 사이에도 밀접한 관계가 존재한다는 사실 역시 주목할 만하다. 앞에서 스포츠와 도박습관에 관해서 이미 살펴보았기 때문에 여기서는 스포츠와 당파적인 스포츠단체 및 활동을 위한 이러한 훈련의 경제적 가치에 관해서 더 이상 논의할 필요가 없을 것이다.

그러나 이러한 지식계급 생활양식의 특징과 고등학문의 보존을 위해 설립된 교육기관들의 특징은 모두 대단히 부차적인 것에 불과하다. 그것은 교육기관들이 존재하는 표면적인 이유라고 공언되는 연구와 수업의 유기적인 구성요소로 평가될 수는 없을 것이다. 그러나 이러한 징후적인 지표는—경제적인 관점에서도 살펴본 바와 같이—그런 교육기관의 후원을 받아 수행된 활동의 성격과 진지한 활동을 지향하는 경향이 그런 교육기관에 다니는 젊은이들을 대표한다는 가설을 세우는 데도 도용되고 있다. 그런데 앞에서 이미 시도한 고찰에 의해 세워진 가설은 고등교육기관의 의례뿐 아니라 공식적인 활동 역시 보수적인 위상을 차지할 것이라고 예상할 수 있다는 것이었다. 그러나 이 가설은 현실적으로 수행된 활동의 경제적 성격을 비교하고 고등교육기관이 위임받은 학문의 보수적인 기능을 조사하는 작업을 통해서 필히 검증되어야 할 것이다.

이런 사항과 관련하여 공인된 학문기관들이 최근까지 보수적 입장을 고수해왔다는 사실은 잘 알려져 있다. 그 기관들은 혁신적인 모든 것을 비난하는 태도를 취해왔다. 일반적인 규칙에 따르면 지식의 새로운 관점이나 새로운 공식은 우선 학교 바깥에서 널리 인정받은 다음에야 비로소 학교의 내부에서도 겨우 인정을 받고 권장되기에 이른다. 이러한 규칙을 벗어나는 예외로는 눈에 잘 띄지 않는 혁신, 그리고 인습적인 관점이나 관습적인 생활양식과는 어떤 확실한 관계도 없는 일탈이 대표적으로 거론될 수 있을 것이다. 그러한 혁신과 일탈의 예로는 수리물리학이 다루는 세세한 사실들, 그리고 특히 문헌학적 의미나 문학적 의의만 지닌 고전에 대한 새로운 독법과 해석들을 들 수 있다. 일반적으로 공인된 지식계급과 고등학문기관들은, 협소한 의미의 "인문학" 영역을 벗어나고 개혁가들이 손대지 않고 그대로 남겨둔 전통적인 인문학적 관점에서 벗어나는 모든 개혁이나 혁신을 의심하거나 비난해마지 않았던 것이 사실이다. 과학적 이론의 새로운 관점과 새로운 이견은, 특히 어떤 시점에서는 인관관계에까지 영향을 미치기도 하는 새로운 일탈은, 진심어린 환영보다는 마지못해 하며 억지로 보이는 관용에 의해 대학세계에서 그나마 있을 자리를 발견할 수 있다. 또한 인간의 지식세계를 확대하기 위해 전력투구했던 남자들은 대개 당대의 관련 지식인들의 환대를 받지 못했다. 고등교육기관들은 일반적으로 그런 개혁과 혁신이 이루어진 지 한참이 지나서야 그리고 그것들이 지닌 유용성의 대부분이 사라지고 난 다음에야—다시 말하면, 새롭고 탈(脫)학술적인 지식과 새로운 관점과 더불어 성장한, 그리하여 그런 지식과 관점에 따라 형성된 사고습관을 지니게 된 새로운 세대가 상투적으로 사용하는 지적 부속물로 전락한 다음에야—비로소 지식의 방법이나 내용이 선구적인 의미를 지녔음을 마지못해 인정하는 행태를 보인다. 얼마 전까지만 해도 이런 경우는 어디서나 찾아볼 수 있었다. 그렇다고 바로 지금 이 순간에도 그런 작태가 성행하고 있다고 단정하는 것은 위험한 일일 것이다. 왜냐하면 그런 관점에서 오늘날의 사실들을 상대적으로 비중 있는 개념을 획득할 만한 것으로 보기는 불가능하기 때문이다.

물론 문화와 사회구조를 다루는 작가, 학자, 연설가들에 의해 상당히 오랫동안 습관적으로 강조되어온 마이케나스(Gaius Maecenas, BC 70?~BC 8)[32]와 같은 역할에 관해서는 지금까지 한번도 언급하지 않았다. 그렇다고 이러한 유한계급의 역할과 고

---

32 고대 로마의 외교관이자 정치가로 학문과 예술을 보호한 인물로 유명하다. 아우구스투스 황제의 고문이자 절친한 친구였고, 베르길리우스(Publius Vergilius Maro, BC 70~BC 19)와 호라티우스(Quintus Horatius Flaccus, BC 65~BC 8) 같은 시인들을 돌봐준 부유한 후원자이기도 했다. 한편 그의 사치스러운 생활은 후대에 세네카(Lucius Annaeus Seneca, BC 4~AD 65)의 비난을 받기도 했다. 베블런이 사용하는 '마이케나스와 같은 역할'이라는 비유적 표현은 바로 이러한 '문예보호자 역할"을 의미한다.

등학문의 관계 그리고 그 역할과 지식 및 문화보급의 관계가 중요하지 않다는 말은 아니다. 유한계급이 이런 보호자 역할을 통해서 학문을 발전시킨 방식과 수준은 충분히 알려져 있다. 그런 주제에 정통한 대변인들은 이런 문화적 요인의 심오한 의미를 남들에게 납득시키기 위해 매력적이고 효과적인 용어들을 빈번하게 동원한다. 그러나 이런 대변인들은 경제적 관심사보다는 문화적 관심사나 명성획득에 필요한 관심사에 초점을 맞춘 관점에서 문제를 제기한다. 경제적 관점에서 파악되고 산업적 유용성을 기준으로 평가되는 이러한 유한계급의 역할과 그 구성원들의 지적 태도는 얼마간 주목할 만한 가치가 있기 때문에 그것에 관해서 설명해보기로 한다.

외면적으로는 단순한 경제적 산업적 관계로 간주할 수 있는 이러한 마이케나스적인 관계를 특징화해보면 결국 신분관계라는 사실이 드러난다. 보호받는 학자는 그의 보호자를 대리하여 학문생활이라는 의무를 수행한다. 대리 여가활동이 주인에게 명성을 가져다주듯이 이러한 대리 학문생활도 그의 보호자에게 명성을 가져다준다. 역사적 사실의 관점에서 볼 때, 마이케나스적인 관계에 편승하여 학문을 발전시키고 학문적 활동을 계속한다는 것은 가장 일반적으로는 고전적 지식이나 인문학적 소양을 기르고 발달시킨다는 것이었음도 기억해둘 필요가 있다. 그래서인지 아닌지는 모르나 하여간 이러한 지식은 공동체의 산업생산성을 높이기보다는 낮추는 경향을 보였다.

게다가 유한계급에 직접 편입된다는 것은 지식을 늘리는 일과 같았다. 명예로운 생활규범들은 그들의 지적인 관심과 흥미를 공동체의 산업생활과 어떤 관계가 있는 학문들보다는 고전적 형식적 박식함을 과시하는 데 쏠리도록 만드는 작용을 한다. 유한계급 성원들이 고전적 지식 이외에 가장 빈번하게 관심을 보이는 분야는 법학과 정치학, 그리고 특히 행정학이다. 소위 이런 학문들은 본질적으로 소유권에 기반을 둔 유한계급이 담당하는 통치임무의 수행을 편리하게 만드는 일단의 처세술이라 할 수 있다. 따라서 이런 학문에 대한 관심은 대개 단순한 지적 관심이나 인식욕구의 발로는 아니다. 그것은 대체로 그 계급 구성원들이 발 딛고 있는 지배관계가 부딪힐 수 있는 긴급현안들에 대한 실천적 관심의 발로이다. 통치임무는 고대적인 유한계급의 생활체계와 불가분의 관계가 있는 약탈기능에서 유래한 것이다. 그것은 유한계급이 생활자원을 착취하기 위하여 민중들을 통제하고 강제하는 실천방식이라 할 수 있다. 따라서 이런 학문분야들은 물론 그 분야에 내용을 제공하는 실천의 결과들도 인식을 자극하는 모든 현안들과는 별도로 유한계급에게 일정한 매력을 준다. 이 모든 사실은 통치임무가 형식면에서나 내용면에서 유한계급의 독점적인 직무로 존속하는 어디서나 동일하게 나타난다. 또한 통치술의 진화과정 중에서 오래된 고대적 국면에 속하는 전통이 그 한계를 넘어서 유한계급의 독점적인 통치권이 소멸하기 시작하고 있는 현대 사회생활에까지 존속하고 있다면 더욱더 그러할 것이다.

인식을 위한 관심 혹은 지적 관심의 지배를 받는 학문분야—이른바 본연의 학문들—와 관련하여, 유한계급의 태도뿐 아니라 금력과시문화의 전체적인 흐름도 그 사정은 약간씩 차이를 보인다. 지식을 위한 지식을 추구하면서 잠재적인 목적 없이 다만 이해력만 발휘하는 데 만족하는 남자들은 당장의 물질적 이익을 추구하지 않는 사람으로 여겨질 것이다. 산업에 종사하지 않아도 되는 유한계급의 입지는 분명 이 계급 구성원들이 인식을 위한 관심을 자유롭게 발휘할 수 있는 조건을 제공하는 것이다. 그 결과 우리는 많은 학자와 작가들을 보면서 확신할 수 있듯이 여유 있는 유한계급 생활원리로부터 학문연구와 사색을 자극받은 유한계급 출신의 학자들, 과학자들, 지식인들이 대단히 많다는 것도 확인할 수 있다. 물론 이런 결과들도 어느 정도 예상된 바 있지만, 이미 앞에서 충분히 살펴보았듯이, 학문의 내용을 구성하는 현상들의 인과관계가 아닌 다른 주제들에 대한 유한계급의 지적 관심에서 비롯된 유한계급 생활양식의 특징들 역시 존재한다. 유한계급 생활을 대표하는 사고습관은 인간적인 지배관계를 바탕으로 명예·가치·공훈·성품 등의 파생적이고 차별적인 개념들과 더불어 작동한다. 학문의 주제를 구성하는 인과관계는 이런 관점으로는 파악할 수 없다. 또한 명성만으로는 저속한 유용성을 지닌 사실들에 대한 지식을 습득하지 못한다. 그래서 금력이나 기타 명예로운 가치들을 차별비교하려는 관심이 유한계급을 사로잡아 인식을 위한 관심을 중화시키는 것인지도 모른다. 이러한 인식적인 관심이 표출되면 그것은 대개 과학적 지식에 대한 연구보다는 명예롭고 헛된 것에 대한 사색이나 연구 분야로 전환되고 말 것이다. 그런 일은 실제로 체계화된 유력한 지식을 탈학문적인 차원에서 학문의 영역으로 침투시킨 적이 없는 성직자들과 유한계급의 학문의 역사를 살펴보면 확인할 수 있을 것이다. 그러나 지배—복종의 관계가 공동체 생활과정의 지배적이고 공식적인 요인으로 작용하지 못하게 되면서 생활과정의 또 다른 특징과 관점이 학자들에 대해서 그 위력을 과시하고 있다.

정통적인 유한계급 신사는 인격관계의 관점에서 세계를 이해할 것이고 실제로도 그렇게 이해한다. 그리고 인식의 관심은 그것이 그를 자극할 경우 그런 관심에 근거하여 현상들을 체계화하려고 애쓸 것이다. 실제로 어떤 분해과정도 겪지 않은, 유한계급의 소양을 두루 구비한 구시대적 유한계급 신사라면 그렇게 할 것이다. 그리고 그의 후손 역시 상류계급의 덕목들을 고스란히 상속받았다면 그런 태도를 보일 것이다. 그러나 그런 덕목들이 상속되는 방식도 모호하고, 또 모든 유한계급 신사들의 아들이 영지를 상속받는 것도 아니다. 특히 약탈적인 주인을 대표하는 사고습관은 유한계급의 원칙에 익숙하지 못한 최근의 후손들에게는 다소 불완전하게 유전된다. 따라서 인식적성들을 발휘하고자 하는, 선천적이거나 후천적인 강력한 성향을 표출할 가능성은 하류계급이나 중산계급을 조상으로 가진 유한계급—다시 말해서, 산업계급 본연의 적성들을 고스란히 유전받은 유한계급, 그리고 본래 유한계급의 생활양식이 형성되었던 시대보다 오늘날에 훨씬 더 적합한 자격이나 자질을 소유한 덕분에 유한계급의 반열에 오른 유한계급—구성원들에게 가장 많은 것으로 보인다. 그러나 후발 유한계급을 제외한 나머지 계급들 사이에서도 이러한 인식에 관심을 보이는 사람들이 많이 발견된다. 왜냐하면 차별적 관심은 그런 사람들의 논리적 견해의 형성과정을 충분히 지배하지 못하고, 그들의 이론적 성향은 그들을 학문적인 탐구로 이끌 만큼 강력한 힘을 발휘하기 때문이다.

고등학문이 과학에 자리를 내줄 수밖에 없었던 이유 중 하나는, 최근에 생겨난 비개인적인 관계의 전통의 영향을 강하게 받고 신분체제의 대표적 기질에서 비롯된 명백한 특징들과는 다른 인간적인 적성들을 고스란히 물려받은 이질적 유한계급의 후손들이 존재한다는 데서 찾을 수 있다. 그러나 이러한 이질적인 과학적 지식이 고등학문 속에도 현존할 수 있었던 또 다른 이유는, 산업계급 구성원들이 일상적인 생활수단을 확보하는 일 외에 또 다른 관심사에 시선을 돌리기 쉬운 환경에서 살게 되었을 뿐 아니라, 차별적 인격신숭배적 관점이 이들의 지적 과정을 지배하지 않았던 신분체제로 복귀하려는 경향의 적성들을 물려받았다는 데서 찾을 수 있다. 과학적 진보를 위한 유력한 원동력을 거의 비슷하게 지닌 이 두 집단 중에서도 과학의 진보에 가장 크게 이바지한 쪽은 산업계급 구성원들일 것이다. 두 집단의 원동력은 모두 현대의 긴박한 집단생활환경 및 기계적 산업환경과 접촉하는 사고습관이 사회에 강요하는 이론적 지식을 추구하는 데 유리한 매개수단 아니면 기껏해야 교환수단일 뿐 그런 지식의 원천은 아닌 것으로 보인다.

과학을 물리적, 사회적 현상을 막론한 모든 현상들의 인과관계에 대한 엄밀한 인식이라고 본다면, 과학은 서구문화의 한 특징이라고 말할 수 있다. 왜냐하면 서구사회의 산업과정은 본질적으로 물리력을 식별하고 그 가치를 평가하기 위한 기계를 고안하는 남자의 작업과정에서 비롯된 것이기 때문이다. 어떤 면에서 과학은 사회의 산업생활이 이런 양상에 적응한 만큼, 그리고 산업적 관심이 사회생활을 지배한 만큼 번영했다고 말할 수 있다. 또한 과학, 특히 과학적 이론은 여러 부문의 인간 생활과 지식을 진보시킨 덕분에 산업과정 및 경제적 관심사와 연속적으로 밀접한 관계를 맺을 수 있었다. 혹은, 그 진보 덕분에 그러한 생활과 지식들 각각이 인격적인 관계나 신분 개념의 세력권, 인격신 숭배기질과 명예로운 가치를 규정하는 부차적 규범의 세력권을 연속적으로 벗어났다고 말해도 좋을 것이다.

현대 산업생활의 급박한 상황들이 그런 환경과 인간의 실천적 접촉을 인과관계에 입각하여 인식하기를 강요하면서부터 비로소 남자들은 그들이 접하는 환경의 현상과 그런 현상을 접한다는 사실들을 인과관계에 입각하여 체계화하기 시작했다. 따라서 스콜라주의나 고전주의처럼 만개할 수 있었던 최고의 고등학문들조차 성직자의 직무와 여가생활의 부산물이었듯이, 현대 과학도 산업과정의 부산물이라고 말할 수 있을 것이다. 그리하여 학문기관들의 울타리 밖에서 가장 탁월한 업적을 거둔─연구자, 지식인, 과학자, 발명가, 사상가들의 대부분을 포함한─이러한 남자들을 배출함으로써 현대 산업생활이 강요해온 사고습관은 현상의 인과관계를 다루는 일단의 이론과학을 통해서 일관성 있는 표현법과 설명법을 발견할 수 있었다. 그리고 이러한 탈학문적인 과학적 사색을 통해서 변화된 방법과 목적도 시간의 흐름을 타고 차츰 학문의 영역으로 침투할 수 있었다.

이런 사연과 관련하여 주목할 만한 사실은 초등 및 중등교육기관에서 시행하는 교육과 고등학문기관에서 시행하는 교육이 그 내용과 목적 면에서 판이하게 다르다는 것이다. 전달받는 정보와 습득하는 기술의 직접적인 실용성에 차이가 있다는 사실도 일정한 중요성을 지닐 것이고 때때로 주목을 받을 만큼의 가치도 지녔을 것이다. 그러나 좀더 본질적인 차이는 각기 선호하는 심리적 성향이나 정신적인 성향이 다르다는 데 있다. 고등학문과 하등학문을 이렇게 차별시하는 경향은 특히 최근 발전된 산업공동체의 초등교육을 보면 확인할 수 있다. 이러한 교육은 주로 비개인적인 사실들의 명예로운 부수조건이 아닌 인과관계를 이해하고 파악하는 지적 육체적 기능 내지 수완을 기르는 방향으로 이루어진다. 초등교육이 유한계급의 유력한 상품과 같았던 예전의 전통을 따르는 곳에서는 초등교육을 받는 보통학생들의 근면성을 강화하기 위한 방편으로 여전히 경쟁이 상시적으로 사용되고 있다. 그러나 종교적 군사적 전통의 지침에 따라 초등교육을 시행하지 않는 사회에서는 이러한 경쟁을 편리한 방편으로 이용하는 경향이 확실히 줄어들고 있다. 이 모든 경향은 특수한 차원에서, 특히 유치원의 교육방식과 교육적 이상의 영향을 직접 받는 일부 교육체계의 정신적 측면에서는 더욱 강하게 나타난다.

유치원교육 특유의 비차별적 경향과 초등교육에까지 영향을 미치는 유치원의 성격은 이미 앞에서 언급한 바 있는 현대의 경제적인 환경에서 유한계급 여성들이 취하는 특유의 정신적 태도와 밀접한 관계가 있음이 분명하다. 유치원교육이 가장 잘 이루어지는 곳—혹은 가부장적이고 교육학적인 고대의 이상형들과 가장 먼 교육이 이루어지는 곳—은 선진산업사회이다. 왜냐하면 이런 사회에는 지적이고 한가한 여성들이 유력한 세력을 형성하고 있을 뿐 아니라 일관된 종교적·군사적 전통도 존재하지 않는 상황에서 신분체계 역시 산업생활의 분해작용의 영향을 받으면서 점차 그 위력을 상실해왔기 때문이다. 이러한 여성들은 그처럼 환경 덕분에 도덕적인 지지도 받을 수 있다. 유치원교육의 목표와 방법은 금력과시를 위한 명예로운 생활규약에 쉽사리 좌우되는 여성들의 마음을 유달리 강하게 사로잡는다. 따라서 유치원교육은, 그리고 현대교육이 중시하는 모든 유치원정신은, "신여성운동"과 더불어, 현대적인 환경에서 이루어지는 유한계급 생활이 유치원교육을 가장 가까이 접하는 여성들에게 권장하는 허영과 차별비교에 맞선 반대운동으로 자리매김될 수 있을 것이다. 이런 맥락에서 유한계급제도는 다시금 비차별적인 태도의 발달에 간접적으로 도움이 되는 듯이 보이지만, 한편으로 이런 태도는 장기적으로 볼 때 유한계급제도 자체의 안정성은 물론 그 제도가 기반하고 있는 사유재산제도마저 무너뜨리는 위험한 작용을 하게 될지도 모른다.

* * *

얼마 전부터 단과 및 종합대학교의 교과목과 그 내용들은 상당한 변화를 겪었다. 이런 변화들은 주로 인문학—전통적인 "교양", 인격, 취미, 이상형을 함양시키는 것으로 생각되는 학문분야들—을 시민의식과 산업의 효율성을 기르는 좀더 실용적인 학문분야들로 대체하는 방향으로 이루어졌다. 바꾸어 말하면, 효율성(궁극적으로는 생산능률)을 향상시키는 지식분야가 소비를 높이고 산업능률을 저하시키며 신분체제에 부합하는 성격의 전형을 육성하는 지식분야에 맞서서 점차 세력을 확대해왔다는 말이다. 이러한 교육적 추세에 적응하는 과정에서 고등교육기관들은 일반적으로 보수적인 태도를 취해왔다. 그런 고등교육기관들은 기득권을 각 국면마다 하나씩 양보하고 나서야 비로소 발전할 수 있었다. 과학은 학계 내부에서 아래로부터 차근차근 단계를 밟아 학문의 반열에 오르기보다는 학계의 바깥에서 학계의 내부로 침투하여 학문의 자리를 확보할 수 있었다. 그 과정에서 마지못해 과학에 자리를 내어준 인문학이 학생들의 성격을 전통적 이기적 소비양식에 부합하도록, 그리고 여가활동—명예로운 유유자적—을 명백한 특징으로 하는 예절과 명예의 인습적 기준에 따라 진리, 아름다움, 선을 감상하고 음미하는 생활양식에 부합하도록 형성시키는 데 매우 획일적으로 적용되고 있다는 사실은 주목할 만하다. 인문학의 대변자들은, 그들이 습관적으로 차용하는 고대적이고 격조 있는 언어를 빌려 말하자면, "(인간은 대지의) 열매를 소비하게끔 타고났다(*fruges consumere nati*)"[33]는 격언을 이상적으로 구현한 것이 인문학이라고 주장해왔다. 따라서 유한계급문화에 의해 형성되고 또 그 문화에 의존하는 교육기관들이 이런 태도를 보인다고 해서 놀랄 필요는 전혀 없다.

기존의 문화적 기준과 방법을 가급적 본래의 상태로 유지하기 위해 애쓴 공식적 근거들도 고대적 기질과 유한계급 생활논리의 특성을 대변할 것이다. 예를 들면 유한계급 사이에서 유행하는 고대적 문화의 소산인 생활, 이상형, 사상, 시간과 재화의 소비방식 등에 대한 습관적 기대심리에서 유래한 향락과 기호(嗜好)는 현대사회의 보통사람들의 일상생활, 지식, 욕망에 익숙해진 결과로 얻는 향락과 기호보다 "고급스럽고" "고귀하고" "가치있는" 것으로 여겨진다. 최근의 남자들과 사물들에 관한 완전한 지식을 내용으로 삼는 학문은 그런 향락이나 기호와 비교할 때

---

33 호라티우스의 《서간집 *Epistles*》 1부 2편.

"저급하고" "비천하고" "저속한" 것으로 여겨질 뿐 아니라 심지어 인간일반과 일상생활에 관한 이러한 실용적 지식에 대해서 "인간 이하의 것"이라는 모멸적인 언사를 퍼붓는 사람도 있다.

　인문학을 옹호하는 유한계급의 대변자가 제기하는 이러한 반론은 본질적으로 건전한 주장으로 여겨진다. 근본적인 사실만 따져보면, 고대 유한계급남성의 인격신 숭배관념, 당파심, 여가활동으로 자기만족을 추구하는 습관적 사고방식의 결과 혹은 정령숭배적 미신들과 호메로스의 서사시에 등장하는 영웅들의 열광적인 호전성에 익숙해진 결과 만끽하는 희열, 문화, 정신적 태도나 사고습관은 사물들에 관한 실용적 지식과 오늘날 시민이나 노동자들의 능률위주의 사고방식에서 파생된 유사한 결과들보다 심미적인 측면에서는 훨씬 더 타당한 것으로 간주된다. 이 책의 앞부분에서 거론한 습관들은 심미적인 혹은 명예로운 가치를 가지고 있고 그 덕분에 비교의 준거로 삼을 수 있는 "가치"도 획득할 수 있었다는 점에서 장점을 지니고 있다고 보아도 무방할 것이다. 취미규범 중에서 특히 명예규범의 내용은 사물의 본성을 고려할 때 유전이나 전통에 의해 다음 세대에 계승된 한 인종의 과거의 생활과 환경의 소산이라 할 수 있다. 그리고 오랫동안 지배력을 유지해온 약탈적 유한계급의 생활양식이 과거 인종의 사고습관과 견해를 근본적으로 형성해왔다는 사실은, 현재의 취미와 관련된 수많은 사안들에 대해서 그런 생활양식이 심미적으로 합법적인 지배력을 발휘할 수 있는 충분한 근거라고 할 수 있다.

본 논의의 당면목적에 비추어 본다면, 취미규범은 취미에 맞느냐 어긋나느냐에 따라 판단되는 사물들의 성질을 칭찬하거나 비난하는 습성에 다소 오랫동안 물듦으로써 획득된 인종의 습관들로 구성된다. 그런 사물들에 대해서 좀더 장기간에 걸쳐 좀더 확고하게 습관을 들이면 이러한 취미규범은 좀더 합법적인 성격을 띠게 된다. 이 모든 설명은 일반적으로 취미를 기준으로 하는 판단보다도 가치나 명예를 기준으로 하는 판단에 더 잘 맞아 들어가는 듯이 보인다.

그러나 인문학의 대변자들이 새로운 학문에 대해서 내리는 경멸적인 판단이 아무리 타당하다 하더라도, 고전적인 학문이 훨씬 더 가치 있고 더욱 진실한 인간의 문화와 성격을 함양시킬 수 있다는 주장이 아무리 본질적인 가치를 지닐 수 있다 하더라도, 그런 타당성이나 주장은 당면문제와는 무관한 것이다. 당면문제는 이러한 학문분야들이, 그리고 교육체계 내에서 이 학문분야들이 취하는 관점이, 현대의 산업환경에서 효과적으로 집단생활을 하는 데 도움이 되느냐 방해가 되느냐―다시 말해서, 그것들이 오늘날의 경제상황에 얼마나 더 쉽게 적응할 수 있게 하느냐―하는 것이다. 따라서 문제는 예술적인 것이 아니라 경제적인 것이다. 그리고 실용적인 지식을 비하하는 고등교육기관들의 경멸적인 태도로 표출되는 유한계급의 학문적 기준은, 현재 논의의 목적을 감안하면, 오로지 경제적인 관점에서만 그 가치를 평가받을 수 있을 것이다. 따라서 여기서 사용하고 있는 "고귀한", "비천한", "고등한", "하등한" 같은 형용사들은 논쟁자들이 새로운 것의 가치를 주장하든 낡은 것의 가치를 주장하든 그들의 아니무스와 관점을 보여준다는 것만은 분명하다. 이런 형용사들은 하나같이 존경 아니면 멸시의 뜻을 담고 있다. 다시 말해서 이 형용사들은 최근의 분석에 따르면 명예와 불명예라는 두 범주 가운데 어느 쪽에 속하는지를 판단하는 차별비교를 위한 용어들이라고 할 수 있고, 신분체제하의 생활양식을 특징짓는 관념의 영역에 속하는 것들이라고도 할 수 있으며, 스포츠맨십 곧 약탈적이고 정령숭배 적인 사고습관의 본질적 표현이라고도 할 수 있을 것이다. 또한 이 용어들은 고대적인 관점과 생활논리를 시사한다. 이런 관점과 논리는 약탈적인 단계의 문화와 경제조직에서 탄생하여 그 단계 에 부합하지만, 넓은 의미의 경제적 효율성의 관점에서 본다면 무용하고 시대착오적인 것들이다.

고등학문기관들이 맹목적일 정도로 편애하는 고전들과 그것 이 교육체계에서 차지하는 특권적인 위상은 새로운 지식세대의 지적 태도를 규정하고 그 세대의 경제적 효율은 저하시키는 작 용을 한다. 고전들은 고대적인 이상형의 남자를 상찬하고 지식을 명예로운 것과 불명예스런 것으로 구별하는 차별의식을 주입함 으로써 이런 역할을 수행할 수 있다. 그런 결과를 낳기 위해서 두 가지의 방법이 동원된다. (1)초심자로 하여금 순수하게 명예로운 학문에 대비되는 순수한 실용적 학문을 혐오하는 습관을 갖도록 조장하여, 통상적으로 산업적 사회적 이익을 전혀 (혹은 거의) 낳

지 않는 지성만 발휘함으로써 기쁨으로 느낄 수 있다는 고급신
념에 충실한 취미를 형성시키는 방법과 (2)학자에게 필요한 모든
방면의 학문과 인습적으로 결부됨으로써 실용적인 분야의 지식
에서 사용되는 전문용어와 표현법에 영향을 주는 학문의 지식을
제외한 완전히 비실용적인 지식을 습득하는 데 그의 시간과 노
력을 소비하게 만드는 방법이 그것이다. 이러한 용어법상의 난해
함—바로 이러한 난해함 자체가 과거에 고전읽기를 유행하게 만
든 중대한 요인이다—을 제외하면, 예컨대, 고대의 언어에 관한
지식은 언어학적 성격의 연구에 일차적으로 종사하지 않는 과학
자나 학자들에게는 아무 소용이 없을 것이다. 물론 여기서 고전
의 문화적 가치를 거론하고 있는 것은 전혀 아니며, 고전교육이
나 그 교육이 학생들에게 제공하는 고전친화성을 폄훼할 의도도
전혀 없다. 그런 친화성은 경제적으로는 무용한 성질로 보이지
만, 실제로도 어느 정도 알려져 있는 이러한 사실이 고전적인 지
식 속에서 즐거움과 활력을 발견하는 행운을 누리는 사람을 결
코 혼란에 빠뜨리는 일은 없을 것이다. 고전적인 학문이 그것을
배우는 사람의 노동자적 적성들을 교란하는 작용을 한다는 사실
은, 격조 높은 이상을 추구하는 정신을 중시하고 노동의 정신을
경시하는 사람들에게는 대수롭지 않게 여겨질 것이 분명하다.

희미해진 충성심, 평화, 명예, 전통적인 도덕성, 미덕이라도
그것들이 이미 오래전부터 존재했다면

회복하기도 쉬우리라[34]

이러한 지식이 우리의 교육체계의 필수기본과목에 포함되면서, 남부유럽에서 사멸한 어떤 언어를 사용하고 이해할 수 있는 능력은 그 능력으로 획득한 지식을 과시할 기회를 얻은 개인에게 기쁨을 선사하고, 그와 동시에 그런 지식을 지녔다는 증거는 어떤 학자를 일반인과 지식인을 막론한 다른 사람들에게 소개하는 데 도움이 된다. 오늘날 이처럼 무용한 지식을 습득하려면 적어도 몇 년은 걸린다는 생각이 통용되고 있다. 그런데, 그런 과정이 없다면 벼락치기를 통한 불완전한 학문도 가능하다는 추측뿐 아니라 건전한 학문정신과 지능을 가늠하는 관습적 기준에 비추어보아도 벼락치기 학문 못지않게 혐오스럽고 비속한 실용적 학문도 있을 수 있다는 추측을 낳게 될 것이다.

이런 경우는 소비자가 원재료나 제작과정을 잘 모르고 어떤 소비재를 구입하는 경우에 비유될 수 있을 것이다. 그는 물건의 본래 용도와 직접적인 관계가 없는 장식적 부분이나 모양의 마감상태만 보고 비용을 많이 들인 것으로 판단하여 물건의 가치를 추산할 것이다. 그렇게 판단하는 것은 물건의 본질적인 값어치와 그 물건을 팔기 위해 장식하는 비용 사이에 모종의 차이가 존재할 것이라고 추측하기 때문이다. 흔히 고전과 인문학에 관학 지식을 결여하면 불온한 학식으로 취급받을 수 있다는 추측은

---

34 호라티우스의 《세기의 찬가 Camen Saeculare》 57~59행.

일반학생들로 하여금 그런 지식을 습득한다는 과시용으로 시간과 노력을 낭비하게 만든다. 모든 명예로운 학문은 과시적 낭비를 약간이라도 수반해야 한다고 강조하는 인습은, 동일한 인습적 원리가 대량생산제품의 유용성에 대한 우리의 판단에 영향을 끼쳐온 방식과 대단히 유사한 방식으로, 학문적인 사안들의 취미부합 여부와 유용성을 따지는 우리의 규범에도 영향을 끼쳐왔다.

과시적 낭비가 갈수록 과시적 여가보다 명성을 얻는 데 더 위력적인 수단으로 각광을 받기 시작하면서, 사멸한 언어에 대한 지식은 예전과는 달리 더 이상 필수적인 요건으로 간주되지 않게 되었고, 그와 동시에 학식의 증명서 역할을 하던 지식의 마력이 감퇴한 것도 사실이다. 그럼에도 고전은 여전히 학자가 존경받을 수 있는 절대적인 증명서의 가치를 거의 상실하지 않았다는 것도 사실이다. 왜냐하면 학자는 관습상 시간을 낭비했다는 증거로 인정되는 어떤 학식을 지니고 있음을 입증할 수 있어야 하는데 고전은 바로 그런 입증을 위해 매우 편리하게 동원할 수 있는 근거이기 때문이다. 실제로도 고전은 시간과 노력을 낭비했다는 증거로서 그리고 이런 낭비를 위해서 필수적인 금력을 구비했다는 증거로서 유용성이 있다는 것은 거의 의심할 나위가 없다. 이러한 낭비는 고등학문의 영역에서 고전이 차지하는 특권적인 위상을 보장할 뿐 아니라 고전을 모든 학문들 중에서도 가장 명예로운 것으로 존경받을 수 있게 만든다. 고전에 대한 지식은 다른 어떤 방면의 지식보다도 유한계급의 학문적 과시욕을 만족시키는 데 유용하기 때문에 명성을 획득하는 데도 그만큼 유력한 수단이 된다.

이런 견지에서 최근까지 고전에 필적할 만한 경쟁상대는 거의 없었다고 볼 수 있다. 유럽대륙에서는 아직도 고전을 상대할 만한 위협적인 적수가 없지만, 최근 들어 대학에서 체육 관련학문들이 정식 학문분야로 공인받기 시작하면서, 미국과 영국의 각급 학교에서 체육은 유한계급이 배워야 할 필수교과목의 자리를 놓고 고전과 우위를 다투는 분야로 두각을 나타내고 있다. 성공한 운동선수라면 시간뿐 아니라 돈도 낭비했을 것이고 극히 비생산적이고 고대적인 어떤 특성들을 내포한 성격과 기질을 소유하고 있을 것으로 추정되기 때문에, 체육학은 유한계급의 학문적 목적을 감안할 때 고전보다도 확실히 유리한 고지를 점령하고 있는 것으로 보인다. 그래서 독일의 대학들에서는 유한계급학생들이 학업의 일환으로 참가하는 운동모임이나 고대 그리스 문헌연구회 같은 동호회들도 기량이나 학년에 따라 차별화된 음주, 형식적 결투 등에 의해서 어느 정도 보완되어왔을 것이다.

유한계급은 고등학문의 영역에 고전교육을 편입시키느라 노심초사할 필요는 거의 없었을 것이다. 고전주의나 낭비와 같은 유한계급의 미덕 기준들도 이러한 편입의 영향을 거의 받지 않았을 것이다. 그러나 고등교육기관들이 그처럼 고전을 보존하기 위해 집요한 노력을 기울이고 여전히 고전에 높은 명성이 헌정되고 되고 있는 것은 고전주의와 낭비의 필수요건들에 고전이 충분히 부응하고 있기 때문이라는 것은 틀림없다.

"고전"이라는 말은 언제나 이처럼 낭비적이고 고대적인 의미를 내포한다. 다시 말해서 그 말은 사멸한 언어들을 가리키기 위해 사용되든 살아 있는 언어들 중에서 폐기되거나 쇠멸하고 있는 사고방식과 표현법을 나타내기 위해 사용되든, 혹은 또 다른 학문 활동들을 가리키는 데 사용되든, 부적절하게 적용된 장치나 기구들을 지칭하는 데 사용되든 상관없이 낭비와 고대적인 의미를 담고 있다는 말이다. 그래서 영어의 오래된 관용어는 "고전"영어로 불린다. 그런 말은 진지하고 심각한 주제로 강연을 하거나 글을 쓸 때면 절대 빠뜨려서는 안 되고, 또 가장 평범하고 사소한 한마디라도 그런 말을 유창하게 사용하면 품위 있는 사람으로 보일 수 있다. 따라서 당연히 최신식 영어는 절대로 피해야 한다. 고전적인 어법을 요구하는 유한계급의 예절감각은 심지어 일자무식인 사람이나 극히 선정적인 통속작가들조차 강하게 규제하는 힘을 가지고 있어서 실수를 사전에 예방할 수 있다. 한편 가장 고상하고 가장 관습적인 고풍의 어법은 인격신과 숭배자들이 이른바 영적인 교감을 시도하는 극히 특수한 경우에만 사용하는 것이 타당하다고 여겨진다. 이러한 양 극단의 중간에 유한계급이 일상적으로 사용하는 대화체와 문어체가 위치하고 있다.

글을 쓰거나 말을 할 때 사용하는 우아한 표현법은 명성을 획득하기 위한 유력한 수단이다. 어떤 주어진 주제에 관해서 말할 때는 관습적으로 요구되는 고전적 어법을 어느 정도 정확히 알고 사용하는 것도 중요시된다. 설교단과 시장에서 사용하는 어법도 분명히 달라야 한다. 주지하다시피 시장에서는 까다롭고 괴팍한 사람들도 상대적으로 새롭고 효과적인 어휘나 표현법을 사용하는 것이 용납된다. 신조어들을 가려 사용하는 것은 명예로운 일로 간주된다. 그것은 폐기된 언어습관을 습득하는 데 시간을 낭비했다는 증거일 뿐 아니라 사라져가고 있는 관용어를 능숙하게 구사하는 사람과 어릴 때부터 습관적으로 교류해왔다는 증거가 될 수 있기 때문이다. 아주 순수한 언어를 사용한다는 것은 누대에 걸쳐 비천하고 실용적인 노동에 종사하지 않았다는 증거로 추정된다. 그렇지만 이런 증거는 결코 이런 추정을 완전히 결정적인 것으로 만들지 못한다.

극동지역을 제외한 다른 지역에서 쉽게 발견할 수 있는 허식적인 고전주의의 적절한 사례로는 인습적인 영어철자법을 들 수 있다. 바르고 아름다운 것에 대한 감각이 유달리 발달된 사람들은 철자법에 조금이라도 어긋나는 글을 발견하면 극도의 불쾌감을 느끼면서 글을 쓴 사람을 불신하게 될 것이다. 영어의 철자법을 정확히 지킨다는 것은 과시적 낭비법칙에 속하는 명성획득용 규범들이 요구하는 모든 필수요건들을 만족시킨다는 것을 의미한다. 그것은 고전적이고 성가시고 비효율적인 일이기 때문이다. 또한 정확한 철자법을 익히려면 대단히 많은 시간과 노력을 소비해야 하기 때문이다. 그리고 철자법을 습득하지 못했다는 것은 금방 탄로나기 십상이기 때문이다. 이렇듯 철자법 익히기는 학문적인 명성을 얻기 위한 가장 기본적인 첩경이기 때문에, 학문적인 의례와도 같은 철자법을 준수하는 것은 문제없이 학자생활을 영위하려면 필수적인 절대요건이다.

이런 관행의 대변자들은, 고대적이고 낭비적인 규범들에 의존하고 있는 또 다른 인습적 관행과 관련된 주제들에 대해서 그랬듯이, 언어의 순수성이라는 주제에 대해서도 본능적으로 변호하려는 태도를 취한다. 공인된 고대적 관용어를 격식에 맞게 사용한다는 것은 본질적으로 최근의 구어체 영어를 똑바로 사용하는 것보다도 훨씬 더 적절하고 정확하게 생각을 전달하는 데 도움이 될 것이라는 주장도 나오고 있다. 그런 반면에 오늘날의 사상이나 생각들이 오늘날의 속어나 은어를 통해서도 효과적으로 표현된다고 있다는 것도 잘 알려진 사실이다. 고전적인 언어(법)는 명성을 획득하는 데 유리한 명예로운 미덕을 지니고 있다. 그런 언어는 그것을 구사하는 사람이 생산노동을 면제받은 사람임을 단적으로 시사하기 때문에 유한계급 생활체계 내에서 공인된 의사소통방식으로서 주목과 존경을 받는 것이다. 공인된 관용어들의 장점은 그것들을 유창하게 구사할수록 명성을 획득하기가 유리하다는 데 있다. 그것들은 배우거나 사용하기 까다로운 고전어이기 때문에, 그래서 그것들을 익히는 데 시간을 낭비했음을 증명함과 동시에 직선적이고 강력한 언어를 사용하지도 않고 또 그럴 필요도 없는 신분을 증명하기 때문에 존경받을 만한 것들로 간주되는 것이다.

■ 옮긴이의 말

베블런의 《유한계급론》은 미국에서는 이미 '고전'이 되어 지금도 수많은 독자들이 읽고 있는 베스트셀러이다. 한국의 경제학계에서도 베블런은 이른바 경제제도학파의 지평을 연 신화적인 경제학자로 알려져 있었지만, 또한 잊혀져 있었던 것도 사실이다. 더구나 일반인들에게는 별로 알려질 기회마저도 없었다.

이 책은 단순한 경제학 저서가 아니다. 사회학과 역사학 그리고 특히 심리학과 인류학을 가로지르는 종합적인 인식을 기반으로 해 씌어진 책이다. 그런데도 한국의 학자들 사이에서 베블런의 경제학은 '비공식'적인 것으로 취급당해왔다. 이런 사연들 때문에 경제제도학 텍스트 이상의 중요성을 지닌 이 책이 한국에서 여전히 사람들의 주목을 받지 못해온 것이 아닌가 싶다.

베블런이 이 책에서 독특하게 구사하고 있는 심리학적 용어들은 이 책이 그만큼 종합적인 지평을 아우르고 있음을 확인할 수 있는 단적인 예이다. 나는 이런 점에서 베블런이 사용하는 단어 하나하나의 의미에 무척이나 신경을 쓰지 않을 수 없었다.

먼저 그가 종종 사용하는 "아니무스(animus)"가 있다. 유한계급제도의 토대를 형성하는 심리를 적시하기 위해 사용한 이 용어는 무척이나 흥미롭고 풍부한 의미를 내포한다. 사전적인 의미는 '여성의 (집단)무의식 속에 존재하는 모든 남성적인 성향의 화신 내지 전형적인 남성상' 정도로 풀이되는 이 말을 우리말로 억지로 옮기면 아마도 "여성의 남성지향성" 정도로 번역될 수 있겠지만, 이 말의 풍부한 의미를 사장시킬 위험이 크기 때문에 원어를 그대로 사용하기로 했다. 그것은 베블런이 특히 이 책 전반에 걸쳐 남성과 여성을 가리키는 일반명사를 구분하여 사용하고 있다는 점과도 맞물린다. 흔히 "man"이나 "men" "사람"이나 "인간"으로 번역하기 쉬운데, 이 책에서는 그런 일반적인 번역을 용납하지 않는다. 일반적인 인간을 가리키기 위해 그는 "people"이나 "human" 또는 "mankind"라는 용어를 따로 사용하고 있기 때문이다. 그래야만 동일한 과시적 소비라고 해도 남성 혹은 남자, 주인, 지배자, 우두머리가 아닌 여성 혹은 여자, 하인, 피지배자, 신하의 과시적 소비를 "대리(vicarious)" 소비로 규정하는 베블런의 의도가 더욱 확실히 부각될 수 있기 때문일 것이다.

한편 우리나라에서 이미 상용화된 번역어들, 예컨대 "과시적 소비(conspicuous consumption)"나 "종파(cult)" 등의 용어와 관련하여, 과시적 소비는 "과시용 소비"로 종파는 "숭배의례"로 번역하는 것이 베블런의 의도를 좀더 잘 전달하는 방안이지 않을까 하고 고민했다. 그러나 미묘한 뉘앙스의 차이에도 불구하고 "과시적 소비"와 "과시적 낭비"는 그대로 사용하기로 했으며,

"cult"의 경우는 문맥에 따라 "종파"나 "숭배의례"로 번역했다. 그리고 "pecuniary culture"를 직역하면 "금전문화"로 번역될 것이지만, 이 표현은 베블런의 의도를 제대로 반영하지 못한다고 판단하여, 문맥에 가장 가깝다고 생각되는 "금력과시문화"로 통일했다. 마지막으로 이 책의 핵심단어인 "leisure"는 "여가" "여가활동" "유한(有閑)" "한가한" "여유 있는" 등으로 번역될 수 있는데, 계급이나 남성 혹은 여성을 지칭할 때에는 '유한계급', '유한남성', '유한부인' 등으로, "유한"이라는 표현을 붙이면 어색한 활동이나 시간을 가리키는 경우에는 '여가', '여가시간', '여가활동'으로, 그런 상태나 성격을 가리키는 경우에는 '한가한', '여유 있는', '유유자적'으로 번역했음을 밝혀둔다.

이 책을 번역하면서 한국에 이 책을 제대로 소개하고자 하는 출판사의 의지를 새삼 반갑게 느낄 수 있었다. 오늘날처럼 척박한 한국의 출판현실에서 이처럼 의미심장한 노력을 기울이고 있는 '우물이 있는 집' 식구들의 노고가 독자들에게도 고스란히 전달될 수 있기를 빈다. 그리고 비록 이토록 가공할 자본주의 세계를 피치 못할 운명으로 받아들이면서 가련하게 혹은 우스꽝스럽게 살아가고 있고 또 살아갈 수밖에 없는 나 자신을 포함한 우리들이지만, 이 책을 통해서 한 세기 전부터 자본주의 세계를 향해서 베블런이 던져온 '슬픈 냉소'의 의미를 뒤늦게 조금이나마 실감할 수 있기를 감히 기대해본다.

옮긴이

옮긴이 김성균

숭실대학교에서 정치외교학을 공부하고 석사학위를 받았다. 〈헤겔의 변증법적 이성과 인정투쟁이론에 대한 비판적 고찰〉과 〈서구자본주의 욕망에 대한 제3세계의 강박적 욕망과 그 전망〉 같은 논문들과 〈누가 무엇으로 세상을 지배하는가, 그래서 누가 더 많이 돌았는가〉, 〈신을 죽인 자의 행로는 왜 쓸쓸했는가〉, 〈적대적 비판에 대한 고독한 냉소〉 같은 메타비평들을 썼고, 《유한계급론》, 《자유주의의 본질》, 《테네시 윌리엄스》, 《바바리안의 유럽 침략》, 《군중심리》, 《군중행동》, 《니체 자서전: 나의 여동생과 나》, 《아무것도 공유하지 않은 자들의 공동체》, 《자살클럽》, 《자본주의와 노예제도》, 《니체 귀족적 급진주의》, 《낙관하지 않는 희망》, 《쇼펜하우어 평전》 같은 책들을 번역했다.

유한계급론

초　판 1쇄 인쇄 2020년 3월 25일
지은이 | 소스타인 베블런
옮긴이 | 김성균
편　집 | 강완구 펴낸이 | 강완구 펴낸곳 | 써네스트
브랜드 | 우물이 있는 집 디자인 | 임나탈리야
출판등록 | 2005년 7월 13일 제2017-000293호 주　소 | 서울시 마포구 망원로 94, 2층
전　화 | 02-332-9384 팩　스 | 0303-0006-9384 이메일 | sunestbooks@yahoo.co.kr
ISBN | 979-11-90631-04-4 (03300) 값 13,000원

우물이 있는 집은 써네스트의 인문브랜드입니다.

이 도서의 국립중앙도서관 출판예정도서목록(CIP)은 서지정보유통지원시스템 홈페이지(http://seoji.nl.go.kr)와 국가자료종합목록 구축시스템(http://kolis-net.nl.go.kr)에서 이용하실 수 있습니다.
(CIP제어번호 : CIP2020010905)